合规律师说

HEGUI LÜSHISHUO

天达共和律师事务所◎著

法律出版社 LAW PRESS · CHINA
北京

图书在版编目(CIP)数据

合规律师说 / 天达共和律师事务所著. -- 北京 :
法律出版社, 2024
ISBN 978 - 7 - 5197 - 8724 - 0

Ⅰ. ①合… Ⅱ. ①天… Ⅲ. ①律师业务 - 研究 - 中国
Ⅳ. ①D926.5

中国国家版本馆 CIP 数据核字(2024)第 005156 号

合规律师说
HEGUI LÜSHISHUO

天达共和律师事务所 著

责任编辑 屈 瑶
装帧设计 臧晓飞

出版发行 法律出版社
编辑统筹 学术·对外出版分社
责任校对 王 丰
责任印制 陶 松
经 销 新华书店

开本 710 毫米×1000 毫米 1/16
印张 21.5 字数 335 千
版本 2024 年 1 月第 1 版
印次 2024 年 1 月第 1 次印刷
印刷 固安华明印业有限公司

地址:北京市丰台区莲花池西里 7 号(100073)
网址:www.lawpress.com.cn
投稿邮箱:info@lawpress.com.cn
举报盗版邮箱:jbwq@lawpress.com.cn

销售电话:010 - 83938349
客服电话:010 - 83938350
咨询电话:010 - 63939796

书号:ISBN 978 - 7 - 5197 - 8724 - 0
定价:89.00 元
凡购买本社图书,如有印装错误,我社负责退换。电话:010 - 83938349

序

“无规矩不成方圆”，此话我以为算是对合规重要性和必要性的一种诠释。人类进步和社会发展依赖有规矩后成方圆的循序渐进。

合规，不仅仅是一种规制，其背后深藏和孕育着的是一种精神和能量。让合规成为一种习惯及文化，不仅可以使自然人和法人不忘初心，守住底线，也能创造价值，铸就长久。

改革开放几十年之实践，让中国已经站在了世界前列，重视企业合规制度建设及管理，并将其提升至国家战略，就是要以合规的软实力来奠定和夯实中国企业的核心竞争力，以使来越多的中国企业可以挺直腰杆走出国门，参与国际竞争，以使中国企业可以轻松地融入国际普遍规则下的大市场中，创造财富和价值。

从长远看，一方面，企业会因合规织成的那张严密的制度之网，得以抗击风险，自我完善。另一方面，合规会让企业铸就品质，并以品质赢得安全安心的巨大财富。合规于企业而言有百利无一害。

天达共和律师事务所经过数年的探索与实践，成就了一支有理论能实操的合规法律专业服务团队，这支团队善于根据客户需求，为客户量身定制合规方案，团队的服务范围包括反商业贿赂、反垄断、反倾销、网络安全、数据合规、个人信息保护、国际贸易、劳动用工、环境保护、知识产权、职务犯罪与商业犯罪等。

值此天达共和律师事务所成立30周年之际，天达共和合规法律服务专业团队中的26名律师，根据他们在具体服务客户过程中积累的实务经验，共同撰稿并形成了《合规律师说》一书。本书由行政监管合规、刑事合规、国企合规及跨境合规四部分组成，涉及合规法律服务业务的诸多方面，是一本适合企业合规从业人员、律师同行参考的实务书籍。

鉴于我们的理论水平和实践案例有限，书中如有不当之处，诚请读者不吝赐教，提点指正。

在此，感谢法律出版社学术对外分社的支持，以及屈瑶女士在本书的设计、统筹、审稿等方面付出的辛勤劳动，也感谢苏静律师及律师助理马金鹏在繁忙的工作之余，为本书出版所做的大量有益的工作。

是为序。

李大进

天达共和律师事务所创始合伙人/合伙人会议主席

2023 年 12 月于亮马河

目录

第一编 行政监管合规

第二编 刑事合规

第三编 国企合规

第四编 跨境合规

第一编

行政监管合规

商业贿赂的认定及应对秘籍

韩晏元

一、商业贿赂的认定标准

（一）宴请客户被认定为商业贿赂

2018 年 3 月 30 日，上海市青浦区市场监督管理局认定上海某企业宴请客户的行为构成商业贿赂，对其作出罚款 2 万元的处罚。①

根据处罚决定书记载，上海某企业是一家销售医疗器械的企业，销售的对象包括宁波市某医院。2014 年 1 月 15 日，上海某企业向宁波市某医院销售了 32,727.5 元的医疗器械产品。2015 年 1 月 15 日，上海某企业为了继续向宁波市某医院销售医疗器械产品，宴请了该院新任负责采购业务的某医生。虽然上海某企业最终未实现销售的目的，但实际支出宴请费用 604.8 元。

上海市青浦区市场监督管理局认为，上海某企业为获取交易机会，宴请了交易相对方宁波市某医院负责采购的某医生，该行为构成商业贿赂，并对其作出前述处罚。

该处罚一石激起千层浪，引发了不少争议。处罚决定书未披露宴请人数，即使按上海某企业 1 人及某医生 1 人，合计 2 人计算，平均每人消费也只有 300 元左右，难道这么低额的宴请也会构成商业贿赂吗？很多企业开始困惑，今后还能不能宴请客户呢？同时，自己正在做以及其他企业都在做的以为很正常的行为，如礼品馈赠等行为，是否也会构成商业贿赂呢？

（二）宴请客户被认定为商业贿赂的法律分析

《反不正当竞争法》第 7 条规定，经营者不得采用财物或者其他手段贿赂交易相对方的工作人员，以谋取交易机会或者竞争优势。根据该规定，主观上为谋取交易机会或者竞争优势，客观上实施了贿赂行为，则构成商业贿赂。

---

① 参见青市监案处字〔2018〕第 290201610081 号。

上述案例中,处罚决定书证据一(询问笔录)证明,上海某企业宴请医生是为了向医院销售医疗器械产品。据此,可证明上海某企业在主观上是为谋取交易机会或竞争优势,客观上,上海某企业实施了宴请。那么宴请属于"贿赂行为"吗?

《反不正当竞争法》第 7 条第 1 款规定,贿赂的表现形式为"采用财物或者其他手段"。"财物"相对容易理解,是指现金和实物,而"其他手段"的认定相对复杂。

根据原国家工商行政管理局《关于禁止商业贿赂行为的暂行规定》第 2 条第 4 款规定,"其他手段"是指"提供国内外各种名义的旅游、考察等给付财物以外的其他利益的手段"。② 根据该规定,"其他手段"包罗万象,只要是提供财物以外的其他利益,均可能构成"其他手段"。实践中,常见的"其他手段"包括为受贿人免费或低价提供车辆使用,维修房屋,为受贿人亲属安排出国学习、提供工作机会等。本案中,市监部门认为"宴请"属于"其他手段",进而认定构成商业贿赂。据笔者所知,仅凭"宴请"一个行为就被认定为商业贿赂的处罚,目前仅此一例。

(三)强化对商业贿赂认定的理解

1. 关于商业贿赂的法律规定

关于商业贿赂的法律规定,散见于各种法律渊源之中,主要包括《反不正当竞争法》、原国家工商行政管理局《关于禁止商业贿赂行为的暂行规定》、《刑法》,以及诸多专门领域的法律及政策文件。其中,在行政处罚领域,经营者需要特别关注《反不正当竞争法》第 7 条的规定:

> 经营者不得采用财物或者其他手段贿赂下列单位或者个人,以谋取交易机会或者竞争优势:
>
> (一)交易相对方的工作人员;
>
> (二)受交易相对方委托办理相关事务的单位或者个人;
>
> (三)利用职权或者影响力影响交易的单位或者个人。
>
> 经营者在交易活动中,可以以明示方式向交易相对方支付折扣,或者向中间人支付佣金。经营者向交易相对方支付折扣、向中间人

② 原国家工商行政管理局《关于禁止商业贿赂行为的暂行规定》1996 年 11 月 15 日发布并实施。

支付佣金的,应当如实入账。接受折扣、佣金的经营者也应当如实入账。

经营者的工作人员进行贿赂的,应当认定为经营者的行为;但是,经营者有证据证明该工作人员的行为与为经营者谋取交易机会或者竞争优势无关的除外。

2. 关于受贿人的法律规定

《反不正当竞争法》第7条将商业贿赂的受贿人明确列举为三类主体,即交易相对方的工作人员、受交易相对方委托办理相关事务的单位或者个人、利用职权或者影响力影响交易的单位或者个人。

三类受贿人主体中的“交易相对方的工作人员”一般指交易相对方的员工及派遣员工等为交易相对方工作的个人。

三类受贿人主体中的“受交易相对方委托办理相关事务的单位或者个人”,是指和交易相对方有委托关系的单位和个人,经营者向该单位或个人行贿,以获取交易机会或竞争优势的,将构成商业贿赂。例如,学校受全体学生委托与校服供应商签订的校服购买合同中,交易的双方是供应商和学生,学校是受学生委托办理相关事务的单位,供应商给予学校财物或者其他经济利益,则构成向“受交易相对方委托办理相关事务的单位”行贿。又如,餐厅向运送客人到店内消费的出租车司机支付“人头费”,商场向安排游客到店内购物的旅行社或导游支付“人头费”,网店向购买自己商品的代购人员返还一定比例利润等行为也构成向“受交易相对方委托办理相关事务的单位或者个人”行贿。

三类受贿人主体中的“利用职权或者影响力影响交易的单位或者个人”,主要分为两类:一类为基于其职务、权力而对交易相对方产生影响力的单位或者个人,如政府部门、国家工作人员等;另一类为基于其专业知识、与交易相对方存在特殊的亲密关系等而受到行贿人信任,对交易相对方产生影响力的单位和个人。实务中,学校或老师(对学生有影响力)、医院或医生(对患者有影响力)、设计公司或设计师(对设计委托方有影响力)、导游(对游客有影响力)和美容师(对接受美容服务的消费者有影响力)等,在受其影响力影响的当事人和第三方的交易中从第三方处获得利益,则有可能被认定为商业贿赂。

实务中,对于受贿人主体的认定,行政执法部门掌握的尺度相对宽松,而法院则相对谨慎。例如,原国家工商行政管理局《关于医院非法收受保险公司给予的“劳务费”定性处理问题的答复》(已失效)规定:医院违反国家有关规定从事保险代理业务,收取保险公司给予的“劳务费”,利用自己的便利条件为保险公司向患者推销保险,属于非法收受经营者给予的财物并为其牟取交易机会的行为;医院无论是否将收取的“劳务费”入账,其行为均构成商业贿赂行为,应当依法予以查处。③ 与此相对,最高人民法院在《关于学校向学生推销保险收取保险公司佣金入账的行为是否构成不正当竞争行为的答复》中明确指出,对于某小学与保险公司签订办理学生保险业务代办合同,按学生支付保险费8%的比例提取“代理手续费”并入账的行为,“不宜视为不正当竞争行为”,即不构成商业贿赂。④

笔者认为,虽然法院对受贿人主体的认定标准相对谨慎,实务中也不乏法院撤销行政执法部门作出的商业贿赂处罚决定的情形,但经营者不应将希望完全寄托在法院的行政诉讼上。

3. 贿赂交易相对方是否构成商业贿赂

《反不正当竞争法》第7条列举了三类受贿人主体,并不包括交易相对方。该规定是2017年对1993年《反不正当竞争法》第8条的修订。1993年《反不正当竞争法》第8条规定:“经营者不得采用财物或者其他手段进行贿赂以销售或者购买商品……”该规定并未限定受贿人主体。2017年《反不正当竞争法》明确了受贿人主体,且该受贿人主体中不包括“交易相对方”,那么很容易让人认为,修订后的《反不正当竞争法》实施后,贿赂交易相对方将不再构成商业贿赂。

该规定出台后,贿赂交易相对方是否会构成商业贿赂,不但引发了许多学术界的争论,还导致市监部门在执法过程中有些无所适从。⑤ 例如,同样是贿

---

③ 工商公字〔2000〕第97号,2014年废止。

④ 〔2003〕行他字第21号。

⑤ 例如,在常见的向公立医院免费投放设备从而捆绑销售耗材的处罚案例中,对于执法部门以向“受交易相对方委托办理相关事务的单位或者个人”行贿为由进行处罚的案例,为寻找该处罚的合法性,部分观点主张,公立医院是承担社会公共服务职能的非营利事业法人,公立医院购买耗材的资金来源于医保基金或患者,因此,应当按照“穿透原则”,将医保机构或患者认定为医疗设备公司真正的交易相对方,而公立医院系受医保机构或患者委托购买耗材的单位。而对于执法部门以向“利用职权或者影响力影响交易的单位或者个人”行贿为由进行处罚的案例,为寻找该处罚的合法性,部分观点主张,设备和耗材的实际使用方是患者,而医院基于其专业知识以及患者对其的信赖,对于患者使用设备和耗材具有较强的影响力,因此,应当按照“穿透原则”认定实际的交易相对方是患者,而医院系利用职权或影响力影响医疗设备公司与患者间交易的单位。

赂交易相对方而被认定为商业贿赂的处罚案例，部分执法部门认定经营者违反《反不正当竞争法》第 7 条第 1 款第 2 项（向受交易相对方委托办理相关事务的单位或者个人行贿），[6]而部分执法部门却认定经营者违反《反不正当竞争法》第 7 条第 1 款第 3 项（向利用职权或者影响力影响交易的单位或者个人行贿），[7]但对于为何违反第 7 条第 1 款第 2 项或第 3 项，处罚决定书基本没有进一步说明。此外，部分执法部门为了避免争议，笼统地以违反《反不正当竞争法》第 7 条第 1 款为由进行处罚，但并不指明违反了第 7 条第 1 款的哪一项。[8]

笔者认为，对于商业贿赂的界定，中央治理商业贿赂领导小组在《关于在治理商业贿赂专项工作中正确把握政策界限的意见》中的如下界定言简意赅，正中商业贿赂的本质。

> 商业贿赂是在商业活动中违反公平竞争原则，采用给予、收受财物或者其他利益等手段，以提供或者获取交易机会或者其他经济利益的行为。

笔者认为，在认定是否构成商业贿赂时，应以是否违反公平竞争原则为切入点。如果违反公平竞争原则，即使是向交易相对方行贿，也应当认定为商业贿赂，而不能片面理解《反不正当竞争法》第 7 条的文字表述，简单地认为交易相对方在法律修订后未被列举为受贿人主体故即使向交易相对方行贿也不会构成商业贿赂。

事实上，2017 年修订的《反不正当竞争法》施行后，依然出现了很多因贿赂交易相对方而被认定构成商业贿赂的案例。笔者认为，该等处罚案例中指出的贿赂交易相对方的行为基本都违反了公平竞争原则，认定为商业贿赂并进行处罚是正确的。

值得一提的是，2022 年 11 月 22 日，国家市场监督管理总局发布《关于公

---

⑥ 参见沪市监长处〔2020〕052020000067 号、沪市监长处〔2021〕052020000399 号、沪市监长处〔2020〕052020000076 号等。

⑦ 参见沪市监普处〔2022〕072022000473 号、赣丰市监稽反处罚〔2022〕1 号、滨市监处字〔2021〕00058 号、沪市监长处〔2020〕052020000076 号等。

⑧ 参见沪市监金处字〔2019〕第 282019002703 号、杭富市场市管罚处字〔2018〕108 号等。

开征求〈中华人民共和国反不正当竞争法(修订草案征求意见稿)〉意见的公告》,在该征求意见稿中,对于商业贿赂,在保持现行《反不正当竞争法》明确列举受贿人主体的表现形式的同时,将"交易相对方"也明确纳入受贿人主体。

笔者虽然不赞同列举受贿人主体的做法,认为存在挂一漏万的风险,但高度评价国家市场监督管理总局拨乱反正,正本溯源,重新将贿赂"交易相对方"界定为商业贿赂的做法。

4. 是否构成商业贿赂与提供财物的金额无关

《反不正当竞争法》对于贿赂金额没有规定,理论上,行贿 1 分钱也有可能构成商业贿赂。[⑨] 实务中,存在因贿赂 3.8 元而被认定构成商业贿赂的事例,其被称为史上最严厉的商业贿赂案例。2010 年年初,安徽省青阳县工商局在青阳火车站查处 11 家摊贩,其中一个名叫陈某的个体工商户用批发价 52 元批发一箱可乐。同时,陈某还赠送顾客 3 瓶矿泉水(0.6 元 1 瓶)及 1 瓶可乐(2 元 1 瓶),合计 3.8 元。针对该赠送矿泉水及可乐的行为,2010 年 3 月 24 日,青阳县工商局以构成商业贿赂为由,处陈某 1 万元罚款。[⑩]

5. 是否构成商业贿赂与行贿目的是否达成无关

《反不正当竞争法》对于行贿后是否达成行贿目的,即是否实际获取交易没有规定。据此,无论是否达成行贿目的,只要有获取交易机会或竞争优势的主观目的,客观上实施了行贿,即构成商业贿赂。前述宴请 604.8 元的案例中,上海某企业最终并未实现销售的目的,但依然被认定为商业贿赂并受到了处罚。而在刑法领域,《刑法》中对非国家工作人员行贿罪所规定的犯罪目的亦为"为谋取不正当利益",行贿一方是否实际获得利益不影响犯罪行为的认定。[⑪]

二、构成商业贿赂时的后果

经营者的行为构成商业贿赂时,需要承担行政责任、民事责任以及刑事责任,并面临商誉受损、股价下跌等风险。医药行业相关企业还会被列入《全国医药价格和招采失信企业风险警示名单》,存在被限制或禁止参与医药的招标

---

⑨ 在沪市监浦处〔2020〕152020000196 号行政处罚案例中,当事人行贿金额 169 元,被没收违法所得 180.76 元,罚款 10 万元。

⑩ 参见青工商字〔2010〕4 号。

⑪ 例如,在(2017)粤 0111 刑初 2536 号判决中,在行贿人未获利的情况下,其为了谋取不正当利益而进行的行贿行为,已经构成对非国家工作人员行贿罪。

采购的风险。而参与商业贿赂的公司员工个人也将承担行政责任和刑事责任，且面临被公司解雇的风险。

(一)行政责任

《反不正当竞争法》第19条规定，经营者贿赂他人的，由监督检查部门没收违法所得，处10万元以上300万元以下的罚款；情节严重的，吊销营业执照。

如前所述，商业贿赂处罚时对行贿金额没有下限要求，行贿3.8元也可能构成商业贿赂。而一旦构成商业贿赂，就将面临10万元起步最高300万元的罚款。

近年来，北京及上海等地陆续发布了关于市场监管领域行政处罚裁量基准的规定，为企业开展商业贿赂合规管理、防范商业贿赂行政处罚风险提供了有益借鉴。以《北京市市场监督管理局行政处罚裁量权适用规定(试行)》(2021年修订)为例，其中关于商业贿赂的违法情节和裁量基准的规定如表1所示：

表1 商业贿赂的违法情节和裁量基准

违法情节	裁量基准
单人单次；违法行为持续时间不足6个月的；贿赂额1万元以下，或者涉案交易额10万元以下；不存在危害人体健康和造成人身、财产损失危险；无社会影响的	处10万元以上100万元以下的罚款
三次或三人以下；违法行为持续时间6个月以上不足2年的；贿赂额为1万元以上10万元以下，或者涉案交易额10万元以上50万元以下；存在危害人体健康或造成人身、财产损失危险的；社会影响不大	处100万元以上210万元以下的罚款
超过三次或者三人；违法行为持续时间2年以上；或2年内再次实施相同或者相近违法行为的；贿赂额超过10万元，或者涉案交易额超过50万元；足以造成严重人体健康和人身、财产事故的；造成群体性事件、在国内外造成恶劣影响	处210万元以上300万元以下罚款

实际上，对于交易规模较大的经营者而言，最高300万元的罚款并非最大的惩罚，没收违法所得，严重时吊销营业执照的处罚更需要关注。⑫

实务中，违法所得的认定是执法部门执法过程中必须面对的难题。根据

⑫ 实务中，违法所得超过1000万元的并不少见。在沪工商检处字〔2017〕第320201610056号行政处罚中，当事人被没收违法所得11,427,014.69元。

《工商行政管理机关行政处罚案件违法所得认定办法》第 2 条及第 9 条等的规定，违法所得为当事人违法生产、销售商品或者提供服务所获得的全部收入扣除当事人直接用于经营活动的适当的合理支出及已经支出的税费。[13] 实务中，对于“适当的”“合理支出”如何计算，多少才算合理，各地执法部门的认定标准不尽相同，缺乏统一的规范。

笔者曾代理多家客户应对市监部门的商业贿赂调查。根据笔者经验，如果客户的行为确实构成商业贿赂，那么应建议客户积极主动消除或者减轻违法行为的危害后果，及时纠正违法行为，争取从轻或者减轻行政处罚。如果该违法行为轻微，没有造成危害后果的，可以考虑和市监部门沟通，争取不予行政处罚。此外，对于违法所得的认定，需要据理力争“适当的”“合理支出”的范围并尽可能收集和提供相关凭证，将认定的违法所得降到最低。

（二）民事责任

经营者实施商业贿赂，给竞争对手造成损失的，需要赔偿竞争对手的损失（《反不正当竞争法》第 17 条）。例如，在（2009）鲁民三终字第 12 号判决中，某岛啤酒公司与部分酒店等签订合作协议，约定酒店等拒绝或限制销售其他品牌啤酒的，均可获得一定数量附赠的某岛啤酒。淄博市工商行政管理局认定某岛啤酒公司的前述行为构成商业贿赂，并处 18 万元罚款。某狮啤酒公司以某岛啤酒公司实施商业贿赂造成其损失为由起诉，要求其承担赔偿责任。某岛啤酒公司不服一审法院判决，向山东省高院上诉。经调解，双方达成调解协议，某岛啤酒公司补偿某狮啤酒公司 150 万元。

需要注意的是，经营者在交易时签署廉洁交易协议或提交廉洁承诺书的情形越来越多，经营者一旦违反廉洁交易协议或廉洁承诺书，则有可能按照协议或承诺书的约定，向交易相对方支付违约金。即使廉洁交易协议或廉洁承诺书中约定的违约金金额很高，法院也经常以反商业贿赂条款的目的在于保障正常的交易秩序、构建良好的市场交易环境等为由支持高额的违约金请求。例如，在（2018）粤 20 民终 705 号判决中，A 企业和 B 企业签订《反商业贿赂协议书》，约定 A 企业向 B 企业员工行贿的，应将其与 B 企业最近一年累计交易金额作为违约金支付给 B 企业。其后，B 企业发现 A 企业向其员工行贿 6000

---

[13] 原国家工商行政管理总局 2008 年 11 月 21 日发布，2009 年 1 月 1 日施行。

元，即要求A企业按照约定支付违约金。虽然A企业主张违约金过高，但法院仍以契约优先为由，判令A企业依约支付最近一年累计交易金额106万元。

（三）刑事责任

经营者累计行贿达到一定金额的，可能会被追究刑事责任。需要注意的是，累计行贿金额的累计期间并无限制。笔者将行贿方可能涉及的罪名及罚则等汇总如表2所示，供读者参考：

表2　行贿方的罪名及罚则等

<table>
<tr><th>行贿方</th><th>受贿方</th><th>罪名</th><th>追诉标准</th><th>罚则</th></tr>
<tr><td>企业</td><td rowspan="2">国家工作人员</td><td>单位行贿罪（《刑法》第393条）</td><td>原则上20万元以上，10万元以上亦有可能</td><td>对单位判处罚金；对负责人处以拘役、5年以下有期徒刑，并处罚金</td></tr>
<tr><td>员工</td><td>行贿罪（《刑法》第389条）</td><td>原则上3万元以上，1万元以上亦有可能</td><td>拘役、有期徒刑、无期徒刑，并处罚金或者没收财产</td></tr>
<tr><td>企业</td><td rowspan="2">非国家工作人员</td><td rowspan="2">对非国家工作人员行贿罪（《刑法》第164条）</td><td>20万元以上</td><td rowspan="2">对单位判处罚金；对负责人处以拘役、有期徒刑，并处罚金</td></tr>
<tr><td>员工</td><td>3万元以上</td></tr>
<tr><td>企业</td><td rowspan="2">国家机关、国有企业、事业单位</td><td rowspan="2">对单位行贿罪（《刑法》第391条）</td><td>原则上20万元以上，10万元以上亦有可能</td><td rowspan="2">对单位判处罚金；对负责人处以拘役、3年以下有期徒刑，并处罚金</td></tr>
<tr><td>员工</td><td>原则上10万元以上，1元亦有可能</td></tr>
</table>

三、商业贿赂的应对秘籍

（一）如何防范商业贿赂

1. 识别商业贿赂行为

实务中，不少企业及其员工的行为被认定为商业贿赂的原因在于企业及其员工未能正确区分商业贿赂与非商业贿赂行为，如折扣与回扣的区别，佣金、附赠、捐赠等与商业贿赂的界限等。因此，防范商业贿赂的第一步为正确识别商业贿赂的主要特征、行为界限及认定标准，全面审视企业的经营行为及员工的履职行为，对商业贿赂风险产生的原因、发生可能性、影响范围、潜在后果、应对措施等进行分析，制定商业贿赂风险识别清单及岗位职责清单，便于公司及员工在工作中对照执行。同时，应定期对员工进行培训，提高其识别商业贿赂行为的能力，培养其合规意识。

2. 规范合同表述

实务中,不少企业的合同中会出现免费赠送商品的表述,如向购买设备的买方免费赠送该设备相关的耗材等。如果该企业通过明示或暗示方式要求设备买方不得购买竞争对手的产品,则免费赠送商品的行为极有可能被视为向交易相对方提供财物进而被认定为商业贿赂。对于免费赠送商品的行为,笔者建议规范合同的表述,尽量避免免费赠送的表述,如果确实需要免费赠送,可以将设备和免费赠送的商品合并为一套商品进行销售,同时,在入账时需将免费赠送的商品作为销售的商品如实记账。

3. 如实入账

经营者在经营过程中会有给予交易相对方折扣或给予中间人佣金的行为。该等行为为合法行为,但如果未以明示方式向交易相对方支付折扣或向中间人支付佣金,且如实入账,则有可能导致本来合法的折扣或佣金支付变成商业贿赂。实务中,因此被认定为商业贿赂的情形并不少见。

笔者曾代理客户应对市监部门因客户向经销商支付折扣但未如实入账而涉嫌商业贿赂的调查。在该案件中,客户制定了经销商让利制度,每年年初评估经销商上年度销售额,并对销售额达到一定金额的经销商提供让利,按一定比例退还经销商已经支付的货款。客户退还的货款在法律上被视为折扣,在财务上应按开具红字增值税专用发票处理。但部分获得让利的经销商认为开具红字增值税专用发票手续繁琐,从而向客户出具“服务费”等各类名目的发票,其中部分经销商甚至和客户签署并不存在的业务委托协议用以证明收取“服务费”的正当性。客户并未意识到该等行为可能存在被认定为商业贿赂的风险,未严格要求该等经销商依法开票,导致在财务上未能如实入账,错误地按发票名目进行记账。市监部门认为客户未如实入账涉嫌商业贿赂并开展调查。在调查中,笔者向市监部门主张客户的行为违反会计法,但未构成商业贿赂,并提供类似案件中被认定不构成商业贿赂的判决文书。同时向市监部门提供客户的经销商让利制度,以及涉案行为中让利金额的计算依据和计算数据,以及如实入账的其他经销商的让利数据等相关凭证。最终以客户向市监部门出具《整改承诺书》,承认入账错误,承诺采取措施确保如实入账,市监部门对客户不予处罚结案。

4. 制定相关制度并完善合规体系

《反不正当竞争法》第 7 条第 3 款规定，经营者的工作人员进行贿赂的，应当认定为经营者的行为，但是，经营者有证据证明该工作人员的行为与为经营者谋取交易机会或者竞争优势无关的除外。

根据该规定，经营者的工作人员行贿的，首先认定为经营者的行为，但是经营者有证据证明其工作人员的行贿行为与己无关的除外。那么哪些证据可以用于证明行贿行为与经营者无关呢？

对此，原国家工商总局反垄断与反不正当竞争执法局局长杨红灿在接受《中国工商报》记者专访时表示，“有证据证明工作人员的行为与为经营者谋取交易机会或者竞争优势无关”，是指经营者已制定合法合规合理的措施，并采取有效措施进行监管，且未放纵或变相放纵工作人员实行贿赂行为。前述“制定合法合规合理的措施”一般理解为制定禁止商业贿赂相关的专项合规制度。如果经营者已制定相关合规制度，则在其工作人员实施商业贿赂行为时，可以将其作为证据用以证明其工作人员的行为与己无关。

利用已制定合规制度成功免责的案例中，雀巢（中国）有限公司（下文简称雀巢公司）的案例非常有名，被业界称为“合规无罪抗辩第一案”，具体情况如下：

2011 年至 2013 年 9 月，雀巢公司西北区等地员工郑某等 5 人为抢占市场份额，推销雀巢奶粉，通过拉关系，多次从多家医院医务人员手中非法获取公民个人信息。兰州市城关区人民法院于 2016 年 10 月 31 日作出（2016）甘 0102 刑初 605 号刑事判决，认定郑某等人构成侵犯公民个人信息罪。郑某等人上诉。2017 年 5 月 31 日，甘肃省兰州市中级人民法院作出（2017）甘 01 刑终 89 号裁定，驳回上诉，维持原判。在裁定书中，法院认为：单位犯罪是以为本单位谋取非法利益之目的，在客观上实施了由本单位集体决定或者由负责人决定的行为。雀巢公司政策、员工行为规范等证据证实，雀巢公司禁止员工从事侵犯公民个人信息的违法犯罪行为，各上诉人违反公司管理规定，为提升个人业绩而实施犯罪为个人行为。在此案中，雀巢公司的合规制度对公司与员工的责任切割起到了关键性作用。

目前,我国的行政处罚正从事后的严格执法转向关注事前的合规建设工作。过去,对于违法行为,执法部门经常通过事后的严格执法、从严处罚来预防企业再次违法。近年来,行政处罚开始关注企业的事前合规建设,合规建设工作做得较好的企业,有可能因此免于处罚或从轻处罚。

例如,《上海市反不正当竞争条例》(2020 年修订)第 24 条规定,鼓励经营者建立健全反商业贿赂等反不正当竞争管理制度,监督检查部门在查处商业贿赂案件时,应当对经营者落实反商业贿赂管理制度情况开展检查。

因此,笔者建议企业及时制定自己的反商业贿赂合规制度,便于在员工未经企业同意擅自实施商业贿赂行为时作为证据之一提交给市监部门,用于证明该员工的行为和企业无关。

5. 避免侥幸心理

实务中,部分企业明知向受贿方主体行贿的行为会构成商业贿赂,为避免自己受罚而委托第三方实施该等行为,以为可以建立"防火墙",避免被追责。笔者认为,该做法不可取,也难以免责。

在(杭富)市管罚处字〔2018〕067 号行政处罚案件中,某医药公司与某广告公司合作,委托某广告公司为其从事医药推广工作。为销售某医药公司的药品,某广告公司接受某医药公司委托,在其组织召集的会议期间给每位参会医生发放 1000 元现金"劳务费"。就此,执法部门认定某医药公司的行为构成商业贿赂,处以 12 万元罚款。

6. 签署廉洁交易协议等

随着合规经营理念的进一步强化,目前,要求交易相对方合规交易,并签署廉洁交易协议或提供廉洁交易承诺的情形越来越多。笔者认为,该等行为不仅可以净化市场交易环境,也可以督促企业合规经营。此外,企业应要求员工签署反商业贿赂承诺书等文件,明确规定员工实施商业贿赂行为的不利后果,包括企业有权解雇该员工等,以督促员工规范自己的履职行为。

(二)如何应对执法部门的调查

《反不正当竞争法》第 13 条规定,监督检查部门调查涉嫌商业贿赂等不正当竞争行为时,有权采取下列措施:(1)进入涉嫌不正当竞争行为的经营场所进行检查;(2)询问被调查的经营者、利害关系人及其他有关单位、个人,要求其说明有关情况或者提供与被调查行为有关的其他资料;(3)查询、复制与涉嫌不正当竞争行为有关的协议、账簿、单据、文件、记录、业务函电和其他资料；(4)查封、扣押与涉嫌不正当竞争行为有关的财物；(5)查询涉嫌不正当竞争行为的经营者的银行账户。

实务中，市监部门有时会突击调查，即未事前通知而直接要求进入经营者的经营场所进行检查。此时，如果执法人员只有 1 名，经营者可以拒绝其进入，因为市监部门进行调查时，须有 2 名以上执法工作人员在场。如果有 2 名以上执法人员，经营者可以要求执法工作人员出示执法证件，核对无误后再接受其进入经营场所调查。

初次接受调查时，笔者建议经营者安排有经验或有准备的工作人员应对，如确实需要董事长或总经理等级别的人员回答问题，建议在专业人员陪同下回答询问。根据笔者经验，大多数经营者在第一次接受调查时，往往因为经验不足或过度紧张，容易在执法人员询问时，做出与事实不符或自认构成商业贿赂等不利于经营者的回答。

市监部门调查后会制作调查笔录，要求被调查人员签字。此时，被调查人员必须斟字酌句认真核对调查笔录内容的真实性和准确性，发现调查笔录的内容与自己的回答不符，或容易产生不利于自己的歧义的，应明确要求市监部门执法人员修改调查笔录，否则必须拒绝在调查笔录上签字。

经营者被调查时，应积极配合，并如实提供有关资料或者说明有关情况。实务中，提供资料时常见的有“开水龙头”和“挤牙膏”两种方式。前者为一次性提供大量文件，凡是符合市监部门要求的资料，无论是否和案件有关，均予以提供。后者为严格解读市监部门的要求，对于可能无关的资料，尽量不提供。无论采取哪种方式提供资料，笔者均建议经营者秉持积极配合的态度，避免被市监部门以不配合调查为由从严处罚。

最后，经营者向市监部门提供协议、账簿等书面资料时，应在经营者法律部门等确认后方可提供。资料中涉及商业秘密的，可在与市监部门执法人员沟通，取得其理解并进行遮挡后再予以提供，且保留一份复印件备查。

企业内控与反舞弊管理

钟立扬　张甲征

舞弊一直以来都是企业治理的重点难题与刑事案件的高发区域，企业在反舞弊斗争中面临着舞弊行为涉及部门广、参与人数多、舞弊手段越发复杂诡秘等困境。舞弊源于企业内控失灵，完善企业内部控制是解决企业舞弊难题的根本之策。良好内控不仅有利于企业减少因舞弊造成的刑事风险和经济风险，而且能帮助企业创造效益。

在各大企业纷纷开展反舞弊行动，营造良好发展环境的形势下，本文从完善内部控制的角度出发，认为企业有必要通过建立可靠的举报识别机制，加强企业内部控制制度建设，采取合理的反舞弊调查策略等措施，从舞弊识别、舞弊防范、舞弊挽损等方面消弭舞弊风险，实现企业良好、长远发展。

一、企业反舞弊与内控相关理论

（一）企业反舞弊与内控的概念

1. 企业反舞弊的概念

舞弊自古便是一个较为宽泛的概念，在不同的领域内其定义也略有差别。从古时科举“请托”“冒籍”至近现代企业员工收受“回扣”、套取公司资金等现象可见，一切有利可图的场景都是舞弊行为的“温床”，采取欺骗等非法手段谋取不正当利益是舞弊行为的共性特征。

因此，反舞弊本质上是所有依法享有正当权利的主体与在其管理场景下已经或即将谋取不正当利益者的斗争。以企业反舞弊为例，其重点工作目标则是对企业内部发生的员工舞弊（一般是指企业员工或内部员工与外部勾结，利用其职务便利或内控漏洞，非法为自己或他人谋取不正当利益的行为），侵害企业合法权益的行为进行预防、制止、挽损。

2. 企业内部控制的概念

在企业反舞弊领域，内部控制是企业反舞弊的重要手段，指企业通过制定和实施一系列制度和程序,对舞弊风险进行事前防范、事中控制、事后挽损的动态过程。内部控制在反舞弊领域具有以下特点:其一,具有动态性。内部控制是动态管理的过程,因企业经营环境、舞弊行为的变化而不断调整。其二,全员参与性。内部控制需要全员参与,员工既是控制者也是被控制者。其三,以防范舞弊发生,减少舞弊损失为导向。

3. 企业反舞弊与内控的关系

企业作为根据市场经济规律而有机组成的经济实体,其对内、对外的日常运营均充斥了大量的利益关系,是舞弊滋生的天然“温床”。而内部控制追求的是最大限度从根源上消除舞弊成因,通过建设企业文化、建立有效的企业监管机制,采取降低员工的主观贪欲程度、减少客观存在的舞弊实施场景等主客观相结合的方式,实现企业反舞弊目的。研究表明有效的内部控制能够显著降低财务舞弊发生的可能性。[①] 相关调研数据也进一步佐证了此观点,注册舞弊审查师协会(Association of Certified Fraud Examiners,ACFE)2022年度的调查显示有接近一半的舞弊案件是缺乏内部控制、现有内控被凌驾或内控缺乏相应审查所致。[②] 可见,舞弊虽表现为员工的欺骗行为,但实质则源于企业内部控制在反舞弊上存在重大缺陷,缺乏有效的内部监督、管理机制。建立完善的内部控制体系,可以极大地减少舞弊发生,帮助企业行稳致远。

(二)企业内控与反舞弊的必要性

1. 合理内控利于消弭企业涉嫌刑事犯罪的风险

员工是企业日常对外经营行为的直接实施主体,其实施的舞弊行为极易导致企业违反刑法规定、触及刑事红线、陷入刑事风险。实践中,因员工舞弊行为导致的企业刑事犯罪案件屡见不鲜,如某公司的法定代表人为谋求公司业务便利,向相关国家工作人员行贿,被认定为单位行贿罪。员工的舞弊行为可构成非国家工作人员受贿罪、挪用资金罪等,甚至能构成单位行贿罪、单位受贿罪,这不仅会使员工面临刑事法律风险,严重时也会给企业带来刑事法律风险。

---

① 参见章铁生、林钟高、秦娜:《提高内部控制有效性能否抑制财务舞弊的发生?》,载《南京审计学院学报》2011年第4期。

② 参见ACFE:《2022年度全球舞弊调查报告》,载ACFE官网2022年4月,https://acfepublic.s3.us-west-2.amazonaws.com/2022+Report+to+the+Nations.pdf。

建立有效的内部控制体系和反舞弊计划有利于企业刑事合规体系的构建，帮助企业消弭刑事风险。当员工因舞弊而可能触及刑罚时，企业可以通过完善的内部控制和反舞弊合规计划，表明企业反对舞弊的态度与立场，与员工个人的舞弊行为划清界限，避免企业受到舞弊牵连。

2. 合理内控利于减少企业的经济风险

完善的内部控制和反舞弊计划有助于企业降低额外的经营成本，避免因舞弊行为引发的经济风险。ACFE 在 2022 年度的统计中发现舞弊为各类经济组织带来的经济损失约为其全年总收入的 5%。而实际上，企业因舞弊行为遭受的负面声誉、合作机会丧失等间接损失比直接损失更为严重。如某知名企业披露的舞弊案件显示，由于供应链腐败，公司平均采购价格超过合理水平 20% 以上。完善的内部控制可以最大限度消除舞弊行为的发生，避免企业因员工舞弊而产生的直接经济损失，从根源上减少经济风险。即使产生了舞弊行为，也可以通过及时追赃挽损来进一步减少舞弊行为造成的损失。

3. 高效内控利于提升企业效益

高效内控，可以帮助企业降低成本，提升业绩。良好的内部控制环境，其一，可以帮助企业提高信用评价等级，降低企业的融资成本；其二，可以帮助企业降低运营成本，如去除人为干扰，充分发挥采购择优特点，保障企业采购物资质优价廉；其三，可以帮助企业提升业绩。有研究表明，内控的有效性与企业绩效呈正相关。完善的内部控制能增强企业经营信息的可靠性，使管理者准确指导企业生产经营活动，提高运营效率。

高效内控可以帮助企业争取合作机会。有效的内部控制不仅能够提高企业会计信息的质量，增强利润可信性，使投资者放心，获得更多的投资机会，而且，在各大企业纷纷开展合规建设时，内部控制的有效性可以彰显企业的合规水平，体现企业良好的治理能力，提升企业的信誉，使企业获得更多的商业合作机会。

二、企业舞弊的常见场景

企业中的舞弊行为表现形式复杂且诡秘，采购环节和销售环节是舞弊行为的高发区，在企业常见的舞弊行为中具有代表性。故本部分以采购和销售环节参与舞弊的主体和行为方式为讨论重点，将常见的舞弊情形归纳为以下四类常见场景。

（一）商业贿赂类舞弊

该种类型的舞弊最为常见，参与主体为内部员工和外部企业，行为方式多表现为内部员工收受或索取外部企业的财物，为外部企业谋取不正当利益。据统计商业贿赂类舞弊案件中，行贿方主要为供应商和经销商。具体可表现为：向采购人员进行贿赂，使其指定自己作为供应商以获取供应资格，或是在业务合作中谋取不正当利益，抑或在没有相应资质的情况下通过审查，使自己的不合格、不合规产品通过验收等。

（二）关联交易类舞弊

关联交易类舞弊的发生往往伴随着利益冲突情形，多指与内部人员具有利益牵连，从而指定与自己、亲属或企业高管具有利益关系的供应商、经销商进行采购或销售，从中牟取私利。如指定自己的亲属作为供应商，或者供应商与公司高管具有利益关系，采购人员予以配合进行利益输送。

（三）合同造假类舞弊

这种舞弊一般指内部员工利用职务便利，通过伪造、变造合同，制造虚假的交易事项，从企业骗取款项的行为。这种行为既可以由采购者单独实施，也可以串通外部人员共同伪造交易记录，涉及的物资往往属于易耗品，管理难度大，难以查明具体损耗数量。如在某企业资产管理的反舞弊案件中，涉案职业经理人就以续约费的方式收取租户的好处，且在租金上浮时通过阴阳合同的方式，将上浮的租金占为己有，这种舞弊行为难以察觉，往往潜伏期较长。

（四）职务侵占类舞弊

职务侵占类舞弊指公司员工利用职务便利，在经营活动中，侵占公司财产的行为。诱发职务侵占罪的动机多为赌博、还债等。该类舞弊常见于涉及资金流入、流出和物资管理等的环节，如倒卖公司货物、资产，虚构侵占员工工资，贩卖供应商提供的赠品、样品，私吞供应商的现金回扣等。在员工职权过大，岗位设置不合理，监管不规范的情形下更容易发生。如在某知名国际药企反舞弊案件中，个别销售人员就是通过滥用公司资源，虚报市场经费的方式侵占公司财产。

三、内控与反舞弊制度构建

（一）舞弊识别：建立举报投诉制度

及早识别企业内潜在的舞弊行为是反舞弊行动的关键前提。常见的舞弊识别途径有内部审计、外部调查、日常监控、投诉举报等。企业应完善自身的内部审计制度，定期审查相关财务信息、盘点存货资产，发现财务风险。随着计算机技术的发展，完善计算机系统核对等技术监督对快速识别潜在的舞弊行为也十分重要。而举报、投诉制度是揭露舞弊案件的重要途径，也是反舞弊信息的首要来源，保障举报途径的畅通是获取舞弊线索的关键环节。企业应首先确保举报的畅通性、保密性、有效性。

1. 创造信赖可靠的举报环境

保密性和畅通性是发挥举报作用的关键因素。一方面，企业可以设置专门电子邮箱、信箱、举报热线电话、投诉网站等举报平台来接收、记录举报信息，保证举报途径的畅通性和匿名性，创造信赖可靠的举报环境；另一方面，强化举报人保护措施，如制订相应的保护计划，严密保护举报人信息，以防举报人遭到报复等，确保举报人绝对安全，打消举报人的后顾之忧。此外，还可以尝试将举报环节外包，通过第三方平台接收举报信息，保障举报环节的独立性。

2. 有效收集整理举报信息

为保证举报环节收集信息的有效性，企业一方面应对收集到的线索进行初步调查，如开展第三方背景调查、现场走访等，甄别举报信息的真实性，便于评估相应风险及可能损失，客观量化合规风险。另一方面，还要判断证据的有效性与重要性，采取恰当的取证、保管方式，确保线索的合法性。对举报信息进行分类和预评估，根据不同类别的举报信息，建立相应的舞弊事项登记簿进行整理与保管，并严格落实保密规定，将举报内容归口相应处置部门或负责人。

（二）舞弊防范：完善内控制度建设

对于舞弊的防范应以事前预防为主，而非事后的问责、弥补。反舞弊的治理模式应从企业事后追损转化为事前预防，从企业内部治理机制着手，重视相关机制建设，辅以监督、举报等机制保障，建立有效的反舞弊合规体系。采购环节和销售环节是舞弊的高发环节，故本部分以采购环节和销售环节为例，简要论述如何通过加强制度建设防范舞弊行为的发生。

1. 分权以制衡：科学设置内部岗位

建立和强化反舞弊框架及体系，应从舞弊风险关键点入手，内部员工和合作企业是舞弊行为的关键主体，对此二者进行防范，可以极大减少舞弊行为的发生。而科学设置内部岗位是实现经营环节中的分权与制衡的重要手段，是约束内部员工的重要途径，其应做到以下几点。

(1)落实不相容职务相分离制度

设置岗位职责，首先要做到不相容职务相分离，即通过梳理业务流程中的不相容职务，采取相应的分离措施，明确不同岗位的职责与权限，使权力不交叉、不重叠，岗位间环环相扣，以达到互相制衡的目的。以采购环节为例，不仅要做到相邻的环节分离，如请购与审批分离、采购与验收分离等，而且有监督关系、重要职责的岗位也应分离，如验收人员与付款审批人等。具体的不相容职务要根据企业的具体情况进行甄别。

(2)明确岗位反舞弊职责

提前明确岗位反舞弊职责可以为反舞弊调查提供必要的依据和便利。例如，提前明确公司提供的办公设备以及工作期间形成的所有行动、行为记录属于公司资产，公司有权随时调取；对于公司派发的工作设备等，公司享有监听、复制的权力；基于公司调查需要，可以临时停止员工的工作或者调离现有岗位；明确员工在反舞弊调查中有诚信配合、提供资料的义务；明确员工具有岗位保密职责，不能透露业务中涉及的关键信息，签署员工保密保证书等。

(3)完善申报、回避制度

申报、回避制度的目的在于避免业务中的利益冲突，从源头防范舞弊问题。在具体业务活动中，相关人员应当主动检查是否与供应商、经销商等存在利害关系，及时向公司相关部门主动申报，申请回避。公司应制定好相应的申报、回避政策，将应申报、回避情形明确化，并规定违反申报、回避制度所应承担的责任。

(4)完善轮岗制度

轮岗制度有利于权力的监督制衡，轮岗的设立要重视实质而非形式。在关键岗位实施轮岗，其实质是为了防止岗位被专人长期控制而造成权力滥用，而非为了履行轮岗制度的形式主义。频繁的轮岗机制不仅不利于起到监督作用，反而会损害员工的积极性，甚至成为员工腐败的机会。故企业应根据自身情况，选择轮岗的岗位、频率。

2. 汰劣以留良:完善合作企业筛选机制

在采购环节和销售环节中,涉及的合作企业一般为供应商和经销商。应逐步建立完善的合作企业筛选机制,汰劣留良。

(1)确定合作企业筛选标准

合作企业的筛选标准要根据企业经营的实际情况予以制定,制定标准时应注意三点:第一,应将确定合作伙伴筛选标准环节前置,防止为特定企业量身定制筛选标准;第二,筛选标准要具有稳定性,对所有的企业都适用,防止为个别而随意改变标准;第三,如确需变更筛选标准,应遵守相关变更流程。

(2)进行合作企业合规调查

企业应对合作企业进行合规调查以判断其是否符合合作要求。调查范围可以分为三个领域:合作企业整体信息调查、合作企业反舞弊情况调查、合作事项合规调查。

合作企业整体信息调查重点在于关注企业的履约风险,如调查其财务信息、历史业绩,判断其是否具有相应的资金能力;通过关注公司股权结构及重大人事变更事项,判断其是否有关联交易;通过查询是否被列为失信执行人,判断其信用状况。

合作企业反舞弊情况调查时可以对企业进行不当或负面信息的收集和分析,以判断其是否有舞弊风险。还可以关注合作企业是否有相应的合规制度,如是否对员工进行反舞弊培训、是否签订反舞弊承诺以及自身是否有涉及商业贿赂案件的情况等。

合作事项合规调查是指判断合作企业是否具有提供相关服务的资格,如对采购产品进行调查看是否符合相关质量标准监管要求。此外,还要注意进行产品合法性调查,如要求供应商提供相应的知识产权证明文件,避免企业因使用供应商提供的侵权产品而承担责任等。

(3)实行合作企业动态评级管理

实行合作企业动态评级管理的目的在于及时识别、选择优质供应商。合作企业评级体系的构建需要各个部门的参与,如对供应商的评级体系可从供应商提供产品的质量、价格及售后服务措施等几个方面展开。根据不同的评级结果,记录不合规企业及事项,突出优质企业,淘汰不合规企业。建立合作企业合格名单并动态管理是企业长期的任务,需要经过交易、评价、筛选、修正等过程并多次反复才能予以完善。

3. 志同促道合:加强企业反舞弊文化建设

(1)建立反舞弊统一价值观

良好的企业文化会对员工产生潜移默化的正向影响,是一种有效的文化软性约束。加强企业文化建设,树立统一反腐价值观,目的在于统一大家的思想认知,如廉洁京东、滴滴清风、阳光腾讯等。企业应根据自身的发展特点、文化基础,建立属于自己的反舞弊文化和口号,可借鉴以下思路:

建立以诚信为根基的反舞弊文化。诚信是企业发展的基石,以诚信为根基的反舞弊文化,有利于降低舞弊发生率,减少舞弊案件的发生。因此,我们倡导企业建立以诚信为根基的企业文化,即说真话、做实事,从主观上杜绝寻找欺诈与舞弊的借口。

建立以责任为支撑的反舞弊文化。实现内部控制的关键不在于制度的建设,而在于制度的落实。企业应鼓励员工树立责任意识和主人翁精神,及时举报舞弊线索,还要重视高管人员的责任落实,高管是企业发展的领头人,要向高管言明舞弊危害,使其知晓自身有防范舞弊行为发生的责任和义务,重视舞弊现象治理。

(2)开展反舞弊专题培训

开展反舞弊专题培训有利于反舞弊价值观的落实践行。反舞弊培训的对象不同,培训重点亦有所不同,可以分为四个层次展开:其一,向全体员工进行反舞弊培训,目的在于使全体员工知晓舞弊问题的严重性和后果,识别行为合法与违法的边界,以及了解发现舞弊线索或受到舞弊诱惑时应该如何处理;其二,向特定岗位人员开展反舞弊培训,如管理人员、法务人员、审计人员等,这些人是反舞弊关键人员,培训目的在于提升识别企业潜在的舞弊风险的技能,学习如何采取相应的防范解决措施,将企业舞弊风险降低到最低程度;其三,向特定年龄员工开展反舞弊培训,有研究表明贪腐年龄呈现年轻化现象,故有必要对青年员工进行反舞弊培训,帮助其纾解工作生活压力,守牢道德和法律的底线;其四,向外部业务合作伙伴进行培训,使合作企业知悉本公司的反舞弊规定,积极举报交易中发现的舞弊行为,树立廉洁合作的合作理念。

(三)挽损制度:反舞弊调查及追赃索赔策略

1. 反舞弊调查的要点

反舞弊调查是反舞弊工作中重要的一环,本部分将概要讨论反舞弊工作中的几个要点。

(1)反舞弊工作的目标

在进行反舞弊调查前,工作组首先需要与委托人讨论确定该次反舞弊调查工作的目标。通常而言,企业开展反舞弊调查的工作目标是通过挖掘舞弊事实,实现对舞弊者的惩戒、肃清企业内部经营环境、强化企业廉洁文化、追账挽损甚至刑事追责等,不同的工作目标将决定该次反舞弊工作的深度和限度。

(2)设证推理思维的运用

反舞弊调查区别于其他法律事务的其中一点在于舞弊行为的隐蔽性。在介入反舞弊工作的时候,工作组往往仅有一条或者几条模糊的线索,但根据线索不能武断地判定舞弊行为的存在,更不能贸然采取反舞弊措施。工作组的重要任务之一是通过剖析舞弊事件进而发现内控漏洞,并采取相应的措施减少或避免同类舞弊事件的发生。因此,挖掘舞弊事件背后的逻辑比就单一舞弊行为本身进行处理对于内控工作的意义更大。

但由于舞弊行为的隐蔽性,挖掘舞弊事件背后的逻辑并没有那么简单。这时候需要我们工作组带着设证推理的思维介入反舞弊调查工作。

设证推理的概念在诸多相关著作或文章中均有提及,而笔者将其概括为“大胆假设、小心求证”。在面对舞弊线索时,工作组应该利用自身所处行业对于舞弊行为的认识,并借助自己在反舞弊工作中的经验,去“假设”舞弊行为是怎么发生的,“假设”舞弊者是怎么做的,这和刑事诉讼法律中的“无罪推定”理论相区别,是侦查阶段侦查部门所需要的最重要的思维方式。

在经过“大胆假设”后,工作组则需要从相关素材中“小心求证”,这是根据“假设前提”去寻找支持依据的过程,这个求证的过程包括现场走访(如对门店销售数据的采集工作)、对知情人的访谈(包括举报人、相关业务上下游知情人等)、对可能存在舞弊的人或部门所经手的经营行为的调查(包括业务合同、单据等)、对财务数据的分析和解读等,直至在“假设”与“求证”之间达到高度合理的逻辑关系。

(3)访谈的要点

在"假设"与"求证"之间找到高度合理的逻辑关系后,我们仍然不能就舞弊人员和舞弊行为下结论,工作组还需要将"高度合理"推进到"高度接近事实"的层面。有数据显示,超过七成的舞弊行为是在访谈中被破解和揭示的,那么如何进行有效的反舞弊访谈则是反舞弊工作中应当高度重视的问题,笔者总结主要有如下几个方面。

①访谈人物

此处的访谈人物主要指被访谈的对象。为了使访谈达到预期效果,工作组需要事先对访谈对象做一定的了解,如生活背景、教育背景、从业背景、家庭关系、个人性格、过往表现、同事口碑、所处岗位、与内外部相关部门和岗位的关系等。毕竟不同性格的访谈对象在面对反舞弊调查时的行为表现不尽相同,所以有必要对不同性格的访谈对象采取不同的访谈策略。

②访谈时机

时机指的是在什么时间开展访谈将可能达到较好的访谈效果。但时机并不仅仅指的是时间,笔者认为除了时间还需要根据"求证"得到的素材来决定访谈的人物对象。有些访谈是为了进一步补全我们尚不齐整的素材,此时的访谈重点就在于如何获取被访谈人的信任,使其放下防备心理和抵触情绪,获得被访谈者的支持。而有些访谈则是针对可能存在舞弊行为的对象展开的,此时我们需要掌握一定的能够突破对方内心防线的关键证据,在访谈陷入僵局的时候利用关键证据戳破防线,实现突破。因此,时机的把握也是反舞弊访谈中的重要内容。

③访谈地点

对于访谈地点的选择主要是围绕"有效访谈"的效果来考量,这需同时配合前文提到的人物个性以及该次访谈的主题来选择。我们不能简单地认为轻松的内容可以放在轻松的场景中进行,严肃的话题应该放在严肃的场景中进行。笔者并不反对上述安排,但同时笔者也认为不必过度拘泥于对场景的要求,只要对于访谈效果有利,即使是身处车上、散步、饭桌等场景也都可以进行访谈,对于工作组而言,只要其与被访谈对象处于同一场景当中,访谈就已经在发生。当然如果是对反舞弊调查有重大意义的关键性对话,笔者建议最好在较正式的场景进行,借此告知被访谈人须审慎地对待该次对话并对其所陈述的每一句话负责任。

④访谈策略技巧

在访谈开始之前,制定有效可行的策略尤为重要。由于舞弊行为通常是由多名成员协作完成,又或者是公司内部与外部勾结完成,因此需要提前研究舞弊团伙的分工情况、主次定位、相互间的利害关系等,从而拟定从哪个成员切入,从哪个环节“破冰”,如何突破舞弊团伙的攻守同盟的访谈策略。

在访谈中,我们则需要灵活运用对话的技巧。例如,如何减轻被访谈者的防备心理,如何利用其“做贼心虚”的心态,如何利用舞弊团伙内部相互猜忌的心态,如何利用舞弊团伙惧怕追责制裁的心理,如何利用既有证据突破对话的关键环节等,必要时还需要工作组使用循循诱导、软硬兼施甚至罪责交易等技巧,努力挖掘舞弊真相。

⑤访谈的注意事项

反舞弊访谈是高度依赖工作组经验、技巧与智慧的工作,笔者建议最好由有实操经验的人员完成或参与。虽然工作组从事的是反舞弊工作,但仍然应该尊重被访谈者的人身权利,如在访谈时要尊重被访谈者的人格权、隐私权、人身自由、适度沉默、要求亲友或专业人士陪同的权利。同时还要防范被访谈者出现情绪化、敌对化而可能产生的言语冲突、肢体冲突甚至打击报复行为。这些都有赖于工作组在事先做好必要的预案准备,确保访谈工作有序进行。

2. 反舞弊调查后追赃挽损之策略与技巧

经过反舞弊调查后,发现企业确有舞弊行为时,应立即采取积极措施,进行追赃挽损,最大限度减少企业损失。根据企业对舞弊行为的容忍程度和舞弊行为的严重程度,可通过内部谈判方案与外部控告方案两种方式进行解决。

(1)通过内部谈判软性化解纠纷

内部谈判方案适用于舞弊行为较为轻微,企业容忍程度高,舞弊者态度诚恳等情形,可以软性化解舞弊行为。此解决方案的关键点为严谨收集证据与把握谈判技巧。严谨收集证据的目的在于为案件后续办理或谈判沟通筑牢证据基础,可借鉴刑事侦查模式,调查、搜集、固定有关人员言词证据及银行流水、合同资料等关键证据。把握谈判技巧则要根据舞弊对象的认错态度合理施加压力,增加谈判筹码。此种解决方案运用得当,进可采取刑事报案措施,退可通过谈判将危机消弭于无形,减少受损风险。

(2)进行外部控告强硬处理舞弊

外部控告方案适用于舞弊行为情节严重,企业对打击舞弊态度坚决、毫不容忍,舞弊者拒不配合承认等情形。当采取控告方案时,往往意味着对簿公堂,因涉及取证、质证、诉讼等法律流程,须专业人士参与。采用外部控告方案,首先,要注意证据收集合法、合理,如此才能得到法院的支持与认可。可梳理已有的证据,如获得的证词、录音、其他书面材料、电子证据等,根据证据的相关性、证明力进行分类整理,方便诉讼举证。其次,要注意及时跟进程序,从立案调查到执行完结,实时跟进案件进展,在不同阶段采取不同的应对策略,保证案件的顺利执行。最后,要注意及时查封,追缴损失。通过查封、冻结等保全措施,控制财产并进行索赔,最大限度地挽回企业经济损失。

四、总结

反舞弊是企业发展面临的难题之一,舞弊行为的根源在于企业内部控制的失灵,加强企业内部控制对于解决舞弊问题至关重要。企业有必要建立相关投诉举报制度以及时识别舞弊风险,通过科学设置内部岗位,完善合作企业筛选机制,加强企业反舞弊文化建设等举措来构建企业内控制度,防范舞弊行为的发生。此外,当舞弊行为发生时,把握反舞弊调查的要点以及选择合适的追赃挽损策略有助于最大限度地挽回损失。完善企业内部控制是一个动态管理的过程,需要企业根据自身特点选择合适的方法策略,实现健康长远发展。

安全与便利化：海关视角下的企业关务合规安排

钟立扬　张甲征

近年来，受疫情以及国际环境的影响，国际贸易局面日益复杂。我国海关执行《贸易便利化协定》《全球贸易安全和便利标准框架》的要求，推进通关便利化，提高通关效率和便捷性，同时要落实我国政府加强国家安全和准入管控等措施。2023 年全国海关工作会议提出全国海关要着力构建全链条安全监管体系①，不仅对海关监管提出了新要求，企业也要有足够的认知，从事前、事中、事后三个维度提前做好关务合规安排。

一、企业面临的关务风险

关务风险，是指企业因进出口货物关务管理而影响企业关务目标实现的不确定因素。关务风险会带来税负支出、通关成本、物流效率等方面的不利影响，甚至还会引发对经营者和相关人员追究法律责任。企业的关务风险不仅来源于海关监管风险，更多的源于内部风险。从笔者已办理的案件归纳来看，企业关务风险主要表现为以下几方面。

（一）海关税收风险

1. 企业引发的税务风险

对企业来讲，依法纳税是基本义务，如申报不实，将可能造成财务损失，还有可能受到行政、刑事处罚。

（1）少缴和漏缴税款

依据《海关法》第 62 条的规定，进出口货物、进出境物品放行后，海关发现

① 参见中华人民共和国海关总署：《2023 年全国海关工作会议在北京召开》，载中华人民共和国海关总署网站 2023 年 1 月 13 日，http://www.customs.gov.cn/customs/302249/hgzssldzj/302340/302381/302387/4796214/index.html。

少征或者漏征税款,应在自缴纳税款或者货物、物品放行之日起一年内,向纳税义务人补征;如果因纳税义务人违反规定而造成少征或者漏征,海关在3年内可以追征。海关稽查、缉私如发现企业有少缴、漏缴情形,不但会追缴关税或其他税款,还可能对企业处以行政、刑事处罚,从而对企业的财务状况和经营状况产生影响。少缴、漏缴主要表现在:①进口货物未申报、少报或低报进口数量;②低报或漏报应税的对外支付款项;③低报价格或未申报特许权使用费等;④将商品归入错误的低税率税号;⑤将从不享受关税优惠国家进口的商品申报为享受关税优惠的原产地;⑥应税货物以非应税的项目进口;⑦减免税设备用于非免税项目等。

(2)多缴税款

企业对海关有关法律法规理解不深,导致关务安排、税率使用不当,未采取合理的纳税安排导致被要求递延纳税等,因而多缴税款,造成企业财务上的净损失。其表现情形同上述少缴、漏缴的表现形式相对。

(3)未及时申报增值税和出口退税

企业可能因为进口增值税税票未在规定的时间内向税务局申报认定、报关单出口退税联未在规定的时间内提交,造成进口增值税和出口退税方面的损失;也可能因为不如实申报,引发骗取出口退税的违法行为。

2. 海关监管引发的税收风险

海关持续加强在通关环节、事后监管环节和外贸新业态等方面的涉税监管,具体表现在:

第一,加强通关环节的申报和估价。依照2016年报关单填报规范,企业须如实申报是否存在关联关系以及是否对交易价格构成影响、是否存在特许权使用费等;三大税收征管局对特许权使用费、跨国企业之间转让定价问题持续关注;加强对进出口商品的归类、估价和原产地申报等工作。

第二,不放松对偷逃税款的打击力度。保税货物、减免税货物、免税店商品、暂时进出境货物、租赁贸易等一直是海关涉税监管的重点,擅自内销、申报不实等涉税违规走私案件一直是海关查处的重点领域。

第三,外贸新业态成为新的涉税关注点。对跨境电商等外贸新业态,海关监管的重点是是否属于跨境电商商品范围、是否为境内消费者个人购买自用等。如不符合相应规定应按照一般贸易申报进口。

（二）通关风险

1. 企业引发的通关风险

企业往往因关务安排不当、资料准备不齐等，未能在海关正常工作时间完成报关和通关；对海关在通关环节的质疑和检查不能及时答复和解决，致使海关未放行；未有效利用海关担保等制度，导致货物未及时放行；上下游企业商品编码、价格等的不同导致深加工结转无法完成等。这些轻则影响订单完成，重则面临海关处罚。企业未通过海关认证，增加了通关负担。

2. 海关监管引发的通关风险

海关在通关环节，逐步加强了便利化，但伴随着《生物安全法》《出口管制法》等的实施，海关对涉证商品监管的力度逐渐加大，重点为：

第一，打击"洋垃圾"进口。自 2021 年起全面禁止进口固体废物，海关监管的重点是旧机电和固体废物。利用旧机电使用翻新零部件的行业、以再生料作为原料进口的行业尤应注意，要确保进口货物符合我国的国家、行业产品技术标准，而不是仅仅符合出口国的标准。

第二，生物安全、两用物项的出境管控。《生物安全法》《出口管制法》中规定的生物安全（如人类遗传资源）、军民两用物项等与国家安全和国际政治环境紧密相关，相关企业对此属性以及违法后果认知不足，往往直接被按照走私国家禁止进出口货物罪处理。

（三）走私违规风险

1. 对走私违规的处理

海关通过稽查、缉私等方式，实现对加工贸易保税货物、减免税货物、一般贸易货物价格等的后续监管。"关检融合"以来，检验检疫业务并入海关，有关涉检的违法行为和犯罪行为也统一由海关查验、稽查、缉私等部门查处。结合《行政处罚法》的规定，区分主观故意和情节轻重，海关对企业和个人走私、违规行为的认定和处理如图 1 所示：

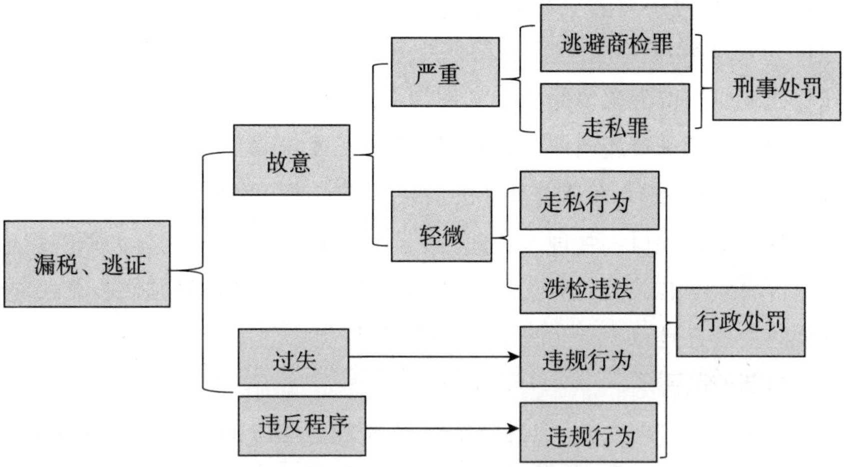

图1 海关认定及处理流程

2. 信用降级和联合惩戒

根据《海关注册登记和备案企业信用管理办法》(海关总署令第 251 号),企业如违反海关监管规定,将可能被认定为失信企业具体情形包括:被海关侦查走私犯罪公安机构立案侦查并由司法机关依法追究刑事责任的,构成走私行为被海关行政处罚的,违规被行政处罚(1 年内、总票数 1‰且被海关行政处罚金额累计超过 100 万元的),未及时缴纳税款、罚款,抗拒、阻碍执法,向海关工作人员行贿等。

如涉及违反进出口食品安全管理规定、进出口化妆品监督管理规定或者走私固体废物被依法追究刑事责任,非法进口固体废物被海关行政处罚金额超过 250 万元,海关将实施联合惩戒,将其列入严重失信主体名单。

二、风险的根源

(一)企业自身的内部根源

企业关务风险不仅来自申报阶段的操作失误、疏忽遗漏等,企业管理层的动机、内控制度的不完善、内外舞弊等更是主要的原因。

1. 非法经营的动机

在改革开放初期,由于法律制度的不健全、营商环境的不规范,我国港、台等地部分企业受大环境的影响,采取不规范的方式从事进出口业务,从而涉及违规、走私等行为。随着法律制度和海关监管的逐步完善,绝大部分企业开始重视关务风险,进出口活动逐步走向了规范化。但仍有企业管理层不是在技术创新、生产经营和管理创新上下功夫,而是在关务方面过分强调降低成本,把降低关务成本作为竞争优势和利润源泉,要求报关人员尽量采取低税率的商品归类,瞒报价格,甚至铤而走险,直接走私或偷漏税,长此以往,整个企业便沦为走私集团,经办人员也将会面临巨大的法律风险。

对企业报关人员和管理人员而言,选择一个合法经营、理解关务的管理层是减少自身风险的关键。对受委托代理报关的第三方报关企业来说,选择守法经营的委托方是减少自己法律风险的关键。

2. 内部控制薄弱

企业在关务管理上的风险,归根结底来自企业内部管理控制的混乱。主要表现在以下几方面:

(1)企业内部部门之间的信息共享不畅

企业的采购、销售、物流等部门对海关监管要求并不完全了解,导致公司内部对海关监管货物的管理不能符合海关的监管要求,如擅自处理减免税设备、保税货物同其他货物混杂且无法区分等。

面临海关价格磋商或稽查时,企业的法务、财务和关务往往各负责一块,法务和财务对关务不了解,不能形成合力,在处理海关事务如转移定价等时容易造成不利后果。

(2)关务档案管理不完善

有些企业未按照海关要求建立海关监管货物、减免税设备监管台账,管理层无法及时了解保税料件和减免税设备的流转情况。未建立有效的单证流转和交接流程,致使报关单在流转中丢失,或者质押单证超过有效期限,导致无法办理税务和外汇手续,造成不应有的损失。

(3)关务管理资源同关务需求不匹配

因为历史沿革,早期报关人员(包括企业关务人员)的总体素质不高。近年来报关人员的素质虽有大幅提升,但仍然未跟上口岸电子化的发展速度,不适应申报数据自动生成的关务管理系统,出现常规的申报错误。

(4)对关务缺乏监督和审计

除一些大型企业对申报过程进行复核、签字领导也具备一定的关务知识外,大部分企业对于申报过程缺乏有效的复核制度,签字领导的审核也流于形式,第三方报关公司的报关人员每天要处理的单证非常多,对企业的商品和交易不如本企业的工作人员熟悉,导致许多差错和遗漏无法及时发现。

内部审计和外部审计制度是发现问题和反舞弊的好方法。大多数企业的审计制度大多覆盖一些常规的财务会计和其他业务,由于国内关务的复杂性,审计人员不熟悉关务,往往刻意忽视对关务方面的审计。

3. 关务人员、商业伙伴的舞弊行为

(1)内部人员的舞弊

很少有管理层能够真正理解向海关申报的内容和影响,某些关务人员甚至勾结其他部门、其他企业的人员,利用海关业务的专业性回避公司内部的控制制度,牟取私利,造成商业腐败,对企业整个供应链安全危害极大。从反舞弊实例来看,企业内部关务人员的舞弊主要体现在以下几方面:①利用海关和关务方面的专业性,要求管理层先提供已签字的空白文件、自行保管报关印章,甚至发现有私刻印章的。②虚构交易,制作虚假单证,骗取费用。③编造海关的特殊要求,以海关的名义报销各种费用。曾有日资企业向海关举报,海关查实为报关员编造海关人员的需求。④通过非法的手段少缴、不缴税款,将企业陷入违法违规的境地。⑤依靠对企业关务的垄断和掌握的企业的问题,要挟甚至敲诈企业等。

(2)商业伙伴的舞弊行为

进口商基本上完全依赖于供应商提供的到货时间和地点,以及向海关申报的数据如商品的名称、属性、价格、原产地、数量和重量等,如果供货商提供的信息与实际有差异,将会直接导致不能申报或者申报错误,最常见的是重量和数量的差错问题。实例中,发现有境内外的供应商与企业内部人员勾结,虚构交易,甚至骗取货款的情形。申报单位和报关员可能面临海关处罚及经济损失。

第三方报关公司依靠丰富的专业经验、与海关等口岸部门良好的关系,提供准确快捷的代理服务,但实务中常发现报关公司存在与内部人员同样的舞弊行为,甚至有过之而无不及。还有不良报关公司会提供“包税”,甚至承诺免检等服务,企业往往被其低价等吸引,从而陷入走私的陷阱,企业也不会因为委托报关公司报关而被免除法律责任。

(二)海关监管的外部根源

如果说以上因素为内因的话,那么,海关法律制度的庞杂、执法的不可预期就是导致企业关务风险增加的外部因素。

据统计,“关检融合”后,企业在办理进出口海关业务时,将面临海关 7 部法律(含检验检疫)、23 部行政法规、184 部部门规章、2200 余件公告的约束。此外,还有其他法律(如《固体废物污染环境防治法》等)及其他政府部门关于进出口的规定、国际条约等。

海关通过查验、核查、稽查、缉私侦查等方式实现对企业进出口行为的全链条监管,企业在任一环节稍有应对不当,即可能造成海关监管的风险。

三、海关对企业关务合规要求

供应链上的所有企业,包括制造商、出口商、运输物流商、仓库、报关中介和进口商等,尽管面临的海关管理措施不同,但均要严格遵守国家关于进出口方面的法律法规。企业做关务合规安排,必须先了解海关对企业关务合规的要求,方能有的放矢。从海关监管的角度看,依据海关在通关监管、关税、保税、稽查等方面的职能,结合 2023 年全国海关工作会议中“提高事前环节风险布控精准性,完善全领域、全渠道、全链条风险一体化防控机制。提高事中环节查检征管规范性,强化‘口岸 + 属地’联动监管,开展‘打击进出口危险品伪瞒报专项行动’,提高税收征管质量。提高事后环节稽查打私有效性,巩固提升稽查作业有效率,保持打击走私高压态势”②等对事前、事中、事后监管的新要求,可以将海关对企业关务合规的要求归纳如下。

(一)通关监管环节的如实申报

企业向海关申请办理通关手续,必须按照《海关法》《海关进出口货物申报管理规定》《海关进出口货物报关单填制规范》的有关规定,向海关如实申报,不可以伪报、瞒报、虚报和迟报。

填制内容必须真实,做到“单证相符”和“单货相符”,即所填报关单各栏目必须与商业发票、装箱单、批准文件和随附单据相符,必须与实际进出口货物情况相符。

申报时如实勾选“涉证、涉检、涉税”情况,首次申报时必须如实勾选“是否存在特殊关系”“特殊关系是否影响价格构成”“是否存在特许权使用费”

② 中华人民共和国海关总署:《2023 年全国海关工作会议在北京召开》,载中华人民共和国海关总署网站 2023 年 1 月 13 日,http://www.customs.gov.cn/customs/302249/hgzssldzj/302340/302381/302387/4796214/index.html。

等。海关将审核和查验物流、信息流和资金流情况。

(二)关税征管环节的依法纳税

进出口货物的收发货人或其代理人负有缴纳关税及进出口环节税的义务。海关征收的税、费包括关税、进口环节增值税和消费税、反倾销税、反补贴税、滞纳金、滞报金、保证金等。

纳税义务人应自海关填发税款缴款书之日起15日内缴纳税款,如不能按规定的期限缴纳税款,应按日加付欠缴税款5‰的滞纳金。超过3个月仍未履行纳税义务的,海关将实施下列强制措施:海关书面通知其开户银行或者其他金融机构从其存款中扣缴税款,或将应税货物依法变卖,以变卖款抵缴税款,或扣留并依法变卖其价值相当于应纳税款的货物或者其他财产,以变卖款抵缴税款。

(三)对海关监管货物的依法使用、处置

海关监管货物是指一切尚未办结海关手续的进出口货物。在监管期内,企业应严格按照规定使用、保管海关监管货物,未经海关许可并补办有关手续,不得擅自决定处置。监管期满,企业应及时向海关提出减免税货物的解除监管申请或保税货物核销申请,以便于海关核查并办理相关手续。

(四)对海关稽查的配合义务

海关根据《海关法》《海关稽查条例》等的规定,可以对与进出口活动直接有关的企业、单位实施海关稽查。企业有义务保存并向海关提交会计账簿、会计凭证、报关单证及其他有关资料,配合海关对进出口货物的核查。

此外,海关企业管理工作放在稽查职能中,海关针对不同管理类别的企业有不同的通关措施,企业应积极提高企业管理类别,享受在对外经贸、银行、工商、税务、外汇管理等部门中活动的便利性。

四、企业的关务合规安排

海关对企业的合规要求,可以让企业把握什么是合法合规的,即可以做的;什么是违法违规的,即不可以做。在安全与便利框架下,企业应围绕纳税、通关监管等海关职能,从经营活动的不同环节入手,依据海关事前、事中、事后三个阶段和维度的不同监管重点,建立"事前规范"的关务合规管理,"事中应对、事后救济"的合规事件处理体系,以提高企业规范经营水平,降低违法违规风险,并通过提高守法程度来提升海关管理类别,最终实现守法便利的目标。

（一）事前规范

1. 建设全流程的合规体系

梳理海关全业务流程的风险点，建设从管理层承诺到层级审核再到关务人员培训，从预申报、通关到纳税再到后续监管各项关务制度及以贸易审计为主的反舞弊调查等"三位一体"的合规体系。

2. 做好关务筹划

根据交易的具体情况，选择合适的贸易方式和纳税方式，利用好关税的免、减、抵、退和延期纳税等政策，规范、如实申报，按章缴纳海关税费，建立符合《会计法》并满足海关要求的财务体系等。

3. 完善关务内控制度

建设对关务信息的管理、分享和利用制度，加强对关务部门和报关人员的管理，完善对第三方服务机构、供应商、客户和承运商等的管理和控制标准等。

（二）事中应对

企业在通关和纳税过程中，难免会被海关质疑，要求对有关行为或情况进行解释，甚至会引起价格磋商等。企业要冷静应对、据理力争：

第一，充分并合理地利用海关预裁定等制度，对商品归类、原产地、完税价格相关要素等申请预归类，提前化解潜在的风险。

第二，海关对价格产生怀疑并启动磋商程序时，企业应统一关务、法务、财务等积极应对，必要时可以聘请律师事务所、咨询机构等第三方机构参与涉转移定价、特许权使用费等的价格磋商。

第三，同海关建立正常的沟通渠道。企业自查发现问题时应及时向海关咨询；遇到与海关的认识不一致或重大疑难事项，应及时书面向海关请示；通过拜访海关、参加宣讲会等方式及时向海关反映问题。

（三）事后评估和救济

1. 定期开展关务合规检查

企业可以采用海关稽查的方式，对内部关务作业流程开展符合性测试，根据符合性测试的结果开展单证检查、货物盘点、外部验证等实质性测试，对关务合规进行综合评价，并撰写关务检查报告。

2. 组织贸易审计

企业可以通过审查货物在海关监管方面是否有漏洞、关务部门的资源使用情况等内部审计，来测试关务方面的控制系统是否存在并有效；通过第三方审查会计报表的合法性、公允性和一贯性等外部审计，测试关税、增值税等税款支付的真实性和完整性，测试是否有潜在的漏缴关税、增值税等情况。

3. 积极应对稽查、缉私

企业自查发现存在涉税违规问题时，及时向海关主动披露，争取免于或减轻、从轻处罚；面临海关稽查、缉私时，可提前开展自查，要在人员、办公场所、提交资料等方面积极配合，不欺骗海关，对稽查、缉私发现的问题要依法申辩，甚至提起行政复议、行政诉讼，对涉刑案件要争取专业律师的尽早介入。

五、结语

外贸一直是拉动我国经济发展的“三驾马车”之一，而且跨境电商等新业态、新模式不断涌现。企业应思考如何在不违规不逾矩的前提下充分享受海关等监管部门带来的安全与便利。

第一，通过通盘、系统的关务合规管理，让企业自身符合海关监管和国家大政方针要求。

第二，在合法合规的基础上，不触碰海关监管红线和底线，免于违法处罚和刑事犯罪。

第三，将合规建设纳入企业整体运营，从企业管理、通关管理、税收管理、合法合规等方面整体规划，实现税负最小化、安全与便利最大化的进出口美好愿景。

互联网商业广告合规怎样做

明亚莉

随着互联网技术的发展,尤其是移动互联网和移动端的普及,“离线状态”慢慢消失,人们通过网络获取信息、浏览新闻、进行专业学习、采购生活物资和社交等,与互联网的接触基本是全天候的。发布在互联网上的各类信息,越来越多地影响到人们各方面的决策。利用互联网发布形式多样的广告,推销自己的商品和服务,已成为目前广告主更加青睐的广告投放方式。根据某市场营销研究机构 2023 年 3 月 30 日发布的《2022 中国互联网广告市场洞察》[①],2020 年、2021 年、2022 年,中国互联网广告市场规模分别占中国广告业市场规模的 59.49%、64.42%、72.06%。2022 年,在中国广告市场规模首次出现不增长、略有收缩的情况下,中国互联网广告市场规模依然实现了 1.4% 的增长幅度。

互联网广告因其以下特点,易给消费者和广告活动参与主体带来诸多法律风险,成为近年来司法、执法机关重点关注的领域之一:

第一,我国食品、药品、医疗器械、教育、金融产品等与消费者生命财产安全关系密切的商品或者服务的质量和规范仍在提升中,在互联网技术的加持下,这些重点领域的互联网广告数量更庞大、传播更迅速且隐蔽。这给及时发现和整治违法违规广告、维护良好的市场经济秩序增加了难度。近年来,国家不断修订和出台规范互联网广告活动的法律法规和规范性文件,对互联网广告主体设置了更加严格、明确的义务,要求其不断建立健全管理制度,合法合规经营,主动参与到规范互联网广告的活动中。

第二,互联网广告的参与主体多,且同一主体在不同情形下具备多个广告主体角色的情况并不鲜见;部分借助互联网进行推销的活动其性质尚未完全

---

① 参见《Quest Mobile 2022 中国互联网广告市场洞察》,载 Quest Mobile 网站 2023 年 3 月 28 日,https://www.questmobile.com.cn/research/report/1640626113196691458。

确定,如网络直播;部分跨境电商广告活动广告主的确定,往往需要层层深入探寻各方的控制关系,方可拨开迷雾,觅得真实责任主体……如何厘清纷繁情形下各互联网广告参与主体的法律责任,不仅给消费者或其他民事主体维护其受损的民事权益增加了难度,也给执法和司法部门提出新的挑战。针对执法、司法实践中仍不明确的情形,各地仍在不断讨论中,各互联网广告主体在日常经营中做到合法合规管理将有助于在相关争议情况出现时,争取到对个人或企业更有利的结果。

第三,随着互联网广告执法水平和监测技术能力的提高,各互联网广告主体只有做好日常合规管理,不断提升合规经营能力,才能更好应对执法抽查、投诉等情况,树立良好个人或企业形象和声誉,赢得市场和客户。

第四,相比传统平面广告,互联网广告的传播效率是指数级增长的,极易在短时间内造成较大影响,一旦广告内容或形式违法违规,其侵害消费者或公众民事权利、破坏市场经济秩序的程度和后果可能更严重,相关主体面临的民事、刑事责任也更重。

互联网广告参与主体做好广告合规,既是应对不断提升的监管要求、广泛的社会监督所需的规定操作,也是让相关主体可以减轻或者免除特定民事责任、刑事责任的有效措施。各互联网广告参与主体可以从以下两个方面着手。

一、从法定义务和执法监管的角度,构建日常经营管理中的合规制度

以《广告法》《互联网广告管理办法》为代表的法律、法规、规章及其他规范性文件,对互联网广告主体的法定义务和合规要求有比较明确的规定,再结合互联网广告执法实践的执法要求,可以对互联网广告合规及法律风险控制有比较系统的了解和应对。

(一)广告主投放互联网广告的日常合规制度构建

广告主依法对广告的真实性负责,他是互联网广告活动中唯一必然存在的角色,其他的互联网广告主体参与到广告活动中来,均是因为广告主的委托。广告主如何选择参与到广告活动中的主体,直接关系到广告的质量,以及广告活动的合法、合规。

1. 甄选受委托的其他广告主体

(1)委托合法的互联网广告经营者、广告发布者

《广告法》第32条明确了广告主设计、制作、发布广告,应委托具备合法经

营资格的广告经营者、广告发布者,但《广告法》未规定广告经营者的资格许可,因此所有依法进行工商登记,且营业范围的表述允许其从事广告经营业务的,均属于广告法规定的具有合法经营资格的广告经营者。② 关于广告发布者的资格许可,《广告法》也没有规定。2021 年修正后的《广告法》删掉了要求广告发布者进行广告发布登记的相关条款。结合《广告法》《互联网广告管理办法》可以看出,广告经营者、广告发布者,均可以是自然人、法人或者其他组织。既然法律法规等对从事广告业务并无具体的资格许可方面的规范和限制,广告主的关注点应当在于互联网广告经营者、广告发布者是否具有合法的民事主体身份,经营范围中是否有从事广告经营、发布的内容,是否有承接设计、制作、发布互联网广告业务的能力,是否已经建立健全且有效运行着广告合规制度。广告主还应将该等筛选的标准明确化、书面化,以此初步确定受委托的主体能否在业务合作中遵守法律规定,履行互联网广告合规要求,提供合规且具备较高品质的互联网广告设计、制作、发布活动。广告主核实互联网广告经营者、互联网广告发布者的身份、资质,应当将获取的相关资料存档备查。

(2)选择合适的广告代言人

广告主借助广告代言人的社会影响力进行广告活动,助力扩大市场营销表现的同时,也应当防范广告代言人本身的言行、道德问题给广告主带来的风险。广告主应当事前审慎筛选广告代言人,选定后明确双方权责,并通过详尽的合同约定确保在合作期间保留解除合作的主动权。在互联网广告活动中,广告代言人参与代言活动的形式多样,尤其是网络直播等即时传播方式,对广告代言人在网络上即时言论的质量,有了更高的要求。广告主应当结合代言广告及系列活动类型对参与互联网广告活动的广告代言人的要求,高标准做好事前筛选工作。

第一,对广告代言人的选择建立负面清单,了解法律规定不可选择广告代言人进行证明、推荐的各种情形,不触碰红线。这些情形主要包括:首先,应当根据自身拟推销的商品或服务所处行业,区分不得委托广告代言人、不能委托某一类广告代言人的情况;其次,对于法律法规明确不得选择其作为广告代言人的,应当列入负面清单,如 10 周岁以下的未成年人,在虚假广告中作推荐、

② 参见国家工商总局广告监督管理司编著:《中华人民共和国广告法释义》,中国法制出版社 2016 年版,第 103 页。

证明受到行政处罚未满3年的主体,以及不接受试用拟代言商品或服务的主体;再次,对于不愿接受或客观实际不能接受或试用拟代言的商品或服务的,不予选择;最后,对于因吸毒行为被公安机关查处未满3年或者尚未戒除毒瘾的自然人,以及存在其他可能给社会公众带来不良引导的自然人,建议不予选择。

第二,对候选广告代言人做背景、品行尽职调查。为最大限度地减少借助广告代言人的影响力为商品或服务的市场表现背书的同时可能带来的因广告代言人的负面消息或形象招致的市场消极反馈,广告主需要对合作的广告代言人进行更深入了解。这就要求广告主对广告代言人的背景、品行进行尽职调查,并要求其对某些特别风险事项出具承诺,对于不予配合的广告代言人候选人,不予选择。尽职调查的关注点主要围绕:广告代言人的真实身份信息,核验其身份证件或营业执照等主体信息资料;公开场合或私下与拟推销商品或服务有关的言论或看法;个人品行、价值观念、为人处世及道德责任等可能在代言期间影响到消费者对拟推销商品或服务的市场形象的感受的信息;对可能影响或波及广告主拟推销商品或服务相关事宜的合法披露及保证。

第三,签订书面合同明确双方权责,确保广告主的单方解除权和由于广告代言人自身原因造成违约时的救济途径和权利。

2. 签订书面合同,保存互联网广告内容及活动有关资料

广告主委托互联网广告经营者、互联网广告发布者、互联网广告代言人等主体时,均应当签订书面合同,清晰约定各方权责。对于发出的互联网广告需求指示,互联网广告形式及与互联网广告文案、图片、视频、音频等内容有关的文稿、样本、引证内容、授权资料等广告制作过程中的往来资料和记录,亦应妥善保存。

因互联网技术的特性,互联网广告有无限空间、无限链接,互联网广告投放渠道、表现形式也与传统广告相差千里,互联网广告经营者、互联网广告发布者、互联网广告代言人在互联网广告活动中,是否完全按照广告主的要求进行,已不可能像传统平面广告一样,审核一次就一劳永逸。一旦出现违法违规情形或言论,广告主作为广告内容真实性的责任人,将被执法部门要求配合调查,这时能够迅速提供明确清晰的体现各方权利义务的书面材料和沟通记录

是有效的解决方案。

虚假广告、违法广告、在广告中使用绝对化用语误导消费者等,依然是互联网广告领域比较突出的问题,也是执法部门重点监测的内容。广告主对于广告内容中引用的任何数据、专利以及可能存在比较级或最高级的表述,应当首先确保所有引用内容的真实性,并妥善保存原始的文本资料或来源信息。对于内容中存在比较级、最高级的表述,由于绝对化用语的执法实践也处于不断调整、更新的过程中,对于被监测或投诉使用绝对化用语的广告,广告主应当能够积极提供真实、合法、完整翔实的资料,助力有效应对执法检查。

授权资料是互联网广告发布便利化后,很多广告主自行发布广告时经常忽略的内容。比较典型的例子是大量主体未经授权使用著名演员葛某出演的某影视角色的图片作为自己发布广告内容中的配图。葛某委托律师发起的针对侵权广告主的诉讼,公开可查的相关案件已达数百例,实际侵权的数量应该更多。广告主在广告中使用的内容涉及其他民事主体的著作权、肖像权等权利时,一定要提前获取书面授权,避免侵犯他人合法权益,引发不必要的纠纷或诉讼。

除了上述提到的与各互联网广告主体签订的合同、引证内容资料外,与互联网广告费用相关的票据等材料,也应当妥善保存。《广告法》第55、58条对发布虚假广告的处罚形式之一是按照广告费用的倍数罚款。在市场监督管理部门提出核查广告费用有关票据的要求时,尤其是广告主通过自建网站、自有客户端、互联网应用程序、公众号、网络店铺页面等互联网媒介自行发布广告被调查执法时,如执法机构要求广告主提供广告费用相关的资料,广告主不可简单地以未委托广告经营者、广告发布者等第三方市场经济主体未产生广告费为由拒绝,而应当根据经营实际产生的网站、客户端、应用程序、公众号或网络店铺的建设、开发维护费用等,提供真实的票据或财务数据,供执法机构核查。广告主通过自建网站或具有合法使用权的自媒体账号等自行发布广告的费用是非常低的,如果不能按照执法机构要求及时提交证明广告费用或成本的材料,则有可能被认定为广告费用"无法计算",导致执法机构按照最低20万元、最高100万元的标准处罚。

3. 自行发布广告的情况下,建立广告发布制度并保存档案

广告主自行发布互联网广告的,广告发布行为应当符合法律法规的要求,

建立广告档案并及时更新。相关档案保存时间自广告发布行为终了之日起不少于3年。这是《互联网广告管理办法》对广告主承担广告发布者角色时,应当履行广告发布者的相关义务的要求。相关广告档案制度的构建及合规要求,将在下文"广告经营者和广告发布者合规制度构建"部分详述。

(二)广告经营者和广告发布者合规制度构建

《广告法》把广告经营者和广告发布者建立法律法规要求的管理制度作为其法定义务,通过互联网从事广告业务的广告经营者和广告发布者亦应当遵守。广告经营者和广告发布者应当建立、健全广告业务的承接登记、审核、档案管理制度,依据法律、行政法规查验有关证明文件,核对广告内容。对内容不符或者证明文件不全的广告,广告经营者不得提供设计、制作、代理服务,广告发布者不得发布。

1. 形式和实质并重,建立互联网广告业务的承接登记、审核、档案管理制度

企业必须有明确的、书面的互联网广告业务承接登记制度、审核制度和档案管理制度文本。制度制定后,应当在日常业务流程上体现,并确保其实际运行,做到所有承接的广告业务都有登记,所有业务审核手续都齐备,业务档案保存齐全,让承接登记、审核、档案管理制度得到全面贯彻和执行,登记或审核手续不全,则不能认为互联网广告的承接登记、审核、档案管理制度已经健全。对于审核中发现的内容不符或证明文件不全的广告及已拒绝提供设计、制作、代理、发布的广告委托,也应当保留业务档案。避免在执法抽查中出现徒有制度文本,而业务承接登记不全、广告审核手续未完善或业务档案不完整等未实质履行互联网广告经营者、互联网广告发布者审核义务的情况。

对于审核的内容,首先,审核广告主的主体身份证明;其次,审核相关行政许可,确定其是有资质生产、销售拟推销的商品或服务的生产经营主体,如委托互联网广告经营者、互联网广告发布者通过网络为其生产的食品制作、发布广告的,互联网广告经营者、互联网广告发布者需要核对其是否具有食品经营许可证、食品流通许可证或食品生产许可证等;最后,还需要对与广告内容相关的证明文件进行核对,如广告主希望出现在广告内容中的数据、专利、排名等,均需要有相应的证明文件予以佐证,对所提供的资料的来源、真实性、合法性、有效性进行核查。

在互联网广告中，如广告主要求广告发布者跳转至指定页面，互联网广告经营者、广告发布者应当审核：①该跳转页面的 ICP 备案情况，了解是否为广告主自设或广告主拥有合法使用权；②核对跳转页面、下一级链接推销的商品或服务与前端广告页面的关联性，确保其指向同一商品或服务；③跳转页面无违法、违规的商品或服务等违反法律法规的情形。

在档案保存管理方面，除了上文提到的互联网广告经营者、互联网广告发布者核查核对的文件资料应予妥善保存外，广告合同、发布样稿的确认、广告内容修改记录、相关主体的书面授权记录、算法推荐服务相关规则及广告投放记录等，均应当妥善留档备查，作为互联网广告经营者、互联网广告发布者已经履行相关法律法规规定的义务和责任的证明，保存不少于 3 年。

2. 配备熟悉广告法律法规的广告审核人员或者设立广告审核机构

互联网广告经营者、互联网广告发布者应当在其内部配备熟悉广告法律法规的广告审核人员，或者设立专门的机构，负责日常业务中广告的审核工作，以及广告相关资料的存档及档案管理工作，并确保相关人员及时接受广告审核培训，以及及时更新相关知识。随着广告发布登记制度的取消，法律法规及行政监管实践中对于互联网广告经营者、互联网广告发布者广告审核义务及抽查要求的强化，互联网广告经营者、互联网广告发布者对其受委托的广告内容承担了从审核主体身份、核对广告内容有关的资料到广告内容是否具有禁止、限制或变相发布的情形，以及是否满足互联网广告发布要求的审核、把关责任。如何在创新的同时保障不逾越法律红线、满足监管的规范化要求，对互联网广告经营者、互联网广告发布者合法合规经营至关重要，没有熟悉广告法律法规的专业人员或机构并确保这些人员和机构及时更新知识，很难做到。

3. 建立重点领域互联网广告类别、内容审核清单，明确审核标准

互联网广告发布者应当从实质上审核广告内容是否为法律法规禁止生产、销售的商品或服务，是否属于禁止利用互联网发布广告的商品或服务，其所属类别或内容是否属于根据法律法规需要提前进行审查的广告，是否存在变相发布限制发布的广告，是否可能违反未成年人保护相关原则等。之所以说需要对内容进行实质审核，是因为现行法律法规在确认互联网广告发布者有通过互联网自行发布广告的权利的同时，提出了更多要求，且一些要求比较

原则化，比如，《互联网广告管理办法》规定，在针对未成年人的网站、网页、互联网应用程序、公众号等互联网媒介上不得发布不利于未成年人身心健康的网络游戏广告。该条规定并没有禁止在相关互联网媒介上发布针对未成年人的网络游戏广告，而是将这些广告是否不利于未成年人身心健康的这一标准，在发布的时候交给互联网广告发布者自己把握，如果互联网广告发布者内部未对这类网络游戏广告内容的审核建立明确的标准，把控不严，进行了发布，被消费者举报、投诉，或者被执法部门监测到后，将承担相关的责任。因此，互联网广告发布者有必要在内部就司法、执法重点关注的高风险领域的互联网广告，制定内容方面的风险核查清单，统一内部发布标准，树立通过好的创意吸引消费者注意力的广告经营理念，而非打"擦边球"。

4. 对利用互联网发布的广告有关页面进行必要的形式审核、核对

现行法律法规要求互联网广告发布者确保互联网广告的可识别性，尤其对于以下情况，应当分类逐一进行审核确认：①须显著标示"广告"的情形。显著表明为"广告"是广告法对于广告可辨识性的要求。对于互联网上发布的各种新形式广告，包括搜索结果中有竞价排名的商品或服务，必须标示"广告"。通过知识介绍、体验分享、消费测评等形式推销的商品或服务，即让广大消费者"种草"的广告，也应当明确标示"广告"，目前多数互联网广告发布者的实际操作与该规定不符，应当尽快自行规范。②一键关闭广告的审核。《互联网广告管理办法》对一键关闭已经有了更详细的要求，应当严格遵循其要求，列出可能违规的情形，一一核对。③对是否影响消费者使用互联网进行审核。尤其对是否存在通过互联网向消费者的智能家电、导航系统等发送广告影响其正常使用的情形，进行合法合规性审核。

5. 建立网络直播事前合规预案制度

我们之前提到，网络直播目前并未完全定性。在执法实践中，市场监督管理部门可能将网络直播认定为"商业广告"或"商业宣传"。互联网广告经营者、互联网广告发布者在根据委托从事网络直播活动时，应当提前定好直播文案或文案大纲，并对直播参与人员进行必要的培训，避免在网络直播活动中介绍产品或服务时出现名不副实、过于夸张的或绝对化的形容或表述，以及对其他竞品或商家进行不恰当的比较、抹黑，做到既不损害消费者权益，也不损害其他商家利益。

6. 公布收费标准和收费办法

互联网广告经营者、互联网广告发布者应当制定明确的广告活动收费标准和收费办法，并进行公布。至于具体的公布形式，未有限制，但公布的形式应当符合常识。另外，由于实践中广告经营者、广告发布者收取广告费不完全按照其公布的收费办法和收费标准的情况时有发生，执法监督部门也了解相关实践，在执法检查行动中，执法监督部门要求提供与广告费用相关的发票、票据等资料的，应当如实提供。

（三）广告代言人及为其提供经纪服务的机构合规制度构建

广告代言人在商业广告代言中的法律责任和合规义务，近些年被不断加强，尤其是在出现对消费者生命健康或其他权益产生损害的虚假广告中代言的，将可能被要求与广告主承担连带责任。广告代言人及为其提供经纪服务的机构从事广告业务，应当不断提升业务管理水平，建立健全合规制度，慎重选择合作的广告主，并规范对待相关商业广告活动。对于广告代言人来讲，这既是一种维护自身公众形象和声誉的必要操作，也是对自身合法利益的保护。在合规制度构建方面，从事广告代言活动需要注意以下几方面。

1. 建立广告代言负面清单

广告代言人或为其提供经纪服务的机构，面对纷繁的商品和服务，有必要建立广告代言的负面清单，避免代言法律法规禁止、限制代言的商品或服务，避免与资质不全、信誉不良、商品或服务本身存在质量风险的广告主建立广告代言关系，避免在不深入了解的基础上用自己的形象和声誉为他人的产品和服务做推荐而给自己带来法律责任和经济损失。

负面清单的具体内容，应当以《广告法》《互联网广告管理办法》等广告法律法规为基础，结合拟代言商品或服务所处行业的特别规定，以及广告代言人自身的特点和原则，创建广告代言负面清单。如拟代言的商品或服务，属于不得做广告，或不得使用广告代言人作推荐、证明，或相关广告需要提前获取行政审查但广告主未提供相关证明，以及相关广告主多次偷税漏税有多次行政管理部门行政处罚记录，或者广告代言人及其经纪服务机构对于拟代言的商品或服务无法准确理解其风险的类型，均列入负面清单，不考虑为之做任何推荐或证明的代言活动。

2. 事前做好拟代言商品或服务的审查，并保留消费或试用记录，建立广告代言档案

广告代言人应当慎重对待自己的社会影响力，对于前来洽谈代言的广告主及其拟推介的商品或服务，应当做好对广告主及相关商品或服务的审查，充分了解其身份信息及相应资质，如查阅被代言企业登记注册信息、相关资质审批情况、企业信用记录、企业诉讼记录、行政处罚记录、拟代言商品的商品说明书或服务流程，以及与消费者权利义务相关的合同条款、交易条件等，并将了解的这些信息妥善记录、存档。

在代言前试用商品或服务，既是法律对于广告代言人的要求，也是广告代言人在商业广告代言活动中保全自己的有效制度。首先，应当注意要保存购买或签收拟代言商品或服务的消费记录、签收记录，保存商品或服务的具体信息，如商品名称、型号，服务名称、类型、流程等，确保代言的商品或服务与实际试用过的一致，并将这些记录和信息存档备查；除自己近亲属可以试用的婴幼儿产品外，对于自己不能亲身试用的商品或服务，不予代言。

3. 签订书面合同，对代言行为、代言范围进行细致、明确的约定

互联网时代，广告代言人可以进行证明、推荐的形式是多样的。广告代言人及其经纪服务机构应当对代言涉及的代言行为、代言范围和具体参与形式进行详细的了解、谈判，并在合同中进行明确约定。例如，是仅在商业广告中推荐，抑或在特定的娱乐节目、综艺节目等活动中进行推荐、证明；是展示形象、语言、文字、动作等，还是需要以扮演的影视形象角色进行推荐；是以代言人的名义作推荐，还是以其他名义作推荐、证明。详细、明确的约定，既涉及工作量和费用的问题，更是对广告主、广告代言人权利义务边界的明确，在发生广告主侵害广告代言人合法权益情况时，有明确的合同约定作为维权依据。

4. 对广告内容全面了解，建立专人全程跟踪广告品牌动向制度

广告代言人及其经纪服务机构应当对广告内容有整体了解，如广告的主要创意内容、合作对象，尤其对于涉及消费者生命健康财产安全的商品或服务的广告，代言人对其中出现的数据、相关事实，有必要要求广告主提供相应的证明文件进行核对，并将相应情况记录在广告代言档案中，避免代言虚假广告，给消费者和自身带来损害。

从确定代言到代言结束的整个期间，应当有专人跟踪所代言商品或服务

或该广告主相应品牌的主要市场消息,对于广告主出现严重违法失信行为、相关商品或服务出现严重质量或安全问题等负面的消息或状况,及时进行核实并视情况采取解除代言合同、发表个人声明等补救措施。对于未经授权或超越授权使用代言人的形象等发布的广告,侵害广告代言人合法权益的,通过及时保存证据并告诫商品经营者或服务提供者改正、向市场监督部门举报、发表声明、提起民事诉讼等途径,维护自己合法权益,防止消费者或其他公众因此上当受骗。

5. 广告代言人在互联网广告活动中担任广告发布者角色时,应当按照广告发布者的要求,做好合规安排

已建立广告代言关系的广告代言人接受广告主、广告经营者的委托,通过自设网站或者拥有合法使用权的互联网媒介(包括但不限于个人微博账号、小红书账号等各类自媒体、社交媒体)发布广告,可能被同时认定构成该互联网广告的广告发布者,广告代言人在这种情况下应当履行法律法规对互联网广告发布者的要求,不仅要有健全的广告登记、审核及档案管理制度,而且在互联网上发布相关广告时要确保它作为广告的可识别性,不可误导公众。

(四)互联网信息服务提供者

互联网信息服务提供者是互联网广告环境下,商业广告活动中新出现的主体,虽然其不直接参与广告的制作、设计、代理、发布,但其作为一定互联网空间的建立者、秩序维护者和利益享有者,在互联网空间中具有空间管理权限和职责,有责任对其管理和控制的互联网空间的商业广告活动进行管理和规范。基于此,法律法规对其提出了要求,互联网信息服务提供者应当从以下方面做好合规制度构建。

1. 建立用户主体身份核实及记录保存制度

对所有可以利用其互联网信息服务,在其经营的互联网平台上发布互联网广告的自然人、法人或其他组织,互联网信息服务提供者应当要求其提交身份、地址、联系方式、行政许可等真实信息,并对这些信息和资料进行核验、登记,建立登记档案,定期核验更新。

对于身份信息的核实,应当以身份证、营业执照或社会统一信用代码等法律规定可以确定其合法、有效身份的资料作为核对、记录及保存的资料,并应当及时更新。信息记录保存时间自互联网信息服务提供行为终了之日起不少

于3年。

2. 建立并维护健康良好的平台互联网广告规则

互联网信息服务提供者在提供平台服务过程中，应当建立健康良好的经营规则和环境，公布服务协议和平台规则，向每一位平台使用者介绍平台的规则并要求其在使用平台信息服务的过程中认真执行，做好规则维护工作。

3. 建立违法广告内容的监测、排查制度，不阻挠监管部门的广告监测并积极配合执法部门执法检查

发现违法广告的，应当采取通知改正、删除、屏蔽、断开发布链接等必要措施予以制止，并保留相关记录。

同时，作为互联网平台运营者，对于市场监督管理部门开展的广告监测，不以技术手段或者其他手段阻挠、妨碍；配合市场监督管理部门调查互联网广告违法行为，并根据市场监督管理部门的要求，及时采取技术手段保存涉嫌违法广告的证据材料，如实提供相关广告发布者的真实身份信息、广告修改记录以及相关商品或者服务的交易信息等。

4. 建立投诉、举报及处理制度

建立有效的投诉、举报受理和处置机制，设置便捷的投诉举报入口或者公布投诉举报方式，及时受理和处理投诉举报。依据服务协议和平台规则对利用其信息服务发布违法广告的用户采取警示、暂停或者终止服务等措施。

5. 互联网信息服务提供者直接制作或发布互联网广告时也应当相应地建立健全互联网广告经营者、广告发布者的合规制度

互联网信息服务提供者通常是互联网平台经营者，既可以仅为广告经营者、广告发布者提供互联网信息服务，也可以直接接受广告主委托，在具体的互联网广告活动中作为广告经营者、广告发布者的角色出现。实践中，大部分大型的互联网信息服务提供者，往往同时也是互联网广告的经营者、广告发布者，广告发布是其主要业务之一。在同一互联网页面中，消费者往往可以看到它以互联网信息服务提供者和互联网广告发布者这两种身份同时出现。例如，消费者浏览某公众号发布的消费测评文章，“种草”某种商品或服务时，文章中间或末尾出现其他毫不相关的、由微信平台直接推送的图片或视频广告，点击即可进入下一级链接进行购买。这种情况下，设置明确的分割线或者采取其他可以明显区别二者的措施，区分互联网信息服务提供者和广告发布者

的这两种角色十分有必要。当然,作为互联网广告经营者角色发布广告时,应当标明其为“广告”,并遵循《广告法》《互联网广告管理办法》对于互联网广告经营者、广告发布者的要求,建立健全广告登记、审核和档案管理等各项制度并确保落地实施。

二、从可能承担的法律责任角度,夯实合规制度

所有的自由都有相对应的枷锁。移动互联网让每个自然人和企业有可能在互联网广告中扮演广告主、广告经营者、广告发布者、广告代言人等不同的角色,相关法律法规在确认人们更大的自主参与广告业务活动的权利的同时,也在人们身上附加了义务。互联网广告时代,每一个民事主体都有必要了解相关广告法律法规,在自己参与到广告活动中时确保不违法逾规。如不能做到依法依规,可能面临行政处罚,被要求承担民事责任,甚至承担刑事责任。

案例一③:

宁波市某贸易公司为销售普通口罩,在自营网店发布广告,广告含有“外科”“医用外科”“N90”“n90”“国标 N90”“N95”“防病菌”“防结核”“防病毒”等内容,广告内容与实际情况不符。2020 年 5 月,余姚市市场监管局作出行政处罚,责令停止发布违法广告,消除影响,并处罚款 20 万元。

案例评析:

这是一个典型的广告主利用自己具有合法使用权的互联网媒介自行发布商业广告被罚的案例。宁波市某贸易公司的行为违反了《广告法》第 4 条第 1 款“广告不得含有虚假或者引人误解的内容,不得欺骗、误导消费者”以及第 17 条“除医疗、药品、医疗器械广告外,禁止其他任何广告涉及疾病治疗功能,并不得使用医疗用语或者易使推销的商品与药品、医疗器械相混淆的用语”的规定。因此,市场监督管理部门有权依据《广告法》第 55 条有关虚假广告的规定对其进行处罚。本案中,当事人在自营网店发布广告的广告费用应当是极低的,在其能够提供完整费用票据或说明广告费用成本的情况下,按照广告费用 3 倍以上 5 倍以下的标准计算的罚款也是非常低的。但本案当事人应当是没有妥善保存自营网站成本票据也无法根据其建设、运营网站的成本就案涉

---

③ 参见《浙江省市场监督管理局公布 2020 年上半年虚假违法广告典型案件》,载浙江省广告智慧监管网 2021 年 7 月 30 日,http://www.zjggjc.com/advertportal/aptpage/detail.html?typeFlag=b&id=fd26d02d12b14edb88d17602102e452 9&newsType=6。

广告的费用计算方式向执法机关进行充分的说明，导致出现广告费用无法计算的情形，被处 20 万元罚款。

案例二④：

上海某信息技术有限公司为推广名称为《少年三国志：零》的游戏，通过某代理商在 UC 浏览器平台投放该游戏广告，为了取得较高的点击率，广告中含“SSR 天天登录免费拿、视频中可直接抽到五星关羽、五星张飞，送顶级武将”等虚假夸大内容。经查，消费者在游戏中需要通过充值消费才能获得上述福利，而非简单登录即可获取。市场监管部门依法责令当事人停止发布违法广告，在相应范围内消除影响，并处罚款 440，000 元。

案例评析：

为吸引人们的关注，商业广告经常将“免费”及各种福利突出显示在广告内容中，但广告中的这类宣传或附赠的商品或服务，应当是明确的、真实的。案涉广告中的行为违反了《广告法》第 4 条第 1 款关于“广告不得含有虚假或者引人误解的内容，不得欺骗、误导消费者”的规定，构成第 28 条第 2 款第 2 项规定的“商品的性能、功能、产地、用途、质量、规格、成分、价格、生产者、有效期限、销售状况、曾获荣誉等信息，或者服务的内容、提供者、形式、质量、价格、销售状况、曾获荣誉等信息，以及与商品或者服务有关的允诺等信息与实际情况不符，对购买行为有实质性影响的”虚假广告行为。

案例三⑤：

上海某经贸有限公司在其运营的微信公众号内发布了《微分销——屌丝妹也有春天》的广告推文，宣传“压货？风险？掏钱？NO！”“月入过万零风险、高收益”“真正 0 风险，高回报！”等内容。市场监管部门依法责令当事人停止发布违法广告，在相应范围内消除影响，并处罚款 100，000 元。

案例评析：

投资理财广告是互联网广告风险高发区之一。移动互联时代，人人都可发广告的特性，让许多主题创意接连出现，但创意绝不是想怎样就怎样，不能

④ 参见《2022 年第二批虚假违法广告典型案例公告》，载上海广告监督管理网 2022 年 3 月 8 日，https://fw.scjgj.sh.gov.cn/alc/info.do？method = show&id = 0000000913。

⑤ 参见《2022 年第二批虚假违法广告典型案例公告》，载上海广告监督管理网 2022 年 3 月 8 日，https://fw.scjgj.sh.gov.cn/alc/info.do？method = show&id = 0000000913。

忽视了法律法规设立的红线。案涉广告主的行为违反了《广告法》第25条第1项的规定，构成发布含有对未来效果、收益作出保证性承诺，明示或者暗示保本、无风险或者保收益等内容的招商广告的行为。

案例四⑥：

2020年1月起，赵某1、潘某、刘某等人以“金砖国家生物医学组织”名义设立机构、开展活动，均未依法登记或备案。三人利用“金砖国家生物医学组织”的名义，与某股份公司达成协议，以折扣价大量购买该公司生产的“圣净露”牌杀菌水（次氯酸含量约50ppm），利用广告对该产品进行宣传，在无事实根据和检验证明的情况下，超出产品说明书和原有检验报告明示的功能、用途，采用安排人员制作、通过互联网媒介传播含有“圣净露”牌杀菌水宣传内容的短视频、文字及图片报道等方式发布广告，并使用“由金砖国家生物医学组织监制”“堪称为智慧型第五代杀菌产品的典范”“可通过擦手、喷口、喷脸有效抑制病毒传染”等内容。据统计，三人通过快递向100余名收件人发送“圣净露”牌杀菌水，销售金额约11万余元，获利6万余元。

另外，潘某在无资金、无稳定货源的情况下，通过微信群等途径称“金砖国家生物医学组织”有境外资源、渠道，以及有大量口罩、额温枪等防疫物资的现货或“通关”货物，支付款项后可立即发货等，与多家单位或个人达成购销合同并交付钱款。刘某为潘某提供、管理资金账户及办理款项收付等事宜。二人在无力履行合同的情况下，收取、占有货款560万元。2021年，法院判决潘某犯虚假广告罪，处有期徒刑10个月，罚金人民币7万元；犯合同诈骗罪，处有期徒刑13年6个月，剥夺政治权利3年，罚金人民币13万元；决定执行有期徒刑14年，剥夺政治权利3年，罚金人民币20万元。刘某犯虚假广告罪，处有期徒刑9个月，罚金人民币6万元；犯合同诈骗罪，处有期徒刑6年6个月，剥夺政治权利1年，罚金人民币6万元；决定执行有期徒刑7年，剥夺政治权利1年，罚金人民币12万元。

案例评析：

潘某、刘某作为广告主，利用广告对所推销的商品作虚假宣传，致使百余人上当受骗，情节严重，其行为已构成虚假广告罪。二人以非法占有为目的，

---

⑥ 参见上海市嘉定区人民法院刑事判决书，（2020）沪0114刑初1559号。

在签订、履行购销合同过程中，共同采用虚构事实、隐瞒真相等方式，骗取对方当事人财物，数额特别巨大，其行为均已构成合同诈骗罪。

虚假广告的民事责任、行政责任和刑事责任，并非隔着鸿沟，互联网广告主及相关活动参与主体应当严格遵循法律法规的要求，确保广告内容合法合规。稳健经营，方能行稳致远。

数据合规*

申晓雨　叶　鹏　王东方　阚　惠

一、我国数据合规整体立法及监管情况

随着一些知名企业的网络安全与数据安全处罚事件获得社会的广泛关注，数据合规逐渐走入大众视野并已成为企业关注的焦点话题。而随着《网络安全法》《个人信息保护法》《数据安全法》（下文统称数据三法）以及相应法规、规章及规范性文件等的陆续实施，以网络安全、数据安全以及个人信息保护为主要内容的数据合规法律规则体系已初步确立，数据合规也开始在企业的运营与发展中占据越来越重要的位置。

（一）数据合规立法体系

2017 年 6 月 1 日起施行的《网络安全法》，是我国第一部聚焦于网络安全的综合性立法，为网络安全领域的其他专门立法确立了基本法律原则和制度，

* 本文机构名称简称：

全称	简称
中华人民共和国国家互联网信息办公室/中共中央网络安全和信息化委员会办公室	国家网信办/中央网信办
中华人民共和国工业和信息化部	工信部
国家市场监督管理总局	市场监管总局
中华人民共和国国家发展和改革委员会	国家发改委
中华人民共和国公安部	公安部
中国银行保险监督管理委员会	银保监会[1]
国家标准化管理委员会	国家标准委
全国信息技术标准化技术委员会	信标委
全国信息安全标准化技术委员会	信安标委

〔1〕2023 年 3 月，中共中央、国务院印发《党和国家机构改革方案》，决定在银保监会基础上组建国家金融监督管理总局，不再保留银保监会。

是我国网络空间法治建设的重要里程碑。《网络安全法》主要从网络运行安全与网络信息安全两个方面对网络安全基本制度以及网络运营者义务进行了规定。

2022 年 9 月 12 日,国家网信办发布了《关于修改〈中华人民共和国网络安全法〉的决定(征求意见稿)》。该征求意见稿拟修订的内容聚焦《网络安全法》第六章“法律责任”部分,以协调《网络安全法》与其他后续生效实施的数据合规领域新法新规,进一步完善数据合规法律责任体系。

2021 年 6 月 10 日,第十三届全国人民代表大会常务委员会第二十九次会议审议通过了《数据安全法》,该法已于 2021 年 9 月 1 日起正式施行。作为顶层立法,《数据安全法》将数据安全上升到了国家安全层面,确定了数据安全制度、数据安全保护义务、政务数据安全与开放等原则性规定和法律责任,为各行业和各领域后续制定相关配套制度和规范标准确立了上层法律基础。

同年 11 月 1 日,《个人信息保护法》正式生效实施,其中规定了个人信息保护相关的基本定义、个人信息处理原则和处理规则、个人在个人信息处理活动中的权利以及个人信息处理者的相关义务。此外,《个人信息保护法》还确立了履行个人信息保护职责的部门及其职责范围,以及个人信息处理者、监管部门等相关方的法律责任,为个人信息处理者合法合规处理个人信息和个人信息保护提供了法律依据和行为准则。

近年来,国家网信办、工信部、公安部、市场监管总局、国家标准委,以及信标委、信安标委等部门针对数据三法制定并实施了相应的法规、规章、规范性文件及推荐性标准等,例如在网络安全方面制定并实施了《关键信息基础设施安全保护条例》(下文简称《关保条例》)、《网络安全审查办法》(2021 年)[下文简称《审查办法(2021)》],在数据安全以及个人信息保护方面制定并实施了《信息安全技术　个人信息安全规范》(GB/T 35273—2020)(下文简称《个人信息安全规范》)、《数据出境安全评估办法》《个人信息保护认证实施规则》《个人信息出境标准合同办法》,基于重点行业网络与数据安全管理制定并实施了《工业数据分类分级指南(试行)》《汽车数据安全管理若干规定(试行)》,从特殊监管对象角度制定并实施了《App 违法违规收集使用个人信息行为认定方法》《互联网信息服务算法推荐管理规定》等。这些实施细则以及推荐性标准为数据三法的落实提供了有力抓手,极大地丰富了数据合规规制体系的内容。

（二）数据合规监管框架

基于数据三法以及其他数据合规相关法律法规等的规定，目前我国形成了“九龙治水”“多头共管”的数据合规监管格局：网信部门统筹协调网络安全、数据安全以及个人信息保护的相关监督管理工作，工信部、市场监管总局、公安部、银保监会等部门在各自职责范围内负责相关监督管理工作。

2023 年 3 月 18 日，国家网信办发布了《网信部门行政执法程序规定》，该规定于 2023 年 6 月 1 日正式实施。《网信部门行政执法程序规定》从程序法角度规范了国家网信部门依法履行监管职责过程中的注意事项，进一步明确了对国家网信部门在网络信息内容、网络安全、数据安全、个人信息保护四个领域的执法规范要求。

2023 年 3 月，为深化推进国务院机构改革，中共中央、国务院印发了《党和国家机构改革方案》，宣布组建由国家发改委管理的国家数据局，以负责协调推进数据基础制度建设，统筹数据资源整合共享和开发利用，统筹推进数字中国、数字经济、数字社会规划和建设等，同时中央网信办以及国家发改委部分职责被划入国家数据局。

笔者理解，随着国家数据局的组建，现有数据合规监管体系将会发生一定的结构性变化。但需要注意的是，从目前可公开获得的信息来看，国家数据局的职责定位将是推动数据要素整合开发的宏观政策面职能，而针对企业的大量监督管理工作仍然会由网信部门以及行业主管部门承担。

二、网络安全合规要点

《网络安全法》第三章“网络运行安全”确立了网络安全等级保护制度（下文简称等保制度）以及关键信息基础设施（Critical Information Infrastructure，CII）安全保护制度（下文简称关保制度，与等保制度合称双保制度）。双保制度作为国家推进网络安全工作、提升国家网络安全防御能力的两项重要制度，对于企业网络运行安全合规建设具有重要意义。

2020 年 7 月 22 日，公安部向中央和国家机关各部委、国务院各直属机构、办事机构、事业单位、各中央企业印发了《贯彻落实网络安全等级保护制度和关键信息基础设施安全保护制度的指导意见》（下文简称《两保指导意见》）。同年 9 月 2 日，在公安部网络安全保卫局的指导下，“网络安全等级保护和关键信息基础设施安全保护工作宣贯会”在北京举办。会议对《两保指导意见》进行了宣传贯彻，并且明确指出《两保指导意见》是引领重要行业及全社会落实等保制度和关保制度的纲领性文件。《两保指导意见》强化了落实双保制度的工作要求，标志着网络安全保护领域“双保时代”的到来。

（一）等保制度

1. 等保制度基本情况

等保制度作为我国现行网络安全规制体系中的一项重要制度，是指根据保护对象、受损害客体与侵害程度将网络系统分为五级，并针对第一级到第五级的网络系统等级对象按照标准进行建设、管理和监督的制度体系。网络安全等级保护的核心在于保证不同安全保护等级的对象具有相应的安全保护能力。

等保制度最早在1994年颁布实施的《计算机信息系统安全保护条例》中被提出，该条例第9条规定对计算机信息系统实行安全等级保护。2007年，公安部等部门联合发布的《信息安全等级保护管理办法》作为核心规范文件开启了“等保1.0”时代。随后公安部、工信部等各部门又陆续制定了《信息安全等级保护备案实施细则》及一系列配套的国家标准以保障等保制度的实施与推进。但在等保1.0时期，各行业对等保制度的理解尚未深入，涉及领域有限，执法力度及范围也未达到理想效果。

2017年正式实施的《网络安全法》在第21条明确规定国家实行等保制度，此后我国在网络安全立法方面进入快车道。2018年公安部起草、发布的《网络安全等级保护条例（征求意见稿）》正式标志着等保2.0时代的启动，虽然该条例由于种种原因目前仍未公布正式版并实施，但此后各部门迅速更新了配套的相关国家标准，该条例中的部分内容也已经融入相关国家标准当中。随着《信息安全技术　网络安全等级保护基本要求》（GB/T 22239—2019）、《信息安全技术　网络安全等级保护实施指南》（GB/T 25058—2019）、《信息安全技术　网络安全等级保护测评要求》（GB/T 28448—2019）以及2020年新版《信息安全技术　网络安全等级保护定级指南》（GB/T 22240—2020）的生效，等保2.0体系已全面落地。自此我国已基本建立起从定级、测评整改到备案、监督、执法全周期的等保制度体系。

2. 等保制度的实质义务与形式义务

根据《网络安全法》第21条，等保制度要求网络运营者履行以下安全保护义务：

（一）制定内部安全管理制度和操作规程，确定网络安全负责人，落实网络安全保护责任；

（二）采取防范计算机病毒和网络攻击、网络侵入等危害网络安全行为的技术措施；

（三）采取监测、记录网络运行状态、网络安全事件的技术措施，并按照规定留存相关的网络日志不少于六个月；

（四）采取数据分类、重要数据备份和加密等措施；

（五）法律、行政法规规定的其他义务。

此外，从形式合规角度看，网络运营者应当根据相关法律法规以及推荐性标准，就运营管理的网络系统进行定级，根据系统级别进行相应的测评、备案、整改、复测工作。根据笔者在北京、上海、广东等地的项目经验，不同地区监管部门对于网络安全等级保护的备案测评工作流程以及具体要求并不一致，企业在落实上述形式合规要求时，应当首先与企业注册地或实际办公地的网络安全主管部门进行确认，并在与主管部门有效沟通的基础上，开展网络安全等级保护备案等相关工作。

（二）关保制度

1. 关保制度基本义务

《网络安全法》从国家法律层面引入 CII 的概念和监管要求，其第 31 条规定：

国家对公共通信和信息服务、能源、交通、水利、金融、公共服务、电子政务等重要行业和领域，以及其他一旦遭到破坏、丧失功能或者数据泄露，可能严重危害国家安全、国计民生、公共利益的关键信息基础设施，在网络安全等级保护制度的基础上，实行重点保护。关键信息基础设施的具体范围和安全保护办法由国务院制定。

国家鼓励关键信息基础设施以外的网络运营者自愿参与关键信息基础设施保护体系。

《网络安全法》第三章第二节除要求 CIIO(关键信息基础设施运营者)履行网络安全等级保护义务外,还要求其履行包括采购网络产品和服务申报审查、数据本地化存储、定期风险评估等在内的相关义务,具体如表 1 所示:

表 1　CIIO 相关义务

《网络安全法》法条	CIIO 义务	具体内容
第 33 条	安全技术措施"三同步"	建设 CII 应当确保其具有支持业务稳定、持续运行的性能,并保证安全技术措施同步规划、同步建设、同步使用
第 34 条	基本保护义务	(1)设置专门安全管理机构和安全管理负责人,并对该负责人和关键岗位的人员进行安全背景审查; (2)定期对从业人员进行网络安全教育、技术培训和技能考核; (3)对重要系统和数据库进行容灾备份; (4)制定网络安全事件应急预案,并定期进行演练; (5)法律、行政法规规定的其他义务
第 35、36 条	网络产品与服务采购	采购网络产品和服务,应当按照规定与提供者签订安全保密协议,明确安全和保密义务与责任;可能影响国家安全的,应当通过国家网信部门会同国务院有关部门组织的国家安全审查
第 37 条	数据本地化存储与跨境传输	在中华人民共和国境内运营中收集和产生的个人信息和重要数据应当在境内存储。因业务需要,确需向境外提供的,应当按照国家网信部门会同国务院有关部门制定的办法进行安全评估
第 38 条	定期风险评估	CIIO 应当自行或者委托网络安全服务机构对其网络的安全性和可能存在的风险每年至少进行一次检测评估,并将检测评估情况和改进措施报送相关负责 CII 安全保护工作的部门
第 39 条	配合网信部门的监管工作	在网信部门开展抽查检测、组织应急演练、促进网络安全信息共享工作时予以配合

作为关保制度具体实施的核心法规,《关保条例》于 2021 年 7 月 30 日正式发布,并自 2021 年 9 月 1 日起与《数据安全法》同时生效。《关保条例》在《网络安全法》的框架内,对 CII 保护的管理体系进行了细化。其中《关保条例》第三章基于《网络安全法》第三章第二节内容就"运营者责任义务"进行细化规定,企业可以参照执行、细化管理颗粒度。

2. CII 认定

自《网络安全法》生效后,CII 的认定问题一直备受关注。随着网络安全的重要性不断提升，与国家安全、国计民生、公共利益密切相关的CII保护工作的开展与落实已经迫在眉睫，《关保条例》针对这一重要问题给出了相关回应。

针对CII的认定问题，《关保条例》在第二章以专章内容，对认定规则的制定与备案、认定结果的通知与通报以及认定结果变更等内容进行了细化规定。《关保条例》第9条规定：

> 保护工作部门结合本行业、本领域实际，制定关键信息基础设施认定规则，并报国务院公安部门备案。
>
> 制定认定规则应当主要考虑下列因素：
>
> （一）网络设施、信息系统等对于本行业、本领域关键核心业务的重要程度；
>
> （二）网络设施、信息系统等一旦遭到破坏、丧失功能或者数据泄露可能带来的危害程度；
>
> （三）对其他行业和领域的关联性影响。

虽然目前尚未有公开渠道可以获得相关主管部门制定的CII目录，但《关保条例》第10条规定了保护工作部门应当及时将CII认定结果通知运营者。因此尚未收到通知的企业可以基于上述因素对自身是否涉及运营CII作出初步判断，必要时可与主管部门进行确认。

除上述两保制度外，《网络安全法》还对提供网络产品、服务、网络关键设备和网络安全专用产品提出了特别要求（网络安全审查相关内容详见本文第五部分“数据合规领域重点问题”）。此外，《网络安全法》针对网络安全事件，要求网络运营者制定网络安全事件应急预案，及时处置系统漏洞、计算机病毒、网络攻击、网络侵入等安全风险；在发生危害网络安全的事件时，应当立即启动应急预案，采取相应的补救措施，并按照规定向有关主管部门报告（网络与数据安全事件的管理与应对详见本文第五部分“数据合规领域重点问题”）。

（三）网络安全相关刑事犯罪

《网络安全法》不仅规定了违反规定应承担的民事责任、行政责任，构成犯罪的，还需要追究刑事责任。《网络安全法》第41条第1款规定：

> 网络运营者收集、使用个人信息,应当遵循合法、正当、必要的原则,公开收集、使用规则,明示收集、使用信息的目的、方式和范围,并经被收集者同意。

《网络安全法》第 74 条第 2 款规定:

> 违反本法规定……构成犯罪的,依法追究刑事责任。

通过检索以往案例,笔者发现,近年来无论是公安部门的“净网”行动还是日常的犯罪侦查活动中,网络刑事犯罪案件的数量均持续呈上升趋势。以下简要分析不同样态的常见网络安全刑事合规风险,以供参考。

1. 通过爬虫等技术手段非法获取数据信息,可能构成非法获取计算机信息系统数据罪或者非法侵入计算机信息系统罪。

《刑法》第 285 条第 1 款、第 2 款规定:

> 违反国家规定,侵入国家事务、国防建设、尖端科学技术领域的计算机信息系统的,处三年以下有期徒刑或者拘役。
>
> 违反国家规定,侵入前款规定以外的计算机信息系统或者采用其他技术手段,获取该计算机信息系统中存储、处理或者传输的数据,或者对该计算机信息系统实施非法控制,情节严重的,处三年以下有期徒刑或者拘役,并处或者单处罚金;情节特别严重的,处三年以上七年以下有期徒刑,并处罚金。

被起诉人陈某某、汤某某、王某某等人分别系上海 Z 网络科技有限公司(下文简称 Z 公司)首席技术官、核心技术人员。2019 年至 2020 年,在未经上海 E 信息科技有限公司(下文简称 E 公司)授权许可的情况下,Z 公司陈某某指使汤某某等多名公司技术人员,通过“外爬”“内爬”等爬虫程序,非法获取 E 公司运营的外卖平台(下文简称 E 平台,国内某知名大型美食外卖平台)数据。其中,汤某某技术团队实施“外爬”,以非法技术手段,或利用 E 平台网页漏洞,突破、绕开 E 公司设置的 IP 限制、验证码验证等网络安全措施,通过爬虫程序大量获取E公司存储的店铺信息等数据。王某某技术团队实施“内爬”，利用掌握的登录E平台商户端的账号、密码及自行设计的浏览器插件，违反E平台商户端协议，通过爬虫程序大量获取E公司存储的订单信息等数据。上述行为造成E公司海量具有商业价值的商户信息被非法获取，直接经济损失人民币4万余元。2021年6月25日，上海市公安局普陀分局以陈某某等人涉嫌非法获取计算机信息系统数据罪移送普陀区检察院审查起诉。[1]

网络爬虫作为当下热门互联网技术，本身并不违法，但要根据其使用目的和使用方式是否正当来判断是否构成违法行为。本案中，Z公司技术人员在未经E公司授权许可的情况下，以非法技术手段，利用E平台网页漏洞，通过爬虫程序大量获取E公司存储的店铺信息、订单信息等数据的行为，侵犯了E公司的数据安全，给E公司造成了严重的经济损失。根据《刑法》第285条的规定，以非法获取计算机信息系统数据罪论处。

2. 网络服务提供者不履行法律、行政法规规定的信息网络安全管理义务，可能构成拒不履行信息网络安全管理义务罪。

《刑法》第286条之一规定：

> 网络服务提供者不履行法律、行政法规规定的信息网络安全管理义务，经监管部门责令采取改正措施而拒不改正，有下列情形之一的，处三年以下有期徒刑、拘役或者管制，并处或者单处罚金：
>
> （一）致使违法信息大量传播的；
>
> （二）致使用户信息泄露，造成严重后果的；
>
> （三）致使刑事案件证据灭失，情节严重的；
>
> （四）有其他严重情节的。
>
> 单位犯前款罪的，对单位判处罚金，并对其直接负责的主管人员和其他直接责任人员，依照前款的规定处罚。
>
> 有前两款行为，同时构成其他犯罪的，依照处罚较重的规定定罪处罚。

---

① 参见最高人民检察院2022年7月21日发布的第三批涉案企业合规典型案例之案例一“上海Z公司、陈某某等人非法获取计算机信息系统数据案”。

被告人李某原为远特(北京)通信技术有限公司(下文简称远特公司)的高级运营总监。2018年9月,李某将三四万张行业卡交给亚飞达信息科技股份有限公司(下文简称亚飞达公司)挑卡,亚飞达公司从中挑出4000张带有公民个人微信的卡号,由李某安排人员进行制卡和发卡工作。后亚飞达公司将该批回收卡违规实名在济南甲午新能源科技有限公司、济南仕通信息科技有限公司名下,并将回收卡卖给林某以盗取回收卡上绑定的用户微信账号,导致回收卡上绑定的微信号被大量盗取。被告人李某负有查验、评估、审核行业卡使用情况的职责,在明知违反实名制管理规定的情况下,仍将大量带有公民个人信息的回收卡交给亚飞达公司,违反用户实名制进行挑卡,造成严重后果,且在两年内经监管部门多次责令改正而拒不改正。最终,被告人李某因犯拒不履行信息网络安全管理义务罪,被判处有期徒刑1年3个月,并处罚金5000元。[②]

值得注意的是,构成拒不履行信息网络安全管理义务罪的前提是"网络服务提供者不履行法律、行政法规规定的信息网络安全管理义务,经监管部门责令采取改正措施而拒不改正"。上面的案例中,被告人曾在两年内经监管部门多次责令改正而拒不改正,从而最终获罪。

当前,侵犯公民个人信息犯罪处于高发态势,且多与电信网络诈骗、互联网犯罪融合,对公民隐私安全造成严重的威胁。自2018年起,针对网络乱象,公安机关开始实行"一案双查"制度,即在对网络违法犯罪案件开展侦查调查工作时,同步启动对涉案网络服务提供者法定网络安全义务履行情况的监督检查。《反电信网络诈骗法》第29条第2款明确规定:"……公安机关办理电信网络诈骗案件,应当同时查证犯罪所利用的个人信息来源,依法追究相关人员和单位责任。"在此背景下,企业如发生网络安全问题导致数据泄露,则同样面临法律、合规风险。特别是对于电信、金融和互联网企业,笔者建议,此类企业首先应当落实数据三法及其配套制度中规定的一般网络安全、数据安全和个人信息保护要求,采取诸如设立安全管理负责人和管理机构、规制内部从业人员对数据的使用、对数据安全的重要性进行宣传培训、定期审查数据处理情况等措施来保障企业的网络和数据安全,并在此基础上进一步对《反电信网络

② 参见云南省昆明市盘龙区人民法院刑事判决书,(2020)云0103刑初1206号。

诈骗法》中就电信网络诈骗场景提出的更有针对性的个人信息保护要求(比如及时向主管部门报送相应个人信息,对于互联网服务提供者,还应注意记录并留存所提供相应服务的日志信息③等)予以落实,以达到法律及合规要求。

三、数据安全合规要点

随着《数据安全法》《个人信息保护法》的相继出台以及相关配套文件的落地,数据安全管理机制已渐成体系,形成了较为完善的数据安全管理机制框架。该框架以数据安全原则为纲领,以数据分类分级为基础,通过组织和运维保障机制,落实数据全生命周期安全要求,全面实现数据安全保护能力。本部分将重点介绍数据安全管理机制框架下的数据分类分级、安全组织保障、运维保障等内容。

(一)数据分类分级

1. 数据分类分级一般原则

数据分类分级是数据安全的基石。《数据安全法》第 21 条规定"国家建立数据分类分级保护制度",确定分类分级是国家治理数据安全的重要制度。

《网络安全标准实践指南——网络数据分类分级指引》(TC260—PG—20212A)对数据的分类分级提供了指导。就分类而言,从公民个人维度、行业领域维度、组织经营维度等均可对数据进行多种划分。例如,从行业领域维度,数据可以分为工业数据、电信数据、金融数据、交通数据、自然资源数据、卫生健康数据、科技数据等;从组织经营维度,数据可以分为用户数据、业务数据、经营管理数据、系统运行和安全数据。④

《数据安全法》根据数据在经济社会发展中的重要程度,以及一旦遭到篡改、破坏、泄露或者非法获取、非法利用,对国家安全、公共利益或者个人、组织合法权益造成的危害程度,按照级别从高到低将数据分为三级,即核心数据、重要数据和一般数据(见表 2)。核心数据关系国家安全、国家经济命脉、重要民生、重大公共利益等,对核心数据实行严格保护;重要数据由国家统筹协调各部门制定重要数据目录,各地区、各部门确定本地区、本部门以及相关行业、领域的重要数据具体目录,并对重要数据进行重点保护,目前对重要数据的认定和管理文件仍在制定中(详见下文"重要数据的识别和保护");一般数据则

---

③ 参见《反电信网络诈骗法》第 24 条。

④ 参见《网络安全标准实践指南——网络数据分类分级指引》第 4.1 条。

适用数据一般安全管理制度。⑤

表 2　数据分级确定参考规则

影响对象	影响程度		
	特别严重危害	严重危害	一般危害
国家安全	核心数据	核心数据	重要数据
经济运行	核心数据	重要数据	重要数据
社会稳定	核心数据	重要数据	一般数据
公共利益	核心数据	重要数据	一般数据
组织权益、个人权益	一般数据	一般数据	一般数据

资料来源:《信息安全技术　网络数据分类分级要求(征求意见稿)》第7.4条。

此外,数据分类分级是一个动态管理过程,企业应根据业务模式和业务场景及时对数据分类分级规则进行调整、在数据分类分级制度中予以明确,并在制度执行过程中采取措施,确保规则的落实。

2. 重要数据的识别和保护

重要数据的识别决定了重要数据的使用和保护方式。《数据安全法》《数据出境安全评估办法》等法律法规仅对重要数据给出了原则性的定义。例如,根据《数据出境安全评估办法》,重要数据是指"一旦遭到篡改、破坏、泄露或者非法获取、非法利用等,可能危害国家安全、经济运行、社会稳定、公共健康和安全等的数据"⑥。工业和信息化领域数据处理者应当将本单位重要数据和核心数据目录向本地区行业监管部门备案。⑦

(二)数据安全组织保障

数据安全组织保障包括组织结构、制度体系、人员管理等方面的保障。

1. 组织结构保障

建立完善的组织结构是确保数据安全机制有效运行的必要前提。《数据安全法》《个人信息保护法》规定了设置数据安全管理机构和相关负责人的要求。⑧ 数据安全负责人应当具备数据安全专业知识和相关管理工作经历,由数

⑤　参见《数据安全法》第21条。

⑥　《数据出境安全评估办法》第19条。

⑦　参见《工业和信息化领域数据安全管理办法(试行)》第12条。

⑧　参见《数据安全法》第27条第2款,《个人信息保护法》第52条。

据处理者决策层成员担任。[9] 参考相关行业标准，一般来说，企业可以设置由高级管理层组成的数据安全管理委员会作为决策层，由各业务部门主要负责人组成的数据安全管理委员会委员作为管理层，由各业务部门具体数据安全岗位人员组成执行层，以及由审计、稽核等部门相关工作人员组成监督层，从而自上而下实现统筹规划、组织协调、执行落地、安全审计等全方位管理，[10]从管理层面保障数据安全的落地。

此外，网络安全负责人和数据安全负责人是否可以由一人担任，是很多企业会遇到的问题。鉴于目前法律并未明确禁止兼任，且从便于企业管理及合规成本角度来看具有一定的合理性，因此，建议企业根据实际情况确定，并注意满足相关要求。从内部管理及风险防控角度来看，对于一些国家管理的单位（比如央企、国企）可能还需要根据特定的监管要求确定企业的负责人担任数据安全管理机构中的相应职务。

2. 制度体系保障

制度体系建设是将数据安全管理要求落到实处的重要措施。完善的制度体系建设包括制度文件的制定、日常操作规程和实施细则的完善以及制度执行情况的记录档案。而一套成熟的制度体系往往包括从网络安全、数据安全到个人信息保护的全套规章制度，通常包括信息安全管理制度、数据安全管理制度、个人信息保护制度、数据分类分级制度、科技外包管理制度、安全事件应急响应和处理机制、人员管理制度、安全审计制度等，涵盖企业数据安全总体策略、日常管理、数据全生命周期的审核规程、第三方机构管理等方方面面。在完善制度体系建设的同时，企业也须根据法律法规、监管要求和公司实际情况及时更新相关制度和规程，保证制度在符合法律法规的情况下，顺应公司的业务发展变化，减少不合理的硬性合规。

违反数据三法规定的制度保障规定，依法将受到处罚。2023 年 2 月，长沙市公安局岳麓分局网安部门发现，辖区内某电商平台存在数据泄露隐患，该企业服务器存在未授权访问漏洞，用户隐私数据存在泄露风险。经查，该企业未制定数据安全管理制度、未充分落实网络安全等级保护制度。最终，长沙市公安局岳麓分局根据《数据安全法》相关规定，给予该企业警告，并处罚款 5 万

---

[9] 参见《网络数据安全管理条例（征求意见稿）》第 28 条第 2 款。

[10] 参见《金融数据安全 数据生命周期安全规范》（JR/T 0223—2021）第 8.1 条。

元,对直接责任人处罚款1万元,责令限期改正。[11]

3. 人员管理保障

数据三法均规定了对从业人员进行安全教育和培训,《网络安全法》还要求对CIIO的从业人员在培训后进行技术考核,《个人信息保护法》则规定限制从业人员的操作权限。[12] 由此可见,对从业人员的管理主要基于人员录用和日常管理、培训和教育两方面。《个人信息安全规范》和《金融数据安全 数据生命周期安全规范》进一步细化了相关要求。例如,在人员录用和日常管理方面,规定了背景审查、签署保密协议,按照岗位划分安全职责,离岗、离职人员调整权限同时继续履行保密义务,以及设置对外部人员的管理要求等[13];而在培训和教育方面,《个人信息安全规范》主要强调定期培训和政策发生重大变化时开展培训。[14]

(三)数据安全运维保障

1. 安全审计

安全审计是数据运维保障的重要一环。《个人信息保护法》要求个人信息处理者定期对其处理的个人信息进行合规审计;[15]同时,履行个人信息保护职责的部门发现个人信息处理活动存在较大风险或发生个人信息安全事件的,可以要求个人信息处理者委托专业机构对其个人信息处理活动进行合规审计。[16]《网络数据安全管理条例(征求意见稿)》规定国家建立数据安全审计制度,数据处理者应当委托数据安全审计专业机构定期对其处理个人信息遵守法律、行政法规的情况进行合规审计,[17]并将重要数据纳入安全审计要求下[18],同时增加了针对大型互联网平台的数据安全审计,并要求大型互联网平台运

---

⑪ 参见《多个适用〈数据安全法〉的行政处罚案例》,载微信公众号"数据法盟"2023年4月7日,https://mp.weixin.qq.com/s/FzXrs5-vXcixT-Wo1AZBcA。

⑫ 参见《个人信息保护法》第51条第4项,《数据安全法》第27条,《网络安全法》第34条第2项。

⑬ 参见《个人信息安全规范》第11.6条,《金融数据安全 数据生命周期安全规范》第8.3条。

⑭ 参见《个人信息安全规范》第11.6条。

⑮ 参见《个人信息保护法》第54条。

⑯ 参见《个人信息保护法》第64条。

⑰ 参见《网络数据安全管理条例(征求意见稿)》第58条第1款。

⑱ 参见《网络数据安全管理条例(征求意见稿)》第58条第2款。

营者进行年度审计。[19]

数据安全审计在网络安全等级保护方面以及在部分行业有更早的应用。早在2019年,《信息安全技术 网络安全等级保护基本要求》(GB/T 22239—2019)就将安全审计纳入了安全区域边界、安全计算环境等安全技术要求模块,并作为测评内容之一。而在2020年,《个人金融信息保护技术规范》(JR/T 0171—2020)即规定,个人金融信息保护应纳入金融机构内部安全审计工作。[20]《金融数据安全 数据生命周期安全规范》进一步明确了金融数据的安全审计要求,通过制定数据管理与安全审计规范、明确安全审计范围、搭建数据安全审计系统、对重要级别数据定期审计、确定审计记录范围及记录留存时间等,[21]为落实数据安全审计打下了良好的基础。

2. 技术措施

《网络安全法》《数据安全法》对网络、数据安全的保护技术措施规定了原则性的要求。《网络安全法》规定要采取监测、记录网络运行状态、网络安全事件的技术措施以及采取数据分类、重要数据备份和加密等措施保障网络免受干扰、破坏或者未经授权的访问,防止网络数据泄露或者被窃取、篡改;[22]《数据安全法》要求采取相应的技术措施和其他必要措施,保障数据安全;[23]《网络数据安全管理条例(征求意见稿)》规定数据处理者应当采取备份、加密、访问控制等必要措施,维护数据的完整性、保密性、可用性。[24] 由于网络安全和数据安全在技术措施上需要满足全面化和系统化的保护要求,法律法规仅能确立保护制度、建立监管体系,但无法列出所有保护要求,更多需要通过国家标准或行业标准予以规制,如《信息安全技术 网络数据处理安全要求》(GB/T 41479—2022)、《信息安全技术 数据安全能力成熟度模型》(GB/T 37988—2019)、《信息安全技术 个人信息去标识化指南》(GB/T 37964—2019)等技术标准文件为数据安全技术措施的选择和应用提供了更加详尽的参考。

近年来,执法部门全面压紧网络运营单位数据安全主体责任,严厉打击违

---

⑲ 参见《网络数据安全管理条例(征求意见稿)》第53条。

⑳ 参见《个人金融信息保护技术规范》第7.4.2条。

㉑ 参见《金融数据安全 数据生命周期安全规范》第9.4条。

㉒ 参见《网络安全法》第21条第3、4款。

㉓ 参见《数据安全法》第27条。

㉔ 参见《网络数据安全管理条例(征求意见稿)》第9条。

规行为。2022 年 2 月,广州某公司开发的“驾培平台”在没有建立数据安全管理制度和操作规程,对于日常经营活动采集到的驾校学员个人信息未采取去标识化和加密措施的情况下,存储驾校培训学员的姓名、身份证号、手机号、个人照片等信息 1070 万余条,系统存在未授权访问漏洞等严重数据安全隐患。根据《数据安全法》相关规定,广州警方对该公司未履行数据安全保护义务的违法行为,依法处以警告并处罚款人民币 5 万元的行政处罚。[25]

(四)重点行业的数据安全合规要求

1. 汽车领域

近年来,随着汽车智能化、网联化的发展,汽车数据来源复杂多样,汽车数据安全面临风险和挑战,亟待政策法规和标准规范予以有效规制。

《汽车数据安全管理若干规定(试行)》明确了汽车数据、汽车数据处理和汽车数据处理者的定义和范围[26],适用范围上采取了类似于《数据安全法》的属地管辖,即任何在境内开展的涉及汽车数据的处理活动均应适用该规定的要求。[27] 在个人信息保护方面,该规定要求汽车数据处理者履行告知义务,[28]且对于敏感个人信息处理提出了更严格的个人信息保护要求,[29]还就处理重要数据时应遵循的法律义务作出详细规定。例如,风险评估报告制度:汽车数据处理者开展重要数据处理活动,应当按照规定开展风险评估,并向省、自治区、直辖市网信部门和有关部门报送风险评估报告[30];出境安全评估制度:重要数据应当依法在境内存储,因业务需要确需向境外提供的,应当通过国家网信部门会同国务院有关部门组织的安全评估[31];报送义务:汽车数据处理者开展重要数据处理活动,应当在每年 12 月 15 日前向省、自治区、直辖市网信部门和有关部门报送相关年度汽车数据安全管理情况[32];等等。除此之外,该规定还明确有关部

[25] 参见《多个适用〈数据安全法〉的行政处罚案例》,载微信公众号“数据法盟”2023 年 4 月 7 日,https://mp. weixin. qq. com/s/FzXrs5 – vXcixT-Wo1AZBcA。

[26] 参见《汽车数据安全管理若干规定(试行)》第 3 条。

[27] 参见《汽车数据安全管理若干规定(试行)》第 2 条。

[28] 参见《汽车数据安全管理若干规定(试行)》第 7 条。

[29] 参见《汽车数据安全管理若干规定(试行)》第 9 条。

[30] 参见《汽车数据安全管理若干规定(试行)》第 10 条。

[31] 参见《汽车数据安全管理若干规定(试行)》第 11、12 条。

[32] 参见《汽车数据安全管理若干规定(试行)》第 13、14 条。

门可根据处理数据情况对汽车数据处理者进行数据安全评估,[33]明确国家加强智能(网联)汽车网络平台建设,开展智能(网联)汽车入网运行和安全保障服务等,协同汽车数据处理者加强智能(网联)汽车网络和汽车数据安全防护。[34]

《汽车数据安全管理若干规定(试行)》作为继数据三法施行后,在汽车领域关于重要数据和个人信息保护的首部部门规章,就汽车数据安全管理作出了原则性的规定,为解决问题提供了指导性文件基础。此后,有关部门又陆续出台了相应文件,和《汽车数据安全管理若干规定(试行)》一起构成了指导性文件—标准化文件的体系,为企业解决汽车数据管理安全问题提供了切实可行的依据。

《汽车采集数据处理安全指南》(TC260—001)在数据三法上位法的大框架下,对《汽车数据安全管理若干规定(试行)》作进一步细化与延伸。该指南从行业发展实际出发,将汽车采集数据的内容划分为车外数据、座舱数据、运行数据以及位置轨迹数据四类,并明确了各类数据的范围以及可能涉及的个人信息、敏感个人信息和重要数据,[35]针对不同类别的汽车采集数据,制定针对性的传输[36]、存储[37]、出境[38]相关要求,为汽车数据安全处理活动提供了更具实践指导意义的参考和解决方案。

《信息安全技术　汽车数据处理安全要求》(GB/T 41871—2022)规定了汽车数据处理者对汽车数据进行收集、传输等处理活动的通用安全要求[39]、车外数据安全要求[40]、座舱数据安全要求[41]和管理安全要求[42]。该标准的实施与应用有助于规范汽车数据处理者的汽车数据处理活动,指导汽车在设计、生产、销售、使用、运维等过程中的数据安全保护工作,提升汽车数据处理者数据安全意识,促进汽车行业健康安全发展。

---

[33] 参见《汽车数据安全管理若干规定(试行)》第15条。
[34] 参见《汽车数据安全管理若干规定(试行)》第16条。
[35] 参见《汽车采集数据处理安全指南》第4条。
[36] 参见《汽车采集数据处理安全指南》第5条。
[37] 参见《汽车采集数据处理安全指南》第6条。
[38] 参见《汽车采集数据处理安全指南》第7条。
[39] 参见《信息安全技术　汽车数据处理安全要求》第4条。
[40] 参见《信息安全技术　汽车数据处理安全要求》第5条。
[41] 参见《信息安全技术　汽车数据处理安全要求》第6条。
[42] 参见《信息安全技术　汽车数据处理安全要求》第7条。

《信息安全技术　网络预约汽车服务数据安全要求》(GB/T 42017—2022)规定了网络预约汽车服务的收集、存储、使用、加工、提供、公开、出境等数据处理活动的安全要求。[43] 该标准为网络预约汽车服务平台、网络预约汽车第三方服务平台规范数据处理活动,建立数据安全治理体系,保障用户个人信息权益提供了参考,也为与网络预约汽车服务相关的数据安全评估、认证等工作提供了依据。

2. 电信领域

电信行业作为当下典型的大数据生产者,与我们的日常生活息息相关。新技术和新应用带来了新风险和新挑战,数据安全的重要性越发凸显,也是监管的重点领域。

《工业和信息化领域数据安全管理办法(试行)》将电信领域数据分为一般数据、重要数据、核心数据三个级别;[44]数据处理者应按照《个人信息保护法》等有关法律、行政法规的规定进行数据处理活动。[45] 该办法明确电信领域数据处理者在中国境内收集和产生的重要数据和核心数据,依法依规应当在境内存储,确需向境外提供的,需要依照《数据安全法》《数据出境安全评估办法》等法律法规进行安全评估。[46]

《信息安全技术　即时通信服务数据安全要求》(GB/T 42012—2022)规定其实施对象为即时通信服务,[47]包括个人即时通信服务(面向个人用户的即时通信服务)和组织即时通信服务(面向组织办公场景的即时通信服务),[48]非商业服务(如组织内部自建或自用服务)除外。[49] 该标准为即时通信服务提供者规范处理数据活动,建立数据安全治理体系,保障用户个人信息权益提供了参考,也为即时通信服务相关的数据安全评估、认证等工作提供了依据。

此外,《反电信网络诈骗法》强调从源头治理电信网络诈骗,与《网络安全法》《个人信息保护法》等法律法规相衔接,对特定信息的处理提出了更高要

㊸ 参见《信息安全技术　网络预约汽车服务数据安全要求》第1条。
㊹ 参见《工业和信息化领域数据安全管理办法(试行)》第8条。
㊺ 参见《工业和信息化领域数据安全管理办法(试行)》第38、39条。
㊻ 参见《工业和信息化领域数据安全管理办法(试行)》第21条。
㊼ 参见《信息安全技术　即时通信服务数据安全要求》第1条。
㊽ 参见《信息安全技术　即时通信服务数据安全要求》第5.1条。
㊾ 参见《信息安全技术　即时通信服务数据安全要求》第3.1条注1。

求。其中,电信业务经营者应当依法全面落实电话用户真实身份信息登记制度,[50]并限制办理电话卡的数量。[51] 电信业务经营者建立物联网卡用户风险评估制度,评估未通过的,不得向其销售物联网卡;严格登记物联网卡用户身份信息;采取有效技术措施限定物联网卡开通功能、使用场景和适用设备;[52]应对检测识别的涉诈异常电话卡进行重新实名核验、严格规范真实主叫号码传送和电信线路出租,对改号电话进行封堵拦截和溯源核查。[53] 同时,《反电信网络诈骗法》第29条第2款明确规定:“公安机关办理电信网络诈骗案件,应当同时查证犯罪所利用的个人信息来源,依法追究相关人员和单位责任。”进入强监管时代后,对企业尽快落实个人信息保护相关要求提出了挑战。企业应及时完善内控制度,提高自身的数据保护水平,以期远离合规红线,把握机遇。

3. 工业领域

当前,工业领域日益成为数字化转型的重要领域,工业数据资源作为国家基础性战略资源,其安全保障工作已成为国家安全工作的重中之重。工业数据合规所涉及的法律法规主要包括数据三法等数据安全方面的一般法律规定,以及工业数据领域的专门法律规定。就后者而言,目前形成了在国务院《关于深化“互联网+先进制造业”发展工业互联网的指导意见》统领下,以主要监管机关工信部发布的部门规章作为重要组成部分的多层次架构。

国务院《关于深化“互联网+先进制造业”发展工业互联网的指导意见》提出建立工业数据安全保护体系,明确相关主体的数据安全保护责任和具体要求,加强数据收集、存储、处理、转移、删除等环节的安全防护能力。同时,建立工业数据分级分类管理制度,形成工业互联网数据流动管理机制,明确数据留存、数据泄露通报要求,加强工业互联网数据安全监督检查。[54]

《工业和信息化领域数据安全管理办法(试行)》作为工业和信息化领域

---

[50] 参见《反电信网络诈骗法》第9条。

[51] 参见《反电信网络诈骗法》第10条。

[52] 参见《反电信网络诈骗法》第12条。

[53] 参见《反电信网络诈骗法》第13条。

[54] 参见国务院《关于深化“互联网+先进制造业”发展工业互联网的指导意见》第三部分“主要任务”第6项“强化安全保障”。

数据安全管理顶层制度文件，全面对接《数据安全法》要求，以数据分级保护为总体原则，要求对一般数据加强全生命周期安全管理，[55]针对不同级别的数据，围绕数据全生命周期，提出相应安全管理和保护等多个方面要求，[56]在工业和信息化领域对国家数据安全管理制度进行细化，为行业数据安全监管提供了制度保障。

《工业数据分类分级指南（试行）》以《数据安全法》的数据分级制度为依据，从行业特征入手，细化数据分类目录和分级量化指标，明确提出工业数据的范围[57]、分类准则[58]和适用对象[59]，明确企业为数据分类分级主体，工业企业、工业互联网平台企业等作为工业数据的所有者和使用者，承担开展数据分类分级、加强数据管理等主体责任，[60]引导更多企业建立工业数据分类分级管理体系，提升数据管理和安全防护能力。

4. 金融领域

当前金融数字化转型已经进入关键阶段，金融领域由于其数据量大、数据类型丰富的特性，数据安全与个人信息保护问题也面临新的风险与挑战。金融机构的数据安全关系到整个金融行业的资金安全乃至国家、社会公共安全，对金融领域数据安全的监管和防范已成为迫切需要。

《个人金融信息保护技术规范》规定了个人金融信息在收集、传输、存储、使用、删除、销毁等生命周期[61]各环节的安全防护要求，从安全技术和安全管理两个方面，对个人金融信息保护提出了规范性要求。该规范的出台对于加强个人金融信息的安全管理、指导相关机构规范处理个人金融信息、最大程度保障个人金融信息主体合法权益，具有重要意义。

《金融数据安全　数据安全分级指南》（JR/T 0197—2020）对接《数据安全法》对数据实行分级分类保护的要求，规定了金融数据安全定级的目标[62]、原

---

[55] 参见《工业和信息化领域数据安全管理办法（试行）》第13条第1款第1项。
[56] 参见《工业和信息化领域数据安全管理办法（试行）》第13条至第25条。
[57] 参见《工业数据分类分级指南（试行）》第2条。
[58] 参见《工业数据分类分级指南（试行）》第5条。
[59] 参见《工业数据分类分级指南（试行）》第3条。
[60] 参见《工业数据分类分级指南（试行）》第13条。
[61] 参见《个人金融信息保护技术规范》第4.3条。
[62] 参见《金融数据安全　数据安全分级指南》第4.1条。

则[63]和范围[64],以及数据安全定级的要素[65]、规则[66]和定级过程[67],根据数据安全性遭受破坏后的影响对象和所造成的影响程度,将数据安全级别从高到低划分为5级、4级、3级、2级、1级[68],为金融业机构开展数据安全分级工作提供了细化指导。

《金融数据安全 数据生命周期安全规范》在数据安全分级的基础上,结合金融数据特点,不仅规定了金融数据生命周期安全原则[69]、防护要求[70]、组织保障要求[71]以及信息系统运维保障要求[72],通过数据安全的分级建立覆盖数据采集、传输、存储、使用、删除及销毁过程的安全框架,[73]且在数据共享[74]、转让[75]、委托处理[76]等方面也作出了明确要求,以此为核心构建金融数据安全管理框架,为金融业机构开展数据安全保护工作提供指导,并为第三方安全评估机构等单位开展数据安全检查与评估提供了参考。

此外,《反电信网络诈骗法》要求银行业金融机构及非银行支付机构应当建立客户尽职调查制度并建立异常账户和可疑交易监测机制。[77] 鉴于金融服务提供者在业务过程中必将收集、处理大量的个人信息和数据,且公安机关在办理电信网络诈骗案件,查证犯罪所利用的个人信息来源时,会依法追究相关人员和单位责任,因此,企业提高自身的数据保护水平、加强内控防范,刻不容缓。笔者建议,金融领域相关机构应尽快建立、完善数据安全及个人信息保护制度,加强内控管理,以应对监管挑战。

---

[63] 参见《金融数据安全 数据安全分级指南》第4.2条。

[64] 参见《金融数据安全 数据安全分级指南》第4.3条。

[65] 参见《金融数据安全 数据安全分级指南》第5.1、5.2条。

[66] 参见《金融数据安全 数据安全分级指南》第5.3条。

[67] 参见《金融数据安全 数据安全分级指南》第5.4条。

[68] 参见《金融数据安全 数据安全分级指南》第5.3.1条。

[69] 参见《金融数据安全 数据生命周期安全规范》第6条。

[70] 参见《金融数据安全 数据生命周期安全规范》第7条。

[71] 参见《金融数据安全 数据生命周期安全规范》第8条。

[72] 参见《金融数据安全 数据生命周期安全规范》第9条。

[73] 参见《金融数据安全 数据生命周期安全规范》第5.1条。

[74] 参见《金融数据安全 数据生命周期安全规范》第7.4.11条。

[75] 参见《金融数据安全 数据生命周期安全规范》第7.4.9条。

[76] 参见《金融数据安全 数据生命周期安全规范》第7.4.10条。

[77] 参见《反电信网络诈骗法》第15条、第18条。

四、个人信息保护合规要点

个人信息作为一种数据类型，其保护合规可适用上文所述数据合规相关法律依据的大部分原则性规定。在此基础上，我国在立法方面已专门针对个人信息保护建立起一整套以《个人信息保护法》为中心，以其他相关配套制度、行业特别立法为依托的立体化法律制度体系，并在实践层面通过监管部门的执法活动和法院的司法审判活动落实相应要求。

个人信息处理的基本原则、个人信息处理者及其相关主体的义务以及个人信息主体享有的权利等与个人信息保护相关的一般性规定体现在《民法典》《网络安全法》《个人信息保护法》《数据安全法》《消费者权益保护法》等顶层立法中。由于上述规定通常仅包含原则性的要求，监管部门会根据重点监管的领域，进一步出台部门规章和部门规范性文件。例如，在医疗健康领域，国家卫生健康委员会、国家中医药管理局 2022 年联合制定并发布的《互联网诊疗监管细则（试行）》要求医疗机构应建立网络安全、数据安全、个人信息保护、隐私保护等制度，并与相关合作方签订协议，明确各方权责关系；发生患者个人信息、医疗数据泄露等网络安全事件时，应当及时向相关主管部门报告，并采取有效应对措施[78]；在金融领域，银保监会制定并发布了《银行保险机构消费者权益保护管理办法》，该办法自 2023 年 3 月 1 日起施行，要求银行保险机构建立消费者个人信息保护机制，规范个人信息的收集、使用、传输、外部合作等行为[79]；在邮政行业，国家邮政局则在 2023 年 2 月正式发布《寄递服务用户个人信息安全管理规定》，对寄递服务用户个人信息安全保障作出细化规定。

在实际执法过程中，监管部门会不定期开展与个人信息保护相关的专项执法行动。例如，工信部开展的“524 行动”要求 30 余家头部互联网企业落实包括建立个人信息保护“双清单”在内的相关个人信息保护要求。[80] 特别地，在移动互联网应用程序（App）监管领域，经历了专项执法行动密集开展的 2021 年后，监管部门对于 App 侵害用户权益的监管逐步由专项执法行动转变

---

[78] 参见《互联网诊疗监管细则（试行）》第 27 条、第 28 条。

[79] 参见《银行保险机构消费者权益保护管理办法》第 13 条、第六章。

[80] 参见《工业和信息化部关于开展信息通信服务感知提升行动的通知》，载中华人民共和国中央人民政府官网，http://www.gov.cn/zhengce/zhengceku/2021-11/06/content_5649420.htm。

为常态化管理，并陆续完善相应配套实施细则及推荐性标准，呈现出精细化、常态化的监管趋势。进一步来看，不同行业的监管部门在认定违法处理个人信息的行为时，往往还会参照包括《个人信息安全规范》在内的国家标准、行业标准、指南性文件等，进行综合判断。例如，在金融数据监管方面，行业标准《个人金融信息保护技术规范》明确了实务中个人金融信息的范围、分类以及全生命周期处理的合规要求；在 App 监管方面，《App 违法违规收集使用个人信息自评估指南》等指南性文件为从实务角度认定违法通过 App 收集个人信息提供了参考依据。

如果未能履行个人信息保护的法定义务，个人信息处理者将承担相应的法律责任。在实务中，违法处理个人信息往往会面临较为严苛的行政责任，最高罚款金额可达5000 万元或者上一年度营业额 5%[81]，尤其是金融、医疗健康、电子商务、交通、汽车、旅游、教育等与国家安全、公众利益联系紧密的行业、领域，往往是监管部门关注的重点。以金融行业为例，2022 年 1 月，中国人民银行针对银行违规处理个人信息的行为相继开出天价罚单，具体情况如下：东亚银行（中国）有限公司因违反信用信息采集、提供、查询及相关管理规定，被处以 1674 万元罚款；[82]中国农业银行崇左分行因违规使用个人金融信息等违法违规行为，被处以 1142 万元罚款，时任行长被处以 11 万元个人罚款；[83]青岛农村商业银行股份有限公司因数据治理有效性缺失等违法违规行为，被处以 4410 万元罚款。[84] 上述处罚案例金额之大，给企业敲响了警钟，落实个人信息保护合规已成为企业的当务之急。

除金融领域外，企业线下门店违规收集消费者个人信息亦是遭受行政处罚的高发领域。在 2021 年，我国市场监督管理部门就针对线下门店人脸识别摄像头违法收集消费者人脸信息用于制作用户画像的行为，开展了专项整治行动，被查处的企业涉及多家知名品牌，引发社会广泛讨论。据笔者的不完全统计，在 2021 年 4 月到 10 月，各地市场监督管理局查处违法采集人脸信息的案件共 82 起，鉴于此时《个人信息保护法》尚未正式生效，监管部门主要依据

---

[81] 参见《个人信息保护法》第 66 条第 2 款。

[82] 参见上海银罚字〔2022〕3 号。

[83] 参见崇左银罚字〔2022〕1 ~6 号。

[84] 参见青银保监罚决字〔2022〕1 号。

《消费者权益保护法》第29条[85]对相关涉案企业处以了下至1400元[86]、上至50万元[87]不等的罚款。如果这些案例发生在《个人信息保护法》生效后，则相关企业受到的处罚额度很可能会大幅提升，因为根据《个人信息保护法》的规定，违反该法处理个人信息，或者未履行该法规定的个人信息保护义务的，最高可处以5000万元或者上一年度营业额5%的罚款[88]。

（一）个人信息的概念和识别

《个人信息保护法》中规定的“个人信息”的定义如下：

> 个人信息是以电子或者其他方式记录的与已识别或者可识别的自然人有关的各种信息，不包括匿名化处理后的信息。[89]

从上述定义可知，判断某一类信息是否属于个人信息，应从识别性（是否可以识别到特定个人）及关联性（是否与特定个人相关联）两个方面出发，考虑是否可以单独或与其他信息结合后识别或关联到特定个人，这一判断基准与《个人信息安全规范》中的判断基准[90]相同。

如在实践中通过上述“可识别”或“已识别”的标准无法判断或难以判断某类信息是否属于个人信息，我们建议可尝试检索相关行业规范性文件（例如，部门规章、行业标准等）中是否已对此类信息的属性作出规定。例如，智能网联汽车行业的团体标准《车联网信息服务　用户个人信息保护要求》（YD/T3746—2020）就明确将车辆识别代码（VIN码）列为用户个人信息。[91] 如缺乏

---

[85] 《消费者权益保护法》第29条规定：“经营者收集、使用消费者个人信息，应当遵循合法、正当、必要的原则，明示收集、使用信息的目的、方式和范围，并经消费者同意。经营者收集、使用消费者个人信息，应当公开其收集、使用规则，不得违反法律、法规的规定和双方的约定收集、使用信息。经营者及其工作人员对收集的消费者个人信息必须严格保密，不得泄露、出售或者非法向他人提供。经营者应当采取技术措施和其他必要措施，确保信息安全，防止消费者个人信息泄露、丢失。在发生或者可能发生信息泄露、丢失的情况时，应当立即采取补救措施。经营者未经消费者同意或者请求，或者消费者明确表示拒绝的，不得向其发送商业性信息。”

[86] 参见善市监罚〔2021〕222号。

[87] 参见沪市监黄处〔2021〕012021000577号、沪市监静处〔2021〕062021000787号。

[88] 参见《个人信息保护法》第66条。

[89] 《个人信息保护法》第4条第1款。

[90] 参见《个人信息安全规范》第3.1条规定，个人信息是以电子或者其他方式记录的能够单独或者与其他信息结合识别特定自然人身份或者反映特定自然人活动情况的各种信息。

[91] 参见《车联网信息服务　用户个人信息保护要求》第6.2条“用户个人信息分类示例”。

类似上述的明确规定，也可根据具体场景进一步分析从该等规定是否可以推知此类信息符合“可识别”或“已识别”的标准。

此外，《个人信息保护法》还进一步在“个人信息”概念的基础上，区分出“敏感个人信息”的概念，其定义如下：

> 敏感个人信息是一旦泄露或者非法使用，容易导致自然人的人格尊严受到侵害或者人身、财产安全受到危害的个人信息，包括生物识别、宗教信仰、特定身份、医疗健康、金融账户、行踪轨迹等信息，以及不满十四周岁未成年人的个人信息。[92]

对于敏感个人信息，法律提出了更高的合规要求。实务中，常见的敏感个人信息类型包括人脸信息、身份证号码、征信信息、医疗记录等。

针对个人信息脱敏处理后是否仍属于个人信息的问题，需要指出的是，“脱敏”是一个技术概念而非法律概念，《个人信息保护法》将技术上的脱敏处理区分为法律上的“去标识化”[93]和“匿名化”[94]，其中去标识化处理后的个人信息仍属于个人信息，而匿名化处理后的个人信息不再属于个人信息。常见的去标识化技术包括统计技术、密码技术、抑制技术、假名化技术、泛化技术、随机化技术、数据合成技术等。[95] 通常情况下，企业对个人信息进行脱敏处理可能仅能达到去标识化的效果，而无法达到匿名化的效果，因此，在实践中企业应根据特定情况具体分析，以明确自身应当满足的合规标准。

（二）个人信息处理的基本原则

根据《个人信息保护法》，个人信息的处理行为/场景包括收集、存储、使用、加工、传输、提供、公开、删除等，[96]贯穿了个人信息的全生命周期。个人信息处理者，是指在个人信息处理活动中自主决定处理目的、处理方式等个人信息处理事项的组织、个人。[97]

---

[92] 《个人信息保护法》第 28 条第 1 款。

[93] 《个人信息保护法》第 73 条第 3 项。

[94] 《个人信息保护法》第 73 条第 4 项。

[95] 参见《信息安全技术　个人信息去标识化指南》附录 A。

[96] 参见《个人信息保护法》第 4 条第 2 款。

[97] 参见《个人信息保护法》第 73 条第 1 项。

个人信息处理,应当遵循合法、正当、必要和诚信原则,目的明确原则,最小必要原则,公开透明原则,准确性原则以及权责一致和确保安全原则等基本处理原则,具体而言:合法、正当、必要和诚信原则,是指不得通过误导、欺诈、胁迫等方式处理个人信息。[98] 目的明确原则,是指处理个人信息应当具有明确、合理的目的,并应当与处理目的直接相关,采取对个人权益影响最小的方式。[99] 最小必要原则,是指收集个人信息,应当限于实现处理目的的最小范围,不得过度收集个人信息。[100] 公开透明原则,是指公开个人信息处理规则,明示处理的目的、方式和范围。[101] 准确性原则,是指处理个人信息应当保证个人信息的质量,避免因个人信息不准确、不完整对个人权益造成不利影响。[102] 权责一致和确保安全原则,是指个人信息处理者应当对其个人信息处理活动负责,并采取必要措施保障所处理的个人信息的安全。[103]

针对个人信息处理者在个人信息全生命周期处理中各个阶段的义务,《个人信息保护法》均在上述原则性规定的基础上规定了相应细化的义务。例如,下文即将论述的在处理个人信息前向个人告知的义务,即公开透明原则的具体体现。

实务中,监管部门在执法活动中的关注重点往往也与企业是否落实上述个人信息处理原则直接相关。在 2022 年国家网信办对外发布的 App 专项治理通报中,笔者注意到,最高频的问题是“强制索要非必要权限”,而“未告知相关个人信息处理规则”以及“首次启动未明示隐私政策”紧随其后,呈现出 App 治理中,权限管理及隐私政策合规背后体现的告知、取得同意的场景下合法、正当、公开透明和最小必要原则的适用是核心问题。企业落实相关个人信息处理原则,能有效避免因自身 App 不合规被整改、下架导致的成本,对保障自身正常经营活动具有重要意义。

对于最小必要原则的落实,我们建议企业可参照相关法律法规、推荐性标准等规范性文件来确定最小必要的个人信息范围,例如国家网信办等四部门联合发布的《常见类型移动互联网应用程序必要个人信息范围规定》即针对各

---

[98] 参见《个人信息保护法》第 5 条。

[99] 参见《个人信息保护法》第 6 条第 1 款。

[100] 参见《个人信息保护法》第 6 条第 2 款。

[101] 参见《个人信息保护法》第 7 条。

[102] 参见《个人信息保护法》第 8 条。

[103] 参见《个人信息保护法》第 9 条。

类常见类型的 App 中必要的个人信息范围进行了举例说明,该规定对企业落实个人信息最小必要处理的合规自查具有极高的参考价值。

(三)告知义务的履行

无论处理个人信息适用何种合法基础,[104]在处理个人信息前,个人信息处理者都必须按照《个人信息保护法》及其相关配套制度的要求向用户进行告知。《个人信息保护法》就告知义务作了一般规定,要求如下:

> 个人信息处理者在处理个人信息前,应当以显著方式、清晰易懂的语言真实、准确、完整地向个人告知下列事项:
>
> (一)个人信息处理者的名称或者姓名和联系方式;
>
> (二)个人信息的处理目的、处理方式,处理的个人信息种类、保存期限;
>
> (三)个人行使本法规定权利的方式和程序;
>
> (四)法律、行政法规规定应当告知的其他事项。[105]
>
> 前款规定事项发生变更的,应当将变更部分告知个人。[106]

除上述原则性规定外,《个人信息保护法》还规定了在处理敏感个人信息、对外提供、转移、出境等特定场景下应当额外告知的事项。例如,处理敏感个人信息时,应当向个人说明处理的必要性以及处理活动对个人权益的影响;[107]对外提供个人信息时,应当披露接收方的名称或姓名、联系方式,并说明接收方的处理目的、处理方式和处理的个人信息种类。[108]

此外,对告知义务的细化要求还散见于《个人信息保护法》的配套制度、规范或特定领域的监管要求中。例如,在算法监管方面,《互联网信息服务算法推荐管理规定》明确要求:

> 算法推荐服务提供者应当以显著方式告知用户其提供算法推荐

[104] 关于"合法基础",详见下文"个人信息处理的合法基础"部分的分析。

[105] 《个人信息保护法》第 17 条第 1 款。

[106] 《个人信息保护法》第 17 条第 2 款。

[107] 参见《个人信息保护法》第 30 条。

[108] 参见《个人信息保护法》第 23 条。

服务的情况，并以适当方式公示算法推荐服务的基本原理、目的意图和主要运行机制等。[109]

在移动互联网应用监管方面，《App违法违规收集使用个人信息行为认定方法》规定：在申请打开可收集个人信息的权限，或申请收集用户身份证号、银行账号、行踪轨迹等个人敏感信息时，未同步告知用户其目的，或者目的不明确、难以理解，可被认定为未明示收集使用个人信息的目的、方式和范围。[110]

工信部"524行动"要求相关企业建立个人信息保护"双清单"制度——落实"已收集个人信息清单"和"与第三方共享个人信息清单"，[111]也是立法中关于告知的相关要求在执法活动中的落实体现。

为满足上述合规要求，个人信息处理者在实践中履行上述告知义务时，通常需要在处理活动开始前通过隐私政策或个人信息使用授权书等文件介绍其全部的个人信息处理规则。此外，可能还需要在后续的特定处理场景（例如需要取得单独同意[112]的场景）下，向用户就特定的个人信息处理情况进行二次告知。而在现阶段制作一份合规的隐私政策通常无法避免篇幅过长的情况导致用户体验下降，同时二次告知如果过于频繁且内容冗长，也容易招致用户反感。

2021年公布的国家标准《信息安全技术　个人信息告知同意指南（征求意见稿）》[下文简称《告知同意指南（征求意见稿）》]中有如下规定：

> 个人信息控制者实施告知时需结合产品或服务的具体特点，基于本标准第7.1和7.3中的原则及8.2中的告知内容，选择适当的告知方式……[113]

---

[109] 《互联网信息服务算法推荐管理规定》第16条。

[110] 参见《App违法违规收集使用个人信息行为认定方法》第2条第3项。

[111] 参见《工业和信息化部关于开展信息通信服务感知提升行动的通知》，载中华人民共和国中央人民政府官网，http://www.gov.cn/zhengce/zhengceku/2021-11/06/content_5649420.htm。

[112] 详见下文"个人信息处理的合法基础"部分。

[113] 《告知同意指南（征求意见稿）》第8.1条，其中，"个人信息控制者"即《个人信息保护法》下的"个人信息处理者"。

上述规定就实际履行告知义务的方式赋予了个人信息处理者较大的操作空间。我们建议,为在履行告知义务的同时兼顾用户体验,个人信息处理者可参考《告知同意指南(征求意见稿)》的方案,[114]结合实际业务的特点,从内容和形式两个方面进行优化。

1. 内容:披露内容可尽量集中于依法必须告知事项

按照《个人信息保护法》等强制性法律规定,对于必须告知的事项,[115]应当确保在隐私政策中向用户告知。而对于强制性法律规定中未作规定,其配套制度或规范性文件中亦未作明确规定的事项,可以结合对实际业务情况(包括业务模式、数据流等)的分析,酌定是否披露,而且结合告知内容"清晰易懂"的法律要求,也并非披露内容越多就越合规。对于特定场景下的同步告知,也应注意在保留必要内容的前提下对告知事项作精简描述。

2. 形式:进行灵活设计

例如,可以根据实际业务场景的不同,以及是否存在需要取得单独同意的场景,灵活选择告知书、授权书等文本量较小的形式向用户进行告知,而不局限于使用"隐私政策"的固定范式;又如,对于篇幅较长的隐私政策,可以通过排版、设置链接等手段,分详略、分层次地向用户呈现。

(四)个人信息处理的合法基础

根据《个人信息保护法》,个人信息主体处理个人信息,应具备以下7种合法基础之一:

> (一)取得个人的同意;
>
> (二)为订立、履行个人作为一方当事人的合同所必需,或者按照依法制定的劳动规章制度和依法签订的集体合同实施人力资源管理所必需;
>
> (三)为履行法定职责或者法定义务所必需;
>
> (四)为应对突发公共卫生事件,或者紧急情况下为保护自然人

---

[114] 例如,《告知同意指南(征求意见稿)》第7.3条a项规定,"友好展示——使用友好、生动、形象的方式编辑告知内容(如使用插图、漫画等),优化告知内容风格及其组织形式,以促进个人信息主体理解"。

[115] 例如,向作为独立处理者的第三方提供个人信息的场景中,必须披露该等第三方的名称或姓名、联系方式、处理个人信息的种类、目的、方式。

的生命健康和财产安全所必需；

（五）为公共利益实施新闻报道、舆论监督等行为，在合理的范围内处理个人信息；

（六）依照本法规定在合理的范围内处理个人自行公开或者其他已经合法公开的个人信息；

（七）法律、行政法规规定的其他情形。[116]

例如，在疫情期间，为保障公民生命健康，政府通过“健康码”收集公民出入公共场所的行踪信息，适用前述第4项“为应对突发公共卫生事件，或者紧急情况下为保护自然人的生命健康和财产安全所必需”的合法基础。

假设A银行是一家在中国境内注册并运营的银行，在A银行以下涉及处理个人信息的业务场景中，其适用的合法基础如图1所示：

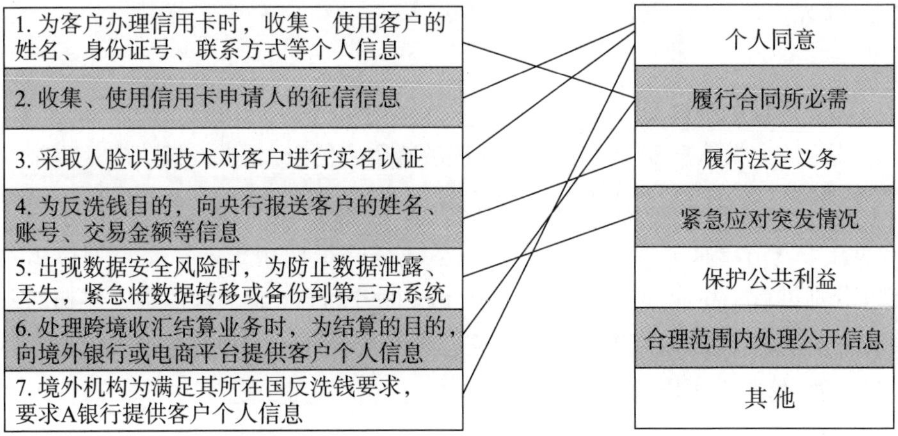

图1　银行处理个人信息的合法基础

尽管法律规定了多种合法基础，但在实践中，尤其是企业为商业目的处理个人信息时，取得个人同意是被最广泛适用的合法基础，故此处我们将单独展开分析。需要强调的是，取得个人同意并非处理个人信息的唯一合法基础。[117]

---

[116] 《个人信息保护法》第13条第1款第1项。

[117] 参见《个人信息保护法》第13条第2款规定：“依照本法其他有关规定，处理个人信息应当取得个人同意，但是有前款第二项至第七项规定情形的，不需取得个人同意。”

通常而言，取得个人同意应满足个人充分知情、自愿明确的前提，[118]此外还应注意以下几点。

（1）重新取得同意

根据《个人信息保护法》，在以下两种情形下，应重新取得个人同意：①个人信息的处理目的、处理方式和处理的个人信息种类发生变更的；[119]②个人信息对外提供和转移后的接收方变更原先的处理目的、处理方式和处理的个人信息种类的。[120]

（2）个人撤回同意

根据《个人信息保护法》，个人有撤回同意的权利：

> ……个人信息处理者应当提供便捷的撤回同意的方式。个人撤回同意，不影响撤回前基于个人同意已进行的个人信息处理活动的效力。[121]

（3）取得明示同意

根据《个人信息安全规范》，在处理敏感个人信息、超出授权范围处理个人信息、共享、转让、公开披露等场景应取得个人的明示同意。[122] 特别地，对于App，《个人信息安全规范》和《App 违法违规收集使用个人信息行为认定方法》分别进行了相应的规定：在基本业务功能开启前（如个人信息主体初始安装、首次使用、注册账号等），应通过交互界面或设计……并通过个人信息主体对信息收集工作作出肯定性动作（如勾选、点击“同意”或“下一步”等）征得其明示同意；[123]

以默认选择同意隐私政策等非明示方式征求用户同意的行为可被认定为“未经用户同意收集使用个人信息”。[124]

---

[118] 参见《个人信息保护法》第 14 条第 1 款。

[119] 参见《个人信息保护法》第 14 条第 2 款。

[120] 参见《个人信息保护法》第 22 条、第 23 条。

[121] 《个人信息保护法》第 15 条。

[122] 参见《个人信息安全规范》。

[123] 参见《个人信息安全规范》附录 C 第 3 条 a 项。

[124] 参见《App 违法违规收集使用个人信息行为认定方法》第 3 条第 4 项。

关于个人信息主体的肯定性动作,除上述在 App 操作场景下列示的动作外,还包括在线上和线下场景中的手写录入等个人主动行为。

需要指出的是,尽管上述《个人信息安全规范》不具备法律强制力,但考虑到顶层立法的原则性规定较为模糊,监管部门在实际执法的过程中往往会参照该等标准,综合判断个人信息处理者是否遵循了顶层立法中的个人信息处理原则。此外,在商业实践中取得用户明示同意已是被普遍采用的做法,我们建议企业原则上应在进行各类个人信息处理活动前,通过明示同意的方式取得个人的同意,这也有利于企业在与用户发生争议后就已履行相应个人信息保护义务进行举证。

(4)取得逐项同意

由市场监管总局发布的《网络交易监督管理办法》规定:

> 网络交易经营者……收集、使用个人生物特征、医疗健康、金融账户、个人行踪等敏感信息的,应当逐项取得消费者同意。[125]

考虑到上述规定生效时《个人信息保护法》仍处于草案阶段,此处的"逐项同意"宜理解为针对处理不同类型的敏感个人信息的场景,分别取得单独同意。换言之,仅就处理敏感个人信息这一场景下取得同意的要求而言,逐项同意的要求高于此后生效的《个人信息保护法》中所述的单独同意。

(5)取得单独同意

《个人信息保护法》在原有的"取得同意"的基础上提出了更高的"取得单独同意"要求,[126]具体而言,针对以下 5 种特定的个人信息处理活动/场景应取得个人的单独同意:[127]①处理敏感个人信息;②向第三方提供个人信息;③公开个人信息;④为维护公共安全的目的以外的目的在公共场所收集个人图像和身份识别信息;⑤向境外提供个人信息。

此外,如满足法律法规规定的其他情形(例如,收集个人信息用于自动化

---

[125] 《网络交易监督管理办法》第 13 条第 2 款。

[126] 参见《个人信息保护法》第 14 条第 1 款规定:"基于个人同意处理个人信息的,该同意应当由个人在充分知情的前提下自愿、明确作出。法律、行政法规规定处理个人信息应当取得个人单独同意或者书面同意的,从其规定。"

[127] 参考《个人信息保护法》第 23 条、第 25 条、第 26 条、第 29 条、第 39 条。

决策[128]等),也需要取得单独同意。目前,强制性法律法规并未对“单独同意”进行定义,这意味着个人信息处理者在实践中可选择灵活的方式完成单独同意的获取(例如,一次性获取用户对整个业务过程中处理敏感个人信息的同意),但我们认为,单独同意应至少为明示同意,[129]同时根据《网络数据安全管理条例(征求意见稿)》所体现的最新立法趋势,单独同意定义如下:

> 单独同意是指数据处理者在开展具体数据处理活动时,对每项个人信息取得个人同意,不包括一次性针对多项个人信息、多种处理活动的同意。[130]

如上述规定正式生效,无疑会对个人信息处理者获取单独同意的方式提出更高的要求。个人信息处理者应及时关注最新的立法和执法动向,根据特定的业务场景,在兼顾用户体验的基础上采取适当的形式取得单独同意。

(五)个人信息处理关系的合规要点

对于个人信息处理者而言,处理个人信息的相关活动除了涉及与个人信息主体的关系之外,在具体的商业实践中还可能因商业模式的不同而涉及与第三方的个人信息处理关系。在《个人信息保护法》的框架之下,个人信息处理关系主要包括对外提供、委托处理和共同处理。

1. 对外提供

对外提供是提供方向接收方提供个人信息的过程,其中提供方与接收方均是独立的个人信息处理者,均有权自主决定个人信息的处理目的与处理方式。

在合规要求方面,对于提供方而言:①履行告知义务,向个人信息主体告知的内容包括接收方的名称或姓名、联系方式、处理目的、处理方式和个人信息种类;②取得个人信息主体的单独同意;③事前进行个人信息保护影响评估(PIA),对处理情况进行记录,且个人信息保护影响评估报告和处理情况记录

---

[128] 根据《个人信息保护法》第73条第2项的规定,自动化决策是指通过计算机程序自动分析、评估个人的行为习惯、兴趣爱好或者经济、健康、信用状况等,并进行决策的活动。

[129] 如上文所述,《个人信息安全规范》中要求取得明示同意的大部分场景与《个人信息保护法》中要求取得单独同意的场景重合,且适用明示同意的场景的范围要大于适用单独同意的场景的范围。

[130] 《网络数据安全管理条例(征求意见稿)》第73条第8项。

至少保存3年。[131] 对于接收方而言:①在约定的处理目的、处理方式和个人信息的种类等范围内处理个人信息;②变更原处理目的、处理方式的,应当重新取得同意。[132]

2. 委托处理

与对外提供相比,委托处理最大的特点在于接收方不是独立的个人信息处理者,而是受托人,只能在委托方决定的处理目的与处理方式范围内处理个人信息。

在合规要求方面,对于委托方而言:①与受托方明确约定委托处理的相关事宜,包括处理的目的、期限、处理方式、个人信息种类、保护措施以及双方的权利和义务等;②履行监督义务,监督受托方的个人信息处理活动;③事前进行个人信息保护影响评估,对处理情况进行记录,且个人信息保护影响评估报告和处理情况记录至少保存3年。对于受托方而言:①按照约定处理个人信息,不得超出约定的处理目的、处理方式等;②委托合同不生效、无效、被撤销或终止的,应当将个人信息返还委托方或删除,不得保留;③未经委托方同意,不得转委托;[133] ④采取必要措施保障个人信息安全;⑤协助委托方履行个人信息保护义务。[134]

3. 共同处理

共同处理是指两个以上的个人信息处理者共同决定个人信息的处理目的和处理方式的活动。共同处理者应当约定各自的权利和义务,但该约定不影响个人信息主体向任一方主张权利。[135] 在侵权责任承担方面,共同处理者承担连带责任,[136]因此需要重点关注可能产生的风险与责任,并可在法律允许的范围内,对各方之间的责任分配进行事先约定。

(六)个人信息保护影响评估

个人信息保护影响评估是《个人信息保护法》规定的法定义务,有助于个人信息处理者判断其处理活动的合法合规程度、对个人信息主体合法权益造

---

[131] 参见《个人信息保护法》第55条、第56条。

[132] 参见《个人信息保护法》第23条。

[133] 参见《个人信息保护法》第21条。

[134] 参见《个人信息保护法》第59条。

[135] 参见《个人信息保护法》第20条第1款。

[136] 参见《个人信息保护法》第20条第2款。

成损害的风险以及保护个人信息主体措施的有效性。[137]

1. 适用情形

根据《个人信息保护法》第55条,应进行个人信息保护影响评估的情形包括:①处理敏感个人信息;②利用个人信息进行自动化决策;③委托处理个人信息;④向境外提供个人信息;⑤其他对个人权益有重大影响的个人信息处理活动,如共同处理个人信息、使用生成合成类算法等。此外,在商业实践中,可能存在各类触发个人信息保护影响评估的情形相混杂的情况。例如,委托第三方服务公司利用个人信息进行自动化决策;又如,提供新产品或服务时,涉及敏感个人信息的对外提供等。因此,一次个人信息保护影响评估可能会涵盖多种情形,需要进行综合评估。

2. 评估内容

根据《个人信息保护法》第56条第1款,个人信息保护影响评估重点评估以下内容:

> (一)个人信息的处理目的、处理方式等是否合法、正当、必要;
>
> (二)对个人权益的影响及安全风险;
>
> (三)所采取的保护措施是否合法、有效并与风险程度相适应。

此外,若采取订立标准合同的个人信息出境路径,个人信息保护影响评估应重点评估以下内容:

> (一)个人信息处理者和境外接收方处理个人信息的目的、范围、方式等的合法性、正当性、必要性;
>
> (二)出境个人信息的规模、范围、种类、敏感程度,个人信息出境可能对个人信息权益带来的风险;
>
> (三)境外接收方承诺承担的义务,以及履行义务的管理和技术措施、能力等能否保障出境个人信息的安全;
>
> (四)个人信息出境后遭到篡改、破坏、泄露、丢失、非法利用等的风险,个人信息权益维护的渠道是否通畅等;

---

[137] 参考《信息安全技术　个人信息安全影响评估指南》(GB/T 39335—2020)第3.4条。

（五）境外接收方所在国家或者地区的个人信息保护政策和法规对标准合同履行的影响；

（六）其他可能影响个人信息出境安全的事项。[138]

3. 报告与记录

为实现对个人信息处理活动的持续有效监督，《个人信息保护法》除要求开展事前个人信息保护影响评估外，还要求事后对相应的处理情况进行记录，且个人信息保护影响评估报告和处理情况记录应当至少保存 3 年。相关报告与记录可帮助个人信息处理者在面对调查、合规性审计等情况时，证明其遵守了个人信息保护相关法律法规及标准要求，证明其面对个人信息安全事件时采取了相应的安全保护措施。[139] 此外，对于以订立标准合同为出境路径的个人信息处理者而言，还应当在标准合同生效之日起 10 个工作日内，向所在地省级网信部门提交标准合同和个人信息保护影响评估报告以进行备案。[140]

在具体的评估原理、评估考虑因素、评估流程等方面，个人信息处理者可参考2020 年 11 月 19 日发布并于2021 年 6 月 1 日实施的国家标准《信息安全技术　个人信息安全影响评估指南》（GB/T 39335—2020）。尽管个人信息保护影响评估与个人信息安全影响评估的内涵并不完全相同，在配套法律文件或标准出台之前，相关国标仍对个人信息保护影响评估的开展具有一定的实践指导意义，但是后续不排除出台更加符合个人信息保护影响评估的规范性文件指导评估工作落地，特别是涉及个人信息出境的个人信息影响评估，应该严格参照《个人信息出境标准合同办法》等规章中对个人信息影响评估内容的要求开展评估工作。

五、数据合规领域重点问题

（一）数据跨境流动的治理

数据的存储要求与跨境合规一直备受关注，也是诸多企业数据合规工作中的难点。

在数据存储方面，《网络安全法》《个人信息保护法》等对重要数据、CIIO在境内运营中收集和产生的个人信息、达到一定量级的个人信息处理者在境

---

[138] 《个人信息出境标准合同办法》第 5 条。

[139] 参见《信息安全技术　个人信息安全影响评估指南》第 4.2 条。

[140] 参见《个人信息出境标准合同办法》第 7 条。

内收集和产生的个人信息均提出了本地化存储的要求。[141] 同时,部分行业也对其行业数据提出了境内存储要求,如征信信息、人口健康信息等均要求进行本地化存储。[142] 因此,企业在考虑数据出境前,应先明确相关法律法规,特别是行业规定,是否对拟出境的数据有本地化存储要求。

在数据出境方面,随着《数据出境安全评估办法》《数据出境安全评估申报指南(第一版)》《网络安全标准实践指南——个人信息跨境处理活动安全认证规范V2.0》《个人信息出境标准合同办法》《信息安全技术　个人信息跨境传输认证要求(征求意见稿)》等数据出境配套文件的发布,数据出境监管要求已基本落地。但在实践中,由于有关重要数据的判定标准以及行业主管部门对行业数据出境的特别监管要求仍未确定,企业数据出境合规工作时常陷入困境。

数据三法规定了三种数据合法出境路径,分别是通过网信部门组织的数据出境安全评估(安全评估)、经专业机构进行个人信息保护认证(保护认证)和按照网信部门制定的标准合同与境外接收方订立合同(标准合同)。[143] 其中,安全评估适用于重要数据和个人信息出境,保护认证和标准合同适用于符合条件的个人信息出境。由于《个人信息保护法》对个人信息进行了明确定义,[144]因此实践中,企业通常能够清晰把握并选择合适的个人信息出境路径。但是,企业信息、行业数据可能涉及重要数据,该类数据出境直接关系到企业是否需要申报安全评估的问题。因此,厘清企业信息、行业数据中的重要数据,将帮助企业根据监管要求提前准备数据出境安全评估工作,减少合规风险,避免影响正常业务开展。关于重要数据的分析详见上文"重要数据的识别和保护"部分。目前,法律法规的缺位导致企业在进行重要数据判断时标准较为模糊,进而在应对数据出境监管,即是否需要进行数据出境安全评估事项上更为犹疑、被动,增加了企业数据出境合规风险和合规成本。

此外,数据出境监管要求不仅包括由国家网信办主管的数据出境一般规定,还包括行业主管部门对该行业的数据出境特殊监管要求。伴随数据出境一般规定的落地,数据出境活动的行业监管要求也在同步更新,对企业合规提出了更高维度的要求。以金融行业为例,《银行业监督管理法(修订草案征求

[141] 参见《网络安全法》第37条,《个人信息保护法》第40条。

[142] 参见《征信业管理条例》第24条,《人口健康信息管理办法(试行)》第10条。

[143] 参见《个人信息保护法》第38条第1款。

[144] 参见《个人信息保护法》第4条。

意见稿)》新增了有关银行业金融机构数据本地化存储的要求,除非法律、行政法规、国务院银行业监督管理机构另有规定。而金融行业标准《个人金融信息保护技术规范》也对个人金融信息的跨境传输设定了限制条件。[145] 由此可见,行业数据监管要求也将成为数据出境活动的重要合规标准。笔者建议企业在结合实际业务中的数据处理情况判断是否属于数据出境,并根据企业自身是否属于CIIO,以及出境数据的种类、企业的数据处理规模和出境数据规模等维度识别数据出境应当采取的合法路径的同时,还应密切关注行业主管部门对相关行业数据出境的监管规定,在确保数据出境满足行业主管部门对行业数据出境的要求或者前置手续等条件的前提下,准备和开展数据出境合法路径要求的评估等相关工作。

(二)网络安全审查

2022年7月21日,国家网信办经过为期一年的网络安全审查,最终依法对某智能出行网约车知名企业A公司作出行政处罚决定。其中,对A公司处人民币80.26亿元罚款,对A公司董事长兼CEO、总裁各处人民币100万元罚款。这张天价罚单无论从企业层面还是高管层面均对A公司进行了顶格处罚,[146]是我国目前在数据合规领域处罚数额最高的案例,彰显了国家对网络安全、数据安全和个人信息保护的极大重视,同时对企业产生了巨大的警示效应。

1. 适用情形

根据《审查办法(2021)》第2条及第7条,相关主体应当在以下3种情形下主动申报网络安全审查:

(1)CIIO采购网络产品和服务,影响或者可能影响国家安全。其中,CIIO的认定可以参考《关保条例》相关条款,如果未接到相关主管或监管部门的认定通知,一般可认为不构成CIIO。[147] 网络产品和服务主要指核心网络设备、重要通信产品、高性能计算机和服务器、大容量存储设备、大型数据库和应用软件、网络安全设备、云计算服务,以及其他对CII安全、网络安全和数据安全有

---

[145] 尽管《个人金融信息保护技术规范》系行业标准,不具有法律强制执行力,但其作为金融领域个人信息保护的重要标准,在监管领域仍具有重要参考意义。

[146] 根据《个人信息保护法》第66条,A公司属于违法处理个人信息或者未履行法定个人信息保护义务且情节严重的情形。国家网信办对A公司处以其上一年度营业额5%的罚款,对两位高管在10万~100万元的范围内处以最高额罚款。

[147] 参见《关保条例》第2条、第10条。

重要影响的网络产品和服务。[148]

(2)网络平台运营者开展数据处理活动,影响或者可能影响国家安全。其中,数据处理活动包括数据的收集、存储、使用、加工、传输、提供、公开等。[149]“网络平台运营者”目前缺乏具体的定义,有待相关法律法规进一步明确。

(3)掌握超过100万用户个人信息的网络平台运营者赴国外上市。《审查办法(2021)》并未沿用《网络数据安全管理条例(征求意见稿)》中“数据处理者赴香港上市,影响或者可能影响国家安全的”应当申报网络安全审查的规定,[150]即掌握超过100万用户个人信息的网络平台运营者赴香港上市不属于必然触发网络安全审查的情形,但具体情况还有待《网络数据安全管理条例(征求意见稿)》的落地。据报道,自《审查办法(2021)》2022年2月15日施行以来,截至2022年8月19日,已有20余家拟赴国外上市企业向网络安全审查办公室进行了申报。[151]

除上述主动申报的情形外,对于网络安全审查工作机制成员单位[152]认为影响或者可能影响国家安全的网络产品和服务以及数据处理活动,由网络安全审查办公室按程序报中央网信办批准后,依照《审查办法(2021)》启动审查。[153]2022年6月24日,某数字出版与知识服务企业B公司因掌握大量个人信息和涉及国防、工业、电信、交通运输、自然资源、卫生健康、金融等重点行业领域重要数据,以及重大项目、重要科技成果及关键技术动态等敏感信息,而被网络安全审查办公室约谈并启动网络安全审查;2023年3月31日,为保障CII供应链安全,防范产品问题隐患造成网络安全风险,维护国家安全,网络安全审查办公室对美国某半导体及影像产品制造企业C公司在华销售的产品实施网络安全审查。这些都属于监管部门依职权主动启动审查的情况。

2. 适用范围

相较于2020年6月1日施行的《网络安全审查办法》(2020年)(已失效,

---

[148] 参见《审查办法(2021)》第21条。

[149] 参见《数据安全法》第3条第2款。

[150] 参见《网络数据安全管理条例(征求意见稿)》第13条。

[151] 参见《中央网信办:已有20余家拟赴国外上市企业申报网络安全审查》,载央视新闻客户端2022年8月19日。

[152] 根据《审查办法(2021)》第4条,网络安全审查工作机制成员单位由中央网信办领导,包括国家网信办、国家发改委、工信部、公安部、国家安全部、财政部、商务部、中国人民银行、市场监督总局、国家广播电视总局、中国证券监督管理委员会、国家保密局、国家密码管理局。

[153] 参见《审查办法(2021)》第16条。

下文简称《审查办法(2020)》),《审查办法(2021)》对网络安全审查的适用范围进行了扩展。在审查对象上,《审查办法(2020)》仅适用于 CIIO,而《审查办法(2021)》将范围扩大到 CIIO 和网络平台运营者;在审查内容上,《审查办法(2020)》仅关注 CIIO 供应链安全,而《审查办法(2021)》将范围扩大到 CIIO 供应链安全、网络平台运营者的数据处理活动以及特定网络平台运营者国外上市。同时,尚未正式落地的《网络数据安全管理条例(征求意见稿)》第 13 条[154]也呈现出进一步扩大网络安全审查适用范围的趋势。此外,结合前文介绍的近期监管部门实施的网络安全审查案例,监管部门主动发起网络安全审查的情形未来仍有可能增加,相关企业应做好适当的合规准备工作。

3. 审查重点

关于如何判断"影响或者可能影响国家安全",根据《审查办法(2021)》第 10 条,网络安全审查重点评估如表 3 所示的国家安全风险因素:

表 3　国家安全风险因素

序号	国家安全风险因素
1	产品和服务使用后带来的 CII 被非法控制、遭受干扰或者破坏的风险
2	产品和服务供应中断对 CII 业务连续性的危害
3	产品和服务的安全性、开放性、透明性、来源的多样性,供应渠道的可靠性以及因为政治、外交、贸易等因素导致供应中断的风险
4	产品和服务提供者遵守中国法律、行政法规、部门规章情况
5	核心数据、重要数据或者大量个人信息被窃取、泄露、毁损以及非法利用、非法出境的风险
6	上市存在 CII、核心数据、重要数据或者大量个人信息被外国政府影响、控制、恶意利用的风险,以及网络信息安全风险
7	其他可能危害 CII 安全、网络安全和数据安全的因素

4. 审查程序

网络安全审查的具体程序如图 2 所示:

---

[154] 《网络数据安全管理条例(征求意见稿)》第 13 条规定:"数据处理者开展以下活动,应当按照国家有关规定,申报网络安全审查:(一)汇聚掌握大量关系国家安全、经济发展、公共利益的数据资源的互联网平台运营者实施合并、重组、分立,影响或者可能影响国家安全的;(二)处理一百万人以上个人信息的数据处理者赴国外上市的;(三)数据处理者赴香港上市,影响或者可能影响国家安全的;(四)其他影响或者可能影响国家安全的数据处理活动。大型互联网平台运营者在境外设立总部或者运营中心、研发中心,应当向国家网信部门和主管部门报告。"

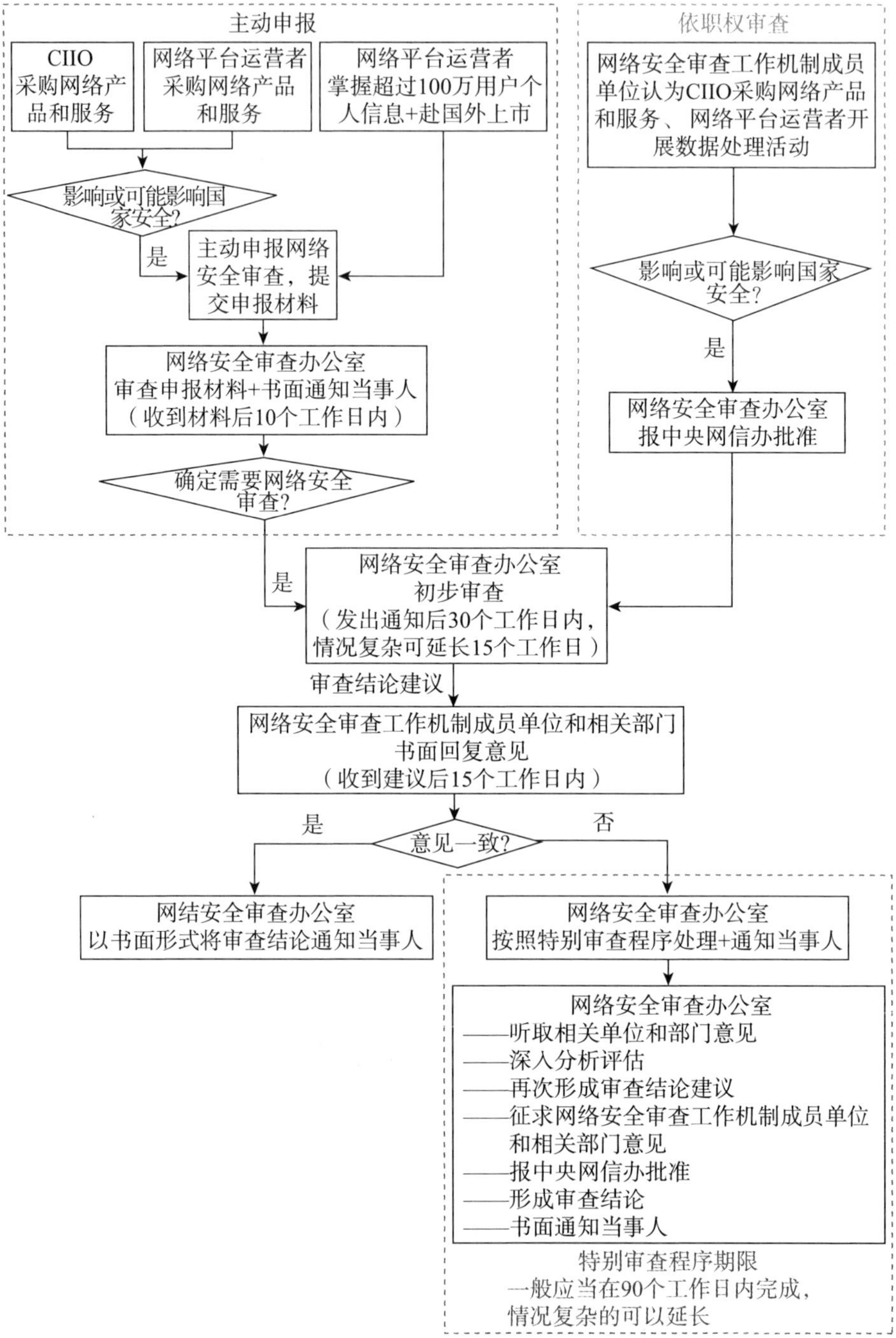
主动申报
CIIO
采购网络产品和服务
网络平台运营者
采购网络产品和服务
网络平台运营者
掌握超过100万用户个人信息+赴国外上市
影响或可能影响国家安全?
是
主动申报网络安全审查，提交申报材料
网络安全审查办公室
审查申报材料+书面通知当事人
（收到材料后10个工作日内）
确定需要网络安全审查?
依职权审查
网络安全审查工作机制成员单位认为CIIO采购网络产品和服务、网络平台运营者开展数据处理活动
影响或可能影响国家安全?
是
网络安全审查办公室
报中央网信办批准
是
网络安全审查办公室
初步审查
（发出通知后30个工作日内，
情况复杂可延长15个工作日）
审查结论建议
网络安全审查工作机制成员单位和相关部门
书面回复意见
（收到建议后15个工作日内）
是
否
意见一致?
网结安全审查办公室
以书面形式将审查结论通知当事人
网络安全审查办公室
按照特别审查程序处理+通知当事人
网络安全审查办公室
——听取相关单位和部门意见
——深入分析评估
——再次形成审查结论建议
——征求网络安全审查工作机制成员单位和相关部门意见
——报中央网信办批准
——形成审查结论
——书面通知当事人
特别审查程序期限
一般应当在90个工作日内完成，
情况复杂的可以延长

图 2　网络安全审查流程

从审查程序可以看出，网络安全审查的周期较长。如果网络安全审查办公室在收到审查申报材料后启动审查或依职权发起审查，审查周期短则45个工作日，长则可达(150+N)个工作日，从而可能对企业的正常运营造成影响。此外，如上文所述，网络安全审查工作机制成员单位可以通过网络安全审查办公室向中央网信办报批后依职权触发审查。根据《审查办法(2021)》，网络安全审查工作机制成员单位包括国家网信办、国家发改委、工信部、公安部、国家安全部、财政部、商务部、中国人民银行、市场监督管理总局、国家广播电视总局、中国证券监督管理委员会、国家保密局、国家密码管理局，职权范围十分广泛。需要注意的是，《审查办法(2021)》在《审查办法(2020)》的基础上新增了中国证券监督管理委员会。同时，在A公司网络安全审查案件中，2021年7月16日进驻A公司开展审查的7部委中，参与调查的自然资源部、交通运输部和国家税务总局都不在规定的部门之列，即网络安全审查实际涉及的监管机关可能会超出《审查办法(2021)》的规定。

基于上述合规压力，笔者建议企业积极自查、规避风险。在CIIO供应链管理方面，企业应完善采购协议、安全保密协议、数据处理协议等法律文件，对供应商的配合义务、保密义务、安全义务等作出安排。对于CIIO供应商而言，合规义务至少包括：①配合网络安全审查；②承诺不利用提供产品和服务的便利条件非法获取用户数据、非法控制和操纵用户设备；③无正当理由不中断产品供应或者必要的技术支持服务；[155]④遵守中国法律、行政法规、部门规章；[156]⑤技术支持和安全保密义务等。[157]

此外，需要明确的是，网络安全审查和数据出境安全评估是两项不同的监管制度，在涉及数据出境的场景下，企业应区分处理网络安全审查和数据出境安全评估，对于可能触发网络安全审查的业务场景主动申报，对于可能触发数据出境安全评估的业务场景开展数据出境风险自评估并提交申报材料，两项工作不能混淆、不可相互替代。

（三）网络与数据安全事件的管理与应对

在数字化转型的推动下，几乎每个行业的企业都可能成为网络攻击、数据

[155] 参见《审查办法(2021)》第6条。

[156] 参见《审查办法(2021)》第10条第4项。

[157] 参见《关保条例》第20条。

泄露、隐私安全威胁所针对的目标。[158] 根据各大网络与数据安全咨询机构以及各国监管部门的统计，[159]近年来世界各国企业发生的网络与数据安全事件的数量呈爆发式增长，并且逐年上升。大规模的严重的网络与数据安全事件的发生，除了会直接阻碍企业的日常业务运营，还会进一步损害企业的商业声誉，同时，如上文所述，还可能招致监管部门的调查甚至是处罚。从长远来看，此类事件造成的损失实际上是难以估量的。因此，企业有必要针对网络与数据安全事件，从合规实务的角度出发，从对该类安全事件的防范到事件发生后的处置应对，以及事后的合规架构完善与更新，进行全流程闭环管理。

结合我国数据三法及其相关的法规和标准，这里的“网络与数据安全事件”是指由于人为原因、软硬件缺陷或故障、自然灾害等，对网络和信息系统或者其中的数据造成危害，对社会造成负面影响的事件，如系统漏洞、计算机病毒、网络攻击、网络侵入等安全风险，可能导致系统无法使用或被访问，数据遭受泄露、窃取、篡改、毁损、丢失、非法使用等。[160]

1. 事前防范

首先，在事前防范阶段，针对上述一系列潜在的网络与数据安全事件，企业应当结合其业务模式和采用的软硬件系统情况，参考《国家网络安全事件应急预案》《公共互联网网络安全突发事件应急预案》以及相关的标准性文件，积极制定并维护网络与数据安全事件应急预案。该项预案可以作为企业已有的“业务持续计划”(business continuity plan)的一部分，或者单独作为一项应急预案，并且应特别针对以下几个方面载明能够落实的方案：

(1)协同防范机制：企业各部门(包括业务部门、IT 部门、法务与合规部门、公关部门、人力资源部门、财务部门等)在日常工作中如何协同，以什么样的流程和工作方式，积极控制或消除发生安全事件的风险；

(2)培训机制：分别从技术角度和制度角度出发，如何从技术上实施预警

---

[158] 根据国际刑警组织《2022 年度全球犯罪趋势总结报告》，勒索病毒(ransomware)、钓鱼欺诈(phishing)、网络欺诈(online scams)以及计算机系统侵入(computer intrusion/hacking)已成为全球威胁度“高”或“很高”类别的网络犯罪类型。

[159] 例如，根据美国联邦调查局的统计，其接收到的网络与数据安全事件报案损失金额(年度总金额)从 2018 年的 27 亿美元上升至 2022 年的 103 亿美元。

[160] 参考《网络安全法》第 25 条，《数据安全法》第 29 条，《个人信息保护法》第 51 条，《国家网络安全事件应急预案》第 1.3 条等。

监测（通常由IT部门牵头），以及如何加强员工和第三方的防范意识（通常由法务与合规部门牵头）；

（3）响应机制：在安全事件发生后，如何进行内部报告，如何快速确定安全事件的分类分级，并相应地由哪些部门牵头，协同外部顾问（包括律师事务所、技术顾问等），及时止损、恢复系统，并采取其他相应的补救措施。

上述三个板块的内容应当是相互连接呼应的。例如，在企业的日常运营中不时对相关职能人员进行防范培训和演练，在安全事件发生并得到相应处置后，还应进行事后总结复盘，并且有针对性地完善企业的合规制度、防范机制和流程。

2. 事中应对

安全事件发生后，企业应当立即启用应急预案，以实现有条不紊的事件处置。在应对安全事件带来的技术障碍和资金损失的同时，还应当根据法律法规的规定，及时判断是否承担以及如何履行相应的通知和报告义务。

企业的通知和报告义务，是指在特定的安全事件发生后或可能发生时，企业应当依法通知相应的主体（特别是发生了个人信息安全事件的情况下），并向有关主管部门报告。

若安全事件涉及个人信息，在特定情况下，企业才可以免除通知个人信息主体的义务（但仍应当报告有关部门）。根据《个人信息保护法》第57条的规定，个人信息处理者采取措施能够有效避免信息泄露、篡改、丢失造成危害的，个人信息处理者可以不通知个人。但如果个人信息保护的监管部门认为可能造成危害，其有权要求个人信息处理者通知个人。

若安全事件不涉及个人信息，该事件也未达到一定重大程度，企业向有关部门的报告义务也就不会被触发。前述“有关部门”，根据具体的安全事件的类型和严重程度，可能包括网信部门、电信主管部门、公安部门等。企业还需要特别注意其所在行业适用的网络与数据安全事件的报告义务相关规定，以避免错误地认为某项安全事件不够严重、影响不大、不需要报告，从而招致监管机构的重点检查和处罚。

此外，根据我们以往的经验，还有一类事件在企业制定应急预案以及日常防范工作时，往往容易被忽视：电信网络诈骗（wire fraud）。跨国企业或者有涉外业务的中国企业，其日常的数据跨境流动以及跨境商业交易环节，往往都是电信网络诈骗活动的攻击对象。犯罪组织[161]利用跨境业务流程中一些防范薄弱的环节(例如,交易各方未曾谋面,只通过邮件往来;同一企业在不同国家分支机构的防范意识和机制差异较大;企业没有完备的反钓鱼监测系统;财务请款手续过于简单,没有多部门交叉审批核验等)来达到目的。因此,企业在制定网络与数据安全事件应急预案,以及进行日常的防范准备工作时,针对电信网络诈骗,至少还需要做到三个方面的工作:

(1)制定快速响应机制。涉案资金一旦汇出,能否及时止损,通常取决于企业的响应速度。因此,需要提前制定好响应机制,明确牵头响应部门和责任人,并且在第一时间与富有经验的外部专业顾问沟通,组建响应团队,采取行动。响应协调安排通常是跨部门、跨分支机构、跨国境的。

(2)技术防范与补救。在采取措施挽救资金损失的同时,还需要在第一时间用技术手段调查事件发生的过程和犯罪组织使用的手段,排查、修补系统漏洞,同时做好证据保全。如果电信网络诈骗事件同时涉及数据泄露、个人信息泄露等问题,需要及时结合应急预案的其他部分内容开展行动。

(3)评估事件的潜在影响。除直接经济损失以外,企业还应及时评估该类事件可能造成的其他影响和法律后果,如招致监管部门的调查、与供应商或客户产生法律纠纷、是否承担上市公司信息披露义务等,并及时采取应对措施,控制风险。

3. 事后处置

在安全事件应急响应结束后,企业的应急响应团队还需要对安全事件复盘,目的是及时处理已发现的相关问题、控制风险,避免安全事件的再次发生。复盘应当包括以下四项工作内容:(1)根据对安全事件的起因、性质、影响、责任等的分析评估,提出处理意见、采取改进措施。(2)完善、加强管理制度和措施(如安全事件发生前企业没有适用的应急预案,则应当及时拟定应急预案;若已有应急预案,则应修订和完善该应急预案以及相应的内部应急管理制度。此外,还需要加强网络安全培训、加强网络安全技术手段、升级软件硬件工具

[161] 这里采用“犯罪组织”一说,是因为跨境电信网络诈骗已经发展为由犯罪组织或集团通过技术和职能安排,分工协作来完成的复杂的犯罪活动。根据不同的行为模式,电信网络诈骗案件的行为人可能涉嫌破坏计算机信息系统罪、盗窃罪、侵犯公民个人信息罪、信用卡诈骗罪、妨害信用卡管理罪、帮助信息网络犯罪活动罪、销售假冒注册商标的商品罪和掩饰、隐瞒犯罪所得罪等中国刑法规定的一项或多项罪名,还会涉及多个国家相关法律规定的其他罪名。

等)。(3)对相关人员进行考核,并按照企业的管理制度予以奖惩。(4)根据复盘工作做出的调查处理与总结评估,出具总结报告;并且,如上文所述,有关部门就企业的事后处置情况提出要求的[162],还需进行报送和沟通。

（四）数据产品交易合规性评估

数据作为新型生产要素,正在快速融入生产、分配、流通、消费和社会服务管理等各个环节。随着国家数据局的组建,国家加强对数据的管理、开发、利用,数据要素市场有望进一步开放发展,推动数据流通交易规模不断扩大。其中,数据交易作为数据要素市场建构的关键环节,实务中探索的深度和广度不断拓展,所面临的合规问题也越发复杂。但现行法律主要是对数据的规范利用和安全隐私保护作出原则性规定,并未就数据流通交易的准入、监管等给出清晰的法律界定。在顶层立法层面,仍缺乏针对数据交易的专门性法律。

数据流通立法体系尚不完善、数据流通行为缺乏统一监管机制,导致各类市场主体在探索数据流通的具体问题时缺乏合规风险评估的依据。就此,2022年12月,中共中央、国务院发布的《关于构建数据基础制度更好发挥数据要素作用的意见》明确规定:"有序发展数据跨境流通和交易,建立数据来源可确认、使用范围可界定、流通过程可追溯、安全风险可防范的数据可信流通体系"。为实现这一设想,数据交易合规性评估应当围绕数据产权的真实性、完整性、来源合法可确认、处理方式合规性及流通安全可控等方面进行具体审查。在此大背景下,具有政府背景的各地数据交易所/交易中心,纷纷将数据资产及交易规则等作为攻坚破难的重要课题,探索数据资产化建设与实践,以消除供需对接环节的信任壁垒,规范数据资产的交易行为。为此,数据交易所均推行了数据交易合规评估机制。[163] 以上海数据交易所的实践为例,其数据交易合规评估机制下包括数据产品合规性评估及数据质量合规性评估两个维度。其中,数据产品合规性评估又包括数据交易主体的审查、数据产品的审查

---

[162] 2021年11月14日国家网信办发布的《关于〈网络数据安全管理条例(征求意见稿)〉公开征求意见的通知》第11条规定,发生重要数据或者10万人以上个人信息泄露、毁损、丢失等数据安全事件时,数据处理者还应当在事件处置完毕后5个工作日内向设区的市级网信部门和有关主管部门报送包括事件原因、危害后果、责任处理、改进措施等情况的调查评估报告。截至本文截稿时,该项管理条例尚未正式落地,仅供参考。

[163] 如上海数据交易所确立了"不合规不挂牌,无场景不交易"的基本原则,明确数据交易流程,要求数据供应方挂牌之前,需要对数据产品进行合规评估和质量评估。

及数据流通风险的审查三个方面,结合各地数据交易所的数据产品交易实务,下文将对相关审查要求和审查要点进行梳理分析。

1. 数据交易主体情况审查

该部分审查的目的主要在于确定数据交易主体是否具备从事民事活动的行为能力及从事数据交易的主体资格。具体可分为对数据提供方基本情况及合规经营情况的评估。

(1)对数据提供方基本情况的审查

在基本情况方面,主要审查数据提供方的整体经营情况,要点如表4所示:

表4　数据提供方基本情况审查要点

审查内容	审查要点
基本信息	公司登记注册情况、公司治理结构、主要业务类型尤其是涉及数据领域的业务概况(主要包含数据产品类型、功能、形态、主要服务行业、数据来源、实际产品提供方、数据存储服务器所在地点等)
信用情况	公司是否有发生过与数据安全、个人信息有关的行政处罚及涉诉案件,以及重大涉诉或行政处罚案件
主体资格	资质是否符合数据交易场景的要求,例如,根据法律规定特定数据的采集、处理需要具备特定的资质(如增值电信业务许可证、地理测绘资质、征信资质等)
主体类型	是否被认定为关键信息基础设施运营者,是否属于特殊监管行业

(2)对数据提供方合规经营情况的审查

对数据提供方合规经营情况的审查包括是否全面履行了数据三法及数据交易所所在区域的涉数据规范等现行有效法规项下的企业整体义务,要点如表5所示:

表5　数据提供方合规经营情况审查要点

审查内容	审查要点
安全管理能力	是否具备数据安全保护能力,例如,近三年数据泄漏等安全事件、重大数据违法违规行为;掌握的数据规模情况是否达到需履行重要数据处理者责任的标准,如达到,是否有相应的数据安全管理制度等
数据安全法规履行情况	是否根据相关法律法规和标准,依法履行了包括但不限于作为网络运营者/数据处理者/个人信息处理者制定内部安全管理制度和操作规程、确定网络安全负责人、落实网络安全保护责任等义务

2. 数据产品的情况审查

(1)数据产品基本情况

针对拟交易数据产品的类型、内容、功能、产品提供方式/途径等方面进行审查,识别开展业务所需的资质,判断产品业务模式是否符合法律和监管要求,是否存在违反公序良俗、社会公德,或者存在其他对企业或他人带来不良影响的风险。

(2)数据来源合法性

数据交易的情形下,数据来源的合法性是企业形成数据资产的基础,也是数据产品得以交易的首要原则。针对数据产品的数据来源及数据类型,相关合规性审查的要点如表6所示:

表6 数据来源合法性审查要点

类型	概念	审核要点
公开收集	指通过爬虫等方式获取公开数据或通过数据共享开放途径获取的数据等	说明收集手段和范围的合法正当性,例如针对爬虫获取,审核是否涉嫌不正当竞争、侵犯商业秘密;所爬取的数据是否为开放数据;是否存在绕过对方反爬虫技术来爬取数据的行为等
自行生产	数据交易主体自行生产,或在其运营过程中自行产生的数据	审核内部系统运行和记录情况,关注数据产生的来源和过程,例如是否具有数据研发团队与人员、设备、资源投入情况与证明材料等
间接获取	通过授权运营、数据交易等方式合法途径获取的数据	审核购买协议或许可使用协议所涉内容的合法性正当性,包括审查数据出售方资质、数据来源合法性、接收数据的范围和形式等
直接收集	数据交易主体直接收集的个人信息数据	审核是否遵循数据采集合法性的基础规定,收集行为是否遵循合法、正当及最小必要性原则,是否履行告知义务等

在审核数据来源合法性时,除了数据获取方式、使用目的需要遵守法律法规外,数据的"溯源"问题也是合规审查中的重要环节。例如,企业通过间接获取方式取得数据,后续经过加工形成新的数据产品,此种情形下需要考虑每一层数据来源和处理是否均在合法范围内,确保不会给后续数据产品的形成和流通造成障碍。

(3)数据产品可交易性

目前法律法规层面尚未对可进行交易的数据类型进行规定,通常可从禁止性角度审核确认数据交易的合法性。审查要点如表7所示:

表7 数据交易合法性审查要点

审查内容	审查要点
是否涉及法律禁止获取、持有和对外提供的数据	审查数据产品是否包含: 未经权利人同意的个人数据; 可能危害国家安全和公共利益的数据,包括未经政府主管部门同意交易的重要数据以及任何核心数据; 其他法律法规禁止交易的数据
包含的数据内容是否侵犯合法权益	是否包含违法违规数据、侵害他人知识产权等财产权益的数据以及数据来源方规定禁止转售或公开的数据[1]
是否直接包含个人信息	是否保证相关数据无法识别特定个人且不能复原
是否对产品的基础数据进行过创造性劳动和实质性加工[2]	通常需审核数据产品提供方知识投入情况(创造性劳动)、数据处理过程(如采用何种算法、自主知识产权),以及注入劳动情况等(实质性加工、数据处理有关佐证如服务器日志)

〔1〕根据中共中央、国务院《关于构建数据基础制度更好发挥数据要素作用的意见》,对相关方数据资源持有权、数据加工使用权和数据产品经营权的保护,将成为今后数据产品合规评估的重要维度。

〔2〕单纯的数据资源容易被复制,无法构成数据产品,因此需审查数据产品生产者对于数据产品的形成是否投入了独创性劳动以及进行了实质性加工,使其具有独特的使用价值。

3. 数据的流通风险审查

该部分的审查关注要点如表8所示:

表8 数据流通风险审查要点

审查内容	审查要点
数据应用场景	拟挂牌的数据产品应当预设应用场景,避免无序和违法利用。具体需对是否预设特定应用场景和应用场景是否合法合规进行审核
数据使用条件和约束机制是否明确	审查判断数据产品的使用目的、使用主体、使用者资质、时间限制、转让规则等数据使用条件控制和约束是否充分且合理
是否符合国家强制性规定	审查数据产品的供应和获取是否受限于特定的前置性行政许可,是否取得相关行政许可
是否涉及数据出境	审查流通是否存在数据跨境传输的情形,如有,是否符合数据跨境传输的相关法律规定

结合上述数据产品进场交易的合规性评估要点可以看出，数据产品的合规性基础往往在原始数据获取或者加工阶段中即已奠定，由此导致数据产品合规性评估结果不可逆。因此，对于关注自身数据资产化及拟参与数据交易的企业来说，应在事前阶段即重视及加强包括数据来源合法性区分及审查、数据分类分级梳理技术治理等在内的数据合规管理工作，为后续数据产品的形成及合法合规交易打下基础。

（五）不同法域数据合规要求的冲突

目前全球尚未形成统一的数据合规要求，各国家或地区受政治、经济、文化等因素影响，制定的数据合规规则存在明显差异，数据合规要求也不尽相同。在这一背景下，如何处理不同国家和地区在数据合规监管方面的冲突，并满足不同法域的数据合规要求，是企业，尤其是跨国企业，最为关注的问题之一，也是法律服务的主要焦点之一。

一方面，不同法域之间的数据合规要求和需要履行的义务可能存在冲突。例如在同意规则上，欧盟《通用数据保护条例》（GDPR）采取较为严格的模式，要求数据主体以肯定性行为作出自愿、具体、知情且明确地表明其同意处理与其有关的个人数据的意思表示，[164]处理者才可以处理其个人数据，即通常所说的“选择加入”（“opt-in”）原则；美国《加利福尼亚州消费者隐私法案》（CCPA）则采取较为宽松的模式，消费者有权指示向第三方出售其个人数据的企业停止出售行为，即赋予消费者“选择退出”（“opt-out”）的权利。[165] 我国虽然借鉴了欧盟 GDPR 的同意规则，但是在其他合法性基础上，我国未引入 GDPR 的正当利益条款（legitimate interests）。正当利益条款规定，数据处理者可以为了自身或第三人的正当利益，在不征得数据主体同意的情况下处理个人数据。[166]

另一方面，境外司法和监管部门要求中国企业披露数据或调取中国境内数据时，可能和中国的数据合规监管要求冲突。例如，赴美上市企业对美国公众公司会计监督委员会（PCAOB）的信息披露义务，可能与我国的网络安全审查要求发生冲突。美国《外国公司问责法案》（HFCAA）规定，如果外国公司连

---

[164] 参见欧盟《通用数据保护条例》第一章第 4 条第 1 款第（11）项。

[165] 参见美国《加利福尼亚州消费者隐私法案》第 1798.120 节第（a）条。

[166] 参见欧盟《通用数据保护条例》第一章第 6 条第 1 款第（f）项。

续3年未能通过PCAOB审计,将被禁止在美国任何交易所上市。[167] 我国2023年3月31日正式施行的《境内企业境外发行证券和上市管理试行办法》规定,境内企业赴境外发行上市的,应当严格遵守我国关于网络安全与数据安全的规定,涉及安全审查的,应当在向境外提交发行上市申请前履行安全审查程序。[168] 又如,我国法律规定,境外司法或执法机构请求企业提供存储于我国境内的个人信息或数据的,须经我国主管机关批准,[169]但我国对跨境数据调取的司法协助方案可能会与美国司法系统的证据开示规则发生冲突。

针对上述不同法域数据合规要求冲突的问题,跨国企业、出海中国企业以及赴境外上市企业应当提高合规意识,在开展相关跨境业务前充分调研评估相关法律风险。

就不同法域间数据合规要求以及安全保护义务的冲突而言,一般可以通过对于业务模式、数据处理活动场景、数据处理关系、出境链路的调整等达到规避或降低合规风险或商业损失的可能。

而对于不同法域间司法与监管要求的冲突,由于不同法域的司法体系以及裁判价值倾向、监管重点与尺度的差异性,这类冲突往往难以解决。以2021年美国加利福尼亚州北区联邦地区法院审理的Cadence Design Systems Inc v. Syntronic AB, et al(Case No. 21 – cv – 03610/Syntronic)案为例,该案中被告以电脑中存在员工的个人信息为由,基于中国《个人信息保护法》申请法院出具保护令被法院驳回。法院认为:《个人信息保护法》第13条第1款第3项规定的“为履行法定职责或者法定义务所必需”,个人信息处理者可以处理个人信息的法定义务包括外国法律规定的义务;此外,基于《个人信息保护法》第13条第1款第2项规定的“人力资源管理所必需”也可免于征得个人信息主体的同意。这种理解本质上与《个人信息保护法》立法本意是相冲突的。在此种情况下,企业应当在开展相关跨境业务前,对于可能涉及的多法域数据合规问题进行尽可能广泛和深入的梳理分析,并就可能造成的风险进行评估,以避免多法域冲突带来的商业损失。

---

[167] 参见美国《外国公司问责法案》第二节第(i)条第(3)款。

[168] 参见《境内企业境外发行证券和上市管理试行办法》第9条第1款。

[169] 参见《个人信息保护法》第41条、《数据安全法》第36条。

企业安全生产合规要点与管理

——从工程建设行业的视角出发

陈滨宏

一、典型的安全生产责任事故及其严重后果

（一）广州市第七资源热力电厂项目“3·25”较大坍塌事故

2017年3月25日，广州市从化区在建的广州市第七资源热力电厂项目的垃圾储坑厂房屋面防腐板安装操作平台发生高处坍塌坠落事故，造成平台上作业人员9人死亡、2人受伤，直接经济损失1065万元。①

事故的直接原因有：第一，事发时用于安装防腐板的操作平台存在“整体稳定性差”的结构缺陷；第二，下雨竹排吸水变重，操作平台荷载较大且受力不均导致坍塌；第三，平台上的操作人员未佩戴或未正确使用安全带，无防护措施导致高坠。

事故的间接原因为：事发工程被违法转包、被无资质的个人挂靠施工。土建总承包工程由黎某锋施工队借用广州市建筑集团的资质承包，钢结构专业分包工程被没有资质的曾某春施工队违法承接。上述违法挂靠行为，间接导致项目安全管理不到位，比如没有针对危险性较大的屋面防腐板安装工程编制专项施工方案、没有设置高处作业生命绳、缺乏兜底安全网等高坠保护措施。

事故的责任追究：违法承接涉案工程的曾某春、黎某锋实际施工队成员，违法出借资质的总承包单位分公司总经理、市场部经理，钢结构专业分包单位电白集团的副总经理，建设单位的总经理，以及驻项目部但事发时未在项目现

---

① 参见《广州市从化区广州市第七资源热力电厂项目“3·25”较大坍塌事故调查报告》，载广州市应急管理局网2017年11月3日，http://yjglj.gz.gov.cn/zz/zwgk/zdlyxxgk/scaqsgdcbg/content/post_8336565.html。

场的监理工程师、安全员，均被追究相应的刑事责任。另外，项目建设单位、总承包单位的法定代表人、安全生产分管领导、质安部经理、技术部经理等相关人员被给予党纪政纪处分、开除等处罚。从化区的质安站站长、副站长、监督员，被追究刑事责任，从化区副区长、区住建局局长、分管质安站的副局长等公务人员被给予党纪政纪处分。出借资质的施工单位被给予行政处罚、降低诚信综合评分。

（二）江西丰城发电厂“11·24”冷却塔施工平台坍塌特别重大事故

2016年11月24日，江西丰城发电厂三期扩建工程发生冷却塔施工平台坍塌特别重大事故，造成73人死亡、2人受伤，直接经济损失10,197.2万元。[②]

事故的直接原因是施工单位在混凝土强度不足的情况下，违规拆除第50节模板，致使第50节筒壁混凝土失去模板支护，不足以承受上部荷载，出现连续坍塌坠落。间接原因是建设单位提出“力争早日完工”要求，随后，实际施工过程中，江西丰城发电厂工期由212天调整为110天，压缩了102天，但施工项目部却没有对缩短后的工期进行论证、评估，也未提出相应的施工组织措施和安全保障措施。

事故责任追究：总承包单位的项目技术总工、质量经理、工程经理，监理单位的项目总监、副总监工程师，项目专业分包单位的法定代表人及5名项目部人员、劳务分包单位的现场施工队队长，均被追究重大责任事故罪的刑事责任。混凝土供应单位的法定代表人被追究生产、销售伪劣产品罪的刑事责任。建设单位的项目部总指挥、工程质量监督项目站站长、副站长、土建专员，被追究贪污罪、玩忽职守罪等刑事责任。电力安监处处长、副处长，工业和信息委书记、散装水泥预搅拌办公室负责人等国家工作人员被追究玩忽职守罪的刑事责任。其他政府机关、国有企业的48人，被给予党纪政纪处分、诫勉谈话、通报或批评教育。

（三）苏州市吴江区“7·12”四季开源酒店辅房坍塌事故

2021年7月12日，位于苏州市吴江区的四季开源酒店的辅房发生坍塌事

② 参见国务院江西丰城发电厂“11·24”冷却塔施工平台坍塌特别重大事故调查组：《江西丰城发电厂“11·24”冷却塔施工平台坍塌特别重大事故调查报告》，载中华人民共和国应急管理部网2017年9月15日，https://www.mem.gov.cn/gk/sgcc/tbzdsgdcbg/2017/201709/P020190415546100001991.pdf。

故,造成 17 人死亡、5 人受伤,直接经济损失约为 2615 万元。[③]

事故的直接原因是,施工单位在无任何加固及安全措施情况下,盲目拆除了事故建筑坍塌部分的承重横墙和绝大部分内纵墙,致使上部结构传力路径中断,二层楼面圈梁不足以承受二、三层墙体及楼面的重量,导致该辅房自上而下连续坍塌。

事故的间接原因是,建设单位将工程发包给无相应资质的施工单位,且未送审施工设计文件,并在未办理施工许可证的情况下擅自组织开工,允许改变事故建筑的主体和承重结构。施工单位将事故建筑的装修改造项目分包给了不具有相应资质的个人,在未编制墙体拆除工程的安全专项方案下组织施工。施工图设计人员未取得设计师执业资格,在没有真实了解事故建筑结构形式的情况下,提供了错误的拆墙图纸、错误地指导了承重墙的拆除作业。

事故责任追究:建设单位、施工单位的法定代表人、现场管理负责人、设计师、实际施工承包人,都被追究刑事责任。建设单位、施工单位被行政取缔、没收违法所得并予以罚款。

二、合法与合规的区别与联系

(一)合规的标准高于合法

第一,合规规制的行为对象一般宽于法律规制的行为对象。《中央企业合规管理办法》(下文简称《央企合规管理办法》)第 3 条第 1 款规定,本办法所称合规是指企业经营管理行为和员工履职行为符合国家法律法规、监管规定、行业准则和国际条约、规则,以及公司章程、相关规章制度等的要求。由此可见,合规不仅仅要求合法,即符合国家法律规定,还要求符合公司章程以及相关的规章制度。换言之,合法不一定合规,但合规一般都合法。

第二,违规的监督问责范围宽于法律。根据是否合法、是否合规进行排列组合,可得到四种结果:合法又合规、违法又违规、违法不违规、合法但违规。

对于前两种情形,因为很常见,本文暂不讨论。对于第三种违法但不违规的情形,理论上可能存在,比如规避法律行为虽未违背法律文义,但却迂回法

③ 参见《苏州市吴江区"7·12"四季开源酒店辅房坍塌事故调查报告》,载江苏省应急管理厅网,http://yjglt.jiangsu.gov.cn/art/2022/3/28/art_81395_10392170.html。

律意旨。[4] 换言之,企业为了经营利益,通过拆解、制作多层法律行为的方式,规避现行有效的法律,但其采取的行为,符合企业内部管理规定,比如"名为合作开发房地产,实为土地使用权转让"行为。

对于第四种情形,根据《央企合规管理办法》第 37 条规定,因合规管理不到位引发违规行为的,国资委可以约谈相关企业并责成整改。换言之,对于违规但不违法的事项,因为不违法,企业或员工不需要承担行政、刑事等法律责任。但是企业员工因为职务行为不合规、违反公司内部规定,在公司内部会被追责,比如约谈或通报批评、责成整改、取消年度绩效、扣除奖金、取消评优、限制晋升等。企业的经营行为不合规,也会被上级单位限制投标、约谈、通报批评等。

(二)合规与合法的主体责任部门不同

从企业内部管理分工角度看,企业内部合规的主体责任部门仍是各职能部门,而合法的主体责任部门是法务部。《央企合规管理办法》第 13 条规定,中央企业业务及职能部门承担合规管理主体责任,履行建立健全本部门业务合规管理制度和流程,开展合规风险识别评估,编制风险清单和应对预案的职责。据此,合规是企业各部门负责的事,企业法务部主要负责耕种好合法的责任田,由各职能部门承担业务范围内合规管理的主体责任。但部分企业的法务部可能同时是合规的牵头部门,由总法律顾问兼任首席合规官,负责推动整个企业的合规管理制度建设。

因此,法务部负责管控的合规风险总体范围大于合法风险。比如在工程总承包商投标的过程当中,评审是否投标或承接该客户的项目时,关于业主单位的性质、资金来源、以往合作情况、投标底线标准、是否构成边远散小项目等合规风险的把控的主体部门仍是市场部(或经营部)。财务部会负责把关招标文件的付款条件、商业承兑汇票付款比例、现金履约保证金金额、见索即付保函条件等事项的合规风险。法务部则通常会关注是否存在诉讼与执行案件及处理情况、项目四证手续是否齐全、是否存在违法发包情况、合同签订有无改变招标文件实质性内容、工期违约金比例上限是否超过企业承受底线等事项的合规风险。

---

④ 参见朱庆育:《民法总论》(第 2 版),北京大学出版社 2016 年版,第 263 页。

企业法务部控制合法风险的方式之一是,应各业务部门的请求就具体事项出具书面法律意见书。但出具法律意见书的前提条件一定是,各主体责任部门对自己负责的板块内容是否合规出具结论性意见,否则法务部会变成替其他部门"背锅"的部门,将有权拒绝出具法律意见书。法务要敢于拒绝,才能落实企业各部门控制合规风险的主体责任,落实企业第一道风险防控防线。

(三)合规与合法的目的不同

合规的目的是控制企业的各种风险,合法的目的是防范法律风险。《央企合规管理办法》第 3 条第 2 款规定,合规风险是指企业及其员工在经营管理过程中因违规行为引发法律责任、造成经济或者声誉损失以及其他负面影响的可能性。

由此可知,合法风险属于合规风险之一。比如,未取得四证违法施工等,既是不合规问题同时也会引发法律风险。除了法律风险外,其他经济和声誉损失、负面影响风险都是企业合规想要控制的风险。如不允许市场部投标"边远散小"的项目,是为了防范建设单位的资金风险。财务部不接受出具大于 2000 万元的现金投标保证金,是为了防范违规投标的风险;不出具敞口履约保函,是为了防范将来被建设单位保函索赔的风险。这些风险可能不违法,但都可能给企业造成经济损失、带来负面影响,所以是企业合规想要控制的风险。

三、工程企业安全生产的法律规范体系

我国处于城镇化的发展过程中,工程建设项目众多、建设领域的安全事故多发,但发展绝不能以牺牲人的生命为代价,因此国家重视安全生产,颁布了一系列法律法规,来遏制重特大安全事故的频发势头。

(一)安全生产的刑事法律规范体系

有关安全生产的犯罪,因危及不特定多数人的安全,规定在《刑法》分则第二章危害公共安全罪部分,从《刑法》第 131 条到第 139 条之一,共规定了 15 个罪名。其中与工程建设有关的安全生产类犯罪有 7 个,除危险作业罪和不报、谎报安全事故罪外,主观上系过失犯罪。⑤ 具体如表 1 所示:

---

⑤ 参见周光权:《刑法各论》(第 4 版),中国人民大学出版社 2021 年版,第 226 页。

表 1　工程建设中的安全生产类犯罪

<table>
<tr><th>刑事罪名</th><th>规制的违法行为</th><th>责任主体</th><th>典型案例</th></tr>
<tr><td>《刑法》第 134 条第 1 款
重大责任事故罪</td><td>在生产、作业中违反有关安全规定造成严重后果的行为</td><td rowspan="3">犯罪主体：[1]
1. 对生产、作业负有组织、指挥、管理职责的负责人、管理人员、实际控制人、投资人。
2. 直接从事生产、作业的人员</td><td>江西丰城发电厂案一审判决[2]：建设单位的项目部建设总指挥、专业分包单位的法定代表人；项目部执行经理、监理、技术总工、土建工程师、劳务施工队队长构成重大责任事故罪</td></tr>
<tr><td>《刑法》第 134 条第 2 款
强令、组织他人违章冒险作业罪</td><td>强令他人违章冒险作业，或者明知存在重大事故隐患而不排除，仍冒险组织作业的行为</td><td>李某、王某华、焦某东等强令违章冒险作业、重大责任事故案[3]：江苏无锡某运输公司实际负责人李某违法改装车辆，指挥、管理驾驶员严重超载运输货物，若驾驶员不同意则开除；后发生重大伤亡事故，李某被以强令他人违章冒险作业罪判刑 7 年</td></tr>
<tr><td>《刑法》第 134 条之一
危险作业罪</td><td>具有发生重大伤亡事故或者其他严重后果的现实危险状态</td><td>李某远危险作业案[4]：
李某远为浙江某酒店公司的负责人，为节约生产开支，长期关闭油漆仓库、危废仓库的可燃气体报警器，一直未予整改，被以危险作业罪判处有期徒刑 7 个月</td></tr>
<tr><td>《刑法》第 135 条
重大劳动安全事故罪</td><td>未设置符合国家规定的，保障劳动者安全的生产条件或生产设施的行为</td><td>对安全生产设施或安全生产条件不符合国家规定负有管理、维护责任人员，包括生产经营单位负责人、管理人员、实际控制人、投资人等主管人员，也包括直接负责的人员，比如现场电工、瓦斯检查工[5]</td><td>昆山“8・2”爆炸事故案[6]：江苏昆山中荣公司违法进行厂房设计、违规改装、安全生产管理混乱，发生粉尘爆炸，造成 146 人死亡，公司董事长、总经理、安全生产主管均被判处重大劳动安全事故罪</td></tr>
<tr><td>《刑法》第 137 条
工程重大安全事故罪</td><td>建设单位、设计单位、施工单位、监理单位不遵守国家有关施工标准，使建筑存在严重质量问题而发生重大安全事故的行为</td><td>本罪不是单位犯罪，犯罪主体是项目建设、设计、施工、监理单位的直接责任人员[7]</td><td>窨井盖建设、设计、施工、工程监理单位违反国家规定，降低工程质量标准，造成重大安全事故的，以工程重大安全事故罪定罪处罚[8]</td></tr>
</table>

续表

刑事罪名	规制的违法行为	责任主体	典型案例
《刑法》第139条消防责任事故罪	违反消防管理法规，经消防监督机构通知采取改正措施而拒绝执行，造成严重后果的行为	本罪的处罚对象是对消防事故发生负有直接责任的人员	广州建业大厦火灾案[9]：黎某桥作为建业大厦的实际控制人，为盘活资金，未经消防验收即对外出租大厦，后被行政处罚，但拒不改正继续出租，后发生重大火灾事故，被依据消防责任事故罪判处有期徒刑5年
《刑法》第139条之一不报、谎报安全事故罪	负有报告职责的人，因不报、谎报而贻误事故抢救的行为	犯罪主体为：[10]负有组织指挥或者管理职责的负责人、管理人员、实际控制人、投资人、对安全事故负有责任的人员、企业安全管理员等负有报告职责的人员	黄某某等人重大责任事故、谎报安全事故案[11]：福建石油化工公司董事长黄某某因碳九泄漏69.1吨却决策谎报泄漏6.97吨，导致未能启动一级响应，延误事故抢救时机，使损害扩大。其被判处谎报安全事故罪，同时与重大责任事故罪数罪并罚处有期徒刑4年6个月

〔1〕参见最高人民法院、最高人民检察院《关于办理危害生产安全刑事案件适用法律若干问题的解释》(法释〔2015〕22号)第1条、第2条和《关于办理危害生产安全刑事案件适用法律若干问题的解释(二)》(法释〔2022〕19号)第2条。

〔2〕参见张冀闽、刘晓慧:《江西丰城发电厂"11·24"特大事故案一审宣判28名被告人和1个被告单位获刑》,载微信公众号"最高人民法院"2020年4月24日,https://mp.weixin.qq.com/s/Jz_qBcxesgxCZ7tra8jGQw。

〔3〕参见杨冬:《人民法院、检察机关依法惩治危害生产安全犯罪典型案例》,载微信公众号"最高人民法院"2022年12月15日,https://mp.weixin.qq.com/s/huLbCc8ZOfCwWV9UL4CRfQ。

〔4〕参见杨冬:《人民法院、检察机关依法惩治危害生产安全犯罪典型案例》,载微信公众号"最高人民法院"2022年12月15日,https://mp.weixin.qq.com/s/huLbCc8ZOfCwWV9UL4CRfQ。

〔5〕参见张明楷:《刑法学》(第5版),法律出版社2016年版,第938页。

〔6〕参见刘巍巍:《昆山"8·2"爆炸事故宣判　14名责任人一审获刑》,载中华人民共和国中央人民政府网,http://www.gov.cn/xinwen/2016-02/03/content_5038847.htm。

〔7〕参见张明楷:《刑法学》(第5版),法律出版社2016年版,第940页。

〔8〕参见2020年最高人民法院、最高人民检察院、公安部《关于办理涉窨井盖相关刑事案件的指导意见》第5条第2款规定:"窨井盖建设、设计、施工、工程监理单位违反国家规定,降低工程质量标准,造成重大安全事故的,依照刑法第一百三十七条的规定,以工程重大安全事故罪定罪处罚。"

〔9〕参见广东省广州市越秀区人民法院刑事判决书,(2014)穗越法刑初字第488号。

〔10〕参见张明楷:《刑法学》(第5版),法律出版社2016年版,第941页。

〔11〕参见福建省泉州市泉港区人民法院刑事判决书,(2019)闽0505刑初197号。该案被列入最高人民检察院第二十五批指导性案例(检例第96号)。

关于上述7个罪名的刑罚后果，其中重大责任事故罪、重大劳动安全事故罪、消防责任事故罪和不报、谎报安全事故罪的最高刑罚均是7年有期徒刑。

工程重大安全事故罪,最高刑罚为10年有期徒刑。强令、组织他人违章冒险作业罪,因行为性质接近于故意伤害,法律规定了最低拘役最高15年有期徒刑的刑罚。危险作业罪,因属于危险犯而并非实行犯,未发生损害后果,因此最高刑罚为1年有期徒刑。就国家机关工作人员而言,在发生工程事故时,一般不会触犯这7个罪名,而是被处以贪污罪、受贿罪、玩忽职守罪、渎职罪等,但国企的分管领导同时实施了上述刑法规制行为的,可被数罪并罚。比如江西投资集团党委委员、丰电三期扩建工程建设指挥部总指挥邓某,构成重大责任事故罪、贪污罪、受贿罪和国有公司、企业人员滥用职权罪,数罪并罚被判处有期徒刑18年。

(二)安全生产的行政管理规范体系

1.安全生产管理的一般行政规范

管理建设工程领域安全生产的行政法律规范,可以分为一般规范和具体规范。一般规范主要是指全国人大常委会颁布的《安全生产法》以及国务院颁布的《建设工程安全生产管理条例》。其中现行《安全生产法》是2002年颁布的,先后历经2009年、2014年、2021年三次修改。这部法律对预防和减少安全生产事故发挥了重要作用。《建设工程安全生产管理条例》是2003年国务院根据《建筑法》和《安全生产法》,针对建设工程的新建、扩建、改建和拆除等有关活动发布的专门条例。以上两部法律法规对规范建设工程的安全生产工作起到了纲领性的作用。

2.安全生产管理的具体行政规范

建设工程领域安全生产的具体行政规范,可以进一步按照事前管控、事中管控和事后管控划分为三个板块。

(1)事前管控

事前管控手段主要是安全生产许可证制度。国务院根据《安全生产法》发布了《安全生产许可证条例》,该条例在2004年制定,先后历经2013年、2014年两次修改,主要管控矿山企业、建筑施工企业和危险化学品、烟花爆竹、民用爆炸物品等企业的安全生产活动。2004年原建设部颁发了《建筑施工企业安全生产许可证管理规定》,2016年原国家安全生产监督管理总局颁发了《煤矿企业安全生产许可证实施办法》,分别对建筑企业、煤矿企业的安全生产许可证制度作出了更细化的规定。

(2)事中管控

事中管控主要有五大点:安全生产标准化管理、安全培训与劳动保护、安全生产专项费用、特种设备专项安全管理、企业负责人安全生产责任制。

第一,关于安全生产标准化管理的规范。比如国家安全生产委员会在2011年颁布的《关于深入开展企业安全生产标准化建设的指导意见》,旨在在安全生产问题突出的煤矿、非煤矿山、交通运输、建筑施工等重点领域,开展企业安全生产标准化等级评级制度。住建部相应地在2014年颁布了《建筑施工安全生产标准化考评暂行办法》,旨在推动企业和项目建立安全生产管理机制。

第二,关于安全培训与劳动保护。原建设部在2007年颁发了《建筑施工人员个人劳动保护用品使用管理暂行规定》,其中第4条规定,施工作业人员所在企业必须按国家规定免费发放劳动保护用品,更换已损坏或已到使用期限的劳动保护用品,不得收取或变相收取任何费用;第9条规定,必须培训作业人员正确使用劳动保护用品。企业如遵守上述规定,可减轻事故责任。

第三,关于安全生产专项费用。原建设部在2005年颁布了《建筑工程安全防护、文明施工措施费用及使用管理规定》,其中第13条规定,建设单位未按规定支付安全防护、文明施工措施费用的,建设行政主管部门依据相关规定,责令限期整改,逾期未改正的,责令该工程停止施工。另外《建设工程工程量清单计价规范》第3.1.5条规定措施项目中的安全文明施工费应按规定计取,不得作为竞争性费用,且发承包双方不得约定减免、放弃。

第四,关于特种设备的安全使用规定,有一般规定和具体规定。一般规定主要是指全国人大常委会2013年颁布的《特种设备安全法》、国务院在2003年制定并于2009年修订的《特种设备安全监察条例》。具体规定主要是指由国务院各部委,对危险性较大的锅炉、电梯、建筑起重机械等特种设备制定的安全监管细则,比如2008年原建设部发布的《建筑起重机械安全监督管理规定》。

第五,关于企业负责人安全生产责任制。《安全生产法》第5条规定企业的主要负责人是本单位安全生产第一责任人,对本单位的安全生产工作全面负责。其他负责人对职责范围内的安全生产工作负责。住建部在2014年发布了《建筑施工企业主要负责人、项目负责人和专职安全生产管理人员安全生产管理规定》,其中第 32 条规定,企业主要负责人、项目负责人未按规定履行安全生产管理职责构成犯罪的,依法追究刑事责任。

(3)事后管控

安全生产的事后管控规范,主要是指安全事故发生后,赋予有关人员启动应急预案、组织抢救义务,以及规范事故报告和调查处理程序的行政管理规定。

关于应急预案,主要有三项规范:2007 年全国人大常委会颁发的《突发事件应对法》、2019 年国务院颁发的《生产安全事故应急条例》及 2009 年制定并于 2016 年、2019 年修改的《生产安全事故应急预案管理办法》。

关于报告和调查的规范主要是指 2007 年国务院颁发的《生产安全事故报告和调查处理条例》(下文简称《事故处理条例》),其中第 3 条依据伤亡人数和损失大小,将安全生产事故分为了四类,即特别重大事故、重大事故、较大事故、一般事故,并在第 10 条规定了不同的汇报层级、程序。此外,原国家安全生产监督管理总局在 2009 年颁发了《生产安全事故信息报告和处置办法》,对全国各级安全监管部门,就生产安全事故信息的报告和处置工作作了更细化的规定。国务院在 2001 年颁发了《关于特大安全事故行政责任追究的规定》,其中第 2 条规定,地方政府主要领导人以及部门正职负责人对特大安全事故的预防、发生,有失职、渎职情形或者负有领导责任,构成玩忽职守罪或者他罪的,将被依法追究刑事责任。

(三)安全生产在民事合同中的约定

在建设工程领域,国内通常的合同主体包括了建设单位、施工单位、监理(咨询)单位、勘察设计单位等,合同内容包括了工程承包合同、工程监理(咨询)合同、工程勘察设计合同等。国际工程承包合同则以国际咨询工程师联合会(FIDIC)合同条件为常见的合同文本。各方在签署合同时,一般会在合同条款中约定安全生产义务,在合同效力得以确认的情况下,该合同约定义务也对发承包双方产生法律效力。

1. 国际、国内建设工程合同示范文本推荐使用的安全生产约定

2020 年住建部、国家市场监督管理总局发布了《建设项目工程总承包合同(示范文本)》,在通用合同条件部分的第 7.6 条中规定了安全文明施工。

其中第 7. 6. 1 条规定,合同当事人有遵守国家及工程所在地有关安全生产规定的义务;第 7. 6. 2 条规定,承包人有编制安全技术措施或专项施工方案、做好安全技术交底工作、配备合格持证安全员、加强危险品管理等安全生产义务;第 7. 6. 4 条规定,工程事故发包人和承包人都有立即报告义务、保护现场义务和紧急抢救、抢修的减损义务;第 7. 6. 5 条规定,发包人和承包人按照过错原则,承担未安全生产引发的损害赔偿责任。另外发包人和承包人,可以在施工合同的专用合同条件部分,进一步明确约定安全生产的标准化目标及相应事项。[⑥]

与此不同,国际工程示范文本如 2017 年版 FIDIC 合同条件的红皮书中,未详细规定安全生产义务,而是在第 17. 1 条规定了工程照管责任。项目竣工验收前的照管责任在承包人,验收后的照管责任在发包人。另外,国际工程一般会被要求投保,安全事故产生的损失主要由保险公司赔偿,保险没有覆盖或覆盖不足的,再由责任方自行负担。[⑦]

2016 年住建部、原国家工商行政管理总局发布的《建设工程勘察合同(示范文本)》第 2. 2 条[⑧]规定,发包人有提供安全生产条件、支付安全生产防护费用、不得强令冒险作业的义务,在有毒、有害等危险现场作业时,发包人有派专人负责安全保卫的义务。

2015 年住建部、原国家工商行政管理总局发布的《建设工程设计合同示范文本(专业建设工程)》第 5. 3. 4 条[⑨]规定,工程设计文件应当保证工程施工及投产后安全性,并提出保障施工作业人员安全和预防生产安全事故的措施建议,且需同步设计安全设施。

---

⑥ 参见《住房和城乡建设部 市场监管总局关于印发建设项目工程总承包合同(示范文本)的通知》,载中华人民共和国住房和城乡建设部网,https://www. mohurd. gov. cn/gongkai/zhengce/zhengcefilelib/202012/20201209_248376. html。另参见朱树英、曹珊主编:《〈建设项目工程总承包合同(示范文本)〉(GF—2020—0216)适用指南》,法律出版社 2021 年版,第 270 ~ 280 页。

⑦ 参见张水波、何伯森编著:《FIDIC 新版合同条件导读与解析》(第 2 版),中国建筑工业出版社 2019 年版,第 243 页。

⑧ 参见《住房城乡建设部 工商总局关于印发建设工程勘察合同示范文本的通知》,载中华人民共和国住房和城乡建设部网,https://www. mohurd. gov. cn/gongkai/zhengce/zhengcefilelib/201610/20161010_229118. html。

⑨ 参见《住房城乡建设部 工商总局关于印发建设工程设计合同示范文本的通知》,载中华人民共和国住房和城乡建设部网,https://www. mohurd. gov. cn/gongkai/zhengce/zhengcefilelib/201504/20150413_220661. html。

2012 年住建部、原国家工商行政管理总局发布的《建设工程监理合同(示范文本)》第 2.1.2 条[⑩]规定,监理方有审查承包人施工组织设计的质量安全技术措施与工程建设强制性标准的符合性、检查安全生产管理制度、专职安全员的配备情况的义务;发现施工安全存在事故隐患的,有要求施工承包人整改并报委托人的义务。在第 4.3 条规定,对工程安全事故损失,监理方无过错的不需要承担民事赔偿责任。

2. 当事人约定的转嫁安全生产风险条款的法律效力分析

典型的通过合同约定转嫁安全生产风险的情形,常见于发包人与承包人签订工程承包合同时,一般要求在工程承包合同中作出如下及类似的约定:"工程发生的所有安全事故责任均由承包人承担。"该条款下,承包人负担全部风险的约定明显不合理,但鉴于发包人的合同优势地位,承包人往往不抗辩地签署工程承包合同,但在实际发生安全责任事故时,对于该合同条款的法律效力则可能存在争议,并进而影响到合同主体对安全生产事故责任的负担。

从刑事责任风险和行政责任风险的角度而言,工程承包合同中的风险转嫁条款难以实现转嫁刑事责任风险和行政责任风险的目的。重大责任事故罪等刑事责任为法律的强制性规定,并不以当事人的约定为转移。对于行政责任风险转嫁,比如工地出现疫情,导致发包人被限制在特定地区投标一年等行政处罚责任,发包人只能根据合同约定的违约金条款、责任追究条款,对承包人进行索赔,主张在工程款中抵扣,但发包人被限制投标的行政责任本身是无法转移的。

关于民事赔偿责任,主流观点认为风险转嫁条款属于当事人意思自治的范畴,如该约定无法定无效事由,则对当事人产生法律约束力。但由于合同的相对性,对外部第三人是不能产生拘束力的,发包人不能以此为由对抗外部第三人的法定索赔权利。比如《民法典》第 1252 条规定,建筑物倒塌造成他人损害的,由建设单位与施工单位承担连带赔偿责任。具体如表 2 所示:

---

⑩ 参见《关于印发〈建设工程监理合同(示范文本)〉的通知》,载中华人民共和国住房和城乡建设部网,https://www.mohurd.gov.cn/gongkai/zhengce/zhengcefilelib/201204/20120423_209598.html。

表 2　民事赔偿领域安全生产风险转嫁条款的内外效力

<table>
<tr><td rowspan="2">效力类型</td><td colspan="3">发包方式</td></tr>
<tr><td>发包给有资质的单位，同时对事故发生无过错且尽到安全保障义务</td><td>发包给有资质的单位，但对事故发生存在过错，未尽到安全保障义务</td><td>发包给无资质的单位或个人</td></tr>
<tr><td>风险转嫁条款对外无效</td><td>发包人除按《民法典》第1236条、第1252条等对外承担无过错侵权责任外，无须承担赔偿责任</td><td>发包人按照《民法典》侵权责任编的有关规定，依过错承担民事赔偿责任[1]</td><td rowspan="2">因违法发包合同无效，其中风险转嫁条款对内、对外均无效。双方按《安全生产法》第103条的规定承担连带赔偿责任</td></tr>
<tr><td>风险转嫁条款对内有效</td><td colspan="2">对该条款需要按照法律行为的效力评价规范检视，如检视后得出内部约定有效的结论，发包人对外承担责任后，可按合同约定在内部对承包人追偿或者追究违约责任</td></tr>
</table>

〔1〕参见杨颖：《工程发包方不因发包合同的约定而免除安全保障义务》，载微信公众号“天水中院”2023年2月25日，https://mp.weixin.qq.com/s/py2lLvn0HiWpSl0m-7M_5w。该文认为项目总承包方对项目范围内的安全生产负有总的保障义务，即便在劳务分包合同中将安全生产责任全部分配给了有相应资质的劳务公司，该约定也仅约束合同双方，对第三人不发生效力，总承包公司不能以与劳务公司之间的合同约定而免除安全保障义务。

论证发承包人在建设工程合同中的风险转嫁条款无效的法律理由主要有：第一，《民法典》第153条规定，违背公序良俗的民事法律行为无效；第二，违反法律的效力性强制性规定的约定无效，比如《民法典》第791条规定禁止发包给无资质的单位，如工程发包给无资质的单位或个人，那么施工合同无效，风险转嫁约定亦无效；第三，《民法典》第497条规定，提供格式条款的一方不合理地免除或者减轻自身责任、加重对方责任、限制对方主要权利的条款无效；第四，《民法典》第506条规定，合同约定造成对方人身损害或故意、重大过失造成对方财产损失免责的条款无效。风险转嫁约定是否有效需要经过前述法定无效理由的检视，如检视后仍为有效，则发包人可以据此约定在内部对承包人追偿，转嫁安全事故的损失。

笔者在代理施工总承包单位的一般工伤类索赔案件时，通常从三点来论证发包方不承担工伤事故的责任：第一，提供有效的劳务分包合同、项目建筑工伤保险投保单、施工许可证，证明项目为合法施工；第二，提供劳务分包单位的有效安全生产许可证、相应的工程承接资质，证明为合法分包；第三，准备、提供项目部三级安全交底资料和安全员配备情况、持证情况、日常安全巡查资料,用以证明总承包单位尽到了安全保障义务。

四、安全生产的合规管理与风险管控

(一)安全生产的不合规表现

1. 工程发承包阶段的不合规

(1)挂靠、违法发承包工程

《建筑法》第66、67条规定,对挂靠转包行为,可以责令改正,没收违法所得,并处罚款,以及责令停业整顿,降低资质等级;情节严重的,吊销资质证书。因该工程不符合国家质量规定,造成损失的,被挂靠的建筑施工企业与挂靠方承担连带赔偿责任。特别规定连带责任的理由在于,挂靠容易引发安全事故。比如在江西丰城发电厂事故中,劳务队伍挂靠有资质的劳务公司承接工程,该违规挂靠行为导致现场施工管理混乱、安全管理不规范,从而间接引发了特别重大事故。

(2)以低于成本价中标或行贿、受贿等违法方式承接工程

《招标投标法》第33条规定,投标人不得以低于成本的报价竞标。因为低价中标的企业经常由于利润低,无法保障工程质量,埋下安全隐患。另外,如果项目招投标过程中,发包方不从工程的质量、施工的安全性角度考虑选择合适的承包人,而是依据行贿、受贿等不正当利益关系来选择承包人,也会为将来的项目建设埋下安全隐患,因为"羊毛出在羊身上",这种情况下易发生偷工减料行为,从而引发严重后果。

2. 工程承包合同履约阶段的不合规

(1)无施工许可证施工

《建筑工程施工许可管理办法》第2条规定,工程投资额在30万元以下的或者建筑面积在300平方米以下的建筑工程,可以不申请办理施工许可证。对本条进行反面解释意味着,对于投资额大于30万元的或建筑面积大于300平方米的建筑工程,发包人必须申请办理施工许可证。

不具备施工许可证,不会影响建设工程合同的效力,[11]但依据《建筑法》第64条规定,未取得施工许可证或开工报告未经批准,或不具备施工条件擅自开工的,会被行政处罚。若在此情况下,发生安全事故,施工单位容易被判定为未对安

[11] 参见常设中国建设工程法律论坛第八工作组:《中国建设工程施工合同法律全书:词条释义与实务指引》(第2版),法律出版社2021年版,第552页。

全生产条件尽到监管责任、对事故发生存在过错而承担民事赔偿责任。⑫

(2)未按规定配备合格的项目安全管理人员

《安全生产法》第24条规定,矿山、金属冶炼、建筑施工单位,必须设置安全生产管理机构或者配备专职安全生产管理人员。第27条规定,危险物品的生产、储存、装卸单位以及矿山、金属冶炼单位的安全生产管理人员必须取得注册安全工程师证,建筑企业的主要负责人和安全生产管理人员,必须参加政府部门组织的安全生产知识和管理能力考试。

如果企业未制定安全管理制度,或给项目安排的持证安全人员数量不够,或未定时对项目部人员进行安全生产知识或管理能力考核,会面临不合规风险。另外,如果设置了专职安全员但未落实安全管理行为也是不合规的。比如,在广州市第七资源热力电厂事故中,工人进行防腐板安装作业时,安全员未在场旁站,如果其在场履职,可以督促工人佩戴或正确使用安全带,减少高坠的风险。该安全员的失职行为即不合规。

(3)高风险作业管控不合规

不合规的表现主要有:未制定高危险源清单、未分级管控、未制定专项应急预案、未对超过一定规模的危大工程在施工前组织专家论证;未对高风险作业进行安全分析及现场核实是否具备高风险作业条件;作业前未进行安全技术交底;安全员未对高风险作业过程进行全程旁站,比如在拆除塔吊等高风险作业时,安全员需要旁站,进行现场监督。

(4)项目工期设置不合理

建设单位为了使项目快速建成、投产运营,提前产生经济效益,往往要求施工单位早日完工,并在合同中设置赶工奖以及高额工期延误违约金。承包人在投标过程中,往往不能充分预测到工程建设所需要的时间,导致许多项目出现严重的工期延误,迫于违约的压力,不得不赶工期,而赶工即容易出现安全事故。比如,江西丰城发电厂事故的发生原因之一是工期由212天调整为110天,压缩了102天,间接促使工人在混凝土未牢固的情形下拆模,导致坍塌事故。

《建设工程质量管理条例》第10条规定,建设工程发包单位不得任意压缩合理工期。目前有部分判决会支持因不合理压缩工期,而导致发承包双方的工期

---

⑫ 参见常设中国建设工程法律论坛第八工作组:《中国建设工程施工合同法律全书:词条释义与实务指引》(第2版),法律出版社2021年版,第548页。

约定条款无效的主张，[13]但该主张证明难度大，存在争议。因为部分施工单位经验丰富且愿意投入各项资源，生产效率高，工期会远短于国家定额工期。

(5)项目未经竣工验收或专项验收即擅自使用

《建筑法》第61条第2款、《民法典》第799条第2款规定，工程未经验收或者验收不合格的，不得交付使用。建设单位未经竣工验收擅自使用工程，在民事法律关系上，会推定工程竣工验收合格。除地基基础和主体结构之外的部分，不得再要求承包人承担质量违约责任。[14] 但在行政法律关系上，建设单位并不会因此豁免被行政处罚的风险。

2021年修正的《消防法》第13条规定，未经消防验收或消防验收不合格的工程，禁止投入使用。[15] 比如，广州建业大厦消防专项验收不合格，仍擅自使用，后发生火灾不能正常使用消防设备，导致事故损害扩大。

3. 安全事故发生后的不合规

(1)安全事故等级及报告程序

依据国务院《事故处理条例》第3条规定，安全事故分为四个等级，详见表3：

表3　安全事故等级及报告程序

<table>
<tr><th>事故等级</th><th>认定标准</th><th>上报时间</th><th>上报部门</th></tr>
<tr><td rowspan="3">特别重大事故</td><td>30人≤死亡人数</td><td rowspan="6">1. 事故现场人员立即向本单位负责人汇报；情况紧急的直接向县级部门汇报。
2. 单位负责人应立即组织抢救，并在1小时内向县级安全监管部门汇报。
3. 每级上报时间不得超过2小时</td><td rowspan="6">县级安全监管部门报送本级政府，并通知公安、劳动部门、工会和检察院，逐级上报至国务院安监部门；国务院安监部门或省政府报给国务院；必要时可越级上报</td></tr>
<tr><td>或100人≤重伤人数</td></tr>
<tr><td>或1亿元≤直接经济损失</td></tr>
<tr><td rowspan="3">重大事故</td><td>10人≤死亡人数<30人</td></tr>
<tr><td>或50人≤重伤人数<100人</td></tr>
<tr><td>或5000万元≤直接经济损失<1亿元</td></tr>
</table>

⑬ 参见常设中国建设工程法律论坛第八工作组：《中国建设工程施工合同法律全书：词条释义与实务指引》(第2版)，法律出版社2021年版，第535页。

⑭ 参见周利明：《解构与重塑：建设工程合同纠纷审判思维与方法》(第2版)，法律出版社2021年版，第233页。

⑮ 关于竣工验收和专项验收的关系，可参见王毓莹、史智军：《建设工程施工合同纠纷疑难问题和裁判规则解析》，法律出版社2022年版，第207页。

续表

事故等级	认定标准	上报时间	上报部门
较大事故	3 人≤死亡人数<10 人		县级安全监管部门报送本级政府并逐级上报至省级安监部门；必要时，可越级上报
	或 10 人≤重伤人数<50 人		
	或 1000 万元≤直接经济损失<5000 万元		
一般事故	死亡人数<3 人		县级安全监管部门报送本级政府并逐级上报至市级安监部门
	或重伤人数<10 人		
	或直接经济损失<1000 万元		

（2）谎报、瞒报安全事故

《刑法》第 139 条之一规定了不报、谎报安全事故罪，负有事故报告职责的人员是本罪的犯罪主体。最高人民检察院、公安部《关于公安机关管辖的刑事案件立案追诉标准的规定（一）的补充规定》第 1 条规定，立案追诉的标准为：负有报告职责的人员对工程质量事故情况隐瞒不报、谎报，贻误事故抢救，导致事故后果扩大，增加死亡 1 人以上，或者增加重伤 3 人以上，或者增加直接经济损失 100 万元以上。另外，决定不报、迟报、谎报事故情况，故意破坏事故现场、弄虚作假、提供虚假资料也会被追究刑事责任。

笔者曾接到一个法律咨询，某工地一个工人高坠，送医后被诊断为瘫痪，该企业负责人咨询，企业决策不报送安全事故的行为，是否构成刑事犯罪？首先，责任主体并不构成不报、谎报安全事故罪，因为不符合“由于不报而贻误事故抢救”的犯罪客观要件。[16] 其次，责任主体不会构成重大劳动安全事故罪或重大责任事故罪，因为未达到死亡 1 人或者重伤 3 人以上的刑事立案追诉条件。因此，事故发生后工程承包单位在积极组织抢救且事故造成后果轻微的情况下，不向政府部门及时报送安全事故并未达到谎报、瞒报安全事故的严重后果。但从监理单位的角度看，其应及时了解事件发生过程及发生原因、事件后果及处理过程，做好事件相关记录并严格按照安全生产管理规定，确认是否应当向政府安全生产主管部门报告事件。

---

⑯ 参见何帆编著：《刑法注释书》（第 2 版），中国民主法制出版社 2021 年版，第 281 页。

(二)安全生产的合规建议

1. 工程发承包阶段的合规建议

(1)企业管控层面

第一,加强企业内部的招、投标流程管理。建议企业法务对市场部等负责招标、投标的部门的人员进行培训,以熟悉相关的法律法规,避免出现招标投标违规行为。其次,严格落实投标决策标准化流程,由市场部发起流程并负责调查企业资信,商务部测算成本,财务部测算现金流,技术部论证施工方案,法务部参与投标的合法性评审,让投标决策符合企业内部管控规定。最后,在建设工程领域"僧多粥少"、中标难的现实环境之下,企业应制定合适的内部招投标激励、奖励制度,给予工作人员足够的福利,避免职工因行贿、受贿而实施违规发承包等间接损害企业利益的行为。

第二,整治违规转包、挂靠行为。首先,企业应制定相关文件,严格禁止下属企业违规转包、出借资质。其次,成立工作小组,对于现存的转包项目、挂靠项目,登记制作台账、实时监控,按月报送挂靠项目管控报告。最后,对于现行风险较大的挂靠转包项目,企业应投入更多资源,定人定岗定策,化解项目违规风险,防止风险现实化给企业造成损失。

(2)员工个人层面

员工个人层面的安全生产合规管控,主要体现在员工需各司其职,按照其任职岗位的管理职责,履行相应的合规管理责任。以企业法务部为例,相关法务人员在具体评审招标、投标时,应据实评判是否同意投标,严格披露相关法律风险,并重点关注招标文件中的安全生产风险转嫁条款、停工权限制条款、工期延误的违约责任条款、投标目的的审核等事项。对于企业将资质借与他人投标、配合其他企业围标、获取工程项目后转包收取管理费等违法事项,尽量填写不同意。如果无法阻挠,违法风险一定要揭示,留下风险管控痕迹。笔者曾接触的一个企业内部追责案件中,某项目给企业造成巨额损失,在原决策记录中,该当值法务因为已明确在评审流程中揭示风险而未被追究责任。此事例也可以为企业管理者在安全生产合规管理过程中,切实履行职责提供良好的示范。

2. 工程承包合同履约阶段的合规建议

(1)在企业管理机关层面

第一,按照国家规定,设立安全生产机构、制定安全相关规章制度,全面落实安全生产责任。制定各工种安全技术操作规程、给员工提供劳动保护措施和安全生产设备、按规定配备持证的项目安全员、按计划使用安全资金并不得挪用、定时组织安全教育培训;层层签订安全生产协议,实行项目安全生产责任制，责任到人。

第二，依法投保，为项目办理无论对事故发生有无过错均赔偿的安全生产保险、意外伤害保险。有些项目为赶工期，日夜施工、频繁加班，导致工伤事故频发，这类工程办理保险就十分必要，否则企业损失更大。

第三，定期组织安全检查、排查安全隐患，并填写检查记录。对检查中发现的事故隐患应下达隐患整改通知单，定人定时定措施进行整改，整改后应组织复查，防止隐患演变成安全事故。

第四，发包人在与分包单位签订分包合同时，选择有利于安全管理、便于控制的分包方式。[17] 比如，在租赁塔吊等大型机械设备时，应选择由设备出租方提供日常保养和检修服务，避免发生安全事故后，出租方推卸责任。

（2）在基层单位层面

建设工程行业的基层单位通常表现为发包人组建的现场管理机构、工程承包企业的项目经理部、监理单位组建的总监理工程师办公室、设计单位的设计代表等，相关基层单位在安全生产合规方面应注意切实履行职责，具体包括：

第一，按图施工，按批准的施工方案进行施工。对危险性较大的分部分项工程应按规定编制专项安全施工方案；对超过一定规模的危险性较大的分部分项工程，应组织专家对专项施工方案进行论证。

第二，应建立安全教育培训制度。定期开展三级安全教育培训、组织安全知识答题考试。项目部应结合施工作业场所状况，对危险因素、施工方案、操作规范和应急措施进行交底，并由交底人、被交底人、专职安全员进行签字确认。另外，安全员需定期进行施工检测和安全巡视、纠正工人不安全行为并拍照保留证据，以证明履行了安全管理职责。

第三，施工现场应建立应急救援机制。设置项目部医务室、配备急救车辆、培训应急救援人员、配备应急救援器材，定期组织项目人员进行应急救援演练。

第四，在施工过程中，应注意采取安全可靠的技术措施，以保证安全生产，尤其不能仅仅为了减少投入而削减安全设施；[18]拒绝使用不符合合同约定的劣质建筑材料；对施工起重机械和整体提升脚手架、模板等危险性高的设施，应

[17] 参见高印立编著：《建设工程施工合同法律实务与解析》（第2版），中国建筑工业出版社2018年版，第343页。

[18] 参见高印立编著：《建设工程施工合同法律实务与解析》（第2版），中国建筑工业出版社2018年版，第343页。

经验收合格后再使用;[19]禁止分包单位使用未经安全培训的街头临聘人员。

(3)在生产现场个人层面

在项目现场的管理人员,特别是项目部的监理员、安全员、质量员,一方面需要保护自己的安全,避免发生安全事故;另一方面需要履职尽责,并留存相关尽责的证据。

对于危险性较大的项目,可以购买建设工程职业责任保险,保险对象是因疏忽大意或过失引发的损害。[20] 比如设计人、监理人在履行设计、监理义务过程中,由于过失造成委托人损失的,可以由保险替代赔偿,以自我保护。

3. 安全事故发生后的合规建议

2007 年国务院为了落实安全事故责任追究制度,发布了《事故处理条例》,2009 年原国家安全生产监督管理总局颁发了《生产安全事故信息报告和处置办法》,就事故报告、事故调查、事故处理作出了详细的规定。具体见表 4:

表 4　事发企业人员的法定义务与违反后果

<table>
<tr><th>主体</th><th>法定义务</th><th>法条依据</th><th>违法后果</th></tr>
<tr><td>企业管理机关</td><td>1. 在 1 小时内如实向县级以上人民政府安全行政主管部门上报事故信息。
2. 启动事故应急预案、组织抢救。
3. 报告后出现新情况,30 日内伤亡人数发生变化的应及时补报</td><td>《事故处理条例》第 9 条、第 13 条、第 14 条</td><td rowspan="3">《事故处理条例》第 35 条、第 36 条规定:
1. 可对单位罚款 100 万元到 500 万元。
2. 可对单位主要负责人罚款年收入的 40% ~100% 。
3. 可给予治安管理处罚。
4. 可追究刑事责任</td></tr>
<tr><td>企业基层机构</td><td>1. 负有完整如实汇报义务。不得迟报、漏报、谎报、瞒报,不得作伪证。
2. 负有配合调查义务。不得擅离职守,应随时接受调查组的询问,如实提供、不得销毁有关证据、资料。
3. 须妥善保护事故现场及相关证据</td><td>《事故处理条例》第 4 条、第 16 条</td></tr>
<tr><td>事故现场人员</td><td>1. 立即在本单位逐级报告。
2. 保护现场、配合调查、参与救援</td><td>《事故处理条例》第 9 条、第 16 条</td></tr>
</table>

负有报告职责的企业人员,应按照《事故处理条例》的规定,按程序全面上

[19] 参见谭敬慧:《建设工程疑难问题与法律实务》,法律出版社 2016 年版,第 134 页。

[20] 参见李慧民、盛金喜、马海骋编著:《建设工程保险概论》,科学出版社 2016 年版,第 52 页。

报安全事故、如实阐明实际情况。而安全生产类犯罪，比如重大责任事故罪的立案追诉标准是：(1)造成死亡1人以上或者重伤3人以上；(2)造成直接经济损失50万元以上；(3)发生矿山安全生产事故，造成直接经济损失100万元以上。如有这三类安全事故后果，一定要谨慎及时报送事故信息，否则可能构成不报、谎报安全事故罪，被追究刑事责任。[21]

另外，在安全事故发生后第一时间，建设单位、施工单位等五方主体应当立即、积极寻求专业律师和技术专家助力工程事故调查程序。[22] 原因在于，现行有效的《事故处理条例》未给工程事故相关方充分提供陈述、申辩通道，可能导致当事人只有在事故调查报告经过批复后才能获知结果，从而失去申辩机会。而事故调查报告，将是发包方追究承包方民事赔偿责任的重要证据，如果承包方因未充分申辩而被事故调查组定性，将可能遭受巨额损失，因此建议积极寻求专业力量帮助，提前介入事故调查程序。

五、结语

安全生产责任重于泰山。安全生产事故既会给人民群众的生命财产安全造成严重的危害后果，也会给企业的稳健持续经营带来严重的不利影响。安全生产事故一旦发生，对个人和家庭来说，轻则个人身心健康受损、拖累家庭；重则个人丧失生命、一个家庭因此破碎。对企业来讲，轻则停工停产，影响效益；重则给企业财产带来巨大损失，甚至会带来企业破产的严重后果。对社会来讲，轻则正在建设或生产的项目因此受阻，进度停滞，在一定程度上影响经济发展，重则影响普通市民的正常生活秩序，引发更多社会问题。警钟长鸣，企业管理者应当将企业安全生产管理置于企业经营管理的首位，切实建立健全安全生产管理体系，注重安全生产合规管理，从人员、设施、措施等角度落实安全生产管理责任，用合规管理手段将安全隐患消灭在萌芽状态，守护企业的安全发展、保障员工的生命财产安全。

㉑ 参见常设中国建设工程法律论坛第十一工作组：《建设工程施工企业及从业人员刑事法律责任及风险防范》，法律出版社2020年版，第199、210、240页。

㉒ 参见周月萍、周兰萍编著：《环境能源与基础设施工程总承包(EPC)法律实务》，法律出版社2020年版，第283页。

碳排放权交易合规

赵舒杰　梁　巍

实现碳达峰、碳中和,推动经济社会发展的绿色化和低碳化是实现我国高质量发展的关键环节。"双碳"目标①的承诺充分体现了中国主动承担改善全球气候变化责任的大国担当,而"双碳"目标的实现正深刻影响着各行业的发展前景。"双碳"目标着力于解决我国资源环境、社会经济发展问题,构建新型举国体制,是立足国际、统筹国际能源资源、增强我国国际影响力和话语权的重大举措。随着顶层设计落地,各级政策的制定和出台,"双碳"目标精准、全面地推进,从而顺利开启了企业绿色发展、低碳转型的新纪元。全国碳市场正式启动后,碳市场的工作重点将从地方试点逐渐转向全国。本篇文章纵观国际、国内碳排放权交易政策,以碳市场、碳排放权交易为视角,结合相关法律规定及司法实践情况,对风险问题进行警示,以期助力企业稳步实现"双碳"目标,依法合规高质量发展。

一、碳市场交易法律政策

(一)国际公约

环境污染、全球变暖是阻碍可持续发展的一个重大问题,人类也逐渐意识到气候变化所带来的潜在风险。为应对日趋严峻的气候变化问题,联合国环境与发展大会于1992年5月9日首次通过了《联合国气候变化框架公约》,中国于1992年6月11日签署该公约,该公约此后于1994年3月21日正式生效。随后,一系列的国际公约陆续发布并生效,如2005年2月16日生效的

---

① 2020年9月22日,国家主席习近平在第七十五届联合国大会一般性辩论上提出:"中国将提高国家自主贡献力度,采取更加有力的政策和措施,二氧化碳排放力争于2030年前达到峰值,努力争取2060年前实现碳中和。"这一包含"碳达峰""碳中和"时间表的目标,简称为"双碳"目标。参见《习近平在第七十五届联合国大会一般性辩论上发表重要讲话》,载中国政府网,http://www.gov.cn/xinwen/2020-09/22/content_5546168.htm。

《京都议定书》,《哥本哈根协议》,2016 年 11 月 4 日生效的《巴黎协定》,《巴黎协定》实施细则。

(二)国外法规政策

目前,世界上有许多国家和地区已经建立起了自身的碳排放交易体系,但这些交易体系内部尚且存在差异,也没有一个统一的体系能够在全球范围内实施。据悉,截至 2020 年,四大洲已有 21 个碳交易排放体系正在运行,24 个正在建设或探讨中,覆盖了全球碳排放总量的近 10%,参与碳排放交易的国家和地区的 GDP 占全球总 GDP 比例的 42%。而近两年来在全球碳市场飞速的建设下,从配额限制到配额销售、从政策出台落地到行政执法的监督管理,全球碳市场交易体系也在不断完善。美国并未建立全国统一的碳交易市场,美国加利福尼亚州 2006 年制定了《加利福尼亚州应对全球变暖法案》,欧盟碳交易市场于 2005 年正式启动,随后欧盟各国分别制定了本国的碳排放配额分配方案和目标。2021 年欧盟发布了《碳边境调节税草案》(CBAM),进口商须申报隐含碳排放量并购买相应数量的证书才能进入欧盟市场。韩国 2010 年制定了《低碳绿色增长基本法》,2012 年,韩国国会通过了《温室气体排放配额与交易法》,同年发布了《温室气体排放配额分配和交易法实施法令》,2015 年韩国碳排放交易市场正式启动。

(三)国内法规政策

借鉴国际及相关国家(地区)碳排放权交易的立法与实践经验,结合我国清洁发展机制运行的实际情况,我国碳排放交易法律制度也在不断建立和完善。近年来,我国陆续出台和发布碳排放权交易相关法律法规,更有利地保障了碳排放权交易主体的权益,同时界定了碳排放权交易客体的义务。在不断完善碳排放权法律体系的同时,碳排放权交易市场的监督管理机制也在随之强化。

二、碳市场交易体系的构建

(一)碳市场交易主要标的

由于温室气体大量排放、气温上升等环境变化,需要全人类共同努力减排二氧化碳等温室气体,在这样的背景下,碳排放权随即出现。碳排放权制度主要包含三个部分:注册登记、交易与监督管理。碳排放交易主体包括重点碳排放单位以及其他符合条件的组织,各利益相关方及工作人员不得参与交易活动。碳市场交易产品包括碳排放配额、国家核证自愿减排量（CCER），现仍在探索创新碳排放交易相关产品，将鼓励开展碳排放交易产品回购、抵质押融资等相关活动，同时探索开展碳排放金融衍生品等创新业务。

1. 碳排放配额

碳排放配额是指按规定必须完成的温室气体减排指标。《碳排放权交易管理办法（试行）》第 20 条规定："全国碳排放权交易市场的交易产品为碳排放配额，生态环境部可以根据国家有关规定适时增加其他交易产品。"可见碳排放权交易的主要标的为碳排放配额。在碳排放权交易规则方面，地区试点将高耗能行业纳入重点排放管控范围，其配额分配方法基本为历史排放法及基准线法，多数试点配额以免费和部分有偿的形式发放。②

2. CCER

根据《碳排放权交易管理办法（试行）》第 42 条第 4 项之规定，CCER"是指对我国境内可再生能源、林业碳汇、甲烷利用等项目的温室气体减排效果进行量化核证，并在国家温室气体自愿减排交易注册登记系统中登记的温室气体减排量"。CCER 是目前国内碳市场唯一可以冲抵配额的产品，超出排放限额的企业可以在市场上购买 CCER 弥补超额部分，用于配额的清缴，抵销企业部分超额排放量，促成企业实现履约。2017 年时由于减排项目备案量超过抵消速度、项目不够规范等原因，国家发展和改革委员会暂停了 CCER 的签发。2018 年机构改革后，CCER 主管部门变更为生态环境部。随着"双碳"目标的提出，以及一系列法律规范的出台，为顺应碳市场的需求，生态环境部有关负责人表示 CCER 将在近期内重启。

3. 碳金融产品

除了碳排放配额和 CCER，碳交易还包括依托碳市场所衍生发展的碳期货、期权、远期等衍生品交易，且存在多样化的投融资模式，包括碳信贷、碳基金、碳债券、碳指标质押、碳中和等，前述的融资资金供给则源于国内和国际资本相结合的途径。在碳市场上用于为碳融资服务的碳交易衍生品包括碳期货、碳期权、碳远期、碳互换、碳股票、碳债权等。

---

② 参见秦志伟：《全国碳市场正式启动——"高碳"企业如何"翻身"》，载《中国科学报》2021 年 2 月 1 日，第 3 版。

（二）碳市场交易主要规则

中共中央、国务院《关于完整准确全面贯彻新发展理念做好碳达峰碳中和工作的意见》提出，要加快建设完善全国碳排放权交易市场，逐步扩大市场覆盖范围，丰富交易品种和交易方式，完善配额分配管理。将碳汇交易纳入全国碳排放权交易市场，建立健全能够体现碳汇价值的生态保护补偿机制。健全企业、金融机构等碳排放报告和信息披露制度。完善用能权有偿使用和交易制度，加快建设全国用能权交易市场。加强电力交易、用能权交易和碳排放权交易的统筹衔接。为加快形成目标明确、分工合理、措施有力、衔接有序的碳达峰、碳中和"1+N"政策体系，各省市、各部门应当结合其定位、产业布局、发展阶段等，科学制定区级碳达峰实施方案，推进碳交易市场化机制建设。通过碳排放权交易机制推动各碳排放单位采取精细化管理和技术改造减少二氧化碳排放，以实现企业的低碳转型升级。

碳市场、碳交易系统不同于自发性的传统市场，其在本质上不仅是一种市场机制，还是一套非常精细、复杂的行政管理体制和制度。现阶段，我国处于全国碳排放权交易市场与地区试点交易市场同步运行的状态。但全国碳排放权交易与各地区的碳排放权交易则依据不同的监管制度和交易规则进行，且以部门和地方政府规章制度为主要适用标准。对于投资业主或控排企业来说应注意参与交易须了解不同碳市场存在的差异情况。2011 年 10 月，北京、天津、上海、重庆、广东、湖北、深圳 7 省市启动了碳排放权交易地方试点工作。2013 年起，7 个地方试点碳市场陆续开始上线交易，各地方政府在碳减排领域陆续出台一系列推动政策。2017 年 12 月 18 日经国务院审批同意，《全国碳排放权交易市场建设方案（发电行业）》印发实施，要求建立全国统一的碳排放权交易市场。2020 年 12 月 31 日，生态环境部正式发布《碳排放权交易管理办法（试行）》，规定了温室气体重点排放单位、配额分配与登记、排放交易、排放核查与配额清缴、监督管理和罚则的内容。2021 年 5 月 14 日，生态环境部正式发布《碳排放权登记管理规则（试行）》、《碳排放权交易管理规则（试行）》和《碳排放权结算管理规则（试行）》。2021 年 7 月 16 日，全国碳排放权交易市场正式启动，随着顶层设计落地，各级政策的制定和出台，我国碳排放权交易法律制度和市场规则也在逐步完善和健全。2022 年 7 月 16 日，是全国碳排放权交易市场正式启动上线交易一周年，随着碳市场交易的开市，第一个履约周期情况也成为关注的焦点。据悉,首个履约周期内完成率为 99.5%,累计成交额近 85 亿元,整体运营平稳,成为实现“双碳”目标、推动绿色发展的重要引擎。在保障国内碳交易市场的健康稳定发展,完善涉碳领域服务机制的同时,识别和规避法律风险,是碳市场顺利发展不容忽视的重要环节。

三、碳市场交易司法实践及法律风险提示

随着碳市场交易机制及市场的发展,涉碳案件不断增多。自 2016 年 9 月我国加入《巴黎协定》以来,全国各级人民法院一审审结涉碳案件近 112 万件。虽然涉碳案件呈现增长趋势,但作为一种新类型案件,在“双碳”领域和“法律界”仍存在较为明显的隔阂现象。针对此类现象,最高人民法院与部分地方司法机关已经开展积极行动、出台有关司法政策。例如,2021 年 10 月 8 日,最高人民法院发布《关于新时代加强和创新环境资源审判工作 为建设人与自然和谐共生的现代化提供司法服务和保障的意见》,其中第 15 条规定:“助力实现碳达峰、碳中和目标。准确把握碳排放权、碳汇、碳衍生品等涉碳权利的经济属性、公共属性和生态属性,依法妥当处理涉及确权、交易、担保以及执行的相关民事纠纷……”2021 年 12 月 23 日,最高人民法院发布《关于为新时代推动中部地区高质量发展提供司法服务和保障的意见》,其中第 11 条规定:“……积极开展碳汇交易、生态保护补偿等新兴领域法律适用研究,稳妥审理环境资源税费、环境容量利用权、绿色金融等新类型案件……”2023 年 2 月 16 日,最高人民法院发布《关于完整准确全面贯彻新发展理念 为积极稳妥推进碳达峰碳中和提供司法服务的意见》(下文简称《双碳意见》)及配套典型案例。《双碳意见》是最高人民法院出台的首部“双碳”规范性文件,对各级人民法院依法妥善审理涉碳这一新领域的各类案件具有重要的指导作用,对助力推动实现碳达峰碳中和目标具有重要意义。以下将从企业进行碳市场活动的几类典型实践进行分析和风险指引。

(一)控排企业面对碳排放履约时的司法实践及法律风险提示

实现碳达峰、碳中和目标,要坚持“全国统筹、节约优先、双轮驱动、内外畅通、防范风险”原则,企业作为实现碳达峰、碳中和目标的关键主体,必须遵守法律的规定,合理进行碳排放,清缴碳排放配额。《碳排放权交易管理办法(试行)》第 10 条规定:“重点排放单位应当控制温室气体排放,报告碳排放数据,清缴碳排放配额,公开交易及相关活动信息,并接受生态环境主管部门的监督管理。”其中配额分配方式以免费分配为主，适时将引入有偿分配，通过有偿分配的实施更大程度地提升重点碳排放单位的减排力度。而各试点地区对于企业碳排放配额的相关要求不尽相同，以北京市为例，由北京市生态环境局制订配额分配方法，核定发放重点碳排放单位的年度配额，规定配额总量组成，将不超过年度配额总量的5%作为价格调节储备配额，用于重点碳排放单位配额调整及市场调节。北京市生态环境局也将对重点碳排放单位的履约进行监督管理，综合协调本市的碳排放权交易相关工作，积极做好纳入全国碳排放权交易市场的北京市碳排放单位管理。

对于控排企业来说，一旦排放超过碳排放配额，不仅在申报程序上、审查核定期间以及清缴排放过程中有可能出现违反法律法规的情形，而且会面临被行政处罚的风险。2021 年 12 月 31 日，全国碳市场第一个履约周期结束，虽然第一个周期内履约完成率为 99.5%，但是仍有少数未按时履约的企业，相应的处罚也随之而来。2022 年 1 月 3 日，苏州市生态环境局披露了“全国碳市场碳排放配额未按期履约的全国第一案”，并根据《碳排放权交易管理办法(试行)》的规定，责令该违规企业整改并对该企业的违法行为予以立案查处处理。这一举动给碳市场中的各主体敲响了警钟，在推进“双碳”目标“1＋N”政策体系的同时更应注重运营合规及法律风险的防控。企业应将节约能源资源放在首位，实行全面节约战略，持续降低单位产出能源资源消耗和碳排放，提高投入产出效率。

在《双碳意见》及配套的典型案例二中，涉案企业德清某保温材料公司在明知三氯一氟甲烷为有害物质，且被明令禁止用于生产使用的情况下，仍进行生产和售卖。该案中涉案单位生产的三氯一氟甲烷未经有效处置而进行排放，其有害物质不仅损害周围的环境及空气，甚至会影响人类健康并造成生态环境损害。在该案诉讼前，行政机关对涉案单位进行行政处罚、单位负责人依法判处刑事责任，后经司法审判认定，涉案单位承担环境污染责任并赔偿损失，这也是全国首例消耗臭氧层物质(ODS)大气污染责任民事公益诉讼案件。在此，笔者提醒相关企业，务必强化企业环境责任意识，建立合规管理制度，温室气体重点排放单位须依法提交温室气体排放数据，科学处理并减少温室气体等大气污染物的排放，综合考虑“减污”和“降碳”，在减污降碳协同增效的战略布局中符合碳市场规制，通过优化能源消费结构、降低碳排放强度、促进技术进步等合规合法的方式来实现生产。

(二)企业在碳排放权交易中的司法实践及法律风险提示

从实践角度看,碳排放权是一种特殊的权利,根据《碳排放权登记管理规则(试行)》的规定,碳排放配额可以通过强制执行的方式进行变更转让;在《碳排放权交易管理办法(试行)》的规定中,碳排放配额作为一种交易产品,被赋予了商品的属性。《双碳意见》中提到要构建碳市场交易秩序,明晰碳市场交易相关主体之间的权责,进一步确定碳排放配额的财产属性。对碳排放配额、CCER的交易、担保、执行、行政处罚纠纷案件的审理提出了指导意见。对于碳交易市场来说,因交易本身的标的、规则和流程的特殊性直接影响相关交易对争议解决的具体需求,还要有稳定的立法支持以及完善的市场运行机制,加之强有力的处罚规则才能保证交易顺利履约。

《双碳意见》及配套的典型案例八中,全国首例碳排放权执行案由福建顺昌法院在2021年9月14日作出依法冻结企业未使用的碳排放配额1万单位,并通知其将被冻结的碳排放配额挂网至福建海峡股权交易中心进行交易的执行裁定;并于2021年10月20日,向海峡股权交易中心送达执行裁定书及协助执行通知书。最终顺昌法院通过对被执行人公司未使用的碳排放配额扣留交易成交款的方式实现执行需求。碳排放配额的可执行性,不仅为司法执行拓展了工作思路,也让无其他财产可供执行案件的申请执行人看到了债权回收的希望。

在此,笔者提醒相关企业,碳排放配额、CCER等碳资产属于新兴无形资产,均具有可交易的特点。2021年2月1日《碳排放权交易管理办法(试行)》正式出台,其中规定碳排放配额作为一种交易产品,属于一种新类型的财产性权利。依据《民事诉讼法》相关规定,可对生产企业未使用的碳排放配额采取强制执行措施,亦可将碳排放配额作为企业资产,也可作为债务人的资产进行强制执行。而碳排放权对于生产型企业来说是其在生产经营活动中直接和间接排放二氧化碳等温室气体的权益,包括二氧化碳排放配额和经审定的碳减排量,人民法院的冻结及执行措施势必影响企业的正常生产经营。碳排放配额的强制执行一方面可将这一“无形财产”在碳排放权交易市场中交易变现,另一方面可有效盘活企业的碳配额资产,激励生产企业改进技术管理、提高绿色发展效益,实现经济效益。但如企业生产所必需的碳排放配额在执行程序中被用于清偿债务后，将导致企业无法履约，甚至影响企业的正常生产及经营，亦存在被迫停产的风险。

（三）企业工业节能司法实践及法律风险提示

自2016年实施《工业节能管理办法》后，工业和信息化部连续7年开展国家专项工业节能监察工作，对于重点用能企业的节能监察已经逐步形成了较为严密的体系。2022年12月22日《工业节能监察办法》出台，在进一步明确工业节能监察范围的同时，提出了更加细致和严格的工业节能监察内容，以及对于工业节能监察过程当中发现的不符合相关要求的行为进行了法律后果的责任明晰。同时针对重点用能企业的节能监察力度继续加码，强调重点用能企业要主动建立能源管理体系和相应的责任体系，并将其纳入工业节能监察的范围，强化重点用能企业的主体责任。

对于重点用能企业而言，长期性的节能管理制度建设情况是针对其的节能监察的重点。因此，重点用能企业应当格外注意《工业节能监察办法》及相关法律法规中对重点用能企业的监察内容，主动落实年度工业节能目标，严格执行能源利用状况报告制度，设立符合要求的能源管理岗位并充分落实主体责任，建立符合要求的能源管理体系和测量管理体系，并按照要求开展能源计量审查工作。如重点用能企业未能有效落实相应的用能管理要求，将面临限期整改、行政处罚等法律责任，并可能会被列入工业节能监察整改名单、企业经营异常名录或严重违法失信名单，将严重影响企业的正常经营及信誉。

最高人民法院发布的典型案例一即上海某实业公司诉北京某计算科技公司委托合同纠纷中就体现了最高人民法院积极稳妥推动碳达峰碳中和的鲜明态度，体现了对企业节能的支持与肯定。在该案中，人民法院认为比特币“挖矿”行为电力能源消耗巨大，与《民法典》第9条“绿色原则”相悖，不符合产业结构调整相关政策法规和监管要求，违反公序良俗，将委托维护比特币“矿机”及“挖矿”的合同认定为无效。我国通过立法活动在《民法典》中确立了“绿色原则”，民商事主体负有调整能源结构，减少煤矿等能源的消费量，由高碳排放企业低碳公正转型，重视促进碳减排和保护生态环境的社会责任。笔者建议企业应遵从合规，积极落实“工业节能”相关的法律法规和国家标准所规定的义务，制定并实施符合国家相关法律规定和标准的节能计划和节能技术措施，加快对于能耗过高的产品、设备和生产工艺的淘汰速度，严禁使用、转让、租借国家明令淘汰的产品以及生产设备、设施和工艺，在相应的用能产品和设备上严格遵循强制性国家标准，加强能源计量管理工作，积极制定并实施能源消费统计和能源利用状况分析制度。在企业内部要大力开展节能宣传教育和培训工作，提升企业员工的节能意识，以此降低企业的法律风险，同时也可缩减企业的用能成本，提高自身的经济效益。

（四）企业信息披露司法实践及法律风险提示

《碳排放权交易管理办法（试行）》第25条第2、3款强调："重点排放单位对温室气体排放报告的真实性、完整性、准确性负责。重点排放单位编制的年度温室气体排放报告应当定期公开，接受社会监督，涉及国家秘密和商业秘密的除外。"此外，各地碳排放交易对企业环境信息的披露提出了更加详尽的要求，以北京市发布的《北京市碳排放权交易管理办法（修订）》（征求意见稿）为例，其中提出要建立健全信息披露制度，及时公布碳排放权交易市场相关信息，加强对交易活动的风险控制和内部监督管理，组织并监督交易、结算和交割等交易活动，定期向市生态环境局和市金融监管局报告交易情况、结算活动和机构运行情况。

全国碳排放权注册登记机构和全国碳排放权交易机构应当遵守国家交易监管等相关规定，建立风险管理机制和信息披露制度，制定风险管理预案，及时公布碳排放权登记、交易、结算等信息。对于企业的信息披露，以北京市为例，其要求重点碳排放单位按规定公开年度碳排放和履约情况等相关信息，健全企业的碳排放报告和信息披露制度，完善用能权的有偿使用和交易制度，保障全国用能权交易市场的交易活动合规合法。在北京市行政区域内年能源消耗标准煤的数量达到法律规定的重点碳排放单位以及一般报告单位，均应当报送年度排放报告。作为重点碳排放单位的企业如果出现名称变更、合并、分立、破产、关闭等情况，应当在工商注册变更后20个工作日内报告注册所在地的区生态环境主管部门，按照规定退出重点碳排放单位。

在《双碳意见》及配套的典型案例九中，涉案排污单位未真实履行披露环境信息的义务，甚至出现篡改后台参数行为，致使检测数据严重失真，超标排放污染物，依据《刑法》，最高人民法院、最高人民检察院《关于办理环境污染刑事案件适用法律若干问题的解释》相关规定，该企业涉案负责人受到刑事处罚。在此，笔者提醒重点排放单位、第三方技术单位等相关企业，应履行环境信息的公布义务,确保公布数据的真实性和准确性,做到依法披露环境信息,保持环境信息的透明度,避免因环境信息缺失甚至作假而受到刑事处罚。

四、“双碳”愿景下企业如何依法合规低碳减排绿色发展

(一)建立碳合规意识,全面落实减排责任

《双碳意见》中对企业环境责任、污染物排放总量控制等提出了新的要求,对于温室气体重点排放单位而言,超标排放后未按时履行足额清缴义务的,行政机关将有权依法作出等量核减重点排放单位下一年度碳排放配额、罚款的处罚决定。该等规定不仅提升了企业超标排放责任的依法可执行性,同时也对部分企业提出了更加细致、全面的减排合规要求。

各试点对碳排放的要求存在差异,因此对于工业企业而言,不仅要严格遵循《碳排放权交易管理办法(试行)》中的规定和要求,更应系统梳理各层级政府部门颁布的与碳排放相关的法律、法规及政策规定,严格落实全面减排的义务,避免因疏漏相关法规而造成额外法律风险。对于企业而言,既要重视政府颁布的地方性低碳法规,也要足够重视相关的低碳标准,对于强制性的节能、低碳产品标准应当严格遵守,对于引导性、提倡性的标准也要逐步对接。在低碳法规和标准体系逐步建立和发展过程当中,标准的逐步提高不可避免,企业应主动查询所在市的碳排放相关信息,按期履约清缴,探索增强能耗总量控制弹性,向碳排放总量和碳排放强度双控转变。

企业作为全面实现碳达峰碳中和目标的重要力量,应将碳达峰碳中和目标要求全面融入企业中长期发展规划,主动践行履行社会责任,运用法治思维和法治方法解决碳达峰实施工作中的突出问题,梳理核算自身碳排放情况,研究碳减排路径,积极开展 CCER、VCS、GS 开发、管理和上市交易的相关工作准备,根据自身情况制定科学有效、切实可行的碳达峰行动方案并贯穿企业生产经营全过程和各环节,严格控制能耗强度和碳排放强度,做到合理控制碳排放总量,从源头减少二氧化碳排放,同时严格控制非二氧化碳温室气体排放。重视碳排放管理能力,参与碳排放权交易应严格执行碳排放权交易有关管理规定,按要求开展排放权交易及配额清缴,强化碳排放数据管理、碳市场分析、碳配额管理、排放报告编制、碳交易运作等工作。同时,应加强污染物排放总量控制,在企业内部要大力开展合规文化宣传培训工作,增强员工合规意识,提升合规管控水平,以此降低企业的法律风险,提高自身的经济效益。高耗能高

排放项目要严格落实产能等量或减量置换,推动产能指标由高耗能、高碳排放企业向低耗能、低碳排放企业转移,积极调整产业结构,实现产业结构升级的目标。

(二)合理利用碳资产,盘活碳资源

2016年我国政府出台了全球第一份由中央政府主导设计的绿色金融顶层制度《关于构建绿色金融体系的指导意见》,指出绿色金融体系是指通过绿色信贷、绿色债券、绿色股票指数和相关产品、绿色发展基金、绿色保险、碳金融等金融工具和相关政策支持经济向绿色化转型的制度安排。该体系当中明确了绿色金融体系包含的多样化的绿色金融工具以及相关的支持政策。

我国的碳市场正处于改革发展时期,全国统一的碳市场正在逐渐建立,碳市场主要交易的碳排放配额和CCER,作为新型财产权益的属性正在逐步得到确认。《双碳意见》也指出要加大对此类新型生态资源权益的司法保障力度,相关主体通过协议转让、单项竞价等方式进行的碳排放权交易,人民法院将认定为合法有效。《双碳意见》中提出加强企业利用绿色低碳技改抵扣赔偿损失方式的推广适用,如此企业可有序开展节能降碳技术改造,避免生态环境侵权,或以绿色低碳技术抵扣生态赔偿损失。

2021年浦发银行与上海环境能源交易所为申能碳科技有限公司完成长三角地区首单碳排放配额、CCER组合质押融资,此后浦发银行又利用企业市场风险管理服务为申能碳科技有限公司开展上海碳排放权配额远期套保交易业务,为企业规避碳资产市场价格的波动风险。绿色金融的发展十分迅速,对于企业而言,碳资产在未来将是重要的基础性的金融资产,为企业运用绿色金融工具进行融资提供途径,放大企业的绿色经济效益。对碳排放企业而言,应合理利用自身所持有的碳排放配额或者CCER,加快在生产方式上实现绿色转型,降低购买碳排放配额或者CCER的额外成本,在自身碳排放配额或者CCER余量不足的情况下,应通过合法途径向法律认可的碳排放交易主体进行购买,避免因超出配额排放而受到处罚。碳排放企业持有的碳排放配额或者CCER如有余量,可通过交易机构依法合理分配使用或者将其进行交易,将绿色价值转化为经济价值。探索开展企业全产业链应用场景碳计量与碳减排方法学体系研究,尝试推动本企业碳减排量纳入核证减排信用体系中,研究建立基于大数据的碳资产计量与管理平台,实现碳资产分步骤开发和转化。有序推进绿色信贷、债券、基金、期货等金融产品创新，探索建立环境、社会和公司治理（ESG）数据平台，以及基于碳资产的低息绿债、低碳绿债、间接融资及环境、社会和公司治理等金融应用手段，积极开展企业绿色发展评价。

（三）更加重视能源、碳排放领域相关合同

实现“双碳”目标是一个长期的任务，不可能一蹴而就，更不能脱离政策、法律的规定。在《双碳意见》中，强调“助推构建清洁低碳安全高效能源体系”。对煤炭资源利用、油气资源开发、可再生能源发展、合同能源管理等资源纠纷案件的审理提出了具体指导性意见。《民法典》第 9 条中规定“民事主体从事民事活动，应当有利于节约资源、保护生态环境”。将绿色发展从理念上升为制度，也就是“绿色原则”，企业在订立、履行能源、碳排放领域相关合同时应将及时、全面践行绿色原则作为合同订立和履行的重点关注内容。

对于能源企业或者重点排放单位而言，签订能源、碳排放相关合同时应当更加审慎，在履行合同时也应当更加细致、全面，确保碳交易依法合规。能源企业签订相关合同时，可以参考《双碳意见》，其中明确了油气资源矿业权转让合同中负有报批义务的一方，应当及时按照合同约定或者法律、行政法规的要求办理申请批准手续，未按要求及时办理的将承担不利后果，以此来推动油气企业尽快释放产能。另外，油气资源开发项目预约合同生效之后，应及时履行预约合同中约定的订立委托、合作勘探开发油气资源本约合同义务，否则可能承担违约损害赔偿责任。因此，对于油气资源开发主体而言，及时履行成为合同全面履行的重要要求。重点用能企业还应关注节能服务项目的利用，在《双碳意见》中，明确了节能服务项目的财产属性，提出节能服务项目收益权可作为质押财产出质。由此，质权人主张就质押节能服务项目的收益优先受偿的将依法得到支持，人民法院亦可将节能服务项目的收益列为强制执行标的。因此，用能企业在聘用节能服务企业时，应在合同形式上明确节能服务项目中双方的权利义务，提前确定好节能效益的分配方式；对于接受节能服务企业以节能项目收益权质押的单位而言，应在法定登记机构办理质押登记。

目前碳交易的市场机制并不完善，不确定因素较多，很大程度上提高了企业碳交易的潜在风险。因此企业如果进行交易，在交易前应对交易对象进行尽职调查，了解交易对象的履约能力。企业在谈判签约中，应充分考虑多种风险，除了关注交易标的物、付款及违约、保证事项等条款，还应当注重国家政策的变动对企业交易产生的影响。对于有意开展与碳排放配额相关业务的企业及个人而言，如合作开展的业务涉及碳排放配额的清缴，需注意在协议文件中约定碳排放配额的清缴责任主体以及责任划分，以维护自身合法权益。对投资者而言，随着碳市场的发展以及碳金融相关产品的多样化，其应当充分熟悉各类金融产品以及交易类型的特点以及风险，在必要时可寻求专业律师的意见，在交易前充分了解可能存在的法律风险，以便维护自身合法权益。

（四）做好碳排放数据监测，及时进行环境信息披露

节能减排的要求不仅局限于排放量之上，对于企业环境信息披露也有明确的要求。《碳排放权交易管理办法（试行）》第39条规定："重点排放单位虚报、瞒报温室气体排放报告，或者拒绝履行温室气体排放报告义务的，由其生产经营场所所在地设区的市级以上地方生态环境主管部门责令限期改正，处一万元以上三万元以下的罚款……"在《双碳意见》中还明确了涉碳信息的真实性及准确性问题，强调"依法审理企业环境信息披露纠纷案件。引导企业主动适应绿色低碳发展要求，强化环境责任意识，依法及时、真实、准确、完整披露环境信息"。针对上市公司和发债企业，要求依法及时、真实、准确、完整地披露环境信息，包括但不限于企业碳排放量、排放设施等信息，年度融资形式、金额、投向等信息，以及融资所投项目应对气候变化、生态环境保护等的相关信息。如企业未按要求披露以上信息致使投资者遭受损失，将承担相应的侵权责任。

以北京市为例，北京市行政区域内年能源消耗2000吨标准煤（含）以上的法人单位应当报送年度排放报告，同时碳排放单位应对排放报告数据的真实性、准确性和完整性负责，对碳排放报告所涉数据的原始记录和管理台账等材料的保存不少于5年。北京市国资委表示要将企业碳达峰碳中和工作纳入企业负责人经营业绩考核，具备条件的市管企业应积极开展碳信息披露或将碳减排纳入年度社会责任报告，主动接受社会监督。这对法人单位内部数据质量的管理制度提出了更高的要求，企业应做好碳排放数据的检测和报告，指定专门人员负责核算和报告工作、实施数据的内部审核和验证以及归档管理等。企业应确认所在市行政区域内年能源消耗标准煤的数量，确认其是否为重点碳排放单位或一般报告单位。重点碳排放单位名单和一般报告单位名单实施动态管理。如果重点碳排放单位和一般报告单位出现名称变更、合并、分立、

破产、关闭等情况,应当及时报告注册所在地的区生态环境主管部门。若为重点碳排放单位或一般报告单位,均应当报送年度排放报告,同时注重确保碳排放数据的真实性、可靠性。如符合重点碳排放单位的条件,被列入重点碳排放单位名单,还应当重点关注履约时间节点、履约方式,提出碳减排量抵消的比例、抵消产品类别和抵消申请材料递交时间节点。

(五)积极配合节能监察工作

《工业领域碳达峰实施方案》中强调建立以高效、绿色、循环、低碳为重要特征的现代工业体系。而工业节能监察是实现绿色转型发展方式的重要手段,也是保障完成节能目标的重要抓手。目前实施监察的手段多种多样,部分地区已经率先开展了工业节能监察与信息化融合的尝试,正在逐步推广通过企业能耗在线监测、用能设备能效在线核对、重点企业主要用能设备电子档案等信息化方式开展节能监察工作。这些信息化手段不仅提升了监察单位的监察效率,对于被监察企业而言,积极对接这些信息化监察方式,可以通过在线平台的交互获得监察单位的指导,准确地填报各项报告、报表和材料,降低与工业监察部门间的沟通成本。并且通过在线方式提交材料,可以提升企业自身的工作效率和相关材料的保密性,同时也可以通过信息化手段对相关数据进行梳理分析和可视化监测,便于自身进行能源消费统计和能源利用状况分析,更加高效地开展节能管理工作,充分落实节能计划,降低自身的能耗成本。

《工业节能监察办法》对于工业节能监察内容的规定更加丰富和具体,也对工业用能主体提出了更加系统性、全面性的节能要求。其中第5条明确要求被监察单位应配合工业节能监察,不得拒绝和阻碍工业节能监察。在实施监察的过程中,被监察单位应当如实说明情况,提供真实、准确的资料和材料,配合监察人员的现场勘察、监测等工作,企业员工也应真实准确地回答监察人员的询问,不得隐瞒、虚构事实或者伪造、隐匿、销毁、篡改资料,不配合工业监察工作将会面临更加严峻的处罚。在工业节能监察完成后,对于监察单位责令本单位改正或者限期改正的行为,应当在法定期限内充分完成整改工作,对于无法在要求期限内完成整改的,应提前向工业节能监察部门申请延长整改期限。对于监察单位出具的监察意见要充分重视,如果企业被出具监察意见,监察单位有权在短期内再次要求进行节能监察,确认被监察单位落实监察意见的情况,并且要求必须采取现场监察的方式,这将大大增加企业的合规成本，甚至会影响企业正常的经营活动和声誉。因此，为避免反复节能监察给企业生产经营带来影响或产生法律责任，企业应充分重视并落实监察意见，将监察政策作为企业实现“双碳”目标常态化节能管理工作的内容，进一步规范用能行为，促进企业实现低能耗、高能效的发展。

（六）CCER回归背景下企业合规价值挖掘

近年来，随着“双碳”目标的提出，以及一系列法律规范的出台，为顺应碳市场的需求，CCER即将重启。CCER对于企业具有积极作用，无论是在全国统一的碳市场还是地方试点碳市场，CCER均可有效地进行配额抵扣。虽然目前CCER的抵消比例相对较小，但其发挥的作用不能忽视，使用CCER进行抵消可以使企业避免因少量的超排行为而受到高额的处罚。据悉，目前CCER的交易价格不断攀升，对于急需CCER的排放企业来说，其所带来的价值和对企业的影响不容小觑。对企业来说，CCER能够像商品一样在市场上交易，也可通过开发、交易进行获利，如果CCER余量较多，可以将其通过法定渠道交易实现一定的经济价值。CCER不仅是重要的碳资产类型，也是发展碳金融衍生品的良好载体，众多机构都在不断开发相关的绿色金融产品。

2019年5月29日，生态环境部发布了《大型活动碳中和实施指南（试行）》，明确了CCER可以用于赛事、会议等大型活动的碳抵消工作。持有CCER的主体不仅可以将其用于自身所举办的大型赛事、大型会议以及活动中的“碳中和”，还可以向其他大型赛事、大型会议以及活动的举办方提供赞助，以此获得一定的商业利益，同时也是承担社会责任，可以有效地塑造良好的企业形象。以北京冬奥会和冬残奥会的实践为例，两项赛事最终修订的温室气体基准线排放量为130.6万吨二氧化碳当量，中国石油、国家电网和三峡集团三家公司以商业赞助的方式向北京冬奥组委分别赞助了20万吨二氧化碳当量的CCER，这三家企业因此获得了北京冬奥组委的专门感谢函和“碳中和”特殊贡献证明。

按照当前我国碳排放配额的规模预估，我国每年对于CCER的需求量将超两亿吨。与此同时，当前市场上剩余CCER数量已严重不足，随着未来碳市场扩容，叠加市场需求，CCER市场需求前景广阔。目前，CCER重启在即，北京绿色交易所已于2021年启动了全国温室气体自愿减排交易系统的建设工作，作为碳中和机制的重要组成部分，重启后的CCER必定会引发开发和交易的热潮。相关企业应当重点关注 CCER 市场机制的重启和相关法律法规。

五、结语

我国碳市场交易的开启，以低碳绿色经济为发展原则，体现了我国负责任大国的风范。我国作为碳市场大国，在碳排放权交易启动后，相关行业、企业在涉及碳排放权交易时与第三方中介机构之间的纠纷也随之增多。企业减排责任的承担方式面临多样化，在可执行性上将面对不断增强的执行力度，同时企业的减排责任也将不再仅仅局限于碳排放量本身，甚至扩展到信息披露、内部控制、全面履约、碳配额交易、绿色金融等诸多方面。对于各交易方来说，不仅要在遵守法律规定的前提下合法履行交易，规范各方在碳排放配额交易期间的法律责任。同时，还要合理约定各方的权利义务，以期共同维护碳交易市场的良性循环。

人力资源合规管理指引

邱萍萍

一、员工入职合规管理全流程指引

企业招聘是人力资源管理的重要环节，实务中有不少企业存在招聘管理漏洞，最终导致企业为此承担了高额成本。因此，招聘公告的设计、招聘流程的完善、岗位要求的编写，均须注重风险防范。招聘后的入职管理也是很多企业容易忽视的环节。员工入职阶段合规管理是企业人力资源合规管理的重要方面，入职环节缺失了合规内容，此后将面临无法补救的困难局面，极易使企业在人力资源管理方面陷入被动，严重的可能会引发纠纷，甚至在今后产生的劳动争议诉讼中导致不利结果。

（一）招聘环节合规指引

1. 明确招录要求

目前企业招录大多通过BOSS直聘、智联招聘、前程无忧等众多第三方平台发布招聘公告。招聘公告是企业的对外公告，公告的发布应把握如下原则：第一，内容完善。招聘公告应具备公司简介、岗位介绍、录用条件、工作地点、任职要求、福利待遇等要素，便于应聘者掌握岗位信息。第二，明确录用条件。招聘公告中的录用条件应明确且可量化，为后期试用期内的转正考核提供依据。第三，避免就业歧视。招聘公告中不宜出现“限男性”“男性优先”“患有××疾病的不予录用”等带有就业歧视属性的字眼，不宜差别化地提高对女性的录用标准。第四，合理表述福利待遇。对于公司确定能提供的福利待遇，可明确写在录用公告里，而对于公司可能无法落实的薪酬待遇，可考虑使用“视情况发放”等表述；对于薪资数额暂时无法确定的，可以考虑使用区间性表述，如“5000～12,000元”或者“薪资面议”。第五，不得限制结婚、生育或者把婚姻、生育状况作为录用条件。

2. 完善录用通知

第一,录用通知是企业向应聘人员发出的订立劳动合同的要约,反映出企业与应聘人员建立劳动关系的磋商过程,其内容亦可能会作为确定双方权利义务的依据。因此,录用通知须载明拟录用岗位、工作地点、试用期等基本内容。第二,对于企业与应聘人员未最终确定的事项如薪资标准,在录用通知里可以不体现。第三,明确录用的除外情形,即在录用通知中列明不予录用的情形,如学历资质造假、工作经验造假、本行业竞业限制人员等。第四,企业向员工发送录用通知后无正当理由拒绝录用员工的,可能会涉及缔约过失责任,赔偿员工因信赖该录用通知书而离职继而产生的工资收入、体检费、交通费等系列损失。因此,录用通知应发放给确定录用的人员,若须撤销录用,应及时向应聘人员发送撤销录用的通知,避免应聘人员损失的产生及扩大。第五,在录用通知书上设立时效期间,并载明逾期不回复则录用通知书自动失效。

3. 规范入职体检

对于应聘人员提出体检要求是目前很多企业的常规操作,应从如下方面把握合规要点:第一,对从事接触职业病危害作业的人员应该进行入职前体检。原因在于,若应聘人员隐瞒其患有职业病,而企业没有安排岗前体检便予以录用,若其入职之后查出患有该疾病,则无法认定其"职业病"是入职前还是入职后患的。第二,对特殊从业人员(食品生产人员、饮用水供管人员、化妆品生产人员等)须进行岗前健康检查。第三,先要求应聘人员进行体检,应聘人员体检结果符合企业要求的,再向其发出录用通知,避免被认定为就业歧视,继而面临承担民事、行政责任的法律风险。第四,不得以应聘人员是乙肝等传染病病原携带者为由拒绝录用。第五,就应聘人员的体检信息,企业应承担保密义务。第六,对于部分体检事项,除非应聘人员同意,否则不得强行要求检查,如不得将妊娠测试作为入职体检项目。

4. 规范面试操作

第一,企业招聘面试时,应如实告知应聘人员工作内容、工作条件、工作地点、职业危害、安全生产状况、劳动报酬,以及应聘人员要求了解的其他情况。第二,面试时,除个人基本信息外,不应进一步询问或者调查女性求职者的婚育情况。第三,应聘人员面试前应填写《求职登记表》,《求职登记表》中明确载明应聘人员姓名、籍贯、年龄等基本信息,留存紧急联系人或家庭成员姓名及联系方式，留存历次工作经历证明人员联系方式。第四，对应聘人员的身份信息及留存的其他信息保密。

（二）入职环节合规指引

1. 学历资质审查

第一，审查拟录用人员的学历、学位证书以及资格证书原件，留存复印件。第二，对拟录用人员的学历资质进行核实，发现有造假行为的，及时依据录用通知书中的录用除外条款取消录用。第三，对拟录用人员的学历、学位及资质文件保密。

2. 竞业限制义务审查

第一，审查拟录用人员是否有履行期内的竞业限制协议，并在入职文件中要求拟录用人员承诺其不存在履行期内的竞业限制协议。第二，若发现拟录用人员存在履行期内的竞业限制协议，且禁止从事的行业属于本企业经营范畴，及时依据录用通知书中的录用除外条款取消录用。

3. 依法签署劳动合同

第一，企业应自用工之日起一个月内与员工订立书面劳动合同。第二，劳动合同应当具备以下条款：(1)企业名称、住所和法定代表人或者主要负责人；(2)员工姓名、住址和居民身份证或者其他有效身份证件号码；(3)劳动合同期限；(4)工作内容和工作地点；(5)工作时间和休息休假；(6)劳动报酬；(7)社会保险；(8)劳动保护、劳动条件和职业危害防护；(9)法律、法规规定应当纳入劳动合同的其他事项。在劳动合同中除前述规定的必备条款外，企业与员工还可以约定试用期、培训、保守秘密、补充保险和福利待遇等其他事项。第三，根据企业的用工要求及员工的综合情况，合理确定劳动合同的期限类型（固定期限劳动合同、无固定期限劳动合同、以完成一定工作任务为期限的劳动合同）。第四，集团公司在多地有分支机构且在招岗位员工入职后可能在各地分支机构之间频繁调动的，劳动合同中约定的工作地点宜覆盖前述可能调动的地点。第五，尽量在劳动合同中约定加班费的计算基数。第六，经企业书面通知后，员工拒签劳动合同的，应及时依法解除劳动合同。

4. 签署岗位职责说明书及工作任务

第一，员工签署岗位职责说明书，明确岗位职责，为员工履职及企业考核提供依据。第二，对于工作任务可以量化的岗位，员工认领工作任务并签署工作任务认领书，其可作为考核员工是否胜任工作以及绩效工资、绩效奖金发放的依据。

5. 签署员工手册及其他规章制度文件

第一，企业应在员工入职时，向其告知企业的相关规章制度，对员工有疑问的制度，应及时予以解答。第二，员工学习及领取员工手册及其他规章制度时，应签署领取单或确认函，确认已学习并领取员工手册及其他规章制度文件。

6. 及时为员工办理和缴纳社保及公积金

第一，对于新入职的员工，应尽早办理和缴纳社会保险和公积金，避免员工在未缴纳保险期间发生工伤等事故导致无法享受相关待遇的情况发生。第二，若无法在员工入职当日办理和缴纳社会保险，宜在"社保空窗期"及时购买商业保险进行保障。

7. 其他

另外，企业招用员工，不得扣押员工的居民身份证和其他证件，不得要求员工提供担保或者以其他名义向员工收取财物。

（三）试用期合规管理指引

1. 试用期的设置

试用期的设置应严格遵守《劳动合同法》的相关规定：第一，劳动合同期限3个月以上不满1年的，试用期不得超过1个月；劳动合同期限1年以上不满3年的，试用期不得超过2个月；3年以上固定期限和无固定期限的劳动合同，试用期不得超过6个月。第二，同一用人单位与同一员工只能约定一次试用期。第三，以完成一定工作任务为期限的劳动合同或者劳动合同期限不满3个月的，不得约定试用期。第四，试用期包含在劳动合同期限内，劳动合同仅约定试用期的，试用期不成立，该期限为劳动合同期限。

2. 试用期的工资

试用期的工资也应遵守法律规定，即试用期工资不得低于本单位相同岗位最低档工资或者劳动合同约定工资的80%，并不得低于企业所在地的最低工资标准。另外，如果员工与企业签订的《劳动合同书》对试用期工资有更高约定，还应遵守《劳动合同书》中的约定条款。

3. 试用期的考核

试用期内的考核是多数企业容易忽视的内容。在实践中,存在企业在试用期满后对员工进行考核,继而以员工不符合录用条件为由解聘员工的情况,此种操作不符合合规要求。《劳动合同法》第 39 条规定在试用期间被证明不符合录用条件的,用人单位可以解除劳动合同,也即只有在试用期间员工被证明不符合录用条件,用人单位才享有劳动合同解除权,若在试用期满后才进行考核和解除劳动合同,极易被认定为违法解除。至于考核的内容和形式,如前所述,为使试用期内的员工考核有据可依,在招聘公告或者《试用期内考核告知书》等入职签署的文件中必须明确员工的录用条件,并有足够的基础证据证明员工不符合录用条件,否则亦极易被认定为违法解除。

二、员工在职期间用工合规管理指引

员工在职期间的用工管理是人力资源合规管理的核心内容,对于用人单位而言,完善的用工管理能有效避免争议,也能更大限度调动员工的工作积极性,使其能够更好地投入工作。以下是员工在职期间合规管理的要点。

(一)规章制度制定

1. 员工手册的制定

第一,员工手册宜囊括企业的各项规章制度,包括考勤管理制度、休假制度、保密制度、出差报销制度等各个方面。第二,员工手册制定时应当经职工代表大会或者全体职工讨论,提出方案和意见,与工会或者职工代表平等协商确定。第三,员工手册应当公示,或者告知全体员工。第四,员工手册中未规定的涉及劳动报酬、工作时间、休息休假、劳动安全卫生、保险福利、职工培训、劳动纪律以及劳动定额管理等直接关系员工切身利益的制度,如考核制度等,亦应履行前述民主通过程序及公示、告知程序。第五,集团公司制定的员工手册并不当然适用于全部分支机构,若想实现集团公司员工手册适用于其分支机构,可考虑:集团公司制定员工手册采用民主程序讨论通过时,邀请分支机构员工参与,或者集团公司员工手册制定并公示后,在分支机构内部亦就前述员工手册履行民主程序及公示告知程序;另外,集团公司员工手册中应明确其适用范围包括各分支机构。

2. 其他规章制度的制定

第一,对于不涉及员工切身利益的制度,可由公司根据实际情况制定。实践中,为避免对是否"涉及员工切身利益"的理解存在争议,我们建议,企业可作扩大解释,与员工相关的规章制度可考虑均采取经民主程序通过的形式,并及时向员工进行公示和告知。这些程序,一方面可作为企业用工管理的依据,另一方面也可避免该制度在后期因未经过民主程序讨论通过而无法适用。第二,企业员工手册中未规定性骚扰防范专章的,应另行制定防范性骚扰的规章制度。

(二)日常规范管理

1. 劳动合同订立合规指引

第一,对于劳动合同到期的员工,企业应及时与其续签劳动合同。第二,有下列情形之一,员工提出或者同意续订、订立劳动合同的,除员工提出订立固定期限劳动合同外,应当订立无固定期限劳动合同:(1)员工在该企业连续工作满 10 年的;(2)企业初次实行劳动合同制度或者国有企业改制重新订立劳动合同时,员工在该企业连续工作满 10 年且距法定退休年龄不足 10 年的;(3)连续订立 2 次固定期限劳动合同,且员工没有《劳动合同法》第 39 条和第 40 条第 1 项、第 2 项规定的情形,续订劳动合同的。第三,劳动合同应由企业及员工各留存一份;签订电子版劳动合同的,员工应该有权限随时查阅电子劳动合同。第四,变更劳动合同,应当采用书面形式。第五,劳动合同期满,有《劳动合同法》第 42 条规定情形之一的,劳动合同应当续延至相应的情形消失时终止。第六,劳动合同中应当具备女职工特殊保护条款,且不得规定限制女职工结婚、生育等的内容。

2. 竞业限制合规操作指引

第一,竞业限制的人员限于企业的高级管理人员、高级技术人员和其他负有保密义务的人员。第二,在解除或者终止劳动合同后,竞业限制期限不得超过 2 年。第三,在解除或者终止劳动合同后,在竞业限制期限内企业应按月给予离职员工经济补偿。

3. 劳务派遣用工合规指引

第一,劳务派遣只能在临时性、辅助性或者替代性的工作岗位上实施。临时性工作岗位是指存续时间不超过 6 个月的岗位;辅助性工作岗位是指为主营业务岗位提供服务的非主营业务岗位;替代性工作岗位是指企业的员工因脱产学习、休假等原因无法工作的一定期间内,可以由其他员工替代工作的岗位。第二,企业应当严格控制劳务派遣用工数量,使用的被派遣劳动者数量不得超过其用工总量的10%。用工总量是指用工单位订立劳动合同人数与使用的被派遣劳动者人数之和。第三,企业不得设立劳务派遣单位向本单位或者所属单位派遣劳动者。

(三)劳动时间规定

1. 工作时间合规指引

第一,企业职工每日工作时间不超过8小时,平均每周工作时间不超过44小时。第二,企业应当保证员工每周至少休息1日。第三,企业实行综合计算工时制、不定时工作制的,应经劳动行政部门批准。第四,企业在法定节假日期间应当依法安排员工休假。第五,企业由于生产经营需要,经与工会和员工协商后可以延长工作时间,一般每日不得超过1小时;因特殊原因需要延长工作时间的,在保障员工身体健康的条件下每日延长工作时间不得超过3小时,每月不得超过36小时。

2. 加班费支付合规指引

企业安排员工加班的,应当按照国家有关规定向员工支付加班费:第一,员工每日延长工作时间的,支付不低于工资的50%的工资报酬;第二,休息日安排员工工作又不能安排补休的,支付不低于工资的200%的工资报酬;第三,法定休假日安排员工工作的,支付不低于工资的300%的工资报酬。

(四)假期合规管理

1. 法定节假日

第一,全体员工放假的节日:(1)新年,放假1天(1月1日);(2)春节,放假3天(农历正月初一、初二、初三);(3)清明节,放假1天(农历清明当日);(4)劳动节,放假1天(5月1日);(5)端午节,放假1天(农历端午当日);(6)中秋节,放假1天(农历中秋当日);(7)国庆节,放假3天(10月1日、2日、3日)。第二,部分员工放假的节日:(1)妇女节(3月8日),女性员工放假半天;(2)青年节(5月4日),14~28周岁的青年员工放假半天。

2. 职工带薪年休假

第一,员工连续工作1年以上的,享受带薪年休假,此处的"连续工作1年以上"并未要求在本单位连续工作1年以上。第二,员工累计工作已满1年不满10年的,年休假5天;已满10年不满20年的,年休假10天;已满20年的,年休假 15 天。国家法定休假日、休息日不计入年休假的假期。企业规章制度或劳动合同中对带薪年休假或其他年休假有更长规定或约定的，还应遵守规章制度规定及劳动合同的约定。第三，员工有下列情形之一的，不享受当年的年休假：(1)员工依法享受寒暑假，其休假天数多于年休假天数的；(2)员工请事假累计 20 天以上且单位按照规定不扣工资的；(3)累计工作满 1 年不满 10 年的职工，请病假累计 2 个月以上的；(4)累计工作满 10 年不满 20 年的职工，请病假累计 3 个月以上的；(5)累计工作满 20 年以上的职工，请病假累计 4 个月以上的。第四，企业因生产、工作特点确有必要跨年度安排员工年休假的，可以跨 1 个年度安排；企业确因工作需要不能安排员工休年休假的，经员工本人同意，可以不安排员工休年休假。对员工应休未休的年休假天数，企业应当按照该员工日工资收入的 300% 支付年休假工资报酬。

3. 婚假、产假

第一，企业应根据各地标准，安排员工休婚假；婚假期间，企业应按劳动合同规定的标准支付员工工资。第二，女职工生育享受 98 天产假，其中产前可以休假 15 天；难产的，增加产假 15 天；生育多胞胎的，每多生育 1 个婴儿，增加产假 15 天。女职工怀孕未满 4 个月流产的，享受 15 天产假；怀孕满 4 个月流产的，享受 42 天产假。第三，各地对女职工产假有奖励性规定的，还应执行各地地方性规定增加产假。第四，企业规章制度或劳动合同中对婚假、产假有更长规定或约定的，还应遵守规章制定规定及劳动合同的约定。

4. 医疗期

第一，企业职工因患病或非因工负伤，需要停止工作医疗时，根据本人实际参加工作年限和在本单位工作年限，给予 3 个月到 24 个月的医疗期：(1)实际工作年限 10 年以下，在本单位工作年限 5 年以下的为 3 个月；5 年以上的为 6 个月。(2)实际工作年限 10 年以上，在本单位工作年限 5 年以下的为 6 个月；5 年以上 10 年以下的为 9 个月；10 年以上 15 年以下的为 12 个月；15 年以上 20 年以下的为 18 个月；20 年以上的为 24 个月。第二，医疗期 3 个月的按 6 个月内累计病休时间计算；6 个月的按 12 个月内累计病休时间计算；9 个月的按 15 个月内累计病休时间计算；12 个月的按 18 个月内累计病休时间计算；18 个月的按 24 个月内累计病休时间计算；24 个月的按 30 个月内累计病休时间计算。第三，职工患病或非因工负伤治疗期间，在规定的医疗期间内由企业按有关规定支付其病假工资或疾病救济费，病假工资或疾病救济费可以低于当地最低工资标准支付，但不能低于最低工资标准的80%。第四，企业规章制度或者企业与员工签订的劳动合同中对医疗期及医疗期待遇有更高约定的，按照企业规章制度或者企业与员工签订的劳动合同执行。

（五）劳动条件保护

1. 一般劳动条件保护

第一，企业必须建立、健全劳动安全卫生制度，严格执行国家劳动安全卫生规程和标准，对员工进行劳动安全卫生教育，防止劳动过程中的事故，减少职业危害。第二，劳动安全卫生设施必须符合国家规定的标准。新建、改建、扩建工程的劳动安全卫生设施必须与主体工程同时设计、同时施工、同时投入生产和使用。第三，企业必须为员工提供符合国家规定的劳动安全卫生条件和必要的劳动防护用品。第四，对从事有职业危害作业的员工应当定期进行健康检查。第五，员工拒绝企业管理人员违章指挥、强令冒险作业的，不视为违反劳动合同。员工就危害生命安全和身体健康的劳动条件，有权对企业提出批评、检举和控告。

2. 女职工劳动保护

第一，女职工禁忌从事的劳动范围：（1）矿山井下作业；（2）体力劳动强度分级标准中规定的第4级体力劳动强度的作业；（3）每小时负重6次以上、每次负重超过20公斤的作业，或者间断负重、每次负重超过25公斤的作业。第二，女职工在经期禁忌从事的劳动范围：（1）冷水作业分级标准中规定的第2级、第3级、第4级冷水作业；（2）低温作业分级标准中规定的第2级、第3级、第4级低温作业；（3）体力劳动强度分级标准中规定的第3级、第4级体力劳动强度的作业；（4）高处作业分级标准中规定的第3级、第4级高处作业。第三，企业应当采取措施预防和制止对妇女的性骚扰。

3. 三期女职工劳动保护

第一，女职工在孕期禁忌从事的劳动范围：（1）作业场所空气中铅及其化合物、汞及其化合物、苯、镉、铍、砷、氰化物、氮氧化物、一氧化碳、二硫化碳、氯、己内酰胺、氯丁二烯、氯乙烯、环氧乙烷、苯胺、甲醛等有毒物质浓度超过国家职业卫生标准的作业；（2）从事抗癌药物、己烯雌酚生产，接触麻醉剂气体等的作业；（3）非密封源放射性物质的操作，核事故与放射事故的应急处置；

(4)高处作业分级标准中规定的高处作业;(5)冷水作业分级标准中规定的冷水作业;(6)低温作业分级标准中规定的低温作业;(7)高温作业分级标准中规定的第3级、第4级作业;(8)噪声作业分级标准中规定的第3级、第4级作业;(9)体力劳动强度分级标准中规定的第3级、第4级体力劳动强度的作业;(10)在密闭空间、高压室作业或者潜水作业,伴有强烈振动的作业,或者需要频繁弯腰、攀高、下蹲的作业。第二,女职工在哺乳期禁忌从事的劳动范围:(1)孕期禁忌从事的劳动范围的第1项、第3项、第9项;(2)作业场所空气中锰、氟、溴、甲醇、有机磷化合物、有机氯化合物等有毒物质浓度超过国家职业卫生标准的作业。第三,企业不得因女职工怀孕、产假、哺乳等情形,降低女职工的工资和福利待遇,限制女职工晋职、晋级、评聘专业技术职称和职务,辞退女职工,单方解除劳动(聘用)合同或者服务协议。第四,女职工在怀孕以及依法享受产假期间,劳动期满的,劳动合同自动延续至产假结束。第五,女职工在孕期不能适应原劳动的,企业应当根据医疗机构的证明,予以减轻劳动量或者安排其他能够适应的劳动;对怀孕7个月以上的女职工,企业不得延长劳动时间或者安排夜班劳动,并应当在劳动时间内安排一定的休息时间。第六,怀孕女职工在劳动时间内进行产前检查,所需时间计入劳动时间。

(六)薪酬福利规定

1. 劳动报酬

第一,企业应当按照劳动合同约定和国家规定,向员工及时足额支付劳动报酬。第二,工资应当以货币形式按月支付给员工本人。不得克扣或者无故拖欠员工的工资。第三,企业应支付给员工的工资在剔除下列各项以后,不得低于当地最低工资标准:(1)延长工作时间工资;(2)中班、夜班、高温、低温、井下、有毒有害等特殊工作环境、条件下的津贴;(3)法律、法规和国家规定的员工福利待遇等。

2. 社会保险

第一,企业应当和职工共同缴纳社会保险费。第二,职工发生事故伤害或者按照职业病防治法规定被诊断、鉴定为职业病的,企业应当自事故伤害发生之日或者被诊断、鉴定为职业病之日起30日内,向统筹地区社会保险行政部门提出工伤认定申请。第三,员工所在企业未依法缴纳工伤保险费,发生工伤事故的,由企业支付工伤保险待遇。因工伤发生的下列费用,按照国家规定由企业支付:(1)治疗工伤期间的工资福利;(2)五级、六级伤残职工按月领取的伤残津贴;(3)终止或者解除劳动合同时,应当享受的一次性伤残就业补助金。第四,企业应当及时为失业人员出具终止或者解除劳动关系的证明,并将失业人员的名单自终止或者解除劳动关系之日起 15 日内告知社会保险经办机构。

(七)工会组织建立

1. 工会

第一,企业有会员 25 人以上的,应当建立基层工会委员会;不足 25 人的,可以单独建立基层工会委员会,也可以由两个以上单位的会员联合建立基层工会委员会,还可以选举组织员 1 人,组织会员开展活动。第二,建立工会组织的企业按每月全部职工工资总额的 2% 向工会拨缴经费。第三,企业工会组织代表职工的利益,依法维护员工的合法权益;工会应当帮助、指导员工与企业依法订立和履行劳动合同,并与企业建立集体协商机制,维护员工的合法权益。

2. 女职工委员会

女职工人数较多的企业,可以建立工会女职工委员会,在同级工会领导下开展工作;女职工人数较少的企业,可以在工会委员会中设女职工委员,指导本企业女职工工作,维护本企业女职工合法权益。

三、员工离职合规管理指引

员工离职阶段最易产生劳资纠纷。《劳动合同法》规定了劳动合同解除的诸多情形,企业在与员工解除劳动合同时,往往容易因为对法律的理解偏差以及实务操作的瑕疵,导致出现违法解除劳动合同的情形。企业解除劳动合同,应采用法律规定的方式,遵守法律规定的流程。

(一)劳动合同解除合规指引

1. 协商解除

第一,企业与员工协商一致,可以解除劳动合同;企业提出协商解除劳动合同的,应向员工支付经济补偿。第二,员工提前 30 日以书面形式通知企业,可以解除劳动合同;员工在试用期内提前 3 日通知企业,可以解除劳动合同。员工因个人原因解除劳动合同的,企业无须支付经济补偿。第三,协商解除劳动合同的,应签署《协商解除劳动合同协议书》,明确双方权利义务。

2. 员工单方解除

第一,企业有下列情形之一的,员工可以解除劳动合同:(1)未按照劳动合同约定提供劳动保护或者劳动条件的;(2)未及时足额支付劳动报酬的;(3)未依法为员工缴纳社会保险费的;(4)企业的规章制度违反法律、法规的规定,损害员工权益的;(5)因《劳动合同法》第26条第1款规定的情形致使劳动合同无效的;(6)法律、行政法规规定员工可以解除劳动合同的其他情形。员工基于前述规定单方解除劳动合同的,企业应向员工支付经济补偿。第二,企业以暴力、威胁或者非法限制人身自由的手段强迫员工劳动的,或者企业违章指挥、强令冒险作业危及员工人身安全的,员工可以立即解除劳动合同,不需事先告知企业,同时可向企业主张经济补偿。

3. 企业单方解除劳动合同

第一,过失性辞退。员工有下列情形之一的,企业可以解除劳动合同:(1)在试用期间被证明不符合录用条件的;(2)严重违反用人单位的规章制度的;(3)严重失职,营私舞弊,给用人单位造成重大损害的;(4)员工同时与其他用人单位建立劳动关系,对完成本单位的工作任务造成严重影响,或者经用人单位提出,拒不改正的;(5)因《劳动合同法》第26条第1款第1项规定的情形致使劳动合同无效的;(6)被依法追究刑事责任的。此种情形下的解除,无须支付员工经济补偿。第二,无过失性辞退。有下列情形之一的,企业提前30日以书面形式通知员工本人或者额外支付员工1个月工资后,可以解除劳动合同:(1)员工患病或者非因工负伤,在规定的医疗期满后不能从事原工作,也不能从事由企业另行安排的工作的;(2)员工不能胜任工作,经过培训或者调整工作岗位,仍不能胜任工作的;(3)劳动合同订立时所依据的客观情况发生重大变化,致使劳动合同无法履行,经企业与员工协商,未能就变更劳动合同内容达成协议的。此种情形下的解除,企业应向员工支付经济补偿。第三,经济性裁员。有下列情形之一,需要裁减人员20人以上或者裁减不足20人但占企业职工总数10%以上的,企业提前30日向工会或者全体职工说明情况,听取工会或者职工的意见并经向劳动行政部门报告裁减人员方案后,可以裁减人员:(1)依照企业破产法规定进行重整的(此种情形下的解除,企业应向员工支付经济补偿);(2)生产经营发生严重困难的;(3)企业转产、重大技术革新或者经营方式调整,经变更劳动合同后,仍需裁减人员的;(4)其他因劳动合同订立时所依据的客观经济情况发生重大变化,致使劳动合同无法履行的。第四,企业单方解除劳动合同,应当事先将理由通知工会。

4. 企业不得解除劳动合同的情形

员工有下列情形之一的,企业不得依照《劳动合同法》第 40 条、第 41 条的规定解除劳动合同:(1)从事接触职业病危害作业的员工未进行离岗前职业健康检查,或者疑似职业病病人在诊断或者医学观察期间的;(2)在本单位患职业病或者因工负伤并被确认丧失或者部分丧失劳动能力的;(3)患病或者非因工负伤,在规定的医疗期内的;(4)女职工在孕期、产期、哺乳期的;(5)在本单位连续工作满 15 年,且距法定退休年龄不足 5 年的;(6)法律、行政法规规定的其他情形。

(二)企业违法解除劳动合同的后果

企业违法解除或者终止劳动合同,员工要求继续履行劳动合同的,企业应当继续履行。如员工不要求继续履行劳动合同或者劳动合同已经不能继续履行,企业应当依员工在本单位工作的年限,按以下经济补偿标准的 2 倍向员工支付赔偿金:每满 1 年按 1 个月工资标准(员工在劳动合同解除或者终止前 12 个月的平均工资)计算经济补偿;6 个月以上不满 1 年的,按 1 年标准计算经济补偿;不满 6 个月的,按半个月工资标准计算经济补偿。

知识产权合规要点

赵　硕

第一部分　技术类知识产权常见法律风险及合规要点

近年来,技术类知识产权的合规越发受重视。尤其是对于以技术为核心的企业(如高新技术企业)而言,企业价值与技术等无形资产密切相关,任何技术或技术环节出现合规问题,都有可能成为溃堤之蚁穴,导致企业遭受巨大损失,进而影响企业的生存及发展。技术类知识产权的合规问题,应当立足于技术从无到有的各个阶段,注重技术的产生、运用、维护等各个环节。本文即从技术型企业的技术研发及维持两个阶段出发,概述技术类知识产权合规问题的常见风险点,并提供相应的合规建议。

一、技术研发阶段的合规

技术研发阶段一般可以分为研发立项阶段、研发计划阶段、研发执行阶段、研发结项阶段四个阶段,从技术类知识产权保护的角度看,技术合规要点必须与技术研发流程、所处阶段相结合,各个阶段的合规要点亦相应有所差异。

(一)研发立项阶段的合规重点

1. 信息收集与调查

技术研发往往给企业带来众多资源的耗费,在企业准备启动研发立项时,应当通过信息搜集与调查,分析决定是否立项。关于信息搜集与调查,首先,应当对竞争信息、技术发展趋势等信息进行初步搜集,了解市场需求及技术发展方向。信息搜集与调查既可以为技术研究提供线索,又可以对预研技术水平进行预判,评估市场价值以及是否符合企业的发展目标。其次,在了解市场基本信息后,确定技术目标。应针对存在的技术难点、技术方向,经过专利检索与比对，针对该项目中的核心技术等内容进行自由实施（FTO）分析，评估技术研发路径或预期成果是否侵犯第三人权利。最终综合预研技术水平、市场价值、企业发展目标、技术比对结果等决定是否立项。

2. 研发团队成员背调及承诺

研发团队组建时，应当注意研发团队成员的背景调查，加强研发团队组建时的管理，防止由于研发成员问题，导致研发项目立项时即已天然存在合规风险。

(1)核实有无竞业限制条款、保密条款等知识产权条款

研发项目中合规风险之一便是人的风险，如研发成员擅自将不属于本单位的技术成果、商业秘密用于项目研发，将导致研发项目存在侵犯他人知识产权或商业秘密的风险。因此，项目立项时，在选择研发团队成员与组建团队时，应当核实拟定的项目研发团队成员是否存在竞业限制、保密条款等知识产权条款约束，从源头上减少项目研发侵犯第三人技术秘密的可能性。

《深圳经济特区企业技术秘密保护条例》第 35 条第 3 款规定："具有业务竞争关系的相关企业知道或者应当知道该员工负有竞业限制义务，仍然招用该员工的，应当承担连带责任。"通常而言，企业在招聘员工时，即应确定其有无竞业限制条款、保密协议条款等知识产权条款限制。而在项目研发阶段，公司宜再次核实，一是可与其原始档案中的竞业限制、保密协议说明相比对，二是可以证明企业在员工违反竞业限制义务这一问题上属善意。因此，核实有无竞业限制条款、保密条款等知识产权条款，有利于防止员工将原单位商业秘密用于本次技术研发，避免因研发人员存在竞业限制条款、保密条款等知识产权条款而导致项目无法落地或推进，同时也可以降低导致企业承担责任的风险。

(2)核实研发人员在原单位研发项目及离职时间

《专利法实施细则》第 12 条第 1 款第 3 项规定，退休、调离原单位后或者劳动、人事关系终止后一年内作出的，与其在原单位承担的本职工作或者原单位分配的任务有关的发明创造，属于在原单位的职务发明创造。因此，研发项目启动时，应当尽量避免研发人员在从原单位离职后 1 年内，从事与原单位本职工作或分配任务有关的研发项目，以免未来的研究成果被认定为研发人员原单位研究成果。

(3)签署研发承诺函

研发人员参与项目研发时,为防止因为研发人员带来的技术成果侵权、技术成果流失风险,在项目立项及团队组建时,可要求研发成员签署研发承诺函,承诺函的主要内容可包括:①承诺不违反原单位或与任何第三方的竞业限制义务(如有);②承诺不会将涉及原单位或任何第三方的商业秘密带入本研发项目,更不会使用第三方商业秘密用于本项目的研发,也不会在项目研发过程中违反与原单位或任何第三方签订的保密条款或协议(如有);③承诺不会违反与原单位或任何第三方的任何知识产权归属条款或协议所确定的义务(如有);④承诺不会擅自使用原单位或任何第三人的未经其许可授权的知识产权产品、技术等用于本公司的研发工作;⑤承诺在项目研发过程中,不向任何无关项目研发的人员透露研发立项、计划、执行、结项各阶段的任何信息;⑥承诺在项目研发过程中,不会发表与本项目技术研发有关的论文、出版任何相关书籍等;⑦承诺严格保管项目研发档案、文件、记录,协助公司采取并主动采取加密、限制外来人员等保密措施。

3. 确定知识产权布局思路

项目立项时,应当确定知识产权布局思路,选择或组合选择著作权、商标权、专利权或商业秘密的保护思路。以专利布局为例,专利布局可考虑成本、企业发展状况等因素综合选择以下几种模式:(1)路障式,将实现特定技术目标需要的技术及方案申请专利,目的在于限制对方研发的路径,给对方造成阻碍;(2)策略型,将实现特定技术目标所必需的技术或方案申请专利,使对方无法通过改变设计方案、规避设计等方式形成替代方案;(3)地毯式,将实现特定技术目标的全部技术方案都申请专利,形成专利网的布局模式,限制对手进入;(4)围栏式,将围绕该技术目标的多个技术解决方案申请专利,形成围栏式专利布局模式,主要适用于核心专利由竞争者掌握的情况;(5)包绕式,围绕对实现特定技术目标很重要的基础专利,申请多个小专利,防止对方突破基础专利,阻碍项目的研发;(6)组合式,结合上述各类专利布局,根据实际情况,组合适用上述类型的专利布局。

4. 合作研发立项时合规要点

(1)合作研发磋商阶段

①合作研发磋商之前,企业应当注重与预合作方签订保密协议,确保预合

作方不泄露拟立项合作研发项目的相关信息,再与合作方就拟立项合作研发项目沟通,防止因未签订保密协议造成研发项目相关信息泄密。

②双方确定合作后,企业应梳理检查该相关研发项目已有的研发成果,并采取申请登记的方式确定权属,以免因后续合作不顺利导致对现有的研发成果产生争议;针对暂时无法申请登记或拟不申请登记的内容,建议双方在后续协议签订时,明确现有的研发成果权属。

(2)合作研发协议签订阶段

①明确合作研发的具体内容、要求及各方权利义务,防止因约定不明导致履行争议;

②明确履行的计划、进度、期限等,通过该类约定可及时跟进项目研发;

③约定技术情报和资料的保密,防止因技术情报或资料泄密造成损失,通过协议可将保密义务及相关责任明确;

④约定风险责任承担,针对可能存在的研发项目失败等情况,确定风险如何承担;

⑤约定技术成果的归属、使用与收益分成,既包括研发成功后技术成果归属,又应对合同解除、技术研发失败后已产生的技术成果归属作出相应约定;

⑥约定技术资料的移交与处理,明确技术资料的移交方式、接收人,明确项目终结或解除后的技术资料处理方式,防止因处理不当导致技术成果无法实施或泄密;

⑦争议解决约定,约定争议解决方式及维权费用承担等。

(二)研发计划阶段的合规重点

研发项目立项后,在技术方案定型阶段,应当确定检索方案,就现有技术实施路径中可能存在的现有技术进行检索,研究规避设计方案。审查考虑规避方案的可行性与成本。

(三)研发执行阶段的合规重点

1.研发人员管理

(1)明确研发人员知识产权工作内容及分工

研发过程中,研发人员除研发任务外,还应承担知识产权合规的部分工作,目的是排除侵权风险及保护已产生的技术成果。对于研发人员的知识产权工作内容及分工,可从以下几个方面明确:①现有技术及更新的技术的搜集与检索；②现有技术侵权分析与技术比对；③现有技术的规避设计方案；④知识产权申请及登记；⑤涉密文件资料的管理。

（2）研发人员培训与合规教育

研发人员培训与合规教育，其主要目的在于防范研发人员违规导致的侵权风险及技术成果丢失风险，可采取合规教育的内容包括：①承诺函内容宣导，提升研发人员对其签署的承诺函内容的认识，提醒及督促其履行承诺函内容；②保密制度培训，加强研发人员对于研发保密制度的了解，要求其严格遵循保密制度；③研发工具、办公用品使用教育，强化研发人员的研发工具版权意识，要求其使用合法授权的研发工具，不得擅自违规下载来源渠道不明、不具有合法授权的软件，防止因版权问题被索赔或造成商业秘密泄露；④研发信息披露教育，要求研发人员不得擅自发布具有研发项目信息的文件、论文、信息等，防止研究成果泄密或造成新颖性丧失；⑤研发资料、文件保管教育，要求研发人员妥善保管研发资料，不得擅自通过私人的载体、非办公网络将研发资料文件复制、发送、上传等；⑥违法违规责任教育，向研发人员普及违反规定的民事责任、行政责任及刑事责任。

（3）研发人员劳动关系管理

企业组建研发团队时，应注重劳动关系的管理，避免因劳动关系变动造成研发项目中断或研发项目信息泄露。在研发执行阶段，劳动关系的管理可从以下几个方面着手：

①注意研发人员剩余劳动期限，及时与劳动期限即将届满的研发人员沟通续约或及时采取更换研发人员、提前交接工作等措施。

②考虑提前与到期研发人员续约，并在新的劳动合同中增加保密条款、知识产权归属条款、竞业限制条款。

③针对研发员工的离职，应当着重注意以下几点：

第一，及时与离职员工办理工作交接，要求员工如实完整地说明其工作内容及其掌握的技术方案、技术思路、技术秘密等，要求员工提交与工作内容相关的所有资料文件，确保承接该工作的研发人员可及时跟进、接替工作。同时，可在离职承诺函、离职协议书等离职文件中，约定离职员工在一定时间内就交接内容有协助、回应的义务，确保研发的顺利进行。

第二，工作交接过程中，可视情况逐步解除离职员工对涉密文件、涉密区域的访问权限,核查和了解其对涉密文件的存储、复制、访问等情况。

第三,要求离职员工归还载有技术秘密的载体,无法归还或不适合归还的,应当要求其在监督下销毁相关载体,不得私自留存相关技术秘密或相关文件,不得实施复制、恢复相关技术秘密及文件的行为,不得擅自泄露技术秘密,并要求其签署保证书。

第四,企业应当重申离职员工的保密义务,可要求其签署承诺函或保密协议,向其普及违反保密义务的民事责任、行政责任及刑事责任。

第五,如劳动合同中已有竞业禁止条款,可向其提醒竞业禁止义务的履行及违反后果;如劳动合同中无竞业禁止条款,可与离职员工签订竞业禁止协议,约定禁业范围及须配合竞业禁止调查、提供履行协议证明等内容。

2. 保密管理及信息披露管理

研发过程中,应当注重完善保密制度与保密措施,信息披露项目的相关信息、技术应当经由必要审批,防止因保密不当或信息披露不当导致既有的研究成果流失。

(1)保密制度与保密文件管理

对于保密制度与保密文件管理,可从以下几个方面完善:①涉密信息的分级管理及分级限定知悉范围;②涉密信息载体应采取加密保管等措施;③涉密信息载体由专门的部门及人员管理;④涉密信息载体的查阅、复制等行为应当经申请并登记;⑤涉密信息载体采取相应的分级保密标识;⑥签署保密协议;⑦限制保密区域的访问权限、来访;⑧培训与宣讲保密制度。

(2)信息披露的管理

信息披露的管理可从以下几个方面完善:①项目相关信息的披露由专门的部门或人员负责;②项目相关信息的披露应经由必要的审批程序;③项目参与人员的信息披露教育,包括但不限于不得擅自在微博、QQ、微信朋友圈、聊天中擅自披露与项目有关的内容,不得擅自发表涉及与项目研发有关的技术、研发信息的论文、文章等;④针对合作研发情形,应当完善合作协议,增加信息披露的限制内容或限定信息披露的必经程序。

3. 信息更新及研发变更检索

项目研发有一定时间周期,在项目研发过程中可能会产生新的现有技术,也可能因技术研发问题导致技术研发思路发生变化,因而项目研发过程中时刻伴随着因调整研发方案及出现新的现有技术而产生的风险。为避免项目研发中存在的侵权风险,应当注意信息更新及研发变更检索。具体而言,应当从以下两个方面规避侵权风险:

第一,在项目研发过程中,调整研发思路及研发内容时,应当及时对研发中变更的内容进行检索,排除侵权风险;在确定研发变更方案时,可研究规避设计方案,防止因变更方案导致的知识产权侵权风险。

第二,定期对更新的现有技术进行检索,排除因现有技术的更新导致的研究方案侵权风险,及时更正研发变更方案。在项目立项前,已进行过竞争信息、竞争技术专利检索的,可着重关注竞争对手的相关项目的研发情况及知识产权申请情况,以便确定是否存在侵权风险,决定是否采取变更方案或规避方案。

4. 知识产权登记或申请

针对技术研发过程中的阶段性成果,适时启动专利权、商标权、计算机软件著作权的申请或登记,将阶段性的研发成果以知识产权的形式提前保护,限制竞争对手研发的同时,也防止研发的侵权风险,更能防止因竞争对手提前申请登记导致企业自身知识产权的申请受阻。

(四)研发结项阶段的合规重点

研发项目结项时,应当继续完善知识产权登记或申请,同时应当注意研究资料的处理。

1. 研究资料的处理

(1)研究资料的保密与封存。虽然研发项目已经到结项阶段,但是现有的研究资料中仍具有较多技术秘密等保密信息,继续对研究资料保密,既可保证未公开的技术秘密不被泄露,也可防止竞争对手通过研究资料以直接或间接方式破解研发技术秘密。

(2)研究资料的移交。研究项目结项时,应当注重对研发人员持有的研究资料的回收与移交,目的在于防止研发人员擅自泄露研究资料以及减少研究资料丢失对后续研发的阻碍。尤其是对于合作研发项目,应当严格按照合作协议要求移交研究项目资料,减少研究资料泄密及丢失风险。

2. 完善知识产权布局

对研发技术成果的现有知识产权布局进行分析,确定是否存在新的替代方案,分析现有知识产权布局对研发技术的保护力度,及时调整、增加知识产权申请或登记。

二、技术维持阶段的合规

(一)许可权滥用风险

《反垄断法》第68条规定:“经营者依照有关知识产权的法律、行政法规规定行使知识产权的行为,不适用本法;但是,经营者滥用知识产权,排除、限制竞争的行为,适用本法。”因此,企业滥用知识产权排除、限制竞争的行为,将受到《反垄断法》的规制,由此可能承担民事责任或行政责任。为避免企业知识产权许可权滥用风险,应当着重注意核实和防止出现以下常见的许可权滥用情形:(1)不合理的专利搭售,利用企业优势地位,迫使被许可人接受一项本不需要的知识产权的许可或者购买、使用本不需要的产品或者服务,以作为得到所需知识产权的许可的条件;(2)滥用标准必要专利,通过将专利纳入技术标准,而在许可该专利时存在歧视收费、强制搭售等不公平、不合理、歧视的行为;(3)限制与其他竞争对手交易,在许可使用专利权时,强行逼迫被许可人接受放弃与其他竞争对手交易的条件;(4)歧视性差别收费,利用企业优势地位,针对不同的被许可人实行歧视性的差别收费,损害市场公平竞争环境;(5)免费反向许可,利用企业优势地位,强迫被许可人对将来所有可能获得的专利进行免费反向许可。

(二)权利失效风险

1. 新颖性丧失

《专利法》第22条规定,授予专利权的发明和实用新型应当具备新颖性。新颖性,是指该发明或者实用新型不属于现有技术;也没有任何单位或者个人就同样的发明或者实用新型在申请日以前向国务院专利行政部门提出过申请,并记载在申请日以后公布的专利申请文件或者公告的专利文件中。如申请的专利不具有新颖性,则专利权存在无效的风险。

技术成果研发成功后,如企业及相关研发成员存在不当行为可能导致新颖性丧失,主要情况有:(1)在专利申请日前发表论文或进行销售、发布广告;(2)在规定的国际展览会、学术会议、技术会议上展览、发表或因国家紧急状态为公共利益公开后,在《专利法》第24条规定的不丧失新颖性的6个月宽限期内未申请专利;(3)在提供给第三方相关技术、产品或介绍宣传时,未签订保密条款或未书面声明不构成销售;(4)在得知新技术方案/产品的技术秘密被泄露后6个月内未申请专利,或虽然在6个月内申请了专利,但未在规定期限内向国家知识产权局提交不丧失新颖性宽限期的声明及技术秘密被泄露的证明材料。

2. 未按规定缴纳年费

《专利法》第44条第1款规定,没有按照规定缴纳年费的,专利权在期限届满前终止。因此,若企业未按规定缴纳年费,可能导致权利失效。

(三)专利及专利申请权转让风险

1. 专利限制转让风险

《对外贸易法》第15条规定,国家基于特定原因,可以限制或者禁止有关货物、技术的进口或者出口。如果相关技术属于国家规定的限制或禁止的有关技术,可能导致专利被限制或被禁止转让。

在涉及对境外专利转让时,应当核查该专利是否属于被限制或禁止出口的技术。如属于被限制出口的技术,则应当先获得国务院对外贸易主管部门许可或者经其会同国务院其他有关部门许可,方可转让;如属于被禁止出口的技术,对外转让将违反规定。

2. 专利无效风险

《专利法》第47条规定:"宣告无效的专利权视为自始即不存在。宣告专利权无效的决定,对在宣告专利权无效前人民法院作出并已执行的专利侵权的判决、调解书,已经履行或者强制执行的专利侵权纠纷处理决定,以及已经履行的专利实施许可合同和专利权转让合同,不具有追溯力。但是因专利权人的恶意给他人造成的损失,应当给予赔偿。依照前款规定不返还专利侵权赔偿金、专利使用费、专利权转让费,明显违反公平原则的,应当全部或者部分返还。"虽然该条规定无效专利对于在先的许可或转让合同不具有溯及力,但是仍存在赔偿及返还转让费或使用费的风险。为避免此风险,企业可在许可合同或转让合同中披露专利可能无效的风险,并如实告知现有的专利状态,强化被许可人无效风险承担。

3. 专利申请被驳回风险

最高人民法院《关于审理技术合同纠纷案件适用法律若干问题的解释》第23条第1款规定:"专利申请权转让合同当事人以专利申请被驳回或者被视为

撤回为由请求解除合同,该事实发生在依照专利法第十条第三款的规定办理专利申请权转让登记之前的,人民法院应当予以支持;发生在转让登记之后的,不予支持,但当事人另有约定的除外。”在专利申请权转让的情形下,企业可明示专利申请被驳回的风险,并明确该风险由受让人承担。

三、小结

技术类知识产权的合规与技术类知识产权的产生及运营维持密切关联,在技术类知识产权产生环节,应当在避免技术研发侵犯他人在先权利的同时,及时通过强化研发人员管理、落实保密与信息披露制度、适时申请或登记知识产权等方式保护研发成果;而在技术类知识产权运营及维持环节,应当着重注意规避许可权滥用、权利失效风险及专利与专利申请权转让风险。

第二部分　商标权常见法律风险及合规要点

在商标权领域,风险主要分为商标申请风险及商标使用风险。商标申请风险主要侧重于对商标权保护体系的构建,如商标保护体系缺失或存在漏洞,将直接影响商标权的使用,间接影响到企业商品、服务的竞争力。商标使用风险则主要是指在商标的维护运营过程中,因不当维护或不当使用所造成的风险。本文即从这两个角度阐述商标权常见法律风险及合规要点,并结合近期公布的《商标法修订草案(征求意见稿)》(下文简称《商标法征求意见稿》),预测未来商标的合规新方向。

一、商标申请风险与商标布局

(一)商标未注册或被抢注风险

1.未注册商标保护力度有限

我国的商标法律制度以注册商标为核心,以全面保护注册商标为原则,以有限保护未注册商标为例外。从对注册商标及未注册商标的保护力度看,对未注册商标的保护力度极其有限。具体而言,从商标专用权角度看,依据《商标法》第56条的规定,注册商标专用权以核准注册的商标和核定使用的商品为限。从商标禁用权角度看,注册商标禁用权的适用范围不仅包括“同一种商品或服务”和“相同商标”,还包括“类似商品和服务”和“近似商标”,并延伸到商号、域名、商品名称以及商品装潢等领域。而未注册商标的商标禁用权仅针对未注册驰名商标,具体为禁止他人复制、模仿、翻译驰名商标及其主要部分,在相同或者类似商品上作为商标使用,容易导致混淆的行为。

2. 商标被抢注风险高

如果企业长期使用未注册商标或未及时申请商标注册,则存在该商标被他人抢注的风险。尤其是已经形成一定影响力的商标或标志,在企业未及时申请注册商标时,被抢注的风险系数更高。从商标被抢注带来的负面影响看,商标被抢注将对企业主要造成以下几大影响:

一是第三人通过抢注商标,生产销售同类的产品误导消费者,非法抢占市场份额。此种情形下,第三人通过抢注商标造成企业的客户流失,同时可能伴随着企业声誉、商品声誉的降低。

二是第三人通过抢注商标,迫使企业不得不花费高额价款受让该抢注商标。企业为了继续合法使用该商标,可能碍于形势不得不屈服于第三人,收回该注册商标。

三是第三人通过抢注商标采取诉讼等手段,要求企业停止使用该商标,甚至可能申请行为保全。此种情形下,企业被"贼喊捉贼",不得不依据《商标法》第 59 条证明:①在该商标注册前已使用;②商标使用已经有一定影响力;③使用范围未超过原使用范围。无论诉讼结果如何,企业都将因此受到损失。

四是企业为维护自身合法权益,启动商标异议或无效程序。虽然企业可以违反《商标法》第 32 条为由启动商标异议或无效程序,但是企业由此可能陷入漫长的维权程序中。

(二)申请类别不全

企业商标的申请类别不全一般体现在三个方面:一是企业针对其核心商品与服务仅申请其中部分类别的商标,企业对其核心商品或服务的保护不足,该情形主要发生于企业草创阶段;二是企业未针对核心商品、服务的近似商品或服务类别申请商标,易被第三人在近似商品、服务类别抢注商标,被"搭便车",主要发生于企业稳步发展阶段,核心商品、服务具备一定知名度时;三是企业忽视其业务发展规划、可能拓展的产品及服务类别、销售服务领域而未提前申请储备商标,而第三人在相关领域、地域抢注商标,造成公司业务发展规划落地困难或其他被动局面,主要发生于企业高速发展阶段,商标具有较大知名度时。

（三）重点类别保护不足

企业的商标保护不仅应注意对核心商品或服务类别、近似商品或服务类别、可能拓展的领域范围类别进行综合保护，还应注重在各个类别中重点保护力度侧重。一般来说，企业应当结合企业经营产品或服务核心、近似商品或服务类别、可能拓展的领域范围，将类别保护的重点集中在核心商品或服务类别上，近似商品或服务类别次之，可能拓展的领域范围类别再次之。当然，企业发展过程中，随着知识产权布局的完善、企业发展规划及转型，其重点保护类别亦会相应变化。针对重点保护类别，应当结合防御商标及扩展商标类型申请注册商标。

（四）申请的标识不全面

《商标侵权判断标准》第 14 条规定："涉嫌侵权的商标与他人注册商标相比较，可以认定与注册商标相同的情形包括：（一）文字商标有下列情形之一的：1. 文字构成、排列顺序均相同的；2. 改变注册商标的字体、字母大小写、文字横竖排列，与注册商标之间基本无差别的；3. 改变注册商标的文字、字母、数字等之间的间距，与注册商标之间基本无差别的；4. 改变注册商标颜色，不影响体现注册商标显著特征的；5. 在注册商标上仅增加商品通用名称、图形、型号等缺乏显著特征内容，不影响体现注册商标显著特征的。（二）图形商标在构图要素、表现形式等视觉上基本无差别的。（三）文字图形组合商标的文字构成、图形外观及其排列组合方式相同，商标在整体视觉上基本无差别的。（四）立体商标中的显著三维标志和显著平面要素相同，或者基本无差别的。（五）颜色组合商标中组合的颜色和排列的方式相同，或者基本无差别的。（六）声音商标的听觉感知和整体音乐形象相同，或者基本无差别的。（七）其他与注册商标在视觉效果或者听觉感知上基本无差别的。"《商标侵权判断标准》第 15 条规定："与注册商标近似的商标是指涉嫌侵权的商标与他人注册商标相比较，文字商标的字形、读音、含义近似，或者图形商标的构图、着色、外形近似，或者文字图形组合商标的整体排列组合方式和外形近似，或者立体商标的三维标志的形状和外形近似，或者颜色组合商标的颜色或者组合近似，或者声音商标的听觉感知或者整体音乐形象近似等。"

申请标识不全面将造成商标布局缺陷，从《商标侵权判断标准》第 14 条、第 15 条来看，申请标识的完善可从以下几个角度出发：（1）改变字体、字母大小写、文字排列顺序;(2)调整图形标志颜色及排列顺序;(3)平面商标、立体商标、声音商标相结合。

二、商标使用风险

(一)申请地域不全

《商标法》第3条第1款规定:“经商标局核准注册的商标为注册商标,包括商品商标、服务商标和集体商标、证明商标;商标注册人享有商标专用权,受法律保护。”限于法的空间效力,受《商标法》保护的商标权亦有地域性。对于跨境企业、跨境服务、跨境商品而言,应当注重商标使用范围及注册商标的保护范围,及时根据商品或服务范围申请注册商标,防止商标在其他地域被抢注。

(二)未对目标市场布局

如前所述,商标未注册、商标申请类别不全、重点类别保护不足、申请标识不全面、申请地域不全等问题导致未形成完善的商标布局,由此可能引发商标抢注风险,易导致企业在商标培育、市场争夺、商标维权等方面存在众多问题。

(三)越权使用或许可他人使用

1. 注册商标的越权使用或许可他人使用

《商标法》第56条规定,注册商标专用权以核准注册的商标和核定使用的商品为限。因此,超过核准类别使用注册商标或授权他人使用注册商标,都存在侵犯第三人注册商标专用权的风险。

2. 未注册商标的越权使用或许可他人使用

《商标法》第59条第3款规定:“商标注册人申请商标注册前,他人已经在同一种商品或者类似商品上先于商标注册人使用与注册商标相同或者近似并有一定影响的商标的,注册商标专用权人无权禁止该使用人在原使用范围内继续使用该商标,但可以要求其附加适当区别标识。”《商标侵权判断标准》第33条第3款规定:“使用人有下列情形的,不视为在原使用范围内继续使用:(一)增加该商标使用的具体商品或者服务;(二)改变该商标的图形、文字、色彩、结构、书写方式等内容,但以与他人注册商标相区别为目的而进行的改变除外;(三)超出原使用范围的其他情形。”因此,与注册商标相同或类似的未注册商标应当在原使用范围内使用,如果超出原使用范围或通过授权扩大商标使用范围,都可能被认定为侵犯注册商标专用权。

(四)侵权他人在先权利

《商标法》第 9 条第 1 款规定:“申请注册的商标,应当有显著特征,便于识别,并不得与他人在先取得的合法权利相冲突。”企业在商标合规方面,应避免侵犯他人在先权利。常见侵犯他人在先取得的合法权利的行为包括:

(1)擅自使用他人有影响力的标识,以不正当手段抢注他人已经使用并具有一定影响的商标。《商标法》第 32 条规定:“申请商标注册不得损害他人现有的在先权利,也不得以不正当手段抢先注册他人已经使用并有一定影响的商标。”《反不正当竞争法》第 6 条第 1 项规定,禁止擅自使用与他人有一定影响的商品名称、包装、装潢等相同或者近似的标识。

(2)擅自使用他人有影响力的名称、姓名。《反不正当竞争法》第 6 条第 2 项规定,禁止擅自使用他人有一定影响的企业名称(包括简称、字号等)、社会组织名称(包括简称等)、姓名(包括笔名、艺名、译名等)。

(3)擅自使用他人有一定影响的域名。《反不正当竞争法》第 6 条第 3 项规定,禁止擅自使用他人有一定影响的域名主体部分、网站名称、网页等。

(4)擅自修改、使用他人作品,侵犯著作权。最高人民法院《关于审理商标授权确权行政案件若干问题的规定》第 19 条规定,当事人主张诉争商标损害其在先著作权的,人民法院应当依照《著作权法》等相关规定,对所主张的客体是否构成作品、当事人是否为著作权人或者其他有权主张著作权的利害关系人以及诉争商标是否构成对著作权的侵害等进行审查。

(5)擅自使用他人在著作权保护期内的作品名称或具有较高知名度的角色名称。

(6)擅自使用他人肖像权。《民法典》第 1019 条规定,未经肖像权人同意,不得制作、使用、公开肖像权人的肖像,但是法律另有规定的除外。

(五)商标使用不规范

1. 被认定为自行改变注册商标风险

《商标法》第 49 条第 1 款规定:“商标注册人在使用注册商标的过程中,自行改变注册商标、注册人名义、地址或者其他注册事项的,由地方工商行政管理部门责令限期改正;期满不改正的,由商标局撤销其注册商标。”如企业不规范使用商标,可能被认定为自行改变注册商标,进而可能被责令改正或导致商标被撤销。

2. 被认定为未使用商标风险

《商标法》第 49 条第 2 款规定:"注册商标成为其核定使用的商品的通用名称或者没有正当理由连续三年不使用的,任何单位或者个人可以向商标局申请撤销该注册商标。商标局应当自收到申请之日起九个月内做出决定。有特殊情况需要延长的,经国务院工商行政管理部门批准,可以延长三个月。"如果企业不规范使用商标,可能被认定为注册商标未被实际使用,达到连续 3 年不使用的,可能被撤销。

3. 商标侵权风险

《商标法》第 23 条规定:"注册商标需要在核定使用范围之外的商品上取得商标专用权的,应当另行提出注册申请。"第 24 条规定:"注册商标需要改变其标志的,应当重新提出注册申请。"因此,如果商标使用不规范,与商标标志不符或超过核定商品、服务使用类别,则可能存在侵犯第三人商标专用权的风险。

三、从《商标法修订草案(征求意见稿)》管窥商标合规新方向

2023 年 1 月 13 日,国家知识产权局发布了《中华人民共和国商标法修订草案(征求意见稿)》(以下简称《征求意见稿》)。从《征求意见稿》内容看,该《征求意见稿》对现行《商标法》进行了较大的修改和调整。如最终落实,将对商标合规业务造成重大影响。因此,本部分即从《征求意见稿》的角度出发,管窥商标合规的新方向。

(一)商标品牌建设要求

《征求意见稿》首次提出了品牌建设的概念,明确了"加强商标管理、使用和品牌建设"的立法宗旨,并通过立法明确了国家推进品牌建设,鼓励各方实施推进商标品牌建设的措施,鼓励区域品牌建设。从该意见稿来看,该立法修改是贯彻落实"知识产权强国"国策的体现,主要是针对现今存在的商标品牌质量普遍不高的现状。这一修改对企业商标管理提出了新的要求,促使应当朝着"在先品牌布局,在后持续培育赋能"要求转变。(见表 1)

表1　修改对照表节选一

现行规定	《征求意见稿》
第一条【立法宗旨】　为了加强商标管理，保护商标专用权，促使生产、经营者保证商品和服务质量，维护商标信誉，以保障消费者和生产、经营者的利益，促进社会主义市场经济的发展，特制定本法。	第一条【立法宗旨】　为了保护商标权人的合法权益，维护消费者权益和社会公共利益，保障生产者、经营者的利益，促使其保证商品和服务质量、维护商标信誉，加强商标管理、使用和品牌建设，促进社会主义市场经济高质量发展，特制定本法。
无	第九十一条【品牌战略与公共服务】　国家实施商标品牌战略，推进商标品牌建设，推动培育知名商标品牌，促进品牌经济发展。国家加强商标公共服务体系建设，推动商标信息传播利用，持续提升商标公共服务能力。
无	第九十三条【商标品牌建设措施】　国家鼓励商标品牌各方主体实施下列措施推进商标品牌建设： （一）提升社会公众商标品牌意识，强化商标使用导向； （二）提升商标品牌管理能力，促进商标品牌价值实现； （三）挖掘商标品牌文化内涵，推介展示优秀商标品牌； （四）加强商标品牌人才培养，提高品牌服务机构和从业人员专业能力； （五）加强对商标品牌的研究、评价、监测，建立科学的商标品牌评价体系； （六）组织实施其他推进商标品牌建设的措施。
无	第九十四条【区域品牌】　国家鼓励推进区域品牌建设，发挥集体商标、证明商标制度作用，打造特色鲜明、竞争力强、市场信誉好的区域品牌，促进区域和产业经济发展。

（二）加大对恶意注册商标的打击

1. 明确不得恶意申请商标注册的情形及处罚

《征求意见稿》明确了不得恶意申请商标注册的原则及情形，并明确规定了行政执法部门可处25万元以下罚款及没收违法所得，还明确了商标恶意注册申请民事赔偿责任。《征求意见稿》通过商标注册、行政执法、民事赔偿等多途径加大对恶意注册的打击，企业商标注册行为如被认定为恶意注册，将对企业的声誉和其他商标申请行为的定性造成负面影响，进而可能导致行政处罚或民事赔偿。（见表2）

表 2　修改对照表节选二

现行规定	《征求意见稿》
无	第二十二条【商标恶意注册申请】　申请人不得恶意申请商标注册，包括： （一）不以使用为目的，大量申请商标注册，扰乱商标注册秩序的； （二）以欺骗或者其他不正当手段申请商标注册的； （三）申请注册有损国家利益、社会公共利益或者有其他重大不良影响的商标的； （四）违反本法第十八条、第十九条、第二十三条规定，故意损害他人合法权利或者权益，或者谋取不正当利益的； （五）有其他恶意申请商标注册行为的。
第六十八条第四款　对恶意申请商标注册的，根据情节给予警告、罚款等行政处罚；对恶意提起商标诉讼的，由人民法院依法给予处罚。	第六十七条【商标恶意注册申请的处罚】　申请人违反本法第二十二条规定，恶意申请商标注册的，由负责商标执法的部门给予警告或者五万元以下罚款；情节严重的，可以处五万元以上最高不超过二十五万元的罚款。有违法所得的，应当予以没收。
无	第八十三条【恶意抢注的民事赔偿】　违反本法第二十二条第四项规定，恶意申请商标注册给他人造成损失的，该他人可以向人民法院起诉，请求赔偿损失。赔偿数额应当至少包括该他人为制止恶意申请商标注册行为所支付的合理开支。 违反本法第二十二条第三项规定，恶意申请商标注册损害国家利益、社会公共利益或者造成重大不良影响的，检察机关依法对恶意申请商标注册的行为向人民法院提起诉讼。

2. 增加商标移转制度

《征求意见稿》的商标强制移转制度的适用应满足以下任一情形：(1) 注册的商标是复制、摹仿或者翻译他人驰名商标的；(2) 代理人、代表人、利害关系人抢注商标的；(3) 以不正当手段抢先注册他人已经使用并有一定影响的商标的。《征求意见稿》增加商标移转制度后，企业可审查是否符合以上 3 种情形，并及时通过商标移转制度，将被抢注商标转移至企业名下，简化企业维权程序。（见表 3）

表3　修改对照表节选三

现行规定	《征求意见稿》
第四十五条第一款【相对理由无效宣告】　已经注册的商标,违反本法第十三条第二款和第三款、第十五条、第十六条第一款、第三十条、第三十一条、第三十二条规定的,自商标注册之日起五年内,在先权利人或者利害关系人可以请求商标评审委员会宣告该注册商标无效。对恶意注册的,驰名商标所有人不受五年的时间限制。	第四十五条第一款【相对理由无效宣告及商标移转】　已经注册的商标,违反本法第十八条、第十九条、第二十条第一款、第二十三条、第二十四条、第二十五条规定的,自商标注册之日起五年内,在先权利人或者利害关系人可以请求国务院知识产权行政部门宣告该注册商标无效。对违反本法第十八条、第十九条规定,或者违反本法第二十三条规定以不正当手段抢先注册他人已经使用并有一定影响的商标的,在先权利人可以请求将该注册商标移转至自己名下。对恶意注册的,驰名商标所有人不受五年的时间限制。

(三)强化商标使用义务

《征求意见稿》第5条和第61条增加了对商标承诺使用及说明商标使用情况的要求,目的在于限制企业注册商标不使用的行为,客观上促使企业结合发展状况及需求申请商标。同时,强化商标使用义务增加了商标权权利失效的情形,企业应当注意商标使用及说明商标使用情况,有必要时还须提交商标使用证据,否则可能因此导致权利失效。(见表4)

表4　修改对照表节选四

现行规定	《征求意见稿》
第四条第一款　自然人、法人或者其他组织在生产经营活动中,对其商品或者服务需要取得商标专用权的,应当向商标局申请商标注册。不以使用为目的的恶意商标注册申请,应当予以驳回。 第三条第一款　经商标局核准注册的商标为注册商标,包括商品商标、服务商标和集体商标、证明商标;商标注册人享有商标专用权,受法律保护。	第五条【商标注册申请】　自然人、法人或者非法人组织在生产经营活动中,对在其商品或者服务上使用或者承诺使用的商标需要取得商标专用权的,应当向国务院知识产权行政部门申请商标注册。 经国务院知识产权行政部门核准注册的商标为注册商标,商标注册人享有商标专用权,受法律保护。

续表

现行规定	《征求意见稿》
无	第六十一条【说明商标使用情况】 商标注册人应当自商标核准注册之日起每满五年之后的十二个月内,向国务院知识产权行政部门说明该商标在核定商品上的使用情况或者不使用的正当理由。商标注册人可以对上述期限内的多件商标的使用情况集中作出说明。 期满未说明的,由国务院知识产权行政部门通知商标注册人,商标注册人自收到通知之日起六个月内仍未说明的,视为放弃该注册商标,由国务院知识产权行政部门注销该注册商标。 国务院知识产权行政部门应当对说明的真实性进行随机抽查,必要时可以要求商标注册人补充相关证据或者委托地方知识产权管理部门进行核查。经抽查说明不真实的,由国务院知识产权行政部门撤销该注册商标。

(四)加强商标监督管理

《征求意见稿》对于自行改变注册商标等商标违法行为有进一步规制,明确了该类违法行为的罚款数额。该征求意见稿明确了集体商标、证明商标转让的受让人应具备主体资格和监督能力,以及集体商标、证明商标注册人怠于履行职责或恶意阻止他人使用的行政责任。该修改促使集体商标及证明商标注册人积极行使管理职责,否则将面临商标转让无效、没收违法所得、罚款乃至撤销商标的后果。(见表5)

表5 修改对照表节选五

现行规定	《征求意见稿》
无	第五十七条【集体商标和证明商标转让的限制】 申请转让集体商标、证明商标或者集体商标、证明商标发生移转的,受让人或者权利继受人应当具备相应的主体资格和监督能力。
无	第六十三条【集体商标、证明商标注册人义务】 集体商标、证明商标注册人有下列行为之一的,由负责商标执法的部门责令限期改正,有违法所得的,没收违法所得;拒不改正的,有违法所得的,处以十万元以下的罚款,没有违法所得的,处以一万元以下的罚款;情节特别严重的,国务院知识产权行政部门可以依照本法第四十九条规定撤销该商标:

续表

现行规定	《征求意见稿》
	(一)怠于行使商标管理职责,致使使用该商标的商品未达到使用管理规则的要求,对消费者造成损害的; (二)恶意阻止他人正当使用商标中含有的地名、商品名称或者种类,扰乱商标管理秩序的; (三)其他对社会造成不良影响的。
第四十九条第一款　商标注册人在使用注册商标的过程中,自行改变注册商标、注册人名义、地址或者其他注册事项的,由地方工商行政管理部门责令限期改正;期满不改正的,由商标局撤销其注册商标。	第六十四条【自行改变注册商标的法律责任】　商标注册人在使用注册商标的过程中,自行改变注册商标、注册人名义、地址或者其他注册事项的,由负责商标执法的部门责令限期改正,并可处以十万元以下罚款;期满不改正的,由国务院知识产权行政部门撤销其注册商标。 商标注册人违反前款规定,侵犯他人注册商标专用权的,依照本法第七十四条第二款、第八十五条第一款规定处理。

第三部分　著作权常见法律风险及合规要点

一、著作权归属争议风险

(一)职务作品

《著作权法》第18条规定,自然人为完成法人或者非法人组织工作任务所创作的作品是职务作品。而对于职务作品的归属,除另有约定外,普通职务作品的著作权归属于作者,特殊职务作品除署名权外的其他权利归单位所有。特殊职务作品主要包括三种类型:第一,主要是利用法人或者非法人组织的物质技术条件创作,并由法人或者非法人组织承担责任的工程设计图、产品设计图、地图、示意图、计算机软件等职务作品;第二,报社、期刊社、通讯社、广播电台、电视台的工作人员创作的职务作品;第三,法律、行政法规规定或者合同约定著作权由法人或者非法人组织享有的职务作品。因此,职务作品的权属争议主要在于是否利用法人或非法人组织的物质条件。为避免相关的著作权权属争议,可从以下几个角度规避相关争议:(1)签署劳动合同时,应当明确员工的岗位职责和工作内容,并约定职务作品归属于公司,防止发生著作权归属争议;(2)企业尽量以书面形式下达工作任务及沟通,保留相关证据;(3)要求员工在完成职务作品的过程中，保留作品的方案构想、设计图纸、设计底稿等资料文件；(4)保留员工利用企业物质条件的证据，包括利用资金、设备、图纸、资料、技术等物质技术条件的证据；(5)职务作品完成时，及时要求员工签署《著作权权利归属声明》，并及时向著作权行政管理部门完成著作权登记，领取权属证书。

(二)委托作品

《著作权法》第19条规定："受委托创作的作品，著作权的归属由委托人和受托人通过合同约定。合同未作明确约定或者没有订立合同的，著作权属于受托人。"在委托创作情形下，委托人应当与受托人签署委托创作合同，并约定著作权归属以防止发生争议，关于委托创作合同的签订应当注重以下几点：(1)约定委托作品的验收标准，防止因委托作品验收导致的争议；(2)约定履行期限，确定委托作品的交付期限；(3)约定成果交付形式，明确是否交付底稿、过程稿等；(4)明确著作权归属，确定著作权及相关权利归属；(5)明确合同解除后，现有创作成果的著作权归属。

(三)合作作品

《著作权法》第14条规定："两人以上合作创作的作品，著作权由合作作者共同享有。没有参加创作的人，不能成为合作作者。合作作品的著作权由合作作者通过协商一致行使；不能协商一致，又无正当理由的，任何一方不得阻止他方行使除转让、许可他人专有使用、出质以外的其他权利，但是所得收益应当合理分配给所有合作作者。合作作品可以分割使用的，作者对各自创作的部分可以单独享有著作权，但行使著作权时不得侵犯合作作品整体的著作权。"因此，合作作品以协商使用为原则，兹无疑义。而在未能协商一致的情况下，正当理由、合理分配收益的规定较模糊，易发生争议。

为免于因合作发生争议，合作各方可采取以下方式减少争议的产生：(1)签署合作协议，针对合作作品的创作内容进行分工；(2)明确双方投入及成本负担；(3)明确约定作品为合作作品，著作权归合作各方共有；(4)约定合作作品的著作权的行使方式及收益分配方式；(5)针对无法协商一致的情况，可通过约定列举阻止他方行权的正当理由情形。

二、著作权侵权风险

(一)著作权素材侵权

著作权素材侵权风险一般主要是违规使用未授权的字体、图片、视频、音乐等进行创作所引发的侵权风险。企业在规避创作素材侵权风险时,可从以下几个方面完善规避措施:(1)素材采购时,核查素材权属状态,核实提供方是否为合法著作权人、是否有权授权他人商业使用、是否有权授权修改使用;(2)素材购买应当签订书面合同,约定授权范围及再创作归属等;(3)企业应当完善已授权素材登记,明确已授权素材的范围、使用时间、使用范围等限制,监督企业内部在授权范围内合法使用;(4)企业可进行著作权使用培训教育,要求员工依法依规获取并使用素材,不得擅自使用来源不明、授权存疑的素材;(5)对外提交、使用作品成果前,仔细核查素材著作权授权情况,发现问题及时采取修改、更正等方式处理;(6)针对使用素材等情况进行定期检查,及时纠正违规使用素材行为,对构成侵权的作品采取必要的改正、消除措施。

(二)信息网络传播权侵权

信息网络传播权,即以有线或者无线方式向公众提供,使公众可以在其选定的时间和地点获得作品的权利,信息网络传播权侵权主要体现为两种情况:一是企业及其员工未经授权擅自通过信息网络向不特定公众提供作品;二是信息网络服务提供者明知或应知网络用户的侵权行为,却未及时采取删除、屏蔽、断开连接等必要措施。信息网络传播权侵权的风险应当从以下几个方面避免:(1)组织著作权合规培训,督导企业员工合法使用已授权的作品,不得擅自上传未授权的作品用于网络宣传或供他人下载;(2)完善网络传播作品事前审批机制,重视网络宣传、网络销售等易侵犯信息网络传播权的领域,确保取得相应作品的网络传播许可;(3)设置检查监督岗位,完善检查机制,发现未经授权通过信息网络传播作品行为的,应当及时采取删除、屏蔽、断开连接等措施。

三、著作权许可、转让风险

《著作权法》第27条规定,著作权转让应当签订书面转让合同。而对于著作权许可,虽然《著作权法》未规定应当采用书面形式订立合同,但是为避免争议,宜订立书面合同。著作权许可、转让合同订立时,应当着重注意以下几点:(1)明确许可的权利种类及内容,明确列举著作权的转让或许可的著作权财产性权利;(2)明确许可的权利是专有使用权还是非专有使用权;(3)明确许可的范围,包括使用作品的对象、物品或产品以及地域、期限等;(4)明确对价及支付方式;(5)明确许可期满,相关产品及物品的处理方式;(6)调查著作权权属状态、权利负担情况,以及是否存在侵犯第三人权利的情况;(7)是否经由共同著作权人同意。

四、ChatGPT 对著作权合规的影响

当前 ChatGPT 火爆全网,其作为人工智能技术驱动的自然语言处理工具,拥有语言理解和文本生成能力,可以通过学习和分析人类语言,生成文本与人类对话互动,其还可以根据用户的需求,生成视频、代码等各种形式的内容。ChatGPT 的出现,也给著作权的合规带来新的问题。

(一)ChatGPT 的生成内容与《著作权法》保护问题

《著作权法》第 3 条规定,作品应具备独创性的特征。最高人民法院在解释该条的独创性时表示,独创性虽并无明确的定义,但一般认为是指作者在创作作品过程中投入了某种智力性的劳动。[①] 如果照此观点,则 ChatGPT 内容的生成是经由简单输入指令后算法模板自动运行的结果,不属于智力性劳动的结果,应不具备独创性。而在深圳市南山区人民法院(2019)粤 0305 民初 14010 号案中,法院认为应当从涉案文章的生成过程来分析是否体现了创作者的个性化选择、判断及技巧等因素。早在 2019 年,国际保护知识产权协会(AIPPI)在伦敦世界知识产权大会上便已发布了《人工智能生成物的版权问题决议》,该决议认为,人工智能生成物获得版权保护应满足以下条件:(1)该生成物在其生成过程中必须有人类干预;(2)该生成物符合受保护作品应满足的其他条件。如果人工智能生成物在生成过程中无人类的干预,则无法获得版权保护。该类观点强调人的选择与智力参与才是认定独创性的关键,肯定人工智能与人类智力的协力参与,可满足独创性的要求。

相反的是,有学者则认为人工智能生成的内容只是应用某种算法规则和模板处理信息直接产生的结果,不可能符合独创性的要求。设计者可能会刻意加入随机因素,刻意使人工智能处理相同信息的结果产生差异,但这种随机因素本质上也是由算法决定的,与创作所需要的思想情感等个性特征毫无关系,[②]故不应当受著作权法保护。由此可见,ChatGPT 生成内容的作品属性仍存在争议。

(二)ChatGPT 的生成内容归属权问题

无论 ChatGPT 生成内容是否受著作权法保护,ChatGPT 生成内容的归属

---

① 参见最高人民法院民法典贯彻实施工作领导小组编著:《中国民法典适用大全:知识产权与竞争卷(二)》,人民法院出版社 2022 年版,第 829 页。

② 参见王迁:《知识产权法教程》,中国人民大学出版社 2011 年版,第 70~71 页。

都存在一定问题。ChatGPT 不属于法律上的主体,不可能为生成内容归属者。而与 ChatGPT 生成内容关系最近的两个主体,一个是 ChatGPT 的所有者,一个是给 ChatGPT 下指令的使用者,两者之间必然有一人享有生成内容的归属权。而根据 ChatGPT 的用户协议,OpenAI 公司有意识地将 ChatGPT 生成内容的所有权益约定归使用者所有,似乎在肯定生成内容归属于使用者。

(三)ChatGPT 的著作权风险及合规建议

1. ChatGPT 的著作权风险

(1)ChatGPT 的学习训练使用未授权素材的侵权风险

ChatGPT 基于人工智能的特性,必须经由使用大量前期素材的学习训练,进行数据处理与分析,才能最终按照既定算法生成内容。越智能的人工智能系统,所需的学习训练素材越多。人工智能系统如果以非法方式使用未经合法授权的学习训练素材,则存在相应的著作权侵权风险。

(2)ChatGPT 的生成内容的侵权风险

从学习训练与生成内容的关系来看,生成内容源于前期的学习素材。如果前期的学习素材未经合法授权,可能导致生成内容也具备侵权风险。现有的 ChatGPT 用户协议在将生成内容的所有权益归属于使用者时,亦将生成内容的侵权风险转嫁给使用者。ChatGPT 的使用者在使用该生成内容时,也存在侵犯著作权的风险。

(3)ChatGPT 输入内容著作权的被侵权风险

ChatGPT 使用者为获取 ChatGPT 的生成内容,输入其拥有著作权的内容。该内容可能被 ChatGPT 收集处理、学习训练,并输出给第三方使用者,由此可能产生使用人的著作权被侵权的风险。

2. 合规建议

(1)ChatGPT 等人工智能开发企业应当注意确保所使用的数据库及素材库取得合法授权,不侵犯他人权益;

(2)在目前争议较大且 ChatGPT 尚未完善的情况下,考虑限制或禁止企业及其员工对 ChatGPT 的使用,降低企业侵犯他人著作权的风险及企业著作权被侵犯的风险;

(3)从利用 ChatGPT 等人工智能的角度看,应当谨慎审查生成内容,确保来源合法、授权合法,在授权范围内合理使用该生成内容。

医药企业合规风险管理

曾　予

我国目前处于企业全面合规管理体系建设的初期阶段，针对医药领域的合规管理体系研究尚不多见。2021 年 3 月 25 日中国化学制药工业协会（CPIA）正式公布了最新制定的《医药行业合规管理规范》，该行业合规管理规范从反商业贿赂、反垄断、财务与税务、产品推广、集中采购、环境、健康和安全、不良反应报告、数据合规及网络安全等领域对医药行业内的企业进行全面规范，对企业合规管理提出了更加严格的要求。因此有必要从医药企业特点、发展环境、医药企业合规管理现状出发对医药行业合规管理存在的问题进行剖析，以期全面揭示医药行业合规风险管理的关键要素，为医药企业合规管理体系建设提供思路。

一、医药企业合规管理体系相关概念界定

法学家考夫曼曾指出，在未明确概念定义之前不应使用它，而且在没有相信其真实性之前也不应提出该主张。① 对“合规”和“合规管理”概念的清晰理解，有利于医药企业合规风险的防范和管理。

（一）合规的概念

合规也被称为组织尽责，要义是遵守规则。从合规的概念来看，根据《医药行业合规管理规范》等相关规定，合规通常包含三个层面的含义：（1）遵守法律法规和相关监管机构的规定；（2）遵守行业的自律规范与准则，以及企业内部的管理制度和业务流程；（3）遵守社会道德、职业操守、企业责任、诚信准则等。这一制度的目标，便是引导公司成为“良善公民”。现代意义的合规理念源于美国，最早应用于反垄断、反腐败、反商业贿赂，继而在金融等具体领域进行了监管实践，现在进一步升级到全面合规管理体系建设的新阶段。合规的

① 参见[德]考夫曼：《法律哲学》，刘幸义等译，法律出版社 2004 年版。

释义,有狭义和广义之分,本文研究的是针对医药企业的广义的合规,即全面合规。笔者根据相关文献资料进行区分图1。

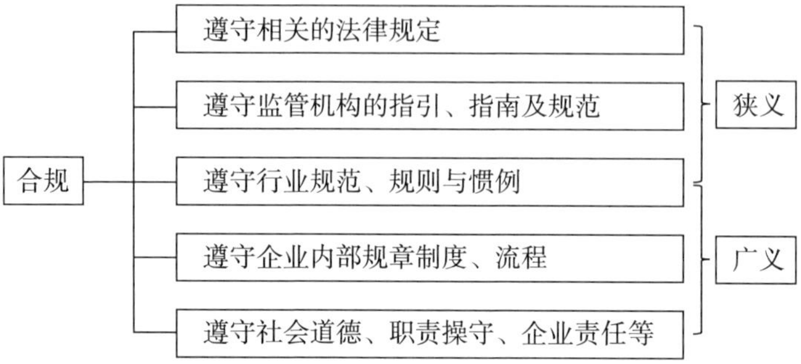

图1　合规层次示意

如图1所示,企业的合规层级从下到上强度逐渐增加,医药企业作为社会经济领域中的重要组成部分,首先,应当遵守基本的社会道德;其次,要遵守企业内部的规章制度,企业内部的规章制度对于企业内部员工而言是最重要的,如果企业内部规章制度的执行力度没有保障,企业的合规管理通常也会流于形式;再次,应当遵守行业协会、药监局等通常发布的一些指南、通知、公告等文件,以及承担相关的社会责任,维护企业自身的业内形象和声誉;最后,应当遵守具有强制性的国家法律法规,如《刑法》《药品管理法》《反不正当竞争法》《产品质量法》等,如果违背了国家的法律法规,企业将会受到相应的法律制裁。

(二)合规管理的概念

合规管理即合规风险管理,其目的是防范违法违规行为的发生,合规管理范围覆盖企业所有业务流程、各个层级人员,合规管理的内容是企业内部职工的行为。通常企业主动采取的行动是制定和执行一系列管理制度和程序,以进行风险识别和管控。医药企业合规管理是指医药企业积极制定和执行一系列规章制度和监管流程,进行预防、监控和化解合规风险,实现合规经营的动态循环过程。

医药合规管理有以下三个特点:(1)医药合规管理是一项专门针对合规风险的管理活动。医药合规管理区别于医药企业的质量管理、环境管理、经营风险管理等其他风险管理活动,且医药合规管理部门具有独立性。(2)医药合规管理作为一种风险管理活动，是长期的、动态的。医药企业应该从根本上提高对合规风险的认识。随着法律规定的陆续推出和企业内部业务的不断变化，需要及时作出应对并持续改进。(3)医药合规管理是一项有效降低风险的管理活动。医药合规管理是围绕医药合规风险主动开展的风险管理活动，目的是降低医药企业的合规风险，避免被执法部门处罚或是造成名誉损失等。

二、有效医药合规管理的基本标准

有学者认为，“有效合规管理的基本标准”是指“企业因为发生犯罪行为，面对执法部门时，是否能够证明已经建立了风险防范、监控和应对违规行为的合规管理体系，并且充分有效地实施了合规风险管理活动，从而获得刑事豁免或者宽大处理的决定”②。有效的医药合规风险管理应当包括有效运行的保障机制：首先是合规风险防范机制，加强医药企业对合规风险及相关因素的识别与管控能力；其次是监督检查机制，有效评价医药企业内部员工的合规执行情况，提升合规管控能力；再次是问责处理机制，明确医药合规考核与奖惩，增加合规的动力和压力，进一步促进医药企业员工对合规管理的重视；最后是评价改进机制，评价医药合规管理体系的有效性与适宜性。

有效医药合规管理的标准需要考虑企业规模与资源状况。合规是有成本的，不同领域、不同规模的医药企业，合规风险等级不同，人力资源和经济能力也不相同，有效的合规管理的标准应当根据企业的具体情况来确定。针对不同规模不同类型的医药企业，合规风险不同，合规管理的标准要求也有所不同。比如，美国并不要求中小微企业进行完善的合规管理体系建设，当然，对于上市公司或公众企业来说，必须建立健全完善的合规管理体系。法国也规定了大规模企业应建立合规管理体系。③ 虽然相关的指南或法案并不强制要求所有企业实施合规，但是积极进行合规管理的精神是值得所有医药企业践行的。医药企业因其行业的特殊性，更加应该注重合规管理，在条件许可的情况下，尽可能推动合规管理体系的建设和运行，建立适合企业当下发展的医药合规管理体系，进行不同程度的医药合规管理。

综上所述，有效医药合规管理体系的基本标准包括三个方面：(1)与企业

---

② 参见陈瑞华：《企业合规基本理论》，法律出版社2020年版。

③ 参见陈瑞华：《〈法国萨宾第二法案〉与刑事合规问题》，载《中国律师》2019年第5期。

自身规模与业务领域相适应;[4](2)建立了风险防范、监控和问责的医药合规管理制度;(3)充分有效地实施了医药合规风险管理活动。医药企业可以根据企业自身规模和业务领域,充分结合自身的特点,构建最适合自己的合规管理体系。

三、医药行业引入合规管理的必要性

医药合规作为一种管理方式,强调医药从业人员和机构应当遵守法律法规及行业标准规范,诚实守信,严格遵循医药规范,确保医药服务的质量和安全。医药合规的实施具有以下几个方面的必要性。

(一)维护医药行业的健康发展

医药合规可以规范医药从业人员和机构的行为,强化医药行业的自我约束和规范管理,减少不良行为的发生。从国家卫健委网站上公布的针对各类医药机构行政处罚的文件来看,处罚的方式基本上都是双罚制,即对于直接的责任人追究个人的行政责任,对于医药机构本身则剥夺或者限制一定时限内的评奖评优、项目申报或者开展某项业务的资格,这些对于机构资格或者资质的限制,无疑会导致医药机构一系列经济、声誉、业务发展或者进步机会等方面的损失。只有通过严格的合规管理,才能够减少不良行为的发生,维护医药行业的健康发展。

(二)降低法律风险

医药从业人员和机构如能严格遵循医药规范并遵守法律法规,可有效降低因违规行为而导致的法律风险和避免不良后果的发生。医药合规的实施,不仅有利于医药从业人员和机构的合法经营,降低法律风险,同时也为患者提供了更加安全、放心的医药服务。

四、医药企业合规法律风险

合规的"生命"在于有效,而一个有效的合规管理体系更是直接仰赖于对行业风险点和重点风险领域的分析和把握,只有针对重点岗位、重点环节、高风险人员等各个专门的合规风险建立起专项的合规管理计划,避免笼而统之,做到对症下药,才能最大限度发挥合规管理的成效。[5] 医药机构运行过程中可

---

④ 参见赵艳蛟等:《国外企业合规管理促进机制分析及对我国医药行业的启示》,载《中国医药工业杂志》2021 年第 7 期。

⑤ 参见黄胜忠、江艳:《企业合规管理的成本与收益分析》,载《财会月刊》2019 年第 2 期。

能存在若干行政处罚和刑事责任风险。根据《医药行业合规管理规范》，结合我国医药机构的特点，笔者认为，医药机构的合规法律风险主要表现为以下几点。

（一）医药贿赂合规法律风险

1. 制约医药贿赂的法律法规和行政规章

（1）《药品管理法》第88条规定："禁止药品上市许可持有人、药品生产企业、药品经营企业和医疗机构在药品购销中给予、收受回扣或者其他不正当利益。禁止药品上市许可持有人、药品生产企业、药品经营企业或者代理人以任何名义给予使用其药品的医疗机构的负责人、药品采购人员、医师、药师等有关人员财物或者其他不正当利益。禁止医疗机构的负责人、药品采购人员、医师、药师等有关人员以任何名义收受药品上市许可持有人、药品生产企业、药品经营企业或者代理人给予的财物或者其他不正当利益。"

（2）《反不正当竞争法》第7条规定："经营者不得采用财物或者其他手段贿赂下列单位或者个人，以谋取交易机会或者竞争优势：（一）交易相对方的工作人员；（二）受交易相对方委托办理相关事务的单位或者个人；（三）利用职权或者影响力影响交易的单位或者个人。经营者在交易活动中，可以以明示方式向交易相对方支付折扣，或者向中间人支付佣金。经营者向交易相对方支付折扣、向中间人支付佣金的，应当如实入账。接受折扣、佣金的经营者也应当如实入账。经营者的工作人员进行贿赂的，应当认定为经营者的行为；但是，经营者有证据证明该工作人员的行为与为经营者谋取交易机会或者竞争优势无关的除外。"

（3）2020年9月国家药品监督管理局发布的《医药代表备案管理办法（试行）》第13条规定："医药代表不得有下列情形：（一）未经备案开展学术推广等活动；（二）未经医疗机构同意开展学术推广等活动；（三）承担药品销售任务，实施收款和处理购销票据等销售行为；（四）参与统计医生个人开具的药品处方数量；（五）对医疗机构内设部门和个人直接提供捐赠、资助、赞助；（六）误导医生使用药品，夸大或者误导疗效，隐匿药品已知的不良反应信息或者隐瞒医生反馈的不良反应信息；（七）其他干预或者影响临床合理用药的行为。"

（4）最高人民法院与最高人民检察院联合发布的《关于办理贪污贿赂刑事

案件适用法律若干问题的解释》规定,贿赂犯罪中包括货币、物品和财产性利益。贿赂犯罪中的财产性利益不仅包括可以折算为货币的物质利益,如债务免除等,还包括需要支付货币的其他利益,如会员服务、旅游等。

(5)2021 年 4 月,最高人民检察院下发《关于开展企业合规改革试点工作的方案》(下文简称《合规改革试点工作方案》)。所谓“企业合规改革试点工作”,即“合规不起诉”的试点工作,是指检察机关对于办理的涉企刑事案件,在依法作出不批准逮捕、不起诉决定或者根据认罪认罚从宽制度提出轻缓量刑建议等的同时,针对企业涉嫌具体犯罪,结合办案实际,督促涉案企业作出合规承诺并积极整改落实,促进企业合规守法经营,减少和预防企业犯罪,实现司法办案政治效果、法律效果、社会效果的有机统一。

(6)2021 年 6 月 3 日,最高人民检察院、司法部、财政部等九部门联合发布《关于建立涉案企业合规第三方监督评估机制的指导意见(试行)》(下文简称《合规建立第三方监督评估机制的指导意见》)。《合规建立第三方监督评估机制的指导意见》明确要求在推进企业合规改革试点工作中建立健全涉案企业合规第三方监督评估机制,即人民检察院在办理涉企犯罪案件时,对符合企业合规改革试点适用条件的,交由第三方监督评估机制管理委员会选任组成的第三方监督评估组织,对涉案企业的合规承诺进行调查、评估、监督和考察。该考察结果将作为人民检察院依法处理案件的重要参考。

(7)2021 年 8 月,国家卫生健康委员会发布的《全国医疗机构及其工作人员廉洁从业行动计划(2021—2024)》第 6 条第 12 款规定:“严防各类形式回扣。建立清正廉洁的新型医商关系,依法与利益相关企业交往,严禁收受医疗器械、药品、试剂等生产、经营企业或人员以各种名义、形式给予的回扣、提成,严禁参与或接受影响医疗行为公正性的宴请、礼品、旅游、学习、考察或其他休闲社交活动,不得参加以某医药产品的推荐、采购、供应或使用为交换条件的推广活动。”《2020 年纠正医药购销领域和医疗服务中不正之风工作要点》明确提出将合同营销组织(CSO)企业虚构费用套现以支付非法营销费用的行为作为重点打击对象。

(8)《医药行业合规管理规范》A. 4. 1. 1. 总体原则规定:“企业在产品销售活动中,不得通过直接或间接给予、许诺给予交易相对方的工作人员、受交易相对方委托办理相关事务的单位或者个人,以及利用职权或者影响力影响交易的单位或者个人财物或其他任何不当利益等方式，以谋取交易机会或竞争优势。”“企业在与 HCP 或 HCO 开展互动交流活动之前，应当与相关人士/机构签订书面协议，且协议的内容应包含反腐败/反贿赂条款。”⑥

2. 反医药贿赂的行政处罚和刑事制裁

在经公开途径查询到的 2021 年度近 30 件涉及医疗、医药领域的商业贿赂行政案件中，7 起案件涉及医疗器械公司免费向医院投放设备并进行捆绑交易，以换取交易机会；7 起涉及以财物贿赂交易相对方工作人员或对交易有影响力的人员；2 起涉及通过市场活动进行商业贿赂。涉及以财物进行贿赂的案件中，执法机关除了关注贿赂的财物类型，如现金、消毒费等，行政处罚决定书中也披露了涉案财物的入账情况，涉及的情形包括现金给付好处费后未入账、给付好处费后以餐饮费进行报销，以及以消毒费名义进行贿赂并以“管理费”科目入账等。

在刑事处罚方面，随着国家监察体制改革的完成，医疗机构成为监察委员会关注的重点领域。⑦ 医疗机构和人员涉嫌单位受贿罪、非国家工作人员受贿罪、介绍贿赂罪等商业贿赂犯罪案件层出不穷。具体的医药贿赂方式包括现金贿赂、耗材采购中的行贿受贿行为、捆绑销售、旅游费、不当返利等。除了商业贿赂风险以外，从国家卫生健康委员会通报的情况看，该领域的合规法律风险还包括医药机构违规招标以及不按照规定要求开展建设项目立项申报和审批、为厂家定制招标文件串通招投标等情形。

【案例 1】

2020 年山东省某眼科医院和该院院长姜某某因帮助医药代表高某、周某、胡某等推广宣传其在该医院代理销售的药品，账外收受药品返利款 2112.1309 万元，被以单位受贿罪追究刑事责任，该医院被判处罚金 200 万元，姜某被判处有期徒刑 3 年。

该受贿案适用了“双罚制”，眼科医院和该院院长都被认定为单位受贿罪，均受到刑事制裁。由此可见，对于医药企业来说，应当建立完善的合规体系，

---

⑥ 参见《医疗行业合规管理规范》A.4.5.2.6.：书面协议企业应在与 HCP 或 HCO 开展互动交流活动之前，与相关人士/机构签订恰当的书面协议。企业与 HCP 或 HCO 签订的书面协议中应包含《反腐败/反贿赂条款》（可参考本规范 4.8.7 节“反商业贿赂条款及反腐败合规声明”）。

⑦ 参见邹开亮、王霞：《医药行业商业贿赂的反不正当竞争法规制》，载《甘肃广播电视大学学报》2021 年第 3 期。

对于员工的违规行为及时进行内部调查,采取积极有效的补救措施,建立对员工个人不法行为的隔离墙。

(二)医药数据合规法律风险

随着我国信息数据保护法律规范和规范性文件的出台,医药数据保护越来越受到国家的重视。根据《国家健康医药大数据标准、安全和服务管理办法(试行)》的相关规定,医药数据是指与人类的健康行为相关的数据,既包括与诊断治疗相关的数据也包括日常生活中的非诊断性健康数据。而医药数据作为数据的一种,除了具有"无体性""非法定性""可复制性""零消耗性"等数据所具有的共性之外,⑧还具有"敏感性""专业性""社会性"等特性。

2021年7月1日,国家市场监督管理总局和国家标准化管理委员会正式实施《信息安全技术 健康医疗数据安全指南》,该指南明确定义了健康医疗数据,确定了健康医疗数据分类体系、使用披露原则、安全措施原则、安全管理指南、安全技术指南及典型场景,为医疗行业经营者在保护健康医疗数据时提供合规治理的指导。

除公民个人医药信息外,医药数据还包括医药机构运营数据和技术质量相关数据等。健康医疗数据可能与《网络安全法》《民法典》等法律法规中"个人信息""重要数据"的范围产生重合,故医疗行业经营者在数据收集、存储、使用和跨境传输等过程中,应当遵守医疗健康相关的法律法规以及网络安全法体系的双重监管。因此,保护医药数据安全成为合规建设的一个重要方面。该合规建设需要医院在提升信息系统安全等级保护的基础上,特别关注与第三方公司合作过程中对可能涉及的健康医疗数据处理、共享环节的合规管理。

(三)医疗质量和安全合规法律风险

当涉及医疗服务质量和安全时,国家卫生主管部门、药监部门、环境保护部门等行政监管机关高度重视。这一领域涵盖了药品质量、患者安全以及医疗运行管理的多个方面。在医疗事故发生后,医疗机构及其人员可能会面临着严厉的行政甚至刑事法律后果。重大的医药质量安全责任事件、院感防控事件是该领域所关注的焦点。除此之外,特殊药品管理、辐射安全管理、临床新技术应用、医院场所安全、有毒有害医药废弃物处置等也是该领域的不合规

---

⑧ 参见李爱君:《数据权利属性与法律特征》,载《东方法学》2018年第3期。

风险所在。医药机构及其领导、部门责任人员等将受到行政监管意义上的处罚和处分。同时,我国《刑法》还规定了医疗事故罪、生产销售假药罪、生产销售不符合标准的医用器材罪、污染环境罪等罪名,追究行为人的刑事责任。

(四)反不正当竞争领域合规法律风险

医药行业主体的风险主要涉及资助及捐赠、业务合作、学术赞助等方面,尤其是在资助及捐赠会议、邀请讲课等业务合作领域,如果医药机构及医务人员与企业操作不当,会影响参会医生专业判断,从而获取竞争优势。该行为很容易被认定为违反《反不正当竞争法》。因此,医药机构需要进行专业的合规计划以降低风险。

原料药和药品的保障供应和价格稳定关系着人民群众生命安全和切身利益。因原料药行业具有生产企业数量少、市场集中度高的特点,原料药领域经营者的反垄断合规风险相对较大。2021 年 11 月 15 日,国务院反垄断委员会发布《关于原料药领域的反垄断指南》,为预防和制止原料药领域垄断行为,引导原料药领域经营者守法合规经营提供了指南。

(五)知识产权领域合规法律风险

长期以来,我国医药机构的知识产权保护意识薄弱,缺乏相关专业人才和管理机制,这导致医药机构自身的科技成果、商业秘密和专利权等知识产权无法得到有效保护。此外,在司法实践中,也经常出现医药机构侵犯知识产权的案件,尤其体现在医药和医药器械采购及使用、计算机软件使用、广告宣传、中药膏方等方面。这些领域涉及知识产权的归属、产权分配、转让以及收益分配等环节,容易触犯知识产权法、行政处罚法和刑法中关于侵犯知识产权的处罚机制,成为医药机构的一大不合规风险领域。因此,医药机构需要加强知识产权保护意识,建立完善的管理机制,遵守相关法律法规,降低不合规风险。

五、医药企业实施合规风险管理的建议

医药企业在经营过程中存在大量的具有自身行业特色的合规法律风险,从实现和保障医药企业长远可持续发展的角度,我们提出如下医药行业合规法律风险管理的建议。

(一)增设反贿赂反垄断等内部合规制度,对员工进行定期培训、定期风险评估和内部自查

医药企业内部需要加强合规考核评价,如制定反贿赂反垄断合规绩效考

核评分量表,对所属部门和员工合规职责履行情况进行评价。同时,医药企业也要对反贿赂反垄断案件进行内部调查及外部调查,并建立完善违规行为处罚机制,严肃追究违规部门及人员责任。一旦发现反贿赂反垄断法律风险,应立即停止相关行为并予以纠正。同时,建议企业定期组织针对员工的反贿赂反垄断合规培训,除告知法律层面的禁止性规定外,还需提示日常经营中可能引发商业贿赂和垄断风险的业务活动。

(二)医药企业管理CSO控制合规风险

CSO模式并非隔离风险的防火墙,如CSO有违法违规行为,聘请CSO提供服务的医药企业也极有可能会面临执法部门的穿透式审查。此时若医药企业的内部风险控制措施不到位,且有证据证明CSO的违规行为是医药企业授意或认可,则医药企业必然会受到延伸处罚,除了对医药企业的信誉、集采活动造成负面影响外,还将引发行政责任甚至是刑事责任。由此可见,医药企业须加强对CSO商业贿赂的风险防范,具体措施包括但不限于以下几个方面。

1. 加强对CSO的管理

(1)聘用前对CSO进行尽职调查,重点核查其经营资质、内控制度和财务管理体系是否完善,以及是否有违法违规的记录。

(2)完善与CSO签署的服务协议,确保服务与费用符合市场公允价格,明确合规要求,同时可以要求审计的权力。

(3)在CSO提供服务的过程中,加强对CSO的监督检查,尤其是针对CSO组织的推广活动,除常规的事前审批外,也需要安排现场飞检和事后抽查。

2. 规范对报销的审查

实践中,CSO为实施商业贿赂向委托方(医药企业)套取现金的主要途径便是虚构各类费用并申请报销,常见的是CSO通过向药业公司报销虚假的学术交流会劳务费的形式套现并向医生支付好处费。由此可见,医药企业应建立完善的财务控制制度,并实施严格的报销审查流程。对于各类报销申请,须仔细核查相关票据并要求提供支持文件,以核实报销的真实性与合理性。

(三)医药企业反垄断合规建议

1. 增设反垄断制度合规设计,定期风险评估和内部自查

根据《医药行业合规管理规范》,医药企业内部需要加强合规考核评价,如

制定反垄断合规绩效考核评分表,对所属部门和员工合规职责履行情况进行评价。2021年反垄断执法机构贯彻了处罚和教育并行的原则,不仅对涉事企业作出行政处罚,而且还通过约谈等方式要求企业完善内部监督管理制度,评估是否面临反垄断法律风险,一旦发现风险,应立即停止相关行为并予以纠正。同时,企业也要对反垄断案件进行内部调查及外部调查,并建立完善违规行为处罚机制,严肃追究违规部门及人员责任。

2. 防范企业业务往来风险,避免达成垄断协议

《医药行业合规管理规范》提示医药企业在与上游或下游企业的业务往来中,要防范纵向价格垄断风险,即企业不得通过协议或其他方式(包括但不限于折让、回馈、成本分摊等激励措施,或胁迫、延迟或取消供货等处罚措施)固定经销商向第三人转售商品的价格,或限定经销商向第三人转售商品的最低价格。

此外,医药企业应避免与同行竞争者达成固定价格或变更价格、分割医药供应市场、限制购买或开发新技术、新设备以及联合抵制为医药生产企业或医院提供医药供应服务的书面协议等(包括但不限于开会协商、电话通知、邮件往来、书面信函、传真及商业政策等)。

3. 加强市场支配地位评估,避免滥用市场支配地位

《反垄断法》第24条第1、2款规定:"有下列情形之一的,可以推定经营者具有市场支配地位:(一)一个经营者在相关市场的市场份额达到二分之一的;(二)两个经营者在相关市场的市场份额合计达到三分之二的;(三)三个经营者在相关市场的市场份额合计达到四分之三的。有前款第二项、第三项规定的情形,其中有的经营者市场份额不足十分之一的,不应当推定该经营者具有市场支配地位。"

针对以法律推定的形式对具有市场支配地位作出的该规定,医药企业应加强对于通常具有较高集中度的市场或更容易形成寡头垄断的市场(如原料药领域)的关注和分析,注意是否构成支配地位。在可能具有市场支配地位时,作为经营管理者,应尽量避免无正当理由拒绝交易,或收取额外费用、以不公平的低价向生产企业收购产品或以不公平的高价销售原料药、制剂等。

此外,建议企业定期组织针对员工的反垄断合规培训。除告知法律层面的禁止性规定外,还需提示日常经营中可能引发反垄断风险的业务活动,包括

但不限于：与竞争者沟通（尤其是关于价格、成本、销售市场等敏感信息）或签订协议，与竞争者联合开展销售、采购、研发等活动，在投标项目中与其他竞标者沟通，制定销售政策、定价或调价政策，对外发布关于公司产品价格调整、成本的信息，与经销商签订协议、制定针对经销商的管理规定或奖惩政策，组织或参与制定行业标准或技术标准，开展并购交易。

（四）刑事合规不起诉

2021 年 6 月及 12 月，最高检公布了两批合规改革试点典型案例，其中的部分案件对医药企业合规管理具有借鉴意义。

【案例 2】王某某、林某某、刘某乙对非国家工作人员行贿案

M 公司系 H 公司的设备供货商。M 公司业务员王某某，为了在 H 公司设备选型中获得照顾，向 H 公司采购员刘某甲陆续支付好处费 25 万元，并在刘某甲的暗示下向 H 公司技术总监陈某行贿 24 万余元。由王某某通过公司采购流程与 A 公司签订采购合同，将资金转入至 A 公司账户，A 公司将相关费用扣除后，将剩余的资金转入至陈某指定的账户中。M 公司副总裁刘某乙、财务总监林某某，对行贿款项进行了审核后，M 公司业务员王某某从公司领取行贿款项实施行贿。

涉案企业合规整改情况及处理结果：

（1）检察机关对王某某、林某某、刘某乙作出不起诉决定，以陈某、刘某甲涉嫌非国家工作人员受贿罪向深圳市南山区法院提起公诉。同月，法院以非国家工作人员受贿罪判处被告人刘某甲有期徒刑 6 个月，判处被告人陈某拘役 5 个月。

（2）检察机关在本案判决后，与 M 公司签署合规监管协议，围绕与商业贿赂犯罪有密切联系的企业内部治理结构、规章制度、人员管理等方面存在的问题，制定可行的合规管理规范、构建有效的合规组织体系、健全合规风险防范报告机制、弥补企业制度建设和监督管理漏洞，防止再次发生相同或者类似的违法犯罪。M 公司对内部架构和人员进行了重整，着手制定企业内部反舞弊和防止商业贿赂指引等一系列规章制度，增加企业合规的专门人员。

该案中检察机关依法对涉案企业负责人作出不起诉决定，通过对企业提出整改意见，推动企业合规建设，进行合规考察等后续工作，推动企业查漏补缺并重启了上市申报程序。合规不起诉改革试点让涉案企业既为违法犯罪付出代价,又吸取教训建立健全防范再犯的合规制度,维护企业正常经济秩序。

医药企业在发生刑案后可针对反舞弊和防止商业贿赂积极采取系列合规整改措施,包括制定可行的合规管理规范、构建有效的合规组织体系、健全合规风险防范报告机制等,如企业可以证明其已建立良好的合规制度、采取有效的反舞弊和防止商业贿赂措施(如定期提供反商业贿赂培训、要求员工签署反商业贿赂承诺书等),在一定程度上也可以避免员工个人行贿行为追溯到企业。

六、结语

总的来说,医药合规风险管理已经成为现代医药企业为了避免个人违法犯罪行为对企业存续带来危害的重要保障机制。这种机制体现了从外部监管向内部监管的理念和方法的转变,并在医药卫生行业推广综合监管的大背景下得到了广泛的应用。随着医院改革不断深入和现代医院管理制度的构建,以合规管理为核心的医院内部监管体系具有重要的理论意义和现实意义。

税务合规

郑伟男　田　鑫

2021 年 3 月 24 日，中共中央办公厅、国务院办公厅印发了《关于进一步深化税收征管改革的意见》（下文简称《税收征管改革意见》），该份文件是指导我国税务征管领域的纲领性文件，对税务机关征收税款和企业税务合规运营影响深远。

该文件要求到 2023 年，基本建成“无风险不打扰、有违法要追究、全过程强智控”的税务执法新体系，实现从经验式执法向科学精确执法转变；基本建成“线下服务无死角、线上服务不打烊、定制服务广覆盖”的税费服务新体系，实现从无差别服务向精细化、智能化、个性化服务转变；基本建成以“双随机、一公开”监管和“互联网 + 监管”为基本手段、以重点监管为补充、以“信用 + 风险”监管为基础的税务监管新体系，实现从“以票管税”向“以数治税”分类精准监管转变。①

一手抓服务，一手抓监管，税务合规则优化服务，税务违法则追究责任。现阶段企业税务合规运营，需紧紧契合《税收征管改革意见》的要求，按照税收法律法规规定，依法履行纳税义务，降低税务风险；同时，积极研究政策，根据实际情况，享受税务服务、便利、优惠，减少因多付出纳税成本造成的经济损失。

一、税务监管趋势分析

（一）“放管服”语境下纳税人税务责任越来越大

2023 年，国家税务总局以“办好惠民事 · 服务现代化”为主题，连续第 10 年开展“便民办税春风行动”，继 2022 年分批推出 5 大类 20 项 146 条便民办

① 中共中央办公厅　国务院办公厅印发《关于进一步深化税收征管改革的意见》，载中国政府网，http://www.gov.cn/zhengce/2021-03/24/content_5595384.htm。

税缴费举措后,2023 年国税总局又先后分批推出 42 条便民办税缴费措施,不断提升纳税人获得感和满意度,进一步提高办税效率、优化办税流程、减轻纳税人办税负担。

“便民办税春风行动”是税务系统“放管服”改革的具体举措之一,在“放管服”改革中,税务机关通过取消税务证明、推行税收事项容缺办理机制、审批改备案等一系列措施,明确纳税人办税过程中所享有的权利和应尽的义务,还权还责于纳税人,厘清征纳双方权责边界。

便利纳税人的同时,还权还责给纳税人,纳税人对自己提供资料的真实性、合法性负责,此时纳税人的税务责任并非越来越小,而是越来越大。如国家税务总局《2022 年“我为纳税人缴费人办实事暨便民办税春风行动 2.0 版”工作任务安排》[②]第 45 项具体措施将土地增值税税收优惠由事前备案改为纳税人“自行判别、申报享受、资料留存备查”,进一步减少纳税人报送资料,简化办理流程;第 47 项具体措施“发布第二批实行告知承诺制的税务证明事项,进一步减少纳税人需提交的证明材料”,这些均是税务机关便利纳税人的举措。但审批、备案改为自行判别、自行申报、留存备查,取消报送相关证明材料,这些措施从申报手续来看似乎减轻了纳税人负担,但其实是对纳税人提高了要求。纳税人须自己判断备查资料是否符合税法要求,须对财务资料的真实性负责并提高财务资料的管理及保管要求,须面对因此而可能导致的税务检查的不确定性,由此看来纳税人的税务责任其实更大了。

(二)大数据、金税四期大大提升税收征管效能

随着大数据、云计算、人工智能、移动互联网等现代信息技术在税务领域的不断应用和深入实践,税务机关已脱离“经验管税”的征管方式,并与“以票治税”逐渐脱钩,现在正向“以数治税”的智慧型税务征管体系迈进。

一方面,税务机关通过发票电子化改革挖掘企业内部涉税信息。通过将发票全领域、全环节、全要素电子化,获取企业海量经营信息,通过对信息的获取、分析、建模,可以形成企业的全息立体影像。

另一方面,税务机关通过与相关部门构建常态化、制度化数据共享协调机

② 国家税务总局:《关于推出 2022 年“我为纳税人缴费人办实事暨便民办税春风行动 2.0 版”的通知》,载国家税务总局网站 2022 年 3 月 31 日,http://www.chinatax.gov.cn/chinatax/n810341/n810825/c101434/c5174109/content.html。

制,可以从有关部门源源不断地获取企业其他涉税信息,这些涉税信息的获取为税收大数据分析提供了坚实的基础和保障。

在拥有海量税收数据信息的基础上,税务机关依托于金税四期等税收征管信息系统,可以实现对企业的税务自动分析管理、对税务风险信息的自主分类推送。

2020 年 11 月,国家税务总局公开采购“金税四期”项目,2021 年 1 月,国家税务总局发布金税四期决策指挥端之指挥台及配套功能项目成交结果公告,2022 年底金税四期基本开发完成,2023 年金税四期税务征管系统将正式进入部署使用阶段。金税四期是税务信息化监管系统的集大成者,在汇集了税务和工商、银行、土地等“非税”数据后,可以实现对企业业务更全面的监控、对自然人收入更精准的判断和分析,通过动态评价纳税人全生命周期纳税状况、实时监控全环节待办业务风险状况,根据信用和风险高低,分类实施差异化服务和管理,税务监管效能大大提高。

随着大数据以及金税四期等征管利器的使用,税务机关与纳税人之间的信息不对称局面逐渐打破,税务机关能够准确获知企业的经营业务数据,而且基于强大的数据分析能力,税务机关可能会比企业更了解自己。企业以往经营中未被发现的税务风险在税务机关的精准智能监管下会不断暴露显现,企业的税务风险越来越高。

(三)对税务违法犯罪行为的打击不断深化

近年来,税务部门对涉税违法犯罪行为保持严查狠打态势。

首先,对虚开骗税行为进行常态化持续打击。税务部门通过与公安、检察、海关、人民银行、外汇管理部门密切协作,建立常态化打击虚开骗税工作机制,在数据共享、联合研判、联合办案和联合宣传等方面持续深化合作,严厉打击骗取留抵退税、骗取出口退税和虚开发票等各类涉税违法犯罪行为。

其次,对重点行业和领域加大税务违法行为整治力度。对文娱等高风险领域开展专项整治,对演艺明星和网络主播偷逃税案件进行重点查处和打击。对隐瞒收入、虚列成本、转移利润以及利用“税收洼地”“阴阳合同”和关联交易等逃避税行为,加大检查整治力度。

最后,加强对高收入人群偷逃税行为的监督打击。2022 年 12 月 14 日,中共中央　国务院印发《扩大内需战略规划纲要(2022—2035 年)》,其中要求各地区各部门加大财税制度对收入分配的调节力度。健全直接税体系,完善综合与分类相结合的个人所得税制度,加强对高收入者的税收调节和监管。[③] 在共同富裕的大背景下,税收调节是调整收入分配的重要手段,税务部门通过加大对高收入群体的税收检查频次、压缩核定征收的使用空间、限制违规税收返还等多种方式,加大对个人所得税的监管征收力度,特别是对高收入人群(企业股东、高管、私营企业主等)的税收调节和监管,严厉打击高收入人群偷逃税行为。

"放管服"给企业带来了便利,也带来了税务责任。大数据和金税工程的不断完善升级,企业在税务机关面前越来越透明。对税务违法犯罪的打击不断深化加强,企业因税务违规被处罚的成本越来越高。以上种种,税务监管越来越严的趋势不言而喻,对于企业而言,税务合规也越来越重要。

二、常见税务风险类型及典型案例评析

税务合规的第一步是识别税务风险,只有对税务风险有充分的认识和了解,才能准确把握税务合规的内涵,作出正确的税务合规应对之道。

从责任形式角度,企业可能会因为包税条款约定不明导致民事赔偿风险,会因为偷税导致行政处罚风险,会因为虚开发票犯罪导致刑事处罚风险。从税种设定角度,企业在运营过程中最容易遇到的税种是增值税和企业所得税,最容易遭遇的税务风险包括增值税风险、企业所得税风险、个人所得税风险,房地产行业中土地增值税风险等。

(一)从责任形式角度看税务风险

1. 税务民事责任

在税法领域,基于税收法定原则中税收要素明确的要求,纳税人由各单行税法明确规定,并没有太大的争议。但在日常交易当中,往往会出现交易的一方比另一方更为强势的情况。在这种情况下,强势的一方便会将交易成本转嫁给对方,反映在税款中,就会出现诸如"某某税由卖方/买方承担"这样的条款,也即"包税条款"。

(1)包税条款怎么约定才有效

在实践中,交易双方约定的包税条款由最抽象的如"一切税费均由买方承

---

③ 中共中央 国务院印发《扩大内需战略规划纲要(2022—2035 年)》,载中国政府网,http://www.gov.cn/zhengce/2022-12/14/content_5732067.htm。

担”到具体的如“交易中的增值税、所得税、印花税由买方承担”，各不相同。虽然法院大多认为包税条款并不违反效力性强制性规定，但也并不意味着凡是包税条款均会得到法院的认可。

有的法院认为，“一切税费均由买方承担”这样的约定属于约定不明，如果双方在事后未能就此达成新的协议，那么交易税费应由法律规定的纳税义务人负担。④ 也有法院认为包税条款列明的税种以外的税费亦属于约定不明，或应按照法律规定的纳税人承担⑤，或应由双方分摊⑥。基于此，建议企业在约定包税条款时尽量明确包税条款中的具体税种，避免使用“一切税费”这样的表述，以免被法院认定为“约定不明”。

（2）包税交易的税款怎么交

有些纳税人认为，既然已经签订了包税条款，约定税费由对方负担，那么自然应该由对方纳税，与自己无关。若对方按时缴纳了税款倒也无妨，可当对方没有按时缴纳税款时，就涉及双方承担税法上的责任问题。根据合同相对性原则、税收法定原则以及司法实践，包税条款仅在双方当事人之间发生效力，并不改变法定的纳税义务人，也即应由法定的纳税义务人承担补缴税款的责任。⑦ 因此，建议纳税人与交易对方明确税款的缴纳方式，既可以由纳税人先行缴纳税款，再向对方追偿；也可以在具体税款确定之后直接由对方缴纳，但此时应特别关注对方实际缴纳情况，万一没有按时缴纳，应及时垫付税款，以防发生税务风险。

既然包税条款的签订不对税务机关发生效力，不改变纳税义务的承担主体，是否意味着承担税款的一方就没有税务风险呢？在涉及个人所得税的代扣代缴时，交易的受让方应当特别注意。比如自然人转让股权，约定受让方支付的价款中不含个人所得税。根据《股权转让所得个人所得税管理办法（试行）》（国家税务总局公告2014年第67号，已被修改）的规定，受让方负有代扣代缴义务。若受让方没有及时申报税款，很有可能会被认为“扣缴义务人应扣未扣”而被处罚，甚至被认定为“扣缴义务人不缴已扣、已收税款”从而构成偷

④ 参见湛江市中级人民法院民事判决书，（2015）湛中法民三终字第317号。

⑤ 参见最高人民法院民事判决书，（2022）最高法民再59号。

⑥ 参见最高人民法院民事裁定书，（2015）民申字第1734号。

⑦ 参见最高人民法院民事判决书，（2016）最高法民终806号；贵州省高级人民法院民事判决书，（2013）黔高民终字第35号。

税。因此在明确税款缴纳方式的基础上，特别提示交易的受让方注意自身可能存在的代扣代缴义务，积极申报税款，防范税务风险。

【案例1】

名称：成都爱华康复医院有限公司诉成都金创盟科技有限公司案

案号：(2022)最高法民再59号

案情：因爱华医院未履行生效法律文书确定的义务，郫都区法院发布《拍卖公告》拍卖其名下的土地、地上构筑物以及机器设备。该公告第6条载明“办理过程中所涉及的买卖双方所需承担的一切税、费和所需补交的相关税、费（包括但不限于所得税、营业税、土地增值税、契税、过户手续费、印花税、权证费、水利基金费、出让金以及房产及土地交易中规定缴纳的各种费用）及物管费、水、电等欠费均由买受人自行承担”。金创盟公司竞得案涉土地及设备。之后，郫都区税务局要求爱华医院缴纳案涉土地的城镇土地使用税及滞纳金；爱华医院要求金创盟公司承担前述税款及滞纳金。双方协商不成诉至法院。

法院认为：从文义解释上看，“办理过程中所涉及的买卖双方所需承担的一切税、费和所需补交的相关税、费”明确表明买受人需承担的仅限于“办理过程中所涉及的”，城镇土地使用税与土地权属变更无关。从体系解释上看，《拍卖公告》第6条第3句关于税费负担的约定系在权属变更语境下作出的，并不包括权属变更过程之外的税费。从交易规则或习惯来看，竞买人一般无法从税务机关查询到被执行人欠税信息，因此由其承担拍卖时不属于权属交易行为产生的且无法预见的城镇土地使用税，有违公平原则。网络司法拍卖本身形成的能够预见的权属变更税费，原则上尚且由法律规定的纳税义务人承担，与权属变更无关的超出竞买人预见的税费更应由法定纳税人承担，除非买卖双方当事人有明确具体的特别约定。

评析：最高人民法院从四个方面论证了为何城镇土地使用税不属于包税条款中约定的税种，逻辑清晰、说理完备。再次提示交易双方在包税条款交易中尽量与对方明确税费的具体种类，避免事后发生不必要的纠纷。

除包税条款外，关于发票的相关约定是民事交易中又一比较常见的涉税风险。尤其对于买方而言，发票是否合规直接关系到能否抵扣增值税进项税。建议交易双方，在合同中明确开票的种类，即开具普通发票还是专用发票；明确发票的交付时间或交付条件，比如“××年××月××日之前交付发票”或

“在支付第×笔价款后交付发票”;还可以约定当发票“比对不符”“无法认证通过”或者被列入“失控发票”时卖方应承担违约金或提前支付保证金。

2. 税务行政责任

(1)偷税

《税收征收管理法》第63条第1款规定:纳税人伪造、变造、隐匿、擅自销毁账簿、记账凭证,或者在账簿上多列支出或者不列、少列收入,或者经税务机关通知申报而拒不申报或者进行虚假的纳税申报,不缴或者少缴应纳税款的,是偷税。只要纳税人符合前述规定,且未在规定期限内缴纳税款,哪怕事后补缴税款,也不影响偷税的定性。⑧ 更何况,偷税行为也有转化为刑事犯罪的风险,应当引起企业的高度重视。

根据税法理论以及司法实践,构成偷税需要满足偷税行为、偷税结果以及主观目的三个要件。⑨ 若纳税人能够建立完善的税务合规体系,不仅能够减少偷税行为发生的概率,更能在税务稽查、税务复议、诉讼过程中提供有力的证据证明少缴税款并非出于偷税的目的,从而避免被认定为偷税。

【案例2】

名称:北京骏腾置业投资有限公司诉国家税务总局北京市税务局等案

案号:(2020)京02行终1340号

案情:2007年骏腾公司股票账户共取得股票转让收益、取得利息收入、投资收益若干元。2007年5月29日,证监会以第三人涉嫌非法利用他人账户买卖股票为由,对第三人进行立案调查,并于2011年11月21日作出行政处罚决定,决定没收违法所得(其中包含骏腾公司股票账户投资收益)。2015年前述处罚决定被法院撤销。2016年5月,骏腾公司向原国家税务总局北京市密云区第二税务所申报投资收益所得。税务机关认为,骏腾公司2007年取得股票转让所得和股票投资收益未入账,少缴纳企业所得税,要求其补缴税款,缴纳滞纳金。

法院认为:《企业所得税暂行条例》(已被修改)第7条规定,在计算应纳

---

⑧ 《国家税务总局关于税务检查期间补正申报补缴税款是否影响偷税行为定性有关问题的批复》(税总函〔2013〕196号)。

⑨ 参见浙江省高级人民法院行政判决书,(2020)浙行再44号;辽宁省高级人民法院行政判决书,(2020)辽行再24号。

税所得额时，违法经营的罚款和被没收财物的损失不得扣除，根据上述法规规定，即便 2007 年涉案投资收益将来会被罚没，骏腾公司仍具有将该笔款项记账并申报纳税的义务，不存在被证监会处罚所羁束的问题。骏腾公司 2007 年度取得股票转让所得和股票投资收益未入账，少缴纳企业所得税的行为，具有《税收征收管理法》第 63 条规定的情形，被诉处理决定认定事实清楚，定性准确。

评析：诚如法院所言，就算该收益最终被证监会没收，也属于不得扣除项目，原告骏腾公司应当在该收入所属年度，即 2007 年，将该收入计入当年应纳税所得，否则就属于少列收入，涉嫌构成偷税。在此建议纳税人准确理解、适用税法，在对税法出现疑问时，应积极寻求专业人员的帮助。

(2)未履行税款代扣代缴义务

如上所述，税务机关加强了对高收入群体个人所得税的监管。这意味着企业是否依法合规代扣代缴其股东、董事、高管的个人所得税风险显著增加。根据《个人所得税扣缴申报管理办法(试行)》(国家税务总局公告 2018 年第 61 号)的规定，当企业向个人支付《个人所得税法》规定的除经营所得以外的八项所得时，均需履行代扣代缴义务。若正常向股东支付股息、红利，以及向董事、高管支付工资薪金，企业通常都会依法依规代扣代缴。但当出现应当“视同分红”“视同工资薪金”的情形时，公司便应格外注意是否履行代扣代缴义务。比如，根据财政部、国家税务总局《关于规范个人投资者个人所得税征收管理的通知》(财税〔2003〕158 号，下文简称 158 号文)的规定，除个人独资企业、合伙企业以外的其他企业的个人投资者，以企业资金为本人、家庭成员及其相关人员支付与企业生产经营无关的消费性支出及购买汽车、住房等财产性支出，视为企业对个人投资者的红利分配，依照“利息、股息、红利所得”项目计征个人所得税。

【案例 3】

名称：股东长期借款不还，公司因未履行代扣代缴义务被处罚⑩

案情：2019～2021 年，某公司向投资人借款 195,184 元，截至 2021 年年末，该投资人既未归还借款，也未用于公司生产经营。158 号文第 2 条纳税年

⑩ 案例来源：国家税务总局新疆维吾尔自治区税务局行政执法信息公示平台。

度内个人投资者从其投资的企业(个人独资企业、合伙企业除外)借款,在该纳税年度终了后既不归还,又未用于企业生产经营的,其未归还的借款可视为企业对个人投资者的红利分配,依照"利息、股息、红利所得"项目计征个人所得税规定,税务机关认为该公司应依照利息、股息、红利所得项目代扣代缴投资人2021年个人所得税39,036.80元而未代扣代缴,处19,518.40元罚款。

评析:大部分企业都已经建立工资薪金所得的代扣代缴制度,但企业的代扣代缴义务并非仅限于此。企业更应当关注其他情形中的代扣代缴义务,以防税务风险。

3. 税务刑事责任

(1)虚开增值税专用发票罪

《刑法》第205条第3款规定,虚开增值税专用发票是指有为他人虚开、为自己虚开、让他人为自己虚开、介绍他人虚开行为。在司法实践当中,认定是否构成虚开的核心标准在于判断货物流、发票流、资金流是否"三流一致",也即是否存在真实交易。因此,建议企业做好发票的日常合规管理,比如健全货物采购、库存、销售及应收账款管理等内控管理制度,确保采购、库存和销售环节,合同、发票及各项交易凭证准确、真实和完整。

【案例4】

名称:郑某、韩某军虚开增值税专用发票、用于骗取出口退税、抵扣税款发票案

案号:(2019)冀刑终15号

案情:2012年9月,被告人郑某成为金阳公司股东并实际经营该公司;2013年7月至2014年12月,郑某又以非法牟利为目的先后注册成立了八家公司。2012年11月至2016年2月,在无真实业务的情况下,郑某以上述九家公司的名义,直接或通过被告人韩某军、吴某明、赵某珍等人为他人虚开增值税专用发票共计4009份,票面金额人民币384,597,804.12元,税款65,683,720.84元,价税合计450,281,524.96元。以上税款已全部申报抵扣。

法院认为:郑某等人频繁注册新公司、注销旧公司,公司经营期间的主要业务为对外虚开增值税专用发票。郑某违反增值税专用发票管理法规,在与他人无真实货物交易的情况下,为他人虚开增值税专用发票,且虚开税款数额巨大。徐某东、姜某明知郑某所经营公司无真实业务,仍协助郑某虚开增值税

专用发票,且虚开税款数额巨大。韩某军、吴某明、赵某珍,违反增值税专用发票管理法规,在无真实货物交易的情况下,介绍郑某向下游受票单位虚开增值税专用发票,六被告人的行为均已构成虚开增值税专用发票罪。

评析:根据本案判决书所显示的事实,被告人郑某等人以非法牟利为目的注册公司,明知无真实交易的情况下开具发票,既有虚开行为,又有骗取国家税款目的,还有骗取国家税款的结果,构成虚开增值税专用发票罪并无疑义。实践中更有意义的是,纳税人并无骗取国家税款目的,甚至也存在真实交易,但由于种种原因,无法满足“三流合一”的要求而被认定虚开。在我国以票控税的大背景下,如何防范虚开风险几乎是每个企业都应当关注的重点问题。

(2)逃税罪

《刑法》第201条规定,纳税人采取欺骗、隐瞒手段进行虚假纳税申报或者不申报,逃避缴纳税款数额较大的构成逃税罪。逃税罪作为典型的行政犯,需要以违反行政法规为前提,即前述《税收征收管理法》第63条。在实践中,比较常见的逃税行为有账外收款、虚列成本等。

【案例5】

名称:黄某某逃税案

案号:(2018)鄂0191刑初65号

案情:2013年至2014年,被告人黄某某担任某公司法定代表人,负责该公司的经营管理。其指使该公司财务人员通过个人账户收取营业款项,再以其他凭证代替发票使用的方式逃避缴纳税款共计人民币1,883,018元,占该公司同期应缴纳税额的97.17%,且该公司经税务机关依法下达追缴税款通知后仍未补缴税款。法院认定其构成逃税罪。

评析:被告人黄某某指示财务人员通过个人账户收取营业款项,客观上隐瞒企业所得,造成少申报税款的结果,且主观逃税意图明显,理应构成逃税罪。建议企业负责人合规管理企业,不要隐瞒收入、虚增成本,以致引发税务风险。

(二)从税种角度看税务风险

1.增值税风险

增值税是我国第一大税种,增值税收入占据税收收入的半壁江山,国家对增值税的管理很严格,因此而产生的增值税风险也很多。常见的增值税风险有如下几种:

(1)不按照纳税义务发生时间,延后确认收入带来的增值税销项税风险;

(2)不及时申报未开票收入引发的增值税销项税风险;

(3)未按照视同销售规定确认销项税引发的增值税风险;

(4)未将向买方收取的各种价外费用计入收入引发的增值税销项税风险;

(5)未按照业务实质正确适用税率,导致税率适用错误引发的增值税风险;

(6)为多抵扣进项税额,让他人为自己虚开发票导致的增值税进项税风险;

(7)货物采购后改变货物用途,但未做进项税转出导致的增值税进项税风险;

(8)购进农产品原材料未按核定扣除办法计算抵扣进项税额,造成少缴增值税风险;

(9)生产经营范围涉及多个税率,将高税率经营项目使用低税率申报造成少缴增值税风险。

【案例6】

名称:骗取增量留抵退税被处罚⑪

案情:甲药业有限责任公司主营中药饮片生产销售、中药材贸易业务。2020年3月,该公司被认定为疫情防控重点保障物资生产企业。2020年5月,企业向主管税务机关提申请退还增量留抵税额63.2万元,主管税务机关受理后按程序审核退还了增量留抵税额。

在后续检查中,税务人员发现:甲公司部分收购发票的单张金额高达30余万元,与当地药农年均种植收入严重不符;甲公司3月至4月购入大量中药材,且购进价格明显高于销售价格;甲公司列支了大量的会议费,并取得相应的增值税专用发票抵扣了进项税额。

税务机关认为,该公司通过虚开农产品收购发票、违规抵扣进项税额等手段虚增留抵税额,再通过申请退税骗取增量留抵退税。最终,追缴63.2万元的增量留抵退税款,并处所退税款50%罚款。

评析:甲公司通过虚增进项税的方式骗取留抵退税,显然属于违规行为。在实践中,企业更应当关注进项税抵扣的真实性,其合规管理与防范虚开类

---

⑪ 案例来源:《中国税务报》2020年11月27日,第7版。

似，目的均是避免被税务机关认定为虚假抵扣，以防承担相关责任。

2. 企业所得税风险

企业所得税是我国另一主体税种，也是企业又一重点关注的税务合规领域。我国企业所得税计算方式为：应纳税额=（收入总额-免税收入-不征税收入-各项扣除-允许弥补的以前年度亏损）×适用税率。企业所得税风险既与收入有关，也与成本、扣除相关，常见的企业所得税风险有以下几种：

（1）未按照权责发生制原则，推迟确认收入造成的企业所得税风险；

（2）漏记收入，比如收取的逾期未退包装物押金收入、违约金收入未入账造成的企业所得税风险；

（3）将外购货物用于投资、分配、无偿赠送，未视同销售造成的企业所得税风险；

（4）不符合免税收入条件将应税收入计入免税收入造成的企业所得税风险；

（5）未正确处理收到的政府奖励、补贴导致的企业所得税风险；

（6）职工福利费、职工教育费、工会经费、业务招待费、广告和业务宣传费超过法定扣除比例，但未在汇算清缴时进行纳税调整造成的企业所得税风险；

（7）将不符合税前扣除要求的资产减值准备在税前扣除造成的企业所得税风险；

（8）把应该进行资本化处理的费用直接计入当期损益造成的企业所得税风险；

（9）未按税法规定年限确认折旧摊销费用，随意变更固定资产折旧年限及折旧计提方法造成的企业所得税风险；

（10）把不应税前扣除的罚没支出、赞助支出在税前扣除造成的企业所得税风险。

【案例7】

名称：货物经多家公司流转不计收入近250万元被罚款1倍[12]

案情：经税务人员检查，涉案企业法定代表人同时经营另一家个体经营户，销售相同品种的手机及配件，该法定代表人认为个体户和公司都是他的，

[12] 案例来源：国家税务总局广西壮族自治区税务局行政执法信息公示平台。

就将该公司购进的手机转给其个体户销售没有申报销项税额，共计732,070.98元。另外该公司代朋友进货，取得增值税专用发票已抵扣进项税额，将货物移交朋友时未做销售申报，共计1,599,539.10元。

税务机关认定，该公司少列销售收入，少计进项税额转出，造成少缴增值税92,017.69元、少缴城市维护建设税6441.24元，系偷税，处少缴税款一倍的罚款，罚款金额98,458.93元，共计98,458.93元。

评析：实践中，很多企业运营并不规范，很多老板也没有建立起现代公司制度理念。本案这位老板就认为，反正个体户和公司都是自己的，由公司进货再由个体户销售相当于自己的钱“左兜掏右兜”，自然没有所得。然而公司作为独立的法人，根据《企业所得税法》的规定，当货物所有权发生转移时就应当视同销售，计征所得税。因此，建议企业在充分理解税法的基础上合规经营，降低风险。

3. 个人所得税风险

如前文所述，当企业向个人支付《个人所得税法》规定的除经营所得以外的八项所得时，均需履行代扣代缴义务。在实践当中，企业一方面要积极履行代扣代缴义务，避免遗漏；另一方面也要正确履行代扣代缴义务。企业面临的个人所得税风险包括以下几种：

(1)未按时对向员工支付的工资、报酬、奖金、补贴等履行个税扣缴义务；

(2)个人投资者向企业借款，在该纳税年度终了后既不归还，又未用于企业生产经营的，其未归还的借款未正确视为企业对个人投资者的红利分配，依照“利息、股息、红利所得”计征个人所得税；

(3)企业为员工以货币或者报销形式发放的交通补贴、通讯补贴，未与员工的当期工资薪金所得合并，按照工资、薪金所得项目扣缴个人所得税；

(4)企业以现金形式向职工个人发放住房补贴或者采取开具租赁费发票报账的形式发放住房补贴，未按工资、薪金所得扣缴个人所得税；

(5)企业在为员工发放工资、薪金时，多次适用年终奖计税政策，导致少扣缴应纳个税的风险；

(6)企业将给员工缴纳的超过国家标准的“五险一金”全额作为应纳税所得的扣除项，未对超标“五险一金”部分按工资、薪金所得扣缴个人所得税；

(7)企业在业务宣传、广告等活动中，随机向本企业以外的个人赠送礼品，

或者在年会、座谈会、庆典以及其他活动中向本企业以外的个人赠送礼品,对个人取得的礼品所得,未扣缴个人所得税;

(8)企业在发放给离退休人员除按照规定领取的养老金外,从原任职单位取得的各类工资、奖金、补贴,未在扣除减除费用后按照工资、薪金所得项目扣缴个人所得税;

(9)企业的个人股东平价或折价转让其所持股份,如无合理的商业理由,存在被税务机关按照财产转让所得核定征收个人所得税的风险;

(10)企业在投资并购过程中,交易对方为自然人时,未在支付转让价款时按"财产转让所得"代扣代缴个人所得税。

【案例8】

名称:股权转让受让企业未代扣代缴个税,罚款420万元⑬

案情:广州某化妆品有限公司与广州某有限公司原自然人股东黄某、蔡某签订《股权转让协议》,受让该公司100%股权,股权转让价格42,000,000元。2017年至2019年该化妆品有限公司向黄某、蔡某支付股权转让款合计42,000,000元。2018年5月、2019年11月以上股权变更办理工商变更手续。该化妆品有限公司未按规定代扣代缴转让人财产转让所得个人所得税。税务机关对其处个人所得税50%的罚款4,194,900元。

评析:根据《股权转让所得个人所得税管理办法(试行)》(税务总局公告2014年第67号)第5条的规定,个人股权转让所得个人所得税,以股权转让方为纳税人,以受让方为扣缴义务人。因此,本案中涉案企业为扣缴义务人,负有代扣个人所得税款的义务。

三、税务合规体系的构建

在日益趋严的税务监管环境下,面对可能随时遭遇的税务风险和税务法律责任,纳税人尤其是企业纳税人要有税务合规意识,构建税务合规体系,做好税务合规工作,降低税务风险,实现企业长远健康发展。

(一)日常税务合规管理

1. 做好发票管理工作,合规取得、开具发票

我国以票控税的历史悠久,发票虽然不是税务成本扣除的唯一凭证依据,

⑬ 案例来源:国家税务总局广东省税务局行政执法信息公示平台。

但发票作为增值税进项税扣税凭证和企业所得税成本列支依据，在我国税务管理体系中占据非常重要的地位。

从取得发票的角度来看，企业应在有真实交易的基础上，合规地取得发票，避免因取得发票不合规造成税务风险和成本损失。根据《增值税暂行条例》第 9 条规定，纳税人购进货物、劳务、服务、无形资产、不动产，取得的增值税扣税凭证不符合法律、行政法规或者国务院税务主管部门有关规定的，其进项税额不得从销项税额中抵扣。根据《企业所得税税前扣除凭证管理办法》第 9 条第 1 款规定，企业在境内发生的支出项目属于增值税应税项目（下文简称应税项目）的，对方为已办理税务登记的增值税纳税人，其支出以发票（包括按照规定由税务机关代开的发票）作为税前扣除凭证；第 12 条规定，企业取得私自印制、伪造、变造、作废、开票方非法取得、虚开、填写不规范等不符合规定的发票（下文简称不合规发票），以及取得不符合国家法律、法规等相关规定的其他外部凭证（下文简称不合规其他外部凭证），不得作为税前扣除凭证。

从开具发票的角度，企业应按照《发票管理办法》的规定，依法领购、开具、保管发票。企业应当持税务登记证件、经办人身份证明、按照国务院税务主管部门规定式样制作的发票专用章的印模，向主管税务机关办理发票领购手续，领购发票。企业在销售商品、提供服务以及从事其他经营活动，对外发生经营业务收取款项时，应当向付款方开具发票。开具发票时应当按照规定的时限、顺序、栏目，全部联次一次性如实开具，不得有为他人、为自己开具与实际经营业务情况不符的发票、让他人为自己开具与实际经营业务情况不符的发票、介绍他人开具与实际经营业务情况不符的发票等虚开发票行为。并且应当按照税务机关的规定存放和保管发票，不得擅自损毁。已经开具的发票存根联和发票登记簿，应当保存 5 年。保存期满，报经税务机关查验后才能销毁。

无发票寸步难行，是我国税务管理的现状，企业在经营过程中，应重视发票的作用。合规取得并开具发票，是税务合规工作的重要一环。

2. 做好税款申报缴纳工作，及时申报缴纳税款

申报和缴纳税款是企业履行纳税义务的途径和方法，企业应当按照法律、行政法规规定确定的申报期限、申报内容如实办理纳税申报，报送纳税申报表、财务会计报表以及其他纳税资料，同时按照法律、行政法规规定或者税务机关依照法律、行政法规的规定确定的期限，缴纳或者解缴税款。

在申报和缴纳税款时,企业应注意区分收款时间与纳税义务发生时间的不同,企业应以纳税义务发生时间作为判定是否申报和缴纳税款的主要依据。如根据《增值税暂行条例实施细则》第 38 条规定,该实施细则第 19 条第 1 款第 1 项规定的收讫销售款项或者取得索取销售款项凭据的当天,按销售结算方式的不同,具体为:采取直接收款方式销售货物,无论货物是否发出,均为收到销售款或者取得索取销售款凭据的当天;采取托收承付和委托银行收款方式销售货物,为发出货物并办妥托收手续的当天;采取赊销和分期收款方式销售货物,为书面合同约定的收款日期的当天,无书面合同的或者书面合同没有约定收款日期的,为货物发出的当天;采取预收货款方式销售货物,为货物发出的当天,但生产销售生产工期超过 12 个月的大型机械设备、船舶、飞机等货物,为收到预收款或者书面合同约定的收款日期的当天;委托其他纳税人代销货物,为收到代销单位的代销清单或者收到全部或者部分货款的当天。未收到代销清单及货款的,为发出代销货物满 180 天的当天;销售应税劳务,为提供劳务同时收讫销售款或者取得索取销售款的凭据的当天;纳税人发生本细则第 4 条第 3 项至第 8 项所列视同销售货物行为,为货物移送的当天。

同时,企业应注意未开票收入的税务申报和缴纳工作。在实践工作中,一部分企业有一种错误的观点,即把开具发票作为税务申报的依据,开票才做纳税申报,不开票就不申报纳税。这种观点违背了税法关于纳税义务发生时间的规定,会造成企业未及时申报税款而引发的偷税风险。企业即使未开具发票,即使未收款,但是已经达到税法规定的纳税义务发生时间,就应该申报缴纳税款。

因此,不同的纳税义务发生时间导致不同的税务申报期,税款缴纳的时点也不同,企业在纳税义务发生时,应及时申报缴纳相应税款,依法纳税是企业税务合规的核心要义。

3. 树立业务控税意识,从业务前端做好税务合规

民商事法律关系是税务法律关系的基础,当公司的股权架构设计好、商业模式搭建好、合同签订好之后,税务法律关系已经被固化确定了,而非在财务处理阶段所能调整。

企业在日常经营中,应树立全流程的税务合规管控意识。在公司成立之初,应根据投资主体的税务性质不同,选择合适的投资主体进行投资架构设

计。在公司业务拓展中,密切关注商业模式背后的税务逻辑,同时在合同签订时要充分考虑税务成本及发票、税率等因素影响。在进行财税处理时,应注意会税差异,区分财务核算与税务处理的不同,按照税法规定及时进行税款申报和缴纳。

4. 重视投融资税务管理,不因税务成本影响重大交易进度

企业在发展过程中,除了日常业务运营外,还可能发生重组并购等非日常的业务事项。因重组并购的交易体量大、涉及主体多、流程复杂,其间涉及的税务成本十分高昂,企业在进行投融资并购事项时,要尤其注意税务合规管理。

为了规范并购重组的税务处理,财政部和国税总局联合发布了《关于企业重组业务企业所得税处理若干问题的通知》(财税〔2009〕59 号,已被修改),作为并购重组税务处理的基础性文件。根据该文件,当同时符合具有合理的商业目的,且不以减少、免除或者推迟缴纳税款为主要目的;被收购、合并或分立部分的资产或股权比例符合本通知规定的比例;企业重组后的连续 12 个月内不改变重组资产原来的实质性经营活动;重组交易对价中涉及股权支付金额符合本通知规定比例;企业重组中取得股权支付的原主要股东,在重组后连续 12 个月内,不得转让所取得的股权五个条件要求时,企业重组可适用特殊性税务处理政策,即可以递延缴纳企业所得税。企业在并购重组时考虑适用特殊性税务处理政策,就必须满足上述五个条件要求,尤其是注意期限方面的要求。

同时,企业符合特殊性重组条件并选择特殊性税务处理的,当事各方应在重组业务完成当年企业所得税年度申报时,向主管税务机关提交书面备案资料,证明其符合各类特殊性重组规定的条件。否则未按规定书面备案的,不得按特殊重组业务进行税务处理。

5. 利用好税收优惠政策,避免多付税务成本

税收政策是国家调控经济的一项重要手段,根据时期不同、地域不同、主体不同、行业不同,国家会出台不同类别的税收优惠政策。税务合规不仅包含要依法纳税,还包括要响应国家的政策导向,充分享受国家给予的税收优惠政策和待遇。

如 2020 年新冠疫情肆虐期间,国家出台多项支持疫情防控的税费优惠政

策,如对疫情防控重点保障物资生产企业全额退还增值税增量留抵税额、对疫情防控重点保障物资生产企业扩大产能购置设备允许企业所得税税前一次性扣除、对受疫情影响较大的困难行业企业 2020 年度发生的亏损最长结转年限延长至 8 年等。

如为了鼓励支持小微企业和个体工商户发展,财政部、税务总局联合发布《关于实施小微企业和个体工商户所得税优惠政策的公告》(财政部　税务总局公告 2021 年第 12 号),对小型微利企业年应纳税所得额不超过 100 万元的部分,在财政部　税务总局《关于实施小微企业普惠性税收减免政策的通知》(财税〔2019〕13 号)第 2 条规定的优惠政策基础上,再减半征收企业所得税。

如为了激励企业加大研发投入,更好地支持科技创新,财政部、税务总局联合发布《关于进一步完善研发费用税前加计扣除政策的公告》(财政部、税务总局公告 2023 年第 7 号),对企业开展研发活动中实际发生的研发费用,未形成无形资产计入当期损益的,在按规定据实扣除的基础上,自 2023 年 1 月 1 日起,再按照实际发生额的 100% 在税前加计扣除;形成无形资产的,自 2023 年 1 月 1 日起,按照无形资产成本的 200% 在税前摊销。

企业应仔细甄别税收优惠政策的条件要求,当满足相关条件时,应按要求充分享受税收优惠政策,也是税务合规的一项重要内容。

(二)特殊税务事项的处理和应对

除日常税务合规管理外,因为取得异常抵扣凭证、发票管理不规范、税务指标异常、上下游税务协查、被举报等原因,企业还可能会面临税务检查,特别是税务稽查。

当发现企业存在税收违法行为时,根据《税收征收管理法》规定,税务机关有权检查纳税人的账簿、记账凭证、报表和有关资料,有权到纳税人的生产、经营场所和货物存放地检查纳税人应纳税的商品、货物或者其他财产,有权责成纳税人提供与纳税有关的文件、证明材料和有关资料,有权询问纳税人与纳税有关的问题和情况,有权到车站、码头、机场、邮政企业及其分支机构检查纳税人托运、邮寄应纳税商品、货物或者其他财产的有关单据、凭证和有关资料,有权经县以上税务局(分局)局长批准,凭全国统一格式的检查存款账户许可证明,查询从事生产、经营的纳税人在银行或者其他金融机构的存款账户。

但根据《税收征收管理法》及《税务稽查案件办理程序规定》等要求,税务检查,包括税务稽查需要依法进行。税务稽查由税务稽查局来实施,稽查局办理税务稽查案件时,需实行选案、检查、审理、执行分工制约原则。稽查局在实施税务检查前,要告知被查对象检查时间、需要准备的资料等,由两名以上具有执法资格的检查人员共同实施检查,并向被查对象出示税务检查证件,出示或者送达税务检查通知书。检查时应当依照法定权限和程序收集证据材料。检查结束后,稽查局应当对案件进行审理。符合重大税务案件标准的,稽查局应在审理后提请税务局重大税务案件审理委员会审理。经审理后,区分不同情形分别作出处理:有税收违法行为,应当作出税务处理决定的,制作税务处理决定书;有税收违法行为,应当作出税务行政处罚决定的,制作税务行政处罚决定书;税收违法行为轻微,依法可以不予税务行政处罚的,制作不予税务行政处罚决定书;没有税收违法行为的,制作税务稽查结论。最后,稽查局应当依法及时送达税务处理决定书、税务行政处罚决定书、不予税务行政处罚决定书、税务稽查结论等税务文书。

在发生税务检查特别是税务稽查时,首先,企业应当认真组织自查,主动了解税务检查相关程序规定,积极配合税务机关的调查与询问,及时如实提供相关材料。其次,与税务机关加强沟通交流,对于税务机关提出的问题积极解答,做好沟通解释工作。最后,积极组织陈述申辩意见,让税务机关全面了解业务流程及相关的税务逻辑,扭转不利局面,维护自身合法权益。

如果企业认为税务机关作出的税务文书侵犯其合法权益,可以通过提起行政复议或者行政诉讼等渠道进行解决。

总之,在税务透明日益临近的今天,企业在经营发展过程中存在税务风险的概率和频次不断提高。企业应重视税务合规管理工作,一方面依法申报缴纳税款,不少交、漏交税;另一方面,加强业务控税意识,把税务问题解决在业务前端,充分享受国家税务优惠政策,不多交税,实现国家税收利益和企业运营收益的平衡。

第二编

刑事合规

合规不起诉的实务展开

陈丽莎

一、合规不起诉的制度内涵

(一)发展背景

合规不起诉,是指检察机关在办理案件的过程中,对涉案企业不径行起诉,而是在对其涉案情节与合规意愿进行考察后,要求企业进行合规整改,启动合规考察程序,由第三方组织对涉案企业定期监管评估,在考察期结束后综合其合规建设情况决定是否起诉。[①] 合规不起诉制度是在传统单位犯罪治理模式不适应司法实践的背景下,由检察机关引领的制度变革。

具体来说,企业的逐利性与效益至上的发展模式使企业往往只重视生产经营的效益而忽视其中蕴含的法律风险,乃至于构成单位犯罪被追究刑事责任。而实践中,企业及企业负责人被起诉、定罪、量刑,则常会导致企业破产、员工失业,对经济的发展产生消极影响。因此,传统的单位犯罪治理模式就面临失灵的困境,事后追责的处理方式难以在犯罪治理与经济发展之间寻求平衡。2018 年"中兴通讯事件"则让合规不起诉这一域外的企业犯罪治理模式正式进入司法机关的视野。[②] 合规不起诉通过帮助企业进行合规建设、预防合规风险,不仅能有效预防单位再犯罪,同时也避免了企业分崩离析的局面。

时至今日,合规不起诉早已不是域外治理刑事犯罪的新鲜做法。反之,经过深入的本土化改革,结合我国"宽严相济""少捕慎诉慎押"的刑事政策,合规不起诉制度已经成为我国司法机关治理企业犯罪的重要结案方式。检察机

---

① 参见包晨瑶:《合规不起诉制度研究——以附条件不起诉为例》,载《上海法学研究》集刊 2022 年第 13 卷。

② 参见李本灿:《刑事合规理念的国内法表达——以"中兴通讯事件"为切入点》,载《法律科学》2018 年第 6 期。

关在依法办案的前提下，以酌定不起诉和检察建议为主要制度依托，在检察裁量权行使过程中吸纳企业合规因素，统筹实现治罪与治理的双重目标，也意味着合规不起诉制度的本土化改造已经产生了重大成果创新性犯罪治理工程也颇具实效。

（二）本土化探索

自 2020 年 3 月最高人民检察院部署 4 个省份的 6 个基层检察院开展第一期改革试点算起，涉案企业合规改革已历 3 年有余，逐步改变了我国企业犯罪治理的形势，“截至 2022 年 12 月，全国检察机关累计办理涉案企业合规案件 5150 件，其中适用第三方监督评估机制案件 3577 件（占全部合规案件的 69.5%），较 2022 年 4 月初全面推开时分别新增 3825 件、2976 件；对整改合规的 1498 家企业、3051 人依法作出不起诉决定。”③

在近几年的改革探索中，最高人民检察院分别于 2021 年 6 月 3 日发布了第一批企业合规改革典型案例、2021 年 12 月 15 日发布了第二批企业合规典型案例、2022 年 8 月 10 日发布了涉案企业合规第三批典型案例、2023 年 1 月 16 日发布了企业合规第四批典型案例。四批典型案例不仅循序渐进地汇聚了全国检察机关在涉案企业合规改革实践中的智慧结晶，也为涉案企业与合规律师指明了企业整改的具体方向。

自 2022 年 4 月，最高人民检察院会同全国工商联部署在全国检察机关全面推开的涉案企业合规改革工作，至今已近 2 年。在全国宏观的涉案企业合规改革局势下，企业如何整改、律师如何参与就成为一个关键的问题。

笔者曾亲历涉案企业合规改革的具体过程，积累了关于合规不起诉以及涉案企业合规改革的宝贵经验。下文将根据《关于建立涉案企业合规第三方监督评估机制的指导意见（试行）》（以下简称《第三方评估机制指导意见》）、《涉案企业合规建设、评估和审查办法（试行）》（以下简称《合规建设、评估和审查办法》），以及承办整改案件、推动客户进行合规整改的具体过程，诠释合

③ 《充分发挥典型案例指引作用　深入推进涉案企业合规改革——最高人民检察院第四检察厅负责人就发布涉案企业合规典型案例（第四批）答记者问》，载 https://www.spp.gov.cn/xwfbh/wsfbt/202301/t20230116_598548.shtml#3。

规不起诉的实务内涵。④

二、合规不起诉的启动方式

《合规建设、评估和审查办法》第3条规定，涉案企业应当全面停止涉罪违规违法行为，退缴违规违法所得，补缴税款和滞纳金并缴纳相关罚款，全力配合有关主管机关、公安机关、检察机关及第三方组织的相关工作。笔者认为，涉案企业向检察院申请启动涉案企业合规考察程序之前，应当已经有初步的整改成果表明企业整改的动因是出于对自己违法违规行为的反思，而不是为了逃避刑事责任的追究，意图“纸面合规”。检察机关推行涉案企业合规改革，实行的是“严管”与“厚爱”相结合的执行精神，譬如在2020年3月至2023年3月的改革过程中，就有67家企业未通过监督评估，企业或企业负责人被依法起诉追究刑事责任，这就充分体现了改革的“严管”精神。⑤ 因此，涉案企业不能在被允许适用企业合规考察程序之后再启动合规整改工作，而是应当先启动合规整改工作再去向检察院申请启动企业合规考察程序。

（一）组建涉案企业合规领导小组

《合规建设、评估和审查办法》第4条规定，涉案企业一般应当成立合规建设领导小组，由其实际控制人、主要负责人和直接负责的主管人员等组成，必要时可以聘请外部专业机构或者专业人员参与或者协助。合规建设领导小组应当在全面分析研判企业合规风险的基础上，结合本行业合规建设指引，研究制定专项合规计划和内部规章制度。

根据笔者的实务经验，如涉案企业具有母公司，便可与母公司的实控人联系，在实控人的支持下推动该公司实施退赔退缴、更换领导集体并重新成立领导小组，通过董事会决议更换董监高人选等对责任人进行惩戒的具体措施。从实践效果上看，对涉案企业的领导班子进行换届，不仅是涉案企业处理相关责任人的具体措施，表明了涉案企业认罪悔过的态度，也构成了其后续展开合

④ 在探索过程中，检察机关逐渐形成了“相对不起诉+检察建议”以及“检察建议+相对不起诉”两种模式。前者因为整改时间有效、后续跟踪效果较差、企业整改积极性不强等原因，逐渐不再被检察机关广泛采用。后者则将合规整改作为相对不起诉的一种情节，逐渐成为涉案企业合规改革的趋势，应当说，《第三方评估机制指导意见》与《合规建设、评估和审查办法》均是后者理念的贯彻。本文探讨的实务流程即根据“检察建议+相对不起诉”的模式具体展开。

⑤ 参见李奋飞：《深化涉案企业合规更好发挥治理效能》，载检察日报理论版，https://www.spp.gov.cn//llyj/202303/t20230317_608709.shtml。

规整改计划的组织基础。

(二)反思违法违规行为成因

合规不起诉中的涉案企业合规体系建设是一种典型的事后合规,它与事前合规的区别就在于涉案企业的违法后果已经将该企业内部的管理缺陷与主要风险暴露出来,而对非涉案企业的事前合规来说,风险则是不确定的。也因此,涉案企业的合规建设应当突出合规整改的特性,合规整改就是要直面本次涉案过程中导致企业出现违法犯罪后果的成因。作为集体构成的拟制人,企业犯罪的原因通常不是对刑罚制裁后果缺乏认识,而是其组织管理结构中存在犯罪基因。如企业不能从源头上消除那些导致犯罪发生的管理漏洞等因素,其再犯罪的风险仍然较高。

对于合规律师而言,帮助企业分析违法违规行为的成因需要重点关注和审查公安机关的起诉意见书,剖析涉案企业、涉案企业责任人员违法违规行为的具体特征,联系该企业的内部管理结构以及各项管理制度,通过"倒果为因""深入溯源"的思维方式去发现企业存在的管理漏洞。只有精准分析出涉案企业的违法违规行为成因,之后出具的涉案企业合规整改计划书才不会偏离案件方向,从而得到检察机关的认可。

此外,与公司负责人沟通并且取得其支持也是十分重要的。涉案企业的合规整改需要具体到不同的业务部门、职能部门,甚至需要对公司治理结构进行调整,没有高管支持几乎是无法推动的。

(三)总结涉案企业进行合规整改的有利条件

当前的涉案企业合规改革实质内容是将企业合规整改与检察机关酌定不起诉、检察建议融合在一起的创新性的犯罪治理工程。改革至今,虽然最高人民检察院已经发布了四批涉案企业合规改革的典型案例,但仍然存在没有覆盖到的犯罪类型。第四批企业合规典型案例透露出扩大单位犯罪合规不起诉适用边界的内涵,但依然还在呼吁与探索阶段。因此,对尚未有直接的企业合规典型案例的犯罪来说,涉案企业向检察机关申请启动合规考察程序,更应当向检察机关重点总结本企业应进行合规整改而不是被径行起诉的理由。最高人民检察院《关于充分发挥检察职能服务保障"六稳""六保"的意见》以及当前检察机关在全国推进涉案企业合规改革的形势,已经为企业提供了良好的外部环境,涉案企业有必要从内部特殊情况出发,总结自身具有的社会价值,阐释对其进行合规整改的必要性。

譬如,在最高人民检察院发布的第四批典型案例中的案例三“山西新绛南某某等人诈骗案”中,该企业能够顺利适用合规考察程序是因为“L公司生产模式以车间加工为主、家庭手工为辅,解决了480个就业岗位,留守老人占比达37.5%,对助力当地乡村振兴具有积极作用。L公司经营状况稳定,产品销往域外多个国家和地区,发展前景良好,且在2021年10月新绛县遭受洪灾时,主动提供厂房安置灾民300余人,具有较强的社会责任感。”⑥

具体到笔者承办的某合规整改案件中,该公司属于当地著名的人防工程公司,承揽了诸多关键工程项目建设,为当地税收与经济发展作出了重要的贡献,曾收获多项社会公益荣誉,也解决了当地百余个家庭的就业。

更重要的是除合规整改价值外,该公司承揽项目的主要方式是投标,被判处单位犯罪会使其丧失投标的资格。根据《招标投标法》第53条、《招标投标法实施条例》第67条的规定,以行贿手段取得中标资格的,“情节严重的,取消其一年至二年内参加依法必须进行招标的项目的投标资格并予以公告,直至由工商行政管理机关吊销营业执照”,因此一旦该公司被判处单位行贿罪,则表明公司作为行贿主体,将被取消投标资格乃至被吊销营业执照,失去了继续参与市场竞争、发展业务的机会。而涉案企业合规改革的初衷正是为了避免这种局面,避免办一个案子、毁掉一个企业。因此公司投标资格被剥夺导致公司业务经营出现重大困难,对笔者来说便是一个争取检察机关启动合规考察程序的有利条件。

在实务中,涉案企业与合规律师有必要全面盘点公司内部各项优势条件,详述其社会价值与贡献及整改必要性,抓住属于本企业的有利条件,为检察机关启动涉案企业合规考察程序提供充足的理由。

三、如何进行合规整改与合规管理体系建设

(一)制定具有针对性的合规整改计划书

《第三方评估机制指导意见》第4条规定:“对于同时符合下列条件的涉企犯罪案件,试点地区人民检察院可以根据案件情况适用本指导意见:(一)涉案

---

⑥ 《最高人民检察院发布涉案企业合规典型案例(第四批)合规案件范围进一步拓展,办案规模持续扩大》,载最高人民检察院网上发布厅,https://www.spp.gov.cn/xwfbh/wsfbt/202301/t20230116_598548.shtml#1。

企业、个人认罪认罚;(二)涉案企业能够正常生产经营,承诺建立或者完善企业合规制度,具备启动第三方机制的基本条件;(三)涉案企业自愿适用第三方机制。”《合规建设、评估和审查办法》第 5 条则规定:“涉案企业制定的专项合规计划,应当能够有效防止再次发生相同或者类似的违法犯罪行为。”由此可见,合规整改计划书是检察机关据以决定涉案企业是否能够适用第三方机制的基本条件。同时,根据《合规建设、评估和审查办法》第 17 条的规定:“人民检察院对小微企业提交合规计划和整改报告的审查,重点包括合规承诺的履行、合规计划的执行、合规整改的实效等内容。”合规计划书也是检察机关审查涉案企业合规整改是否合格的重要参照。笔者认为,在制作合规计划书的过程中,要尤为注意以下几点:

1. 契合公司资源供给实际能力

合规整改与合规体系建设本身需要消耗一定的经济资源、人力资源、法律资源等资源,如果不从公司现有的资源供给能力出发制定合规计划,而是投机取巧、照搬各大国有企业或者互联网企业、上市公司的合规案例来制作合规计划书,易导致合规计划书脱离涉案企业的现实基础。如此,即使获得了检察机关的认可,也会因为无法履行自身作出的合规承诺而不能通过考察期满后的最终审查。

事实上,从检察机关发布的四批企业合规典型案例来看,当前涉案企业合规改革还是以小微企业作为适用主体。小微企业一般不具有与大型企业媲美的法律、财务等专业人才储备,且往往治理结构较为简单。因此,检察机关在充分发挥检察职能的基础上,针对小微企业已经在探索简式合规的新路径。所谓简式合规,即简化合规管理体系建设流程,简化合规整改资源成本,以建立专门性合规管理体系为主、全面合规体系为辅,以停止犯罪行为、找出犯罪成因、识别关键风险、提出具体解决策略与方案为特色。自然,涉案的小微企业的合规整改计划书就尤为需要重视整改的针对性,力求以最经济的路径设计整个合规整改计划。简式合规既能够激发小微企业本身的动力,也保障了企业自身对合规承诺的履行能力。反之,如合规计划书不契合公司的资源供给实际,那么该企业合规整改伊始就没有通过评估或考察的可能。

2. 以整改为中心,以建设为路径

首先,以整改为中心是指合规计划书应当紧扣涉案的违法违规行为成因。根据成因精准定位涉案企业的治理结构缺陷与制度建设缺陷,避免大而无当,确保根据该合规计划书整改以后企业能够遏制内在的犯罪风险,能够预防该企业再次实施涉案罪行。譬如在笔者承办的相关案例中,造成企业涉案的主要原因为:该公司早期治理机构极为简陋,决策机构没有发挥实际作用,没有监督与制衡机制;财务管理混乱,缺少现金支付、银行存款管理等必要财务管理制度;没有专门的投标管理制度,投标环节风险失控;高管缺少合规意识,只注重业务不注重合规性。因此,笔者在制作合规计划书的过程中,就突出了完善公司治理结构、堵塞财务管理漏洞、规范市场投标行为、培育高管及员工合规意识的内容。就实践的经验来看,如能在提交计划书之前就针对公司现存的管理缺陷进行补强并取得一定的成果,对于向检察机关申请启动合规考察程序确有一定帮助作用。

其次,以建设为路径是指合规计划书应当能够在企业内部建立合规管理体系的成熟框架与持久机制。涉案企业合规改革重点在于通过个案合规推动行业合规,通过行业合规推动社会治理。

具体来说,合规计划书至少应具备以下几点。第一,“涉案企业应当设置与企业类型、规模、业务范围、行业特点等相适应的合规管理机构或者管理人员。合规管理机构或者管理人员可以专设或者兼理,合规管理的职责必须明确、具体、可考核”⑦,要明确合规管理组织架构,建立合规岗位责任制。第二,“涉案企业应当针对合规风险防控和合规管理机构履职的需要,通过制定合规管理规范、弥补监督管理漏洞等方式,建立健全合规管理的制度机制。”⑧合规管理的制度机制需要与分析出的违法违规行为的动因相匹配。第三,“涉案企业应当为合规管理制度机制的有效运行提供必要的人员、培训、宣传、场所、设备和经费等人力物力保障”⑨,在合规计划书中要明确承诺自身将投入的合规资源,为合规管理体系持续运转提供物质基础与保障。第四,“涉案企业应当建立监测、举报、调查、处理机制,保证及时发现和监控合规风险,纠正和处理违规行为”⑩,应建立违规行为举报与处理机制,从而在内部构建起风险防线。第五,“涉案企业应当建立合规绩效评价机制,引入合规指标对企业主要负责

⑦ 《合规建设、评估和审查办法》第7条。

⑧ 《合规建设、评估和审查办法》第8条。

⑨ 《合规建设、评估和审查办法》第9条。

⑩ 《合规建设、评估和审查办法》第10条。

人、经营管理人员、关键技术人员等进行考核”[11]，说明合规计划书应承诺将合规指标纳入涉案企业绩效考核的评定体系中，第三方组织也将合规绩效评价机制能否正常运行作为合规管理体系有效性的重点评估内容。

（二）落实合规计划，建设合规体系

1. 注重计划的可分解性

合规计划书不仅是涉案企业整改的计划，同时也是涉案企业向检察机关及第三方监督评估机构所作的具体承诺。《合规建设、评估和审查办法》第17条明确规定：“人民检察院对小微企业提交合规计划和整改报告的审查，重点包括合规承诺的履行、合规计划的执行、合规整改的实效等内容”。因此，合规计划书在制定之初就须考虑承诺履行与计划执行问题。具体到实务中，就是要求合规计划书本身能够分解为具体的合规目标，不同的目标依据其涉及的合规整改内容，明确整改目标达成的方式以及可量化的工作成果，并将整改的责任落实到涉案企业的具体个人，从而能够可视化地了解涉案企业合规整改的具体进度。如此一来就能对一个个具体的合规整改目标完成情况的把控，掌握整个合规整改计划执行的具体进度，随时对合规整改中的问题环节进行调整，减少合规整改工作的时间成本。合规计划的分解应当依据合规管理体系的层次进行有机划分，并确保能够与计划书的内容完全、完整对应，以便督促各责任人具体履行其整改责任，达到合规整改的实效。合规计划的分解与落实能够让涉案企业的主要管理人员参与到合规整改的过程中，加深其对于合规体系的理解，无形之中起到培育其合规意识的效果。

2. 整改成果应具有可视化

涉案企业的合规整改是否具有实效，是涉案企业能否通过检察机关及第三方监督评估机构的合规审查的重要标准。而实效反映在实务中就要求涉案企业的合规整改不能停留在纸面上，而应具有较强的落地性。比如，在笔者在承办的案件中，就重点提示企业：进行整改的合规管理制度应当根据企业的不同部门或者业务经营的不同端口悬挂于具体的办公场所；结合合规计划、合规要求的员工手册应下发至每一位员工手中；原本缺乏的风险管控环节，通过上线OA系统等方式增添合规审核流程；新制定的违规行为举报及处理机制有

[11] 《合规建设、评估和审查办法》第11条。

邮箱或者电话开通,或者建立专门的举报网站(对企业经济实力有要求);举行的合规培训有专门的记录存档并能够通过考试的形式使员工对合规的内容有更深的吸收;财务管理方面能使用新的专业财务软件,或者启动钉钉等软件辅助企业进行财务审核,严控财务舞弊风险。

整改成果的可视化与整改计划的分解密不可分,整改计划在分解到具体责任人时对于工作成果就应以可视化作为评价的标准。可视化是将合规管理体系与公司的业务及管理融为一体的重要方向,合规体系的运行与启动离不开一个个可以发挥实效的具体环节。在整改过程中分解合规整改计划,逐个目标实现可视化的整改成果,便能够以点带面,链条传动式地带动整个合规体系运行起来。

四、如何通过检察机关验收

(一)阶段性总结,主动汇报整改成果

涉案企业第三方监督评估机制是合规不起诉在我国本土化过程中,检察机关会同其他机关探索出来的重要制度创新。“2021 年 6 月,制定《第三方评估机制指导意见》,此后又接续制定实施细则、专业人员选任管理办法、合规建设审查评估办法等相关配套文件。2021 年 9 月,国家层面第三方机制管委会正式成立,并组建第三方机制专业人员库。各地同步推进第三方机制建设,截至 2022 年 12 月底,全国共建立 32 个省级管委会、319 个地市级管委会、1457 个县区级管委会,共有成员单位 18,000 余家。”⑫

而根据《第三方评估机制指导意见》第 12 条的规定,“第三方组织应当对涉案企业合规计划的可行性、有效性与全面性进行审查,提出修改完善的意见建议,并根据案件具体情况和涉案企业承诺履行的期限,确定合规考察期限。在合规考察期内,第三方组织可以定期或者不定期对涉案企业合规计划履行情况进行检查和评估,可以要求涉案企业定期书面报告合规计划的执行情况,同时抄送负责办理案件的人民检察院。”

因此,涉案企业在检察机关与第三方组织已经确定合规考察期之后,不仅应按期执行合规计划,还应在考察期内定期对企业的整改情况进行汇总,整理可视化的整改成果,主动向检察机关及第三方组织进行汇报。阶段性的整改

⑫ 《涉案企业合规改革两年来十大“争议点”》,载高检网,https://www.spp.gov.cn/llyj/202303/t20230309_607060.shtml。

汇报应凸显企业对违法违规行为的深入反思及对违规人员的处理结果，如已经对合规整改计划进行了分解，则应提交进度报告。通常合规计划书中会约定在具体的时间段内采取一定的整改措施或者达成一定的整改成果，在重要的时间节点将整改情况主动汇报，也有利于帮助企业及时了解整改过程中存在的问题并及时调整。

（二）重视《涉案企业合规检察建议书》及第三方工作意见，针对性补足、及时反馈

首先，高度重视检察机关的检察建议。《涉案企业合规检察建议书》是涉案企业整改过程中的方针、指引以及操作指南。检察建议书往往是检察机关在实地走访以后，根据企业的实际情况结合涉案情节提出的针对性建议。[13] 如在最高人民检察院发布的第三批企业合规典型案例中的案例一“上海Z公司、陈某某等人非法获取计算机信息系统数据案”中，检察机关“经走访座谈、办案调研，普陀区检察院发现，Z公司存在管理盲区、制度空白、技术滥用等合规风险，遂向Z公司制发《合规检察建议书》，从数据合规管理、数据风险识别、评估与处理、数据合规运行与保障等方面提出整改建议。Z公司积极整改，并聘请法律顾问制定数据合规专项整改计划”[14]，该案例中检察建议紧抓数据合规与信息科技，兼具实用性、专业性、前沿性。检察机关既对公司的涉案情况以及违法违规原因有深入的了解，又掌握涉案企业合规整改有效性的审查权，涉案企业务必高度重视检察机关出具的检察建议。企业在接到《涉案企业合规检察建议书》后，应立即进行自查与纠正，针对检察机关提出的专门意见逐条落实并主动汇报专项整改的成果。

其次，应高度重视第三方监督评估机构的意见。正如《第三方评估机制指导意见》第12条的规定，除了涉案企业主动阶段性汇报以外，第三方工作小组

---

[13] 照常理而言，《涉案企业合规检察建议书》应是制作合规计划书的重要参考，但就实践经验来看，检察机关发出检察建议书的时间往往在企业已经提交了合规整改计划书并且采取了一定的整改措施以后。21年早期各地检察机关在探索初期曾有过先作出相对不起诉决定再发出检察建议的尝试，此时合规计划书是能够按照检察建议书来制定的，但这样尝试的效果不尽如人意，遂被检察机关淡化。因此，实务中《涉案企业合规检察建议书》更多是在整改中期发挥重大作用，而不一定是作为整改初期的指导。

[14] 《涉案企业合规典型案例（第三批）》，载最高人民检察院网上发布厅，https://www.spp.gov.cn/xwfbh/dxal/202208/t20220810_570419.shtml。

也会定期、不定期地要求企业书面报告执行情况。在笔者承办案件的过程中,第三方监督工作组在成立以后便来到公司生产经营现场进行了实地的全面考察,就执行过程中存在的问题向公司提出了具有参考性和建设性的意见。笔者遂协助企业根据第三方工作组的意见,进行了针对性的补强与调整,并随即以书面的形式向第三方工作组汇报并反馈。在实务中,针对合规整改中企业存在的问题以及第三方工作组的意见,企业是否做到了"真整改",需要看企业是否践行了合规承诺,落地性能否满足遏制刑事风险的要求、有无堵塞管理漏洞等要点。此外,无论是企业主动汇报阶段性的整改成果抑或检察机关、第三方工作组要求企业进行汇报,企业在阶段性整改成果汇报中均应体现整改前后公司的治理结构对比、管理体系对比、制度建设成果对比,通过对比的方式凸显合规整改对企业在业务与管理方面带来的具体变化。

(三)研究合规审查标准,总结合规材料

根据《合规建设、评估和审查办法》第 14 条的规定:"第三方组织对涉案企业专项合规整改计划和相关合规管理体系有效性的评估,重点包括以下内容:(一)对涉案合规风险的有效识别、控制;(二)对违规违法行为的及时处置;(三)合规管理机构或者管理人员的合理配置;(四)合规管理制度机制建立以及人力物力的充分保障;(五)监测、举报、调查、处理机制及合规绩效评价机制的正常运行;(六)持续整改机制和合规文化已经基本形成。"涉案企业在临近合规整改考察期最后期限时,应当汇总企业的合规整改材料,并依据《合规建设、评估和审查办法》及《第三方评估机制指导意见》中对于合规管理体系有效性的具体要求,逐条自我评价并对整改薄弱的地方进行"抢救式"的补强。具体来说包括以下几点。

第一,企业应当保障已经对涉案的具体风险建立了识别与控制机制。譬如,因商业贿赂涉案的企业应确保对商业贿赂风险建立起识别与控制机制,如制定礼品与招待的实施细则、完善招待与报销的审核标准、对公司账户与现金支付严格控制,强化治理机构独立运行的能力。由此涉案企业得以通过制度建设从源头遏制商业贿赂的风险,压缩商业贿赂风险的生存空间。

第二,对违法违规行为进行处置。如前文所述,企业进行合规整改应以反思违法违规行为的成因并及时处理涉案责任人员为基础。企业可根据涉案责任人的具体情节,处以降级、解除职务、开除等处分。涉案企业对违法违规行为及行为人的处置宜通过公司大会、通告批评等方式进行公示与公开。

第三,满足合规管理机构与管理人员的正常配置。考虑到小微企业资源匮乏的实际情况,涉案企业可以简式合规为思路,确保有专门的合规官或者合规负责人,在合规管理体系框架内达到最低的人员配置要求。

第四,建立合规管理机制,满足人力物力保障。实践中,检察机关对于小微企业的整改困难给予了充分的理解,并会主动帮助小微企业纾困解难。涉案企业属于小微企业的,可在企业负担限度内提供合规管理体系的资源支持,如专门的合规办公室、合规负责人、专用于合规建设的经费,力求打造“小而全”的合规管理机制。

第五,保障监测、举报、调查、处理机制及合规绩效评价机制的正常运行。事实上,该条其实就是对涉案企业整改成果可视化的要求,譬如说违规行为的监测、举报、调查、处理机制的运行,至少需要企业有开通的邮箱、专门的电话、具体的负责人作为渠道。合规绩效评价机制的运行则应将合规表现以及是否有违规行为纳入公司的奖金以及职级晋升体系中,如表彰在合规整改过程中具有突出表现的员工、处分没有按照时限完成预期整改目标的具体责任人等,此外,表彰与处分的材料也应以书面或者其他可视的形式予以提交。

第六,保障持续整改机制和合规文化已经基本形成。其中,持续的整改机制主要依托于该企业内部合规管理体系已经能够运行,能够自我识别企业内部的风险。持续的合规整改机制需要依托前述五个要素共同合力。合规文化的基本形成,则至少要求企业内部具有合规文化的载体,如印发的员工手册、制度上墙、宣传栏,同时要求企业的领导人通过会议或者讲话等形式在企业内部反复宣贯。

企业合规业务的基本争议及其评析

——以律师开展企业合规业务为视角

杜连军　褚智林

合规业务在我国正蓬勃兴起。企业合规(corporate compliance)又称合规计划(compliance programs)、合规(compliance),这些概念内涵基本相同,含义较为多元,但基本在两个角度上使用:一是作为企业管理的目标,实现企业遵守规范;二是为企业建立起能够遵守规范、控制合规风险的管理体系。

随着最高人民检察院大力推行企业合规制度改革,近来无论是理论界还是实务界均高频率地出现了"刑事合规"的概念和相应的律师业务。但是因为合规舶来品的性质及我国企业合规的改革尚在探索之中,学者及实际开展合规业务的律师对于如何理解合规,怎么为企业提供合规服务均存在一定程度上的分歧,我们尝试着结合已经和正在开展的企业合规业务经验,以律师开展企业合规业务为视角,就企业合规概念及如何为企业提供合规服务分享一些心得。

一、"合规"还是"刑事合规"

(一)"合规"概念源流的角度

首先,考察"合规"概念的源流,"刑事合规"是德国学者从刑事激励措施角度研究合规时"独创"出的表述,德国学者托马斯·罗什也坦承"在狭义上刑事合规这一概念最初并不存在。"事实上,合规计划的"规"不仅包括刑事法律,还包括行政法规、行业准则、商业伦理等;合规计划的激励措施既包括刑事处罚的从宽,更包括行政处罚甚至民事责任的减免。由于刑法是其他法的保障法,所以刑事处罚从宽的激励措施是终极性的,因此,德国学者才从刑事激励措施的角度称之为"刑事合规"。如果单纯从刑事法的角度看待合规,那么"刑事合规"只是合规的一种表现形式。我国法学界最早引入企业合规的是刑法学者，由于我国刑法学在学术传承上对德国刑法的偏好，所以“误打误撞”地使用了“刑事合规”的表述。[①]

（二）规范性文件的角度

其次，当前论证我国“刑事合规”概念的规范性文件中使用的也是“企业合规”“涉案企业合规”等概念，并没有单独区分或限缩合规的概念。

2021 年 4 月，最高人民检察院下发的《关于开展企业合规改革试点工作的方案》，由原来的 6 个基层院试点扩大至 10 个省和直辖市。2021 年 6 月 3 日，最高人民检察院等九个部门印发的《关于建立涉案企业合规第三方监督评估机制的指导意见（试行）》（以下简称《第三方评估机制指导意见》）中第 1 条规定：“对符合企业合规改革试点适用条件的，交由第三方监督评估机制管理委员会（以下简称第三方机制管委会）选任组成的第三方监督评估组织（以下简称第三方组织），对涉案企业的合规承诺进行调查、评估、监督和考察。考察结果作为人民检察院依法处理案件的重要参考。”其中第 4 条还规定：“对于同时符合下列条件的涉企犯罪案件，试点地区人民检察院可以根据案件情况适用本指导意见：（一）涉案企业、个人认罪认罚；（二）涉案企业能够正常生产经营，承诺建立或者完善企业合规制度，具备启动第三方机制的基本条件；（三）涉案企业自愿适用第三方机制。”由此可见，目前大谈特谈的“刑事合规”的规范依据反而不能体现“刑事合规”这一独立概念。

（三）律师开展合规业务的角度

最后，从律师开展合规业务的角度出发，客户的需求通常是整体和复合性的，单独对刑事责任的规避和预防并不足以支撑刑事合规业务作为单独的一项律师服务。

目前所谓的刑事合规法律服务中诸如一般刑事合规、特定问题刑事合规和预期刑事调查合规服务[②]，实际和刑事律师在合规概念兴起之前就已经开展的专项法律咨询、刑事控告等法律服务没有本质区别，甚至针对预期刑事调查提供的所谓合规法律服务本身就存在合规风险。律师目前为企业开展合规业务中具备一定独立性的业务主要是合规管理体系建设，为企业搭建成熟的合规管理体系要求律师系统、全面识别企业活动、产品、服务所产生的合规义务，

① 参见李勇：《企业合规需要重塑治理模式》，载《检察日报》2021 年 10 月 14 日，第 3 版。

② 参见阚吉峰：《开展刑事合规业务的思考》，载《中国律师》2021 年第 5 期。

并评估其对组织产生的影响。[③] 这一系统识别、梳理合规义务的过程,当然会基于《刑法》及相关司法解释为预防产生刑事责任这一重大合规风险而对企业经营情况进行全面审查。

梳理基于《刑法》产生的合规义务并非合规体系建设的全部。例如,笔者目前在为某生产型企业提供安全生产合规的合规管理体系建设服务,这一安全生产领域的合规管理体系建设当然要求能够防止企业生产经营出现《刑法》第二章、第三章、第六章等如重大责任事故罪、危险作业罪等大致 18 个罪名的刑事法律风险,但同时也要关注 GB/T 33000—2016《企业安全生产标准化基本规范》这一国家标准中体现的对企业安全生产的其他重要合规要求,要努力降低企业出现重大责任事故的概率,避免罚款及责令停产停业等严重行政处罚。

同时,仅仅将眼光停留在企业可能面临的刑事责任上为企业设计合规管理体系肯定是片面且难以操作的。例如,笔者正在进行的安全生产合规管理体系建设工作中,按照相关法律及国家标准要求需要协助企业建立或完善"设备设施规范化运行管理制度",并重点检查企业是否对设备设施进行规范化管理,是否建立设备设施管理台账。设备设施管理台账的管理及记录制度完备与否似乎与企业是否会因不合规而受到刑事追究相去甚远。但这一制度的建立作为生产现场安全管理体系的一环却必不可少,从整体上看有助于降低事故发生概率,降低严重合规风险发生的可能性。但是如果只进行所谓的"刑事合规"则可能"一叶障目",对律师为企业提供合规管理体系建设服务也缺乏系统性和可操作性的指引。

需要重点说明的是,当前讨论得如火如荼的刑事合规不起诉的服务,实际仍然属于刑事辩护服务的范畴,辩护律师按照《第三方评估机制指导意见》第 10 条申请适用企业合规试点以及第三方机制与申请适用认罪认罚从宽制度或提出无罪辩护的意见没有本质区别,都是辩护人为当事人争取无罪、罪轻的辩护手段之一。同时,现在的刑事合规不起诉所适用的法律依据依然是《刑事诉讼法》第 177 条第 2 款的酌定不起诉。因此,即使是从最狭义的合规不起诉角度,也难以论证"刑事合规"作为律师业务的独立性。

---

③ ISO 37301:2021《合规管理体系要求及使用指南》4.4。

二、事前“全面合规”还是事后“专项合规”

我国目前对于企业合规制度改革及合规的激励机制，主要在于最高人民检察院主导推进改革的涉案企业合规不起诉制度，涉案企业如果能够在考察期内建立起有效的合规计划则能够对企业所涉犯罪作出不起诉处理。由此可见，律师开展合规服务，就产生了事前合规，即企业被立案追究刑事责任之前的合规服务；事后合规，即企业为实现合规不起诉，在审查起诉阶段有效建立合规计划并通过检察机关或第三方监管机制的验收，从而获得不起诉处理的合规服务。

而无论是事前合规还是事后合规，实际都涉及为企业建立起合规管理体系的内容，而对于事前合规和事后合规的联系和区别，以及事后合规如何开展，无论是学界还是律师实际开展合规业务中均存在诸多争议。特别是目前有相当数量的学者、律师认为事后合规是仅针对避免企业再次犯罪而进行的专项合规，与事前的全面合规是完全不同的业务。我们认为这种理解有失偏颇，也不利于我国合规业务的长远发展。

笔者认为准确理解合规业务的“事前”、“事后”以及是“全面”还是“专项”，有赖于以下两个对合规业务开展的认识。

（一）事前合规以产生刑事责任的合规风险评估与控制为主导

合规管理体系建设的服务作为事前合规服务中一项独立性较强，且需具备一定实践积累和国际经验的律师业务正在我国蓬勃开展。而为企业提供“合规管理体系建设”服务不仅按照相应的标准和准则，而且以产生刑事责任的合规风险评估和控制为主导。这也是为何“刑事合规”概念在我国如此有生命力的内在原因。

ISO 37301:2021《合规管理体系要求及使用指南》（以下简称《37301 合规指南》）附录 A. 4. 6 阐明：“合规风险评估构成了合规管理体系实施的基础，也是分配适当和充足的资源和过程以便对已识别的合规风险进行管理的基础。”

合规风险的评估主要包括合规风险的“识别”、“分析”和“评价”三个步骤。[4] 合规风险的识别以对合规义务的系统性归纳为主。《37301 合规指南》

---

④ ISO 37301:2021《合规管理体系要求及使用指南》第 4. 6 条。

在附录 A. 4. 5 条中建议:“组织宜采取基于风险的方法,即组织宜首先识别出与业务相关的最重要的合规义务,然后关注其他合规义务”,即遵循“帕累托原则”识别合规义务。[⑤] 而何为最重要的合规义务,毫无疑问主要应指基于《刑法》及相关司法解释产生的可能导致追究刑事责任的合规义务。

同理,在合规风险的评价中,评估合规风险的高低主要也是着眼于是否会产生刑事责任,以及刑事责任的大小。例如,在中国国际贸易促进委员会商业行业分会发布的《合规风险识别、评价与控制指引(征求意见稿)》(T/CCPITCSC XXX—2018)中合规风险评价的一个重要指标就是“对合规风险严重程度的衡量”,该团体标准(征求意见稿)第 8. 3. 2 条规定,衡量标准因风险的不同而不同、因组织的具体性质和大小而异。常见的衡量标准包括但不限于以下内容:(1)是否会触发刑事责任;(2)经济损失大中小的阈值分别是什么;(3)给组织造成名誉损失的可能性大小。

由此可见,以对合规风险进行识别、分析、评价和控制为基础的合规管理体系之中,重点梳理会产生刑事责任的合规义务,和注重可能会产生的刑事责任的合规风险,是整个合规管理体系建设的重中之重,甚至处于合规服务的核心地位。在此意义上,“刑事合规”的主要思想其实本身也就暗含在合规概念之中,即以合规管理体系建设为代表的事前合规工作是以产生刑事责任的合规风险评估与控制为主导的。

(二)事后合规的体系化整改与针对性整改的争论并无实际分歧

在涉案企业的事后合规方面,需要企业在专业人员的协助下建立起合规计划以达到“防止再次发生相同或者类似的违法犯罪”的效果。合规计划的内容,根据《第三方评估机制指导意见》第 11 条规定:“涉案企业提交的合规计划,主要围绕与企业涉嫌犯罪有密切联系的企业内部治理结构、规章制度、人员管理等方面存在的问题,制定可行的合规管理规范,构建有效的合规组织体系,健全合规风险防范报告机制,弥补企业制度建设和监督管理漏洞,防止再次发生相同或者类似的违法犯罪。”可以看出事后合规的合规计划在具体呈现的工作成果上基本等同于事前合规中的合规管理体系。例如,江苏省律协出台的《律师从事合规法律服务业务指引》中对合规管理体系的定义就是“指根

⑤ 国际标准中提到的帕累托原则,含义接近于中文语境中的“二八定律”,强调合规管理体系的建设优先着眼于评估和控制可能产生的最严重合规风险等“主要矛盾”。

据结合公司实际情况建立的一套以有效防控合规风险为目的，以企业和员工经营管理行为为对象，开展包括制度制定、风险识别、合规审查、风险应对、责任追究、考核评价、合规培训等有组织、有计划的管理体系。”

而针对事后合规的合规计划在合规整改方面的目的和具体内容，我国法学界和实务界目前存在着两种具有竞争性的观点：一是体系化整改说；二是针对性整改说。前者坚持一种建立合规管理体系的思路，将体系化的合规整改视为发现和预防犯罪再次发生的基本目标。与体系化整改说不同，针对性整改说则坚持认为，企业合规整改并不是要引入一套完整的合规管理体系，而是要针对犯罪原因作出有针对性的制度纠错和补救。⑥ 这实际就是合规业务开展的全面合规还是专项合规之争。

此外，还有论者进一步强调：“建立合规管理体系是企业基于增强商业竞争力而采取的治理方式，而检察机关没有必要做这方面的工作，只要督促企业采取必要的制度补救工作，有效地预防了犯罪行为的再次发生，就达到合规整改的目的了。”⑦

所谓的针对性整改说似乎认为企业事前进行的带有日常性质的合规管理体系就是一种大而空、泛泛而谈的制度建设，不具有针对性。如前所述，单纯着眼于避免刑事责任的合规体系建设反而难以实现对产生刑事责任的合规风险的有效评估和控制。同时按照体系化整改说进行全面合规并不等同于面面俱到。在合规业务开展实践中，“全面合规风险管理项目应划分为若干专项合规风险管理项目，同步进行。也可以逐个进行各专项合规风险管理项目，有序推进，从点到面，最终完成全面合规风险管理项目。”⑧这也是《37301 合规指南》所强调的“帕累托原则”的应有之义。

综上所述，无论是事前合规还是事后合规，也不管是全面合规还是专项合规的争议，实际并不存在本质差异，两组概念在合规业务开展上也绝非对立关系。事前合规中的合规管理体系建设看似从概念上大而全，但是律师在为企业搭建合规管理体系上从来都是有所侧重的，会针对企业具体的活动、产品和服务有针对性地识别合规风险，并建立相应的合规风险评估与控制机制。例

⑥ 参见陈瑞华：《企业有效合规整改的基本思路》，载《政法论坛》2022 年第 1 期。

⑦ 参见石磊、陈振炜：《刑事合规的中国检察面向》，载《山东社会科学》2020 年第 5 期。

⑧ 郭青红：《企业合规管理体系实务指南》，人民法院出版社 2020 年版，第 110 页。

如，针对销售类企业重点可能放在反腐败、反商业贿赂的合规管理体系搭建上，针对生产类企业则重点放在安全生产的合规管理体系搭建，非重点领域的合规风险，则按照《37301 合规指南》建议，遵循"帕累托原则"，逐步增加合规资源的投入，进而达到有效全面控制企业面临的合规风险。

有效的事前合规就应当具有有效预防企业犯罪的功能。因此，对于事后合规中，在合规不起诉制度中所要求搭建的企业合规管理制度与事前的合规体系建设实际是联系在一起的，由于在诉讼程序中用于考察的时间有限，所以事后合规的表现通常是事前合规体系建设的"简略版"，是遵循"帕累托原则"搭建企业合规管理体系的初步成果。

三、律师开展合规管理体系建设工作的基本思路

（一）建设什么——合规管理体系建设不能简单等同于为企业建章立制、查缺补漏

关于合规管理体系建设的诸多参考性文件，如《37301 合规指南》、GB/T 35770—2017《合规管理体系指南》、GB/T 35770—2022《合规管理体系要求及使用指南》[⑨]、《中央企业合规管理指引（试行）》、《中央企业合规管理办法》，对于合规管理体系建设的要素的诸多要求并非强制性的，而是要求企业在考察相关制度环境、利益诉求下作为参考。有论者对相关参考文件做了归纳，认为企业合规管理体系应包括十三个构成要素，即合规方针、合规组织、合规风险管理、合规制度与流程、合规审查、合规管理评估、合规审计、合规考核与评价、合规宣传与培训、违规管理与问责、合规计划与合规报告、合规管理信息系统以及合规文化。[⑩]

《37301 合规指南》附件 A. 4. 4 中对合规管理体系的具体提示是："合规管理体系是一个框架，该框架是基本架构、方针、过程和程序的有机组合，其目的是实现预期的合规结果，并发挥作用以预防、发现和应对不合规行为。"《37301 合规指南》附件 A. 4. 6 提示："合规风险评估（识别、分析、评价）构成了合规管理体系实施的基础。"

结合上述，我们可以简单地归纳出合规管理体系建设的具体建设内容，即

⑨ GB/T 35770—2017《合规管理体系指南》于 2022 年 10 月 12 日被 GB/T 35770—2022《合规管理体系要求及使用指南》代替，但前者在合规管理体系建设方面，仍有不少值得参考的内容。

⑩ 参见郭青红：《企业合规管理体系实务指南》，人民法院出版社 2020 年版，第 36 页。

为企业搭建以合规风险评估为基础，以实现预防、发现、应对合规风险为目的的管理体系框架。其中合规方针、合规组织、合规风险管理制度（主要是合规风险的评估及控制制度）、相应的流程机制等共同成为合规管理运行的主要内容，而合规管理评估、考核、宣传、信息系统、合规文化等均属于对合规管理保障的主要内容。

因此，将合规管理体系建设简单等同于为企业建章立制，在现有制度框架下的查漏补缺有以偏概全之嫌，且属于依然延续着传统被动地为企业提供咨询服务的思路去理解合规业务；未考虑企业风险管理的现代视角；没有考虑合规法律服务属于一种主动性法律服务的性质，恐怕难以适应时代的发展和合规业务的内在要求。

（二）如何建设——搭建必要基础结构、系统梳理合规义务、有效管控合规风险、持续改进形成“PDCA”循环

《37301 合规指南》附件 A. 4. 4 对于合规管理体系的阐释中实际已经指明了合规管理体系建设的基本方法及步骤。通常，合规管理体系框架具有结构性特征：先建立必要的基础结构，而在其基础上构建该合规管理体系。该合规管理体系需要通过方针、过程和程序的实施来使其运行，且对其进行维护和持续改进。

合规管理体系包含诸多要素。其中某些要素是为满足预期要求而设计，某些要素用于防止非预期行为而设计，而某些要素用于监视组织的合规绩效或在发生不合规情况时提出警告。

合规管理体系不可避免错误的发生，但有相应的过程对错误做出适当的反应，包括对过程、体系和受影响方的补救。

同时 GB/T 35770—2017《合规管理体系指南》的国家推荐标准也给出了合规管理体系流程图⑪，有助于理解上述方法及流程，详见图 1：

---

⑪ 需要说明的是，ISO 37301：2021《合规管理体系要求及使用指南》在前言部分将流程图替换为要素图，但基本内容和精神没变，因此虽然 GB/T 35770—2017《合规管理体系指南》等同适用的 ISO19600 标准已经被替代，但该流程图仍具有说服力。

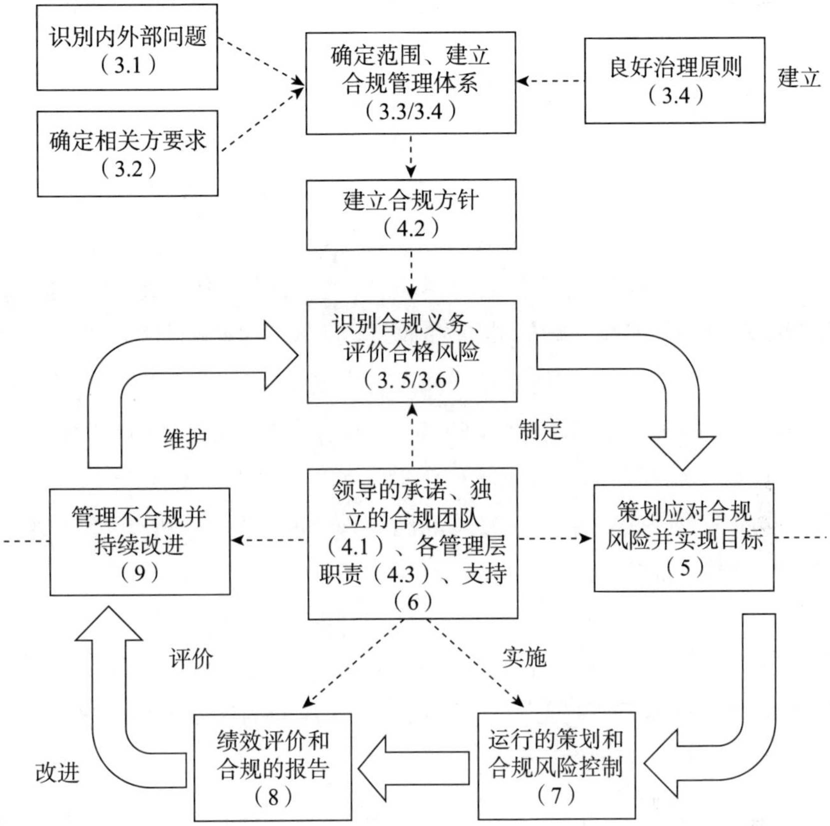

图1　合规管理体系流程

简单概述按照上述指引，律师为企业搭建合规管理体系的4个必不可少的规定动作如下。

1. 搭建必要基础结构

合规管理体系服务于企业所设定的合规方针和目标，而如何确立好合规方针目标，以及在企业的多大层面上建立起合规管理体系，需要律师协助企业的管理层“识别内外部问题”和“相关方要求”，即考虑企业商业模式特征、法律和监管环境的变化、所在地区社会、文化、环境背景等以及管理层及其他合规管理体系牵涉的各方利益诉求，综合考虑在企业多大范围建设、建设的目标是什么等合规管理体系建设的前提问题。

企业在此基础上搭建其独立的合规团队、并赋予不同层级合规人员相应职责,并提供人、财、物等必要的资源支持,实现搭建合规管理体系的必要基础结构。

2. 系统梳理合规义务与评估合规风险

如上所述,合规管理体系建设实施的基础是对合规风险的评估,而合规风险就是“不符合组织合规义务而发生不合规的可能性及其后果”。[12] 由此可见,合规义务是足以贯穿整个合规管理体系建设全流程的核心概念。

对此,《37301 合规指南》在附件 A. 4. 5 中进一步阐释:“组织宜将合规义务作为建立、发展、实施、评价、维护和改进其合规管理体系的基础。”由此可见,合规义务对于合规管理体系建设属于重中之重。

同时《37301 合规指南》4. 5 条强调“组织应系统识别其活动、产品、服务所产生的合规义务,并评估其对组织产生的影响”。由此可见,对于合规义务的识别并非简单地查找法律及相关规范性文件,而是形成一种能动、系统化的“合规义务识别机制”。

企业合规管理体系建设的核心目标是建设“基本架构、方针、过程和程序的有机组合”能够有效评估并控制合规风险。只有对合规义务的识别更加全面和准确,并且能够形成持续更新的机制,合规风险的有效评估和接下来对合规风险的控制才具有可操作性。

合规一定程度上可以被认为是“遵守法律”的放大版。系统化地识别合规义务也成了合规业务作为律师开展的法律业务的本体所在,也是律师与其他中介机构如会计师事务所、企业咨询公司开展企业合规工作的区别及优势所在。

律师基于其长期的法律实践和与监管机构、执法机关打交道的经验,能够更加准确地识别企业的活动、产品、服务所牵涉的合规义务,并能更准确地理解合规义务所可能引发的合规风险。刑事律师对于企业面临的各种合规风险感知更深,号脉更准,设计的合规管理体系可能更具针对性。

3. 有效管控合规风险

在合规管理体系具备相应的基础结构,并且能够全面识别出合规风险之后,就需要完成对合规风险的具体处置,这也是建设合规管理体系的直接

---

[12] ISO 37301:2021《合规管理体系要求及使用指南》3. 24。

目的。

合规风险的应对措施，只能是规避、消除和降低风险，具体包括：(1)决定停止或退出可能导致风险的活动以规避风险；(2)消除具有负面影响的风险源；(3)消除风险事件发生的可能性；(4)降低风险事件发生的可能后果。

企业合规风险具体应对举措包括多种类型⑬，详见表1：

表1　企业合规风险应对举措

序号	合规风险类型	内容
1	资源配置类	设立或调整与合规风险应对相关的机构、人员，补充经费或风险准备金等
2	制度、流程类	制定或完善与合规风险应对相关的制度、流程
3	标准、规范类	针对特定合规风险，编写标准、规范等文件，供相关人员使用
4	技术手段类	利用技术手段规避、降低或转移某些合规风险
5	信息类	针对某些合规风险事件发布预警信息
6	活动类	开展某些专项活动，规避、降低或转移某些合规风险
7	培训类	开展合规风险培训与宣传，提高相关人员的合规风险意识与合规风险管理技能

其中对于上述标准、规范类、培训类的合规风险，律师在协助企业开展合规风险控制的过程中，实践中往往会存在与企业具体业务操作的分工问题。

以笔者目前正在负责的某企业安全生产合规管理体系建设的项目来看，这一问题格外突出，按照《安全生产法》及《企业安全生产标准化基本规范》(GB/T 33000—2016)等有关规范性文件及国家标准的要求，企业应编制齐全适用的岗位安全生产和职业卫生操作规程、定期识别安全教育培训需求，制定、实施安全教育培训计划，并保证必要的安全教育培训资源。

诸如该类内容，律师为企业开展安全生产合规管理体系建设是否须要亲自编写具体的安全生产的操作规程和开展相应的安全生产专业技能的培训，就存在较大争议。笔者认为，上述内容显然属于安全生产操作技能、安全技术知识的内容，已经不属于合规的工作。合规属于遵守法律的升级和放大版，合规律师应当发挥其法律专家的作用，重在为企业完成合规义务的系统梳理、合

⑬　参见郭青红：《企业合规管理体系实务指南》，人民法院出版社2020年版，第102页。

规风险的评估以及提出控制合规风险的具体建议，最多为企业编制《安全生产合规手册》，对合规风险进行提示。

而编制《安全生产合规手册》与安全生产合规义务所要求的《岗位安全生产和职业卫生操作规程》完全不同。前者更多的还是体现《安全生产法》全员生产责任制的有关内容，提示生产企业主要负责人、从业人员编制和修改《岗位安全生产和职业卫生操作规程》的时间节点，如“新技术、新材料、新工艺、新设备设施投入使用前”需要对安全生产的操作规程进行针对性修订；对操作规程须要达到的法律标准和国家标准进行提示。律师实际对企业具体的生产技术方法、具体的安全生产操作知识并不具有实际经验和专业背景，具体操作规程中如生产管线搭设的技术方法、工业合成的技术路线改进，不应是，也不可能是合规律师的工作。

4. 持续改进合规管理体系，形成 PDCA 循环

合规管理体系与其他企业管理体系一样，都要遵循持续改进原则。合规管理体系建设并非识别出合规风险并实施了相应的控制措施就宣告结束。合规管理体系建设在实现合规风险的评估和控制的全过程中要遵循企业管理的 PDCA 循环方法，实现企业合规管理制定（plan）、实施（do）、评价（check）、维护（act）的循环，使得企业对于合规管理的资源投入、组织架构、合规义务的识别、合规风险的评估和控制等内容能够一直保持动态更新，能够让合规管理体系持续运转更新，长久实现控制合规风险、降低不合规行为发生概率，使得企业合规管理体系具备旺盛的生命力。

刑事律师参与企业合规计划的双重维度

——兼论刑事非诉业务的发展

杜连军　褚智林

随着经济全球化的发展,西方法律制度中的"合规"法律服务逐渐传入我国,特别是在律师业务的发展过程中被逐渐重视起来。处理刑事风险的合规业务在律师的合规业务中最为特殊也相对独立,被视为刑事非诉业务的新发展,其具体模式就是在刑事指控来临之前,律师帮助公司、企业及其高管进行相关调查,诊断法律风险,依法化解可能面临的刑事追诉,提出应对刑事调查的具体方案。对于这种发生在刑事诉讼程序启动之前的法律服务,律师界一般称为"刑事合规业务"。[①] 那么作为律师,特别是刑事律师对于如何具体开展"刑事合规"业务,需要进行实践的概括和理论上的反思。

一、合规计划概念与发展

(一)合规计划的历史发展

在西方国家,基于对传统单一地依靠刑法进行的企业犯罪防控模式的反思,国外刑法学界提出了"合规计划"(compliance program)的概念。简单来说,合规计划就是通过量刑激励,由企业或者其他组织体在法定框架内,结合组织体自身的组织文化、组织性质以及组织规模等特殊因素,设立一套违法行为和犯罪行为预防、发现及报告机制,从而达到减轻或免除责任的目的。[②]

以美国为例,1991 年美国量刑指导委员会颁布了《量刑指南》,并且直到 2015 年已经颁布了 5 个备忘录对其不断进行修正,旨在鼓励企业设立有效的合规计划防止企业出现刑事犯罪行为。联邦法官现在也被要求在确定量刑之

---

① 参见陈瑞华:《"体检式刑事法律服务"的兴起》,载《中国律师》2018 年第 1 期。

② 参见李本灿:《企业犯罪预防中合规计划制度的借鉴》,载《中国法学》2015 年第 5 期。

前,考虑企业合规计划的质量与效果,即合规计划是否能防止和监测违反法律的行为。如果企业实施了有效的合规计划,将给予激励,主要表现为刑罚的显著减免或者暂缓起诉、不起诉等;如果企业不存在有效的合规计划,罚金刑最高可达400% 。③

此外,美国对于合规计划的重视也逐渐扩展至其他领域。1991 年美国环境保护署(EPA)宣布将在作出处罚决定前考虑企业是否存在有效的合规计划,甚至在民事程序中公司、企业也被要求执行内部合规计划。④ 由此可见,是否有有效的合规计划及其实施的程度被认为是衡量一个企业是否应受惩罚的合理标准。⑤

在立法上,继美国之后,很多国家在法律中规定了合规计划。在德国,旨在预防犯罪的合规计划主要设立在金融机构里,《反洗钱法》要求金融机构建立旨在防止洗钱行为的适当的保护和控制机制;意大利于 2001 年制定了包含合规计划的《231 号法令》,并规定了合规管理体制的五项标准;在挪威,考量是否对企业实施追诉时的一个要素是企业是否具有防止犯罪的合规措施。此外,澳大利亚《联邦刑法典》以及英国的《贿赂罪法》都有关于合规计划的规定。⑥

由此可见,通过量刑激励促进企业设立合规计划,以此来控制企业犯罪、金融犯罪等"白领犯罪"的发生,已经成为世界的潮流和趋势。

(二)合规计划在中国面临的发展与挑战

随着我国社会主义市场经济的深化改革,企业高层贪腐问题以及企业犯罪问题日益成为我国突出的法律问题和社会问题。而在当今经济全球化、国际司法协助日益密切的背景下,在我国引入合规计划的治理模式,由律师为公司、企业等开展刑事合规法律服务有其必要性和必然性。

---

③ 参见李本灿:《企业犯罪预防中合规计划制度的借鉴》,载《中国法学》2015 年第 5 期。

④ See Robert S. Bennett, Hilary Holt LoCicero & Brooks M. Hanner, *From Regulation to Prosecution to Cooperation: Trends in Corporate White Collar Crime Enforcement and the Evolving Role of the White Collar Criminal Defense Attorney*, The Business Lawyer, Vol. 68:2, p. 411 – 438 (2013).

⑤ See Richard S. Grunter, *Risk and Response: Organizational Due Care to Prevent Misconduct*, 39 Wake Forest Law Review, p. 613 – 614 (2004).

⑥ 参见李本灿:《企业犯罪预防中国家规制向国家与企业共治转型之提倡》,载《政治与法律》2016 年第 2 期。

然而我国缺乏合规的文化，也缺少诸如量刑激励的制度基础。如果直接仿照西方国家在公司、企业中实施合规计划，在我国会出现水土不服情况，无法有效开展。因此，被普遍认为是刑事非诉业务的刑事合规业务在我国的适用必须结合中国独特的制度环境和法律基础有所发展、有所创新。

二、实体维度——刑事律师参与下的合规指引与审查

一般认为刑事辩护属于"治疗式法律服务"，而刑事合规则属于"体检式法律服务"，⑦属于刑事辩护业务的重要延伸，旨在在刑事诉讼程序启动前，帮助公司、企业等分析和防范潜在的刑事追诉风险，具有预防性与前置性。⑧ 笔者认为，这种"体检式法律服务"便是刑事律师参与合规计划的第一重维度，即在实体刑法层面指引公司、企业及相关人员在日常经营活动中不触犯刑法、牵涉犯罪。

（一）合规指引

企业在日常经营过程中，什么能做什么不能做，特别是做什么会牵涉犯罪，需要专业的刑事律师进行全程指导。律师为那些尚无明显刑事法律风险的公司，展开合规培训，发现公司、企业章程规范方面的法律漏洞，发现公司、企业的经营或交易行为中的刑事法律风险，在公司、企业设立、投资、经营、交易等各个方面提出避免犯罪的建议。⑨ 而作为刑事律师，其具体的工作可以包括以下内容。

1. 为企业建章立制、培训辅导，以培育成熟的合规文化

刑事合规中的培训旨在帮助企业形成成熟的合规文化。在合规计划发展成熟的国家，会识别独特的企业文化，并且在定罪前要求审查这种文化，只有鼓励非法行为，或未积极阻止犯罪行为的企业，才应承担刑事责任。⑩ 例如，澳大利亚 1995 年的《联邦刑法典》中就规定，如果企业内部存在引导、鼓励、容忍或者导致违反法律规范的企业文化，或者企业未能建立并保持要求遵守法律的企业文化，就可以认定企业具有犯罪的故意或者过失。⑪ 因此，西方国家判断合规计划是否有效实施的一大重要标准就是合规计划是否能够"发展企业

---

⑦ 参见陈瑞华：《"体检式刑事法律服务"的兴起》，载《中国律师》2018 年第 1 期。

⑧ 参见陈瑞华：《刑事辩护的艺术》，北京大学出版社 2018 年版，第 348 ~ 349 页。

⑨ 参见陈瑞华：《"体检式刑事法律服务"的兴起》，载《中国律师》2018 年第 1 期。

⑩ See Philip A. Wellner, *Effective Compliance Programs and Corporate Criminal Prosecutions*, 27 Cardozo Law Review 497, p. 522(2005).

⑪ 参见周振杰：《惩治企业贿赂犯罪合作模式之提倡》，载《云南社会科学》2016 年第 4 期。

文化,促进道德行为,且承诺遵守法律”[12]。

2. 在具体经营过程中,为企业的特殊经营事项出具合规调查意见

企业经营在拓展创新业务,如互联网金融、P2P下载软件、区块链技术等时,由于伴随着新技术、新模式,难免会因为对法律不熟悉而触犯了刑法的“红线”,而在上市公司之间进行的复杂的股权交易、信托投资等商事交易中,也往往会牵涉金融类犯罪,这就需要专业的刑事律师进行分析研判,并出具法律意见书,为企业的正常经营保驾护航。

(二)内部调查

在企业日常经营中,在外可能面对交易相对人的欺诈、诋毁商誉等行为,需要通过刑事手段维权;在内若企业内部人员监守自盗,挪用或侵占公司财物,也需要独立第三方调查、处理并代为向公安司法机关报案。由刑事律师开展的刑事尽职调查——内部调查将是刑事非诉化业务发展的一个重点方向。

通常认为聘请独立的律师来进行内部调查有两大好处:第一,聘用外部律师使得调查结果更加可信,企业内部人士的经济利益与整个调查的最终结果息息相关,因而往往不够中立。第二,由于律师与当事人保密特权和工作成果保护机制的存在,启用外部律师可以有效地阻止调查备忘录、报告、结论这些内部文件非自愿地披露给包括政府部门在内的第三方。[13] 因此,内部调查已经成为合规业务的核心。[14]

按照西方国家比较成熟的内部调查做法,一般有以下5个方面需要考虑:(1)初步分析(initial concerns):拟定清晰的调查计划以精确调查范围,获取有效信息,以及在调查过程中完整地保存证据。[15] (2)信息披露(disclosures):调查结果披露时间和方式需要具体分析,若一开始就披露会造成误解,在内部调查结束后才披露会削弱配合政府调查的积极表现。(3)重要文件的重新审视(document review and interviews):对于重要的文件的价值需要重新评估,因为内部调查援引的重要文件之后可能会被公安司法机关调取,这需要专业的律

---

[12] U. S. Sentence Guidelines Manual § 8 B2. 1 (a) (2004)。

[13] See Lucian E. Dervan, *International White Collar Crime and the Globalization of Internal Investigations*, 39 Fordham Urban Law Journal, p. 361 – 367(2012).

[14] See Lucian E. Dervan, *International White Collar Crime and the Globalization of Internal Investigations*, 39 Fordham Urban Law Journal, p. 361 – 367(2012).

[15] 参见陈可倩、龚自力:《白领犯罪前沿问题——白领犯罪国际研讨会会议综述》,载《交大法学》2016年第2期。

师进行风险评估。(4)对其他诉讼程序的影响(parallel proceedings):律师还要评估披露特定的信息对平行程序的影响。潜在的诉讼对手会在民事诉讼或者行政程序中接触到特定的信息,进而对公司、企业不利。(5)补救方案(remedial efforts):律师在进行内部调查之后需要给出具体的方案,帮助委托人化解具体的刑事风险。⑯

三、程序维度——刑事律师帮助下的程序应对与风险管理

在中国独特的刑事诉讼制度及司法实践中,刑事律师所能提供的合规服务远不止"定期体检"式的法律服务。在刑事律师参与下,实施合规计划还可以为企业提供刑事风险的"保险",可以有效降低企业、相关人员未来牵涉刑事诉讼程序带来的不利影响,更好地应对刑事调查,此时律师的定位更像是值班律师一样的"法律急诊医生""法律援助引导员"。⑰

(一)预期刑事程序危险的应对

首先,帮助当事人应对预期到来的刑事调查程序是刑事律师在程序维度参与刑事合规计划的最基础工作。特别是白领犯罪的当事人对刑事追诉程序的法律和实践不完全了解,刑事律师可以向客户讲解可能涉及的罪名以及相关的量刑规则;帮助客户熟悉刑事诉讼程序的流程;帮助客户鉴别常见的非法侦查手段,尤其是应对非法讯问的基本策略;协助客户分清无罪证据与有罪证据,并做对无罪证据的保全工作,以避免侦查人员立案后将全部证据材料予以扣押,以至于可能陷于有理说不清、有证无处取的困境。⑱

其次,我国的刑事司法进行了前所未有的革新。随着国家监察制度改革,依据《监察法》的规定,牵涉职务犯罪的当事人可能被适用留置措施,自由将被限制。⑲《刑事诉讼法》设置缺席审判程序,对于满足条件的被告人即使其没有到案,法院也可以直接作出有罪判决并对涉案财产进行执行。这些都给企

---

⑯ See Robert S. Bennett, Hilary Holt LoCicero & Brooks M. Hanner, *From Regulation to Prosecution to Cooperation: Trends in Corporate White Collar Crime Enforcement and the Evolving Role of the White Collar Criminal Defense Attorney*, The Business Lawyer, Vol. 68:2, p. 433 - 438(2013).

⑰ 参见陈文聪:《值班律师制度的反思与重构》,载《中国律师》2016 年第 10 期。

⑱ 参见陈瑞华:《"体检式刑事法律服务"的兴起》,载《中国律师》2018 年第 1 期。

⑲ 参见《监察法》第 22 条规定,被调查人涉嫌贪污贿赂、失职渎职等严重职务违法或者职务犯罪,监察机关已经掌握其部分违法犯罪事实及证据,仍有重要问题需要进一步调查,并有下列情形之一的,经监察机关依法审批,可以将其留置在特定场所:(1)涉及案情重大、复杂的;(2)可能逃跑、自杀的;(3)可能串供或者伪造、隐匿、毁灭证据的;(4)可能有其他妨碍调查行为的。对涉嫌行贿犯罪或者共同职务犯罪的涉案人员,监察机关可以依照前述规定采取留置措施。

业和经营者的财产和自由带来极大挑战，唯有专业的刑事律师能够帮助企业分析，提供专业的处理意见。

最后，我国的审前程序对于涉案财产的处理还存在许多不规范的做法，有的企业账户、财产单纯因为被怀疑与犯罪相关就被冻结、查封。当司法机关对客户财产采取查封、扣押、冻结等强制措施时，刑事律师可以及时介入与交涉，充分保护当事人的财产权益。

（二）不良后果的监测

公司及其高管面临刑事追诉会给企业的正常经营带来不良影响，对企业及相关人员开展刑事调查，即使最后没有追究有关人员的刑事责任，也会带来严重的不良后果，如失业、股价暴跌等，影响资本市场稳定以及导致上市公司控制权的混乱等。[20] 因此，如何积极应对这些不良后果，并为企业提供应对方案是刑事律师非诉业务的重中之重。

对不良后果的监测与管理在金融、能源、医药等高度监管的领域尤其重要。在这些领域，企业在监管者和消费者中的声誉是十分重要的，一次刑事指控有时会给这些领域的企业带来毁灭性打击。律师需要考虑转变、拓宽以及加强补救方式，以期缓和这些风险及应对不良后果。[21]

总体来说，刑事合规业务作为刑事非诉业务的一大前沿领域，不仅是传统刑事辩护的重要补充，也代表了刑事法律服务的最新发展方向。我国正进一步加强改革开放，实施“一带一路”倡议，引领构建开放型经济新体制，全面统筹促进国内改革发展特别是供给侧结构性改革，刑事合规业务也将成为刑事法律服务供给侧结构性改革的一大体现，为律师提供更好的刑事法律服务带来新机遇。

---

⑳ 参见李本灿：《认罪认罚从宽处理机制的完善：企业犯罪视角的展开》，载《法学评论》2018 年第 3 期。

㉑ See Robert S. Bennett, Hilary Holt LoCicero & Brooks M. Hanner, *From Regulation to Prosecution to Cooperation: Trends in Corporate White Collar Crime Enforcement and the Evolving Role of the White Collar Criminal Defense Attorney*, The Business Lawyer, Vol. 68:2, p. 437 (2013).

刑事控告实务指引

洪　瀚

《刑事诉讼法》规定被害人有权向公安机关报案或者控告，公安机关对于报案、控告、举报，都应当接受。从法律条文中可以看出报案、控告、举报是三个不同的概念。一般而言，控告的主体包括被害人、代理人、近亲属，内容中有明确的控告对象和犯罪事实，知道犯罪嫌疑人是谁。报案的主体基本同控告，内容上只反映自己被侵害的事实，不知道犯罪嫌疑人是谁。相比嫌疑人不明确的报案，控告可能给特定对象带来刑事负担，实践中还存在部分控告人企图借用刑事控告解决民事纠纷的行为。因此司法实务中，为防止随意使用控告权，办案单位在案件受、立案环节往往要求控告人承担初步举证责任。控告人除了需要提供初步证据证明自己或被代理人被刑事侵害外，还需要证明某特定对象实施了该犯罪行为。由此，就形成了刑事案件控告难的情形，尤其表现在《刑法》分则第三章规定的经济犯罪案件中，如非法吸收公众存款罪、职务侵占罪、合同诈骗罪等。本文通过对司法实务中控告难现象的分析，希望能为破解控告难提供有益意见。

在刑事控告案件中，一般而言控告人即被害人，以被害人是自然人或单位为标准，可分为自然人被害案件和单位被害案件；以犯罪嫌疑人是自然人或单位为标准，可分为自然人犯罪案件和单位犯罪案件。因本文属于企业合规系列文章之一，故本文主要围绕单位被害案件的控告实务进行论述。单位被害案件主要表现为财产权、知识产权等权利被侵害，一般不涉及人身权利被侵害情形，但人身权利被侵害的控告案件亦可参照。下文将以公安机关管辖刑事案件为例，从控告材料准备、控告地的选择、控告程序、常见罪名罪与非罪的判断、救济途径、损失赔偿六个方面，展开介绍单位被害案件刑事控告实务。

一、准备控告材料

在控告受、立案环节，被害人准备的证据材料越充分，说理越清晰，控告事项越容易被刑事立案。为促使顺利立案,被害人在控告前可对嫌疑人的犯罪行为进行事实和法律分析,提供充分而有效的证据。

(一)基础材料

1. 身份信息材料

刑事控告首先需要被害人及嫌疑人的身份信息材料。单位被害案件需要提供被害单位营业执照、法定代表人身份证,还可根据案件情况,提供公司章程、股东名册、股权登记证明等材料;非法定代表人前往公安机关控告的,还需委托一名本单位员工作为代理人,持公司出具的授权委托书、员工身份证等身份信息材料。自然人犯罪案件,需要提供嫌疑人姓名、年龄、户籍地、居民身份证号码、手机号码等尽量详尽的个人身份信息,单位犯罪案件需要提供嫌疑单位营业执照、法定代表人、直接责任人身份信息等;无法提供原件的,复印件亦可。此外,若上述材料无法自行提供或获取,可在控告时,请求公安机关协助查询获取,公安机关可通过其内部系统,根据自然人姓名、出生年份、户籍地、居民身份证号码、手机号码中的部分信息定位并查询获取自然人详细信息。

2. 书面自述材料

书面自述材料属于证据类型中的被害人陈述。被害人前往公安机关控告,公安机关通常会给被害人制作询问笔录,因此,书面自述材料不是控告所必须的材料。但案情复杂、专业性较强的案件,建议被害人自行书写自述材料,以便公安机关在短时间内更全面地了解案情。自述材料可以报案书、控告书、自述材料等为标题,建议按照事件发展顺序进行叙述,突出重点、简明扼要,切忌事无巨细、长篇大论。即便被害人提供了书面自述材料,公安机关仍旧会给被害人制作询问笔录,被害人在案件办理过程中,根据实际需要也可补充提交自述材料。

(二)证据材料

被害人提供的证据除了被害人陈述外,还可能有物证,书证,证人证言,嫌疑人供述,鉴定意见,视听资料、电子数据等。被害人对前期收集的证据要进行汇总、整理、筛选、分类,对于提交的证据材料应当制作证据清单,列明所有证据的名称、种类、证明目的,便于办案人员对全案证据有概括性了解,有利于案件的进一步推动。

1. 证据的形式要求

证据原则上均应提供原件,若无法提供原件可提供照片或复印件,但应在照片或复印件上加盖被害人单位印章。提供原件给公安机关的,被害人可自行拍照或复印留存一份,以便日后可能再次使用。

(1)物证。小件物品应提供原件,大件物品可提供照片。但根据案情需要,公安机关可能需要对一些物证提取指纹、DNA 等,这要求物证未被触碰、未被移动,此情形下则不应提供原件,宜提供拍照照片。

(2)书证。应保持原状,不可随意修改内容。如是他人提供的书证,应由他人盖章或者签名确认,同时提供他人详细身份信息及联系方式。比如他人提供手机聊天记录截图的,则应由他人在截图中注明“此图片由本人提供”,并签字确认。

(3)证人证言。可采取证人书面自述、证人视频自述、电话录音、律师制作询问笔录等形式,但应提供证人详细身份信息及联系方式。如果是偷录的视频或者录音,证据效力相对较低,甚至有可能不被采纳。在非公共场所偷录的证据,在证据法学领域往往被视为取证程序违法而不被采纳;在公共场所偷录的证据亦可能不被采纳,司法实务中曾有证人辩解称并不知道对话将作为刑事案件证据使用,陈述时对严肃性认知不足,所做陈述是虚假陈述,从而导致证据不被采纳。如果证人愿意配合办案单位取证,被害人尽量不要自行取证,而应由办案单位取证。因为被害人自行向证人取证可能会导致证据效力降低,给嫌疑人留下“被害人买通证人”的辩解空间。

(4)嫌疑人供述。可参照证人证言的证据形式,但应注意,自行向嫌疑人取证的话,应尽量就同一内容进行多次取证,以免嫌疑人事后提出“被胁迫而作出虚假供述”的辩解导致证据不被采纳。嫌疑人多次稳定的供述,是对“被胁迫”辩解的有力反驳。

(5)鉴定意见。可自行委托专业鉴定机构对案件事实进行鉴定,但为增强证据效力,被害人向公安机关申请由公安机关委托专业机构进行鉴定更为妥当。

(6)视听资料、电子数据。尽量提供原始载体,比如将手机、电脑主机、监控主机断网后提供给公安机关,由公安机关取证(断网是为了避免数据被篡改)。不便提交原始载体的,可将内容刻录并提供光盘。另外,建议提供原始载体或光盘的同时，一并提供重点内容的截图打印件或录音的文字整理稿，如一段视频录像中某一时刻画面的截图，便于公安机关更清晰了解证据内容。

(7)说明性材料。用于对案件事实、证据材料的解释说明。对于自述材料、询问笔录中记录遗漏的内容，被害人可提交情况说明予以补充。对于专业性较强或者材料展现形式较混乱的证据，可提交××证据说明进行解释说明，如银行转账记录后附一份转账记录说明，载明第几页第几项与某个案件事实有关；再如监控录像光盘后附一份监控录像说明，载明某个文件对应某个监控画面，录像中某个时间点反映某个案件事实。

2. 证明嫌疑人实施犯罪行为的证据

证明嫌疑人实施犯罪行为的证据主要是证明嫌疑人实施了不法行为及不法行为与危害后果之间存在因果关系的证据。如记录案发经过的监控录像，作案使用的工具，体现嫌疑人犯罪行为的录音、通话记录、聊天记录、电子邮件等。

3. 证明被害人损失的证据

证明被害人损失的证据主要是证明被侵害事实存在及被侵害程度的证据。单位被害案件大致可分为财产损失案件和其他损失案件。财产损失案件，须提供证明财产损失情况的证据材料，如转账记录、账目表、物品出入库登记表、毁坏物品照片、购买物品票据凭证、维修票据凭证等。其他损失案件，如侵犯知识产权类案件、侵犯民主权利类案件，须提供证明被侵害情况的证据材料，如因知识产权被侵害而导致收益减少的证据、嫌疑人因犯罪而获利的证据、因被侵害而导致商业信誉受损的证据等。

4. 其他证据

刑事案件事实认定遵循疑罪从无、孤证不予认定、排除合理怀疑等原则，嫌疑人通常无举证证明自己清白的责任，举证责任主要在检察机关，而取证大多由公安机关完成。因此，被害人提供的证据材料越充分，公安机关的取证难度就越低，受、立案的成功率就越大。基于此，被害人收集证据时不妨设想一下嫌疑人被抓获后可能会提出哪些辩解，又有哪些证据可以予以反驳，在条件允许情况下，将用于反驳的证据也一并提供给公安机关。

二、选择合适管辖地控告

在刑事领域中，经常是一起案件多个公安机关都有管辖权，根据规定此类案件一般由最初受理的公安机关管辖。为提高控告效率和成功率,被害人可以有选择地向其中一地公安机关控告。

以公安机关管辖刑事案件为例,根据《刑事诉讼法》、《公安机关办理刑事案件程序规定》和最高人民检察院、公安部《关于公安机关办理经济犯罪案件的若干规定》等法律法规规定,刑事案件原则上由犯罪地县级公安机关管辖。犯罪地包括犯罪行为实施地、犯罪对象被侵害地、犯罪所得实际取得地等。多地均有管辖权的,可以由主要犯罪地管辖。一人犯数罪、共同犯罪的,可以并案侦查。此外,还存在一些特殊规定,如网络犯罪除可由犯罪地管辖外还可由被害人被侵害时所在地和被害人财产遭受损失地管辖;单位涉嫌经济犯罪的,由单位所在地或犯罪地管辖;非国家工作人员利用职务上的便利实施经济犯罪的,由犯罪嫌疑人工作单位所在地管辖,如果由犯罪行为实施地管辖更为适宜,也可以由犯罪行为实施地管辖。其中,单位所在地是指单位在工商管理部门登记的住所地;主要营业地或者主要办事机构所在地与登记的住所地不一致的,主要营业地或者主要办事机构所在地为单位所在地。

下面举三个例子说明管辖权问题。

例1,某注册地在北京市东城区的公司涉嫌非法吸收公众存款犯罪,而该公司实际办公地点在北京市西城区。该案一名住杭州市西湖区的被害人在家中通过手机银行向该公司汇入投资款,后该公司无法兑付,被害人拟向公安机关提出控告,则被害人可向杭州市西湖区公安机关提出控告,杭州市西湖区公安机关接受控告后一般会将案件移送北京市西城区公安机关,当然该被害人亦可直接向北京市西城区公安机关控告。本案中,单位实际办公地点在北京市西城区,因此北京市西城区视为单位所在地,对本案具有管辖权,杭州市西湖区作为犯罪对象被侵害地,对本案亦有管辖权。但非法吸收公众存款犯罪的被害人往往分布在各个不同地区,跨区域性涉众型经济犯罪案件通常由主要犯罪地管辖,因此本案原则上由犯罪单位所在地北京市西城区管辖。

例2,某注册地在北京市东城区的公司派遣本公司一名员工至注册及办公地均在杭州市西湖区的全资子公司工作,该员工在被派遣工作期间,劳动关系仍属于北京市东城区母公司,但从事的工作内容属于杭州市西湖区子公司业务范围。在此期间,该员工利用其职务上的便利,侵占杭州市西湖区子公司财产,涉嫌职务侵占犯罪,杭州市西湖区子公司作为被害人可向杭州市西湖区公安机关提出控告。本案属于非国家工作人员利用职务上的便利实施经济犯罪,由嫌疑人工作单位所在地公安机关管辖。嫌疑人在被派遣工作期间,劳动关系虽属于北京市东城区母公司,但其实际工作地在杭州市西湖区且工作内容属于杭州市西湖区子公司业务范围,因此在刑事领域嫌疑人工作单位应视为杭州市西湖区子公司,故工作单位所在地在杭州市西湖区。另外,本案犯罪行为实施地为杭州市西湖区,从取证便捷角度考虑,由杭州市西湖区公安机关管辖显然更适宜,符合如果由犯罪行为实施地管辖更为适宜,也可以由犯罪行为实施地管辖的情形。因此,本案应由杭州市西湖区管辖。

例 3,某注册及办公地均在北京市东城区的公司与一身处杭州市西湖区的自然人通过网络联系并通过网络签署了一份合同,后该公司通过网银将合同约定款项汇给该人,但该人迟迟未履行合同约定内容并突然失去联系,该公司认为该人涉嫌合同诈骗犯罪,则可向北京市东城区公安机关提出控告,亦可向杭州市西湖区公安机关提出控告。本案中,北京市东城区作为犯罪对象被侵害地、网络犯罪被害人被侵害时所在地、网络犯罪被害人财产遭受损失地,对案件具有管辖权,杭州市西湖区作为犯罪行为实施地也具有管辖权。被害单位可以选择就近至北京市东城区公安机关提出控告,也可选择向更便于抓获嫌疑人的杭州市西湖区公安机关提出控告,但若选择后者,需有初步证据证明嫌疑人实施犯罪行为时身处杭州市西湖区。

司法实务中,一般刑事案件可向案件管辖地所属公安派出所提出控告,但大多县级公安机关经侦部门可直接受理经济犯罪案件的控告,故经济犯罪案件可先向公安机关经侦部门提出控告。

三、控告程序

根据《刑事诉讼法》、《公安机关办理刑事案件程序规定》和最高人民检察院、公安部《关于公安机关办理经济犯罪案件的若干规定》等法律法规,控告程序规定如下。

(一)受、立案

被害人至公安机关提出控告的,公安机关收下证据材料并给被害人制作询问笔录后,应在 24 小时内受理案件,并给被害人开具受案回执、接受证据材料清单。案件被受理后,公安机关对案件进行受案初查,可以采取一些非强制性侦查措施,如询问案件有关当事人,调取物证、书证、视频资料等,但不得对犯罪嫌疑人强制传唤讯问,不得对涉案财物采取扣押、冻结、查封等强制措施。对于经济犯罪案件,公安机关应在案件受理后7日以内决定是否立案,对于重大、疑难、复杂案件,应在30日以内决定是否立案,对于特别重大、疑难、复杂或者跨区域性的案件,立案审查期限可再延长30日,即经济犯罪案件,最长应在案件受理后60日内决定是否立案。对于除经济犯罪案件外的其他刑事案件的受案初查期限则无明确规定。公安机关对案件作出立案决定后,则可对犯罪嫌疑人采取拘传讯问、刑事拘留、取保候审等刑事强制措施,也可以对涉案财物采取扣押、冻结、查封等强制措施。然而,法律法规对立案后办案期限无明确规定,仅有"对已经立案的刑事案件,应当及时进行侦查"的规定。公安机关的办案进度将取决于案件是否疑难复杂、嫌疑人能否及时归案等各种因素。

(二)撤销案件、终止侦查

刑事案件立案后经侦查,存在没有犯罪事实、情节显著轻微不认为是犯罪等情形,公安机关应作出撤销案件决定;发现有犯罪事实需要追究刑事责任,但不是被立案侦查的犯罪嫌疑人实施的,应当对相关犯罪嫌疑人作出终止侦查决定,同时仍须对案件继续侦查。但如上文所述,立案后侦查期限无明确法律规定,即侦查多久后才能认定没有犯罪事实或者不是立案侦查的犯罪嫌疑人实施并无相关规定。

但是,经济犯罪案件存在特殊规定,公安机关对经济犯罪案件立案后,在60日以内经积极侦查,仍然无法收集到证明有犯罪事实需要对犯罪嫌疑人追究刑事责任的充分证据的,应当撤销案件或者终止侦查。对犯罪嫌疑人解除强制措施之日起12个月以内,仍然不能移送审查起诉或者依法作其他处理的,应当撤销案件。对犯罪嫌疑人未采取强制措施,自立案之日起2年以内,仍然不能移送审查起诉或者依法作其他处理的,应当撤销案件。

四、常见罪名罪与非罪的判断

司法实务中,被害人至公安机关控告案件却未被受理的,往往是被告知控告事项不属于刑事案件而属于民事纠纷。为了增加刑事控告受、立案成功率,在控告前应对控告事项是否属于刑事案件做出基本判断,确属民事纠纷的,应通过其他途径予以解决,确属刑事案件而不被受理的,控告时应据理力争。

判断一个行为是否构成刑事犯罪,需要考虑该行为是否违反刑法条文的相应规定,以及情节是否达到构罪标准。而刑法条文规定的罪名多达400余个,即便是专业法律人士也无法对司法实务中所有的行为是否构成犯罪马上做出判断,作为非法律从业者的被害人更加不可能轻易做出准确判断。因此,当被害人无法独立做出判断时,可咨询专业刑事律师后再提出控告。本文介绍两类在企业合规领域常见犯罪类型的犯罪构成要件,供参考。

(一)职务侵占罪

职务侵占是指企业、团体等单位工作人员,利用职务上的便利,将本单位财物非法占为己有的行为。职务侵占罪构成要件:(1)嫌疑人须是被害单位的工作人员,与被害单位存在劳动或劳务关系。通常以嫌疑人与被害单位有无签订书面劳动或劳务合同为依据,司法实践中,一些嫌疑人与被害单位没有签订书面劳动或劳务合同,但存在事实劳动或劳务关系的,也属于被害单位的工作人员。须说明的是,实践中存在大量登记为个体工商户的单位,其雇员不能成为职务侵占罪的主体。该类雇员利用职务便利将单位财物据为己有的,可考虑根据其作案手段认定构成盗窃、诈骗、侵占等犯罪。(2)嫌疑人须利用其职务上的便利实施侵占行为。所谓利用职务上的便利,是指利用职权或者与职务或者所在岗位有关的便利条件,不能完全等同于工作便利。具体包括①利用自己主管、分管、经手等工作职务、岗位范围内的权限;②利用凭借自己的权力去指挥、影响下属及利用其他人员与职务相关的权限,将单位财物据为己有;③利用、凭借权限、岗位、地位控制、左右其他人员,将单位财物据为己有。[①] (3)嫌疑人以将财物非法占为己有为主观目的。此点是区分挪用资金罪和职务侵占罪的重要特征,挪用资金罪只是暂时性地将公司资金归自己使用,仍具有归还的意愿,而职务侵占罪则是将公司财产变为自己所有,主观上具有占有不还之意,往往表现为侵占公司财产后用来归还个人债务或者肆意挥霍。(4)嫌疑人的作案手段具有多样性,通常表现为通过伪造单据、涂改账目、使用虚假发票、收据平账等方式窃取、骗取、侵吞单位财物。嫌疑人往往事先预谋,并在实施过程中采取相应措施试图掩盖犯罪行为,故多数作案手段具有一定的隐蔽性。(5)嫌疑人侵占财物的价值需达到一定的标准,根据现行刑法的规定,职务侵占罪的量刑分为三档("数额较大"为三年以下有期徒刑或

---

① 参见张军:《刑法(分则)及配套规定新释新解(第三版)》(上),人民法院出版社2013年版,第422页。

者拘役,"数额巨大"为三至十年有期徒刑,"数额特别巨大"为十年以上有期徒刑或者无期徒刑),对应的"数额较大""数额巨大"标准分别为3万元以上、100万元以上(以上、以下均包含本数,下同),"数额特别巨大"暂无标准。

(二)合同诈骗罪

合同诈骗是指以非法占有为目的,在签订、履行合同过程中,骗取对方当事人财物的行为。合同诈骗罪构成要件:(1)嫌疑人(或嫌疑单位)须与被害单位订立了合同。合同诈骗行为中所订立的合同通常是书面合同,包括纸质合同、电子合同,但少数情况下也可以是口头合同。(2)嫌疑人在订立合同或履行合同过程中虚构了某些事实使得被害单位对虚构的事实信以为真从而主动交付了财物。(3)嫌疑人必须具有与合同内容相关的经济活动,如果行为人仅以签订合同为幌子,未实施任何与合同内容相关的经济活动的,则不构成合同诈骗罪。此类情形,考虑可能构成诈骗罪。(4)被害单位基于对合同的信任而交付财物。合同作为经济领域主要的约束手段,是人们进行经济活动彼此之间产生信任的基础,嫌疑人正是利用了被害人的这种信任而实施诈骗行为。这也是合同诈骗罪与诈骗罪的根本区别所在。(5)嫌疑人诈骗财物的价值需达到一定的标准,根据现行刑法的规定,合同诈骗的量刑分为三档("数额较大"为三年以下有期徒刑或者拘役,"数额巨大"为3至10年有期徒刑,"数额特别巨大"为十年以上有期徒刑或者无期徒刑),对应的"数额较大""数额巨大""数额特别巨大"标准中个人犯罪分别为2万元以上、20万元以上、100万元以上;单位犯罪分别为10万元以上、30万元以上、100万元以上。

五、控告立案难情形下的救济途径

案多人少是公安机关一直以来面临的现实问题,案件受、立案后,需要投入大量人力、物力侦办,很多案件经过侦办后又因证据不足无法对嫌疑人进行定罪处罚,因此公安机关对于案件受立案通常持谨慎态度,尤其是经济犯罪案件,侦办工作量大、难度高,且经常存在刑民交叉、定罪困难的情形,进而导致被害人常常面临立案难的尴尬困境。针对立案难情形,法律赋予了被害人特殊的救济途径。

(一)不予受理情形

根据《刑事诉讼法》《公安机关办理刑事案件程序规定》等法律法规规定,被害人向公安机关提出控告,公安机关应当立即接受,制作受案登记表和受案回执，并将受案回执交与被害人。司法实务中，公安机关有时仅口头答复控告事项不属于刑事案件，或者仅要求被害人留下书面材料等待回复。对于公安机关口头答复不属于刑事案件或留下书面材料后迟迟不予回复的情形，被害人可以申请检察机关立案监督。有时检察机关会以公安机关未开具不予立案文书为由而不受理立案监督申请，面对此类情形，被害人可尝试向上一级检察机关申诉。

（二）不予立案情形

被害人不服不予立案决定的，可在收到不予立案通知书后 7 日内向作出决定的公安机关法制部门申请复议。被害人对复议结果仍然不服的，可以在收到复议文书后 7 日内向上一级公安机关申请复核。被害人对复核结果仍然不服的，可以向作出不予立案决定的公安机关同级检察机关申请立案监督，检察机关经审查认为符合立案条件的，将通知公安机关立案。

被害人不服不予立案决定的，也可以不经复议、复核程序而直接向同级检察机关申请立案监督。当前并无法律规定或检察、公安文件规定立案监督需以向公安机关复议、复核为前置条件，但司法实务中，被害人直接向检察机关申请立案监督的，有些检察机关会不予受理并引导被害人先向公安机关申请复议、复核。

但控告人也应考虑到，是否属于刑事案件是一个专业领域的判断，当公安、检察两个部门均认为不属于刑事案件时，建议被害人对控告内容重新审视，并采取合适手段依法维权。

六、被害人损失的挽回

被害人向公安机关提出控告不仅仅是要追究嫌疑人的刑事责任，挽回经济损失往往是被害人更深层和更迫切的需求。根据相关法律规定，刑事案件中挽回经济损失主要通过人民法院作出裁判要求被告人退出违法所得、赔偿被害人损失，再由人民法院执行被告人被查扣财产的方式实现。但若嫌疑人非法获得赃款后立即转移或挥霍一空，公安机关无法查扣嫌疑人财产，即便人民法院作出上述财产型裁判，被害人的损失实际上亦无法挽回。

在刑事案件最终裁判作出前，通过赔偿取得谅解方式挽回损失不失为一种既便捷又高效的方法。且对于嫌疑人来说，赔偿被害人损失进而获得被害人的谅解，亦可以被从宽处理甚至免于处罚，因此，很多案件中，嫌疑人有强烈的退赃、退赔意愿。有较多刑事司法文件规定，退赃、退赔或取得被害人谅解的可以不起诉或免于刑事处罚，至少可以从轻处罚。比如，《关于常见犯罪的量刑指导意见（试行）》规定，退赃、退赔的，可以减少基准刑的30%以下；积极赔偿行为人经济损失并取得谅解的，可以减少基准刑的40%以下；积极赔偿但没有取得谅解的，可以减少基准刑的30%以下；尽管没有赔偿，但取得谅解的，可以减少基准刑的20%以下。对于嫌疑人有赔偿意愿的案件，被害人可委托专业刑事律师与嫌疑人或其家属进行谈判，尽早挽回损失。

（一）赔偿被害人财产损失

对于大多存在财产损失的刑事案件，人民法院在对被告人作出刑事裁判时会要求被告人赔偿被害人损失，且大多会载明具体赔偿数额。但由于刑事案件仅对直接财产损失作出评价，因此，法院裁判决定赔偿被害人财产损失的数额只包括直接财产损失，不包括间接财产损失。此外，由于刑事领域对于事实认定的证据要求较高（高于民事领域），司法实务中大量刑事裁判认定的损失数额少于实际损失数额，而刑事裁判又阻却了同一事实再提起民事诉讼，对于此类情形，目前暂无其他更好的方式进行救济。但通过前述谈判赔偿谅解的赔偿数额不受检法机关认定损失数额的限制。

根据《关于刑事裁判涉财产部分执行的若干规定》规定，被执行人在执行中同时承担刑事责任、民事责任，其财产不足以支付的，按照下列顺序执行：（1）人身损害赔偿中的医疗费用；（2）退赔被害人的损失；（3）其他民事债务；（4）罚金；（5）没收财产。债权人对执行标的依法享有优先受偿权，其主张优先受偿的，人民法院应当在前款第1项规定的医疗费用受偿后，予以支持。据此，人身损害赔偿中的医疗费用最先受偿，其他民事债务劣后于退赔刑事被害人损失但优先于刑事罚金和刑事没收财产，同时债权人主张优先受偿的其他民事债务，可以优先于退赔被害人损失。需要说明的是，司法实务中民事债权想要参与刑事案件财产执行分配的，需要民事债权经人民法院裁判并生效。

（二）刑事附带民事诉讼

少数特定刑事案件，嫌疑人对被害人造成损失的，被害人有权提起刑事附带民事诉讼，要求嫌疑人赔偿损失。此类情形包括因人身权利受到犯罪侵犯而遭受物质损失或者财物被犯罪分子毁坏而遭受物质损失的。除此之外，绝大多数刑事案件的被害人不能提起刑事附带民事诉讼。举例说明，故意伤害案件被害人可以就医药费等赔偿费用提起刑事附带民事诉讼；故意毁坏财物案件被害人可以就被毁坏财物的维修费等赔偿费用提起刑事附带民事诉讼；而职务侵占、合同诈骗等案件，被害人不能提起刑事附带民事诉讼，亦不能在刑事裁判后单独提起民事诉讼。

（三）精神损害赔偿

最高人民法院《关于适用〈中华人民共和国刑事诉讼法〉的解释》第175条第2款规定："因受到犯罪侵犯，提起附带民事诉讼或者单独提起民事诉讼要求赔偿精神损失的，人民法院一般不予受理。"刑事案件被害人一般不能向人民法院提起诉讼要求被告人对被害人进行精神损害赔偿，换言之，刑事犯罪的被害人原则上无法获得精神损害赔偿。

以上为笔者结合自身刑事控告实践经验总结的刑事控告涉及的基本问题，本文不在于理论论述，而在于对刑事控告的实务操作进行一定的指引，具体操作过程中需要刑事律师针对个案具体问题具体分析。此外，刑事案件的侦破、审查起诉并最终走向刑事裁判，都需要被害人全力配合司法机关，刑事案件受理甚至立案后，并不意味着侦查工作就能顺利进行下去，承办民警的侦查能力、侦察思路、侦查方向对案件的走向起决定性作用，因此在提交书面的控告材料后，还应当与承办民警及管辖地公安法制部门保持沟通联络，及时解答公安机关疑问，并配合公安机关补充提交证据材料。

刑事合规审查业务宝典

彭　夫

一、事前刑事合规审查概论

（一）事前刑事合规审查概念

想要说明事前刑事合规审查的概念，就不得不先提到刑事合规。刑事合规是指企业改进原有的经营管理模式，使自身的行为符合刑法及相关法律法规，避免企业及其高管面临刑事风险、受到刑事处罚。①

所谓事前就是企业在刑事危险发生之前。所谓审查主要是指对企业行为进行检查、识别和评估。上述行为最终的意义在于进行合规整改。因此，笔者认为审查也应当包含企业整改的活动。综上所述，事前刑事合规审查就是在企业及其高管没有受到刑事指控时，企业便结合刑法规定和刑事法律实务，对其现有的经营、管理、组织结构等进行检查、识别、评估和整改，防止企业及其高管在经营管理活动中面临刑事法律风险的活动。

（二）事前刑事合规审查现状

事前刑事合规审查作为“舶来品”，在我国并没有太长的历史。事前刑事合规审查真正开始发展是受到了最高人民检察院的企业合规改革的影响。

最高人民检察院的企业合规改革的内容主要是涉案企业合规不起诉，属于事后刑事合规审查的范畴。2020 年 3 月起，最高人民检察院在江苏张家港、深圳宝安等 6 个基层检察院开展涉案企业合规改革试点。对于涉案企业，检察机关依法可不捕、不诉的，责成其作出合规承诺、切实整改。2021 年 3 月起，最高人民检察院在总结第一批试点经验的基础上，在北京、上海、江苏、浙江等 10 个省份开启了第二期试点工作。并且，一些非试点省份检察机关也根据本

---

① 参见常彩云：《浅析企业刑事合规》，载微信公众号“炜衡南京律师事务所”2022 年 7 月 18 日，https://mp.weixin.qq.com/s/m0HV_8RgdsWuYdohY7d50A。

地情况,积极主动在法律框架内开展改革相关工作。2022 年 4 月,最高人民检察院宣布涉案企业合规改革试点在全国检察机关全面推开。在此期间,最高人民检察院先后发布了四批企业合规改革经典案例,各地检察院也积极进行企业合规不起诉的尝试,企业合规不起诉的工作开展得如火如荼。

在企业合规不起诉制度的影响下,一些企业已经意识到刑事合规的重要性,开始尝试聘请专业合规律师开展事前刑事合规审查。但相较于企业合规不起诉,绝大部分企业对事前刑事合规审查的认识程度、开展意愿明显偏低,事前刑事合规审查的实践并不丰富。

(三)事前刑事合规审查的目标

事前刑事合规审查的目标是多元综合的,其不仅包括预防企业的经营管理活动被认定为犯罪,避免企业及其高管受到刑事处罚;而且包括减少企业因涉及刑事法律风险而可能面临的市值缩水,丧失合作机会等损失;还包括树立企业遵纪守法的良好形象,维护企业的商业信誉。在最本质上,事前刑事合规审查的目标是维护企业的发展利益。

二、事前刑事合规审查业务的基础方法

目前,已有许多同行在微信公众号、各类期刊上分享自己办理事前刑事合规审查业务的心得体会、实操技能。笔者深受同行们分享内容的启发,但仍觉得需要构建一个系统、基础的业务操作方法,那就是六阶循环的方法。六阶循环的方法包括业务宣传、建立合作、发现问题、着手解决、常态化审查和复盘总结六个阶段。这六个阶段环环相扣,相互影响。

六阶循环的方法具有完整性和循环性的特点。完整性是指,以上六个阶段不仅限于刑事合规审查业务实操的具体手段,还包括业务宣传、建立合作和复盘总结等阶段。六阶循环的方法涵盖了办理事前刑事合规审查业务的全部过程,每一阶段都必不可少。循环性是指,以上六个阶段并不是按部就班、单向发展的简单结合,而是一个可以循环往复、不断提升的系统。例如,完成复盘总结并不意味着终结,而是新循环的开始。总结的案例还可用于业务宣传,总结的经验也会体现在下一循环的发现问题、着手解决和常态化审查等阶段。又如,进入常态化审查阶段也不意味着刑事风险就此消灭。如果出现新的刑事风险,仍要返回到着手解决,甚至发现问题的阶段。

下面,笔者将详细介绍六阶循环的方法,阐释每一阶段的核心要点,举例说明在各个阶段进行事前刑事合规审查的具体手段。

(一)业务宣传阶段

1. 业务宣传的必要性:事前刑事合规审查的重要性很容易被忽视

一方面,如果企业暂未面临刑事法律风险,容易很自然地认为其不需要开展刑事合规审查。另一方面,即使企业开展事前刑事合规审查,也很容易低估其重要性。这是因为,事前刑事合规审查是一种预防性的业务,其最直接的目标是避免企业面临刑事法律风险。这就导致事前刑事合规审查很容易陷入所谓的预防悖论,即当事前审查业务开展得很好时,客户不会面临刑事法律风险,也就很难意识到事前刑事合规审查在发挥作用,甚至会觉得已经开展的事前审查业务并无必要。这两方面的因素导致企业事前刑事合规审查的重要性很容易被忽视,这方面的业务难以开展。因此,律师团队很有必要加强对事前刑事合规审查的宣传。

2. 业务宣传的关键:破除有事后合规就不需要事前合规的观念

2020 年 3 月,最高人民检察院在上海浦东、金山,江苏张家港,山东郯城,广东深圳南山、宝安等 6 家基层检察院开展企业合规改革第一期试点工作,对企业合规不起诉的尝试从此在我国拉开帷幕。最高人民检察院的企业合规改革主要针对涉案企业。2020 年以来,有许多涉案企业通过事后合规整改获得了不起诉的“救命稻草”。刑事合规不起诉的工作在全国各地开展得如火如荼,事前刑事合规审查的工作却相对惨淡。这是因为,有许多企业主认为有事后合规就不需要事前合规。律师团队可以通过以下几个方面破除前述的错误观念,厘清刑事合规不起诉与事前刑事合规审查的区别和联系。

(1)刑事合规不起诉并非万能的“免死金牌”

第一,对于涉案企业直接负责的主管人员可能判处 3 年以上有期徒刑的案件,一般不能适用企业合规不起诉。无论是根据最高人民检察院开展涉案企业合规改革的文件,还是从最高人民检察院发布的各批企业合规典型案例来看,刑事合规不起诉针对的大多都是涉案企业直接负责的主管人员可能判处三年以下有期徒刑的案件。②

② 参见林广军:《企业刑事合规附条件不起诉需要厘清的几个问题——以刑事辩护律师为视角》,载微信公众“卓建合规研究院”2022 年 7 月 18 日,https://mp. weixin. qq. com/s/SO0ChqIAE54TIo0wkh6fcw。

第二,对于系统性犯罪的涉案企业,理论上很难获得合规整改的机会。有学者认为,经过企业集体性决策或者由企业管理层决定所实施的犯罪是系统性犯罪。③ 在是否对涉案企业适用合规不起诉时,应当考虑组织体的再犯危险性。如果涉案企业是系统性犯罪的,说明其再犯危险性较大,不应当对其适用合规不起诉。④

第三,即便涉案企业获得合规整改的机会,也不意味着其一定能被不起诉。涉案企业进行合规整改之前,检察院都会规定一定的整改时间、整改标准,并有专业的第三方机构对涉案企业整改效果进行监管评估。如果涉案企业未能合规整改要求,仍然会被起诉。

(2)开展事前刑事合规审查有利于实现事后的刑事合规不起诉

第一,开展事前刑事合规审查有利于涉案企业获得事后合规整改机会。如果涉案企业提前建立了事前刑事合规审查机制,说明企业高管具有较强的守法意识,只是由于一时疏忽、在个别地方的合规审查机制落实不到位而导致违法犯罪。在这种情况下,企业的危害性、再犯可能性都较低,更容易获得合规整改的机会。第一批企业合规不起诉试点工作开展以来,张家港市人民检察院便将涉案企业之前的合规体系建设情况、企业责任人合规表现等纳入是否起诉和量刑建议考量情节。⑤

第二,开展事前刑事合规审查有利于涉案企业在规定的整改时间内达到合规整改要求。企业涉嫌违法犯罪以后,即便获得了合规整改的机会,也需要在规定时间内达到合规整改要求才能被不起诉。但是,检察机关规定的合规整改期限大多在 3 ~4 个月,时间非常紧张。⑥ 如果涉案企业未提前开展事前刑事合规审查,很有可能无法按时完成整改。

(3)事前刑事合规审查也有其专属效果

第一,如果企业开展事前刑事合规审查,就能有效减少面临刑事法律风

---

③ 参见陈瑞华:《企业合规不起诉改革中的八大争议问题》,载《中国法律评论》2021 年第 4 期。

④ 参见陈卫东:《从实体到程序:刑事合规与企业"非罪化"治理》,载《中国刑事法杂志》2021 年第 2 期;周洪波、谢睿:《企业刑事合规整改方式研究》,载《江汉论坛》2022 年第 5 期。

⑤ 参见邱春艳:《从讲政治的高度共同推进企业合规工作——最高检调研组赴江苏张家港调研企业合规改革试点》,载《检察日报》2021 年 5 月 17 日,第 1 版。

⑥ 参见袁远:《论企业"事前"建立刑事合规体系的价值——以"合规整改"为视角》,载微信公众号"锦天城律师事务所"2022 年 4 月 25 日,https://mp. weixin. qq. com/s/WoUxGwA_io1_9kPd00beFw。

险,避免刑事追诉带来的市值波动、丧失合作机会等危机。相较于涉嫌违法犯罪之后才开展刑事合规,事前的刑事合规审查显然更加经济、效果更好。

第二,在企业员工涉嫌违法犯罪的情形,已经开展事前刑事合规审查的企业更有可能避免承担责任。"企业刑事合规无罪抗辩"第一案——2017 年雀巢公司员工非法获取公民个人信息案就是一个典型的例子。在本案中,涉案员工(被告人)的辩护人主张本案为单位犯罪,试图让雀巢公司分担被告人的刑事责任。雀巢公司正是通过提供公司规章、员工承诺函等多种证据,证明了企业已经开展了事前刑事合规,没有犯罪的主观故意。最终,法院也认定了本案不是单位犯罪。[7]

(二)建立合作阶段

通过业务宣传提高企业对事前刑事合规审查的重视程度以后,律师团队可以与企业积极建立合作关系。合作关系的建立涉及选择建立怎样的事前刑事合规审查机制。每个企业的企业规模、企业类型、社会发展阶段等方面都千差万别,这些因素对于建立怎样的事前刑事合规审查机制都有影响。[8] 律师团队也要根据企业自身的特点,帮助企业建立不同的事前刑事合规审查机制。下面,笔者将详细介绍企业规模对于审查机制选择的影响。

对于大型企业,律师团队应当帮助其建立全面的事前刑事合规审查机制。首先,大型企业往往涉及的业务较为复杂,人员众多、管理难度较大,可能涉及的刑事法律风险较为分散;其次,大型企业的经济体量较大,一旦涉及违法犯罪,尤其是金融犯罪,都会面临严重的刑事法律责任;最后,大型企业的资金雄厚,也有条件建立全面的事前刑事合规审查机制。因此,大型企业应当将刑事合规审查覆盖到其业务的各方面、全过程,还应当培养企业合规文化,建立起全面的事前刑事合规审查机制。

对于中小企业,律师团队应当帮助其建立有针对性的事前刑事合规审查机制。与大型企业不同,中小企业面临的主要是生存问题,既无财力也无精力建立全面的事前刑事合规审查机制。但是,中小企业的合规管理制度本身就相对较薄弱,也面临着许多刑事犯罪风险,很有必要进行事前刑事合规审查。因此,结合中小企业对事前刑事合规审查的需求以及经济性的考量,其应当针

⑦ 参见甘肃省兰州市中级人民法院刑事裁定书,(2017)甘 01 刑终 89 号。

⑧ 参见李玉华:《有效刑事合规的基本标准》,载《中国刑事法杂志》2021 年第 1 期。

对其主要业务建立起相应的事前刑事合规审查机制。

对于小微企业,律师团队可以帮助其依托行业协会建立基本的事前刑事合规审查机制。2022 年 3 月,江苏省张家港市人大常委会审议通过了《张家港市人民代表大会常务委员会关于推进全市企业合规建设工作的决定》和《张家港市企业合规建设工作实施办法》,尝试进一步推进企业合规建设工作,其中一项举措就是开展以检察院为主导的非涉案企业事前合规试点。此后,不仅有许多企业报名了试点,还有一个行业协会也参与其中。⑨ 这给我们的启示是,对于资金量较小、存续时间较短的小微企业,虽然不适宜逐个开展建设事前刑事合规审查机制,但可以探索依托行业协会建立基本的事前刑事合规审查机制,减少小微企业的刑事犯罪风险。

(三)发现问题阶段

在与企业建立合作关系后,律师团队就可以开始审查客户企业是否存在刑事犯罪风险。在发现问题阶段,律师团队可以从以下几个方面着手审查。

1. 开展实践调研考察

实践调研是律师团队发现刑事风险最直接的途径,主要包括访谈调研和书面调研两方面。律师团队可以对客户企业的主要负责人、管理人员、基层员工等实际经营者进行访谈调研。实际经营者是对整个企业最为了解的人群。通过对他们的访谈调研,律师团队可以快速熟悉企业的业务范围、经营特点,并从中捕捉可能存在的刑事法律风险。律师团队也可以对企业的书面文件进行调研。在书面调研过程中,律师团队应当重点关注企业公司章程、财务报表、与其他主体签订的合同等,查看这些文件能否反映出刑事法律风险。

2. 警惕行政风险转化为刑事风险

大部分的行政犯都可能构成单位犯罪。由于行政违法与刑事犯罪的界限可能只是"量"的区别,企业及其高管的行为一旦超过法律规定的"量",就可能被移送检察院,面临刑事法律风险。根据最高人民检察院 2021 年 10 月 11 日举行的"深入贯彻中共中央《意见》推动健全行刑衔接机制"新闻发布会,"自 2018 年 1 月 1 日起至今年 8 月底,检察机关共建议行政执法机关移送涉嫌犯罪案件 22492 件 27063 人。""2021 年 1 月至 8 月,全国检察机关建议行政

⑨ 参见张家港市人大:《以"硬"举措助力优化法治营商"软"环境》,载江苏省人民代表大会常务委员会网,http://www.jsrd.gov.cn/sxcz/sz/202204/t20220425_536718.shtml。

执法机关移送涉嫌犯罪案件 2706 件,同比上升 5.5%;行政执法机关已移送 2390 件,同比上升 2.2%。"[⑩]由此可见,近年来我国行政执法机构移送检察院的案件呈上涨态势。

因此,如果客户企业正在接受行政违法调查,那么律师团队警惕行政风险转化为刑事风险。此时,律师团队应当及时介入,甄别行政违法行为是否具有刑事犯罪风险;同时,要引起客户企业对行政违法行为的足够重视,促使客户企业及时整改。

3. 重点审查单位犯罪的高发罪名

在我国刑法中,有将近四分之一的罪名都涉及单位犯罪,这些罪名都是事前刑事合规审查的范围。其中,有些犯罪属于企业及其高管的高发罪名,律师团队在审查时可以重点关注是否有这些犯罪的风险,提高审查效率。

例如,资金是企业运营中最重要的资源,但大多数民营企业都面临融资难、融资贵的问题。为了筹措资金、完成融资,有的企业会向银行提高虚假购销合同等文件骗取贷款,造成银行损失,可能构成骗取贷款罪或者贷款诈骗罪;有的企业会向不特定公众筹集资金,承诺高额回报却无法兑付,可能构成非法集资罪;有的企业为了获取银行贷款,向国有银行的工作人员行贿,可能构成非法发放贷款罪或者向非国家机关工作人员行贿罪;有的企业为了节约成本、获得资金,可能通过签订"阴阳合同"等方式偷逃税款,构成偷税罪;等等。

4. 通过行业特点预测刑事风险

每个行业都有其特点,律师团队可以根据客户企业所在行业的特点,预测其可能存在的刑事犯罪风险,提高审查效率。例如,一位律师同行在对一家在线教育机构进行事前刑事合规审查过程中,就根据该行业销售部门经常向客户虚假宣传、学员经常因此投诉举报的特点,预测该在线教育机构可能存在诈骗类犯罪和虚假广告犯罪的风险;又根据教育行业会掌握大量学员信息,预测该在线教育机构可能存在侵犯公民个人信息罪的风险。[⑪]

---

⑩ 李楠楠、薄晨棣:《最高检:今年前 8 个月检察机关共建议行政执法机关移送涉嫌犯罪案件 2706 件》,载人民网,http://society.people.com.cn/n1/2021/1011/c1008-32249778.html。

⑪ 参见邹琰等:《从尽职调查到风险评估,企业"事前刑事合规"全流程实务操作指南》,载微信公众号"新则"2021 年 6 月 12 日,https://mp.weixin.qq.com/s/O9Ity_MD8kpHJ5q75t92OQ。

5. 通过案例检索预测刑事风险

想准确把握行业特点，律师团队需要有丰富的社会生活经验，对客户企业所在行业足够了解，并且最好有从事该行业事前刑事合规审查业务的经历。在缺乏以上条件的情况，律师团队可以尝试通过案例检索预测刑事风险。

正如前面所说的，每个行业都有其特点，同类企业也有共性，可能存在共通的刑事法律风险。因此，律师团队可以检索与客户企业同行业的其他企业的相关案例，总结出该行业高发的罪名，重点审查客户企业是否具有这些犯罪的风险。

（四）着手解决阶段

如果已经发现了客户企业具有刑事法律风险，律师团队可以分两种情况应对风险，解决问题。对于已经面临紧迫刑事法律风险的情况，律师团队应当采取针对性措施化解风险；对于虽然存在一定的刑事法律风险，但风险尚不紧迫的情况，律师团队也不能忽视，而应当采取措施帮助客户企业培育起企业刑事合规文化，提前应对风险。

1. 已经面临紧迫刑事法律风险的情形

客户企业已经面临紧迫的刑事风险，是指客户企业已经被税务部门、工商部门、食品药品监管部门等行政执法部门调查且很有可能会被移送侦查机关立案侦查，或者与客户企业密切合作的其他企业已经被侦查机关立案侦查、移送起诉的情况。对于这种情况，律师团队要尽快进入着手解决阶段，根据客户企业具体情况、结合可能涉及的犯罪的构成要件，采取针对性的措施化解刑事法律风险。

在Y餐饮公司事前刑事合规审查的案例中，律师团队就及时帮助企业采取措施，有效避免了Y餐饮公司陷入刑事诉讼的危机。在本案中，Y餐饮公司主要经营火锅店、奶茶店和饺子店等。为了快速发展壮大，Y餐饮公司采取了"裂变式营销"，在社交平台上大力宣传，通过投资返利吸引投资者加盟开店，在许多地区迅速崛起。所谓的"裂变式营销"就是吸引投资者缴纳3万～30万元的加盟费，成为加盟店的店长并参与分红，已经加盟的投资者推荐其他人加盟还可以享受返利。但是，Y餐饮公司在宣传过程中仅声明加盟的投资者可以参与分红，但具体分红资金来源、分红模式均不明。另外，本案律师团队还发现部分已经加盟的投资者在推广的过程中存在虚假宣传，谎称加盟费可以返还,引诱其他投资者加盟。Y 餐饮公司在发展过程中,由于部分地区返利不及时,投资者向其提起民事诉讼、投诉举报。市场监督管理局、公安机关等行政执法部门已经对 Y 餐饮公司开展调查。Y 餐饮公司的主管人员紧急寻求律师团队的帮助,希望尽快开展刑事合规审查。

本案的律师团队认为,Y 餐饮公司推出的“裂变式营销”表面上看是连锁加盟,本质上是吸纳资金。该营销模式已具备非法吸收公众存款罪的四性中的非法性、公开性、社会性,对于是否符合利诱性存疑。该营销模式吸收存款的行为未经有关部门依法批准,具备违法性;在社交平台上大力宣传,具备公开性;面向不特定公众开放,具备社会性;分红模式不明且部分投资者虚假宣传,很可能具备利诱性。因此,Y 餐饮公司很可能构成非法吸收公众存款罪,面临着紧迫的刑事法律风险。

根据 Y 餐饮公司的具体情况,本案律师团队提供了以下整改方案:首先,Y 餐饮公司应当变更加盟方式,与前期加盟的投资者达成协议,将加盟权益转化为线下店铺经营权、收益权或者 Y 餐饮公司的股权。其次,Y 餐饮公司要明确分红的模式,避免后期与投资者在分红问题上产生纠纷。最后,Y 餐饮公司还要改进宣传模式,将宣传对象变更为参加餐饮学院、餐饮峰会的特定学员;掌控唯一的官方宣传渠道,禁止一切线下门店自行宣传,只允许线下门店转发总部广告。通过以上整改,本案律师团队成功帮助 Y 餐饮公司完成刑事合规,避免了非法吸收公众存款罪的指控。⑫

2. 尚未面临紧迫刑事法律风险的情形

客户企业尚未面临紧迫刑事法律风险,是指客户企业虽然目前并无违法犯罪行为,但根据客户企业的生产经营模式、组织管理构架来看,其需要警惕构成某种犯罪风险的情形。在这种情形下,律师团队的工作重心可以放在帮助企业培育刑事合规文化、提前应对风险上。

首先,律师团队可以帮助客户企业修改公司章程。公司章程是企业的“宪章”,对其内部管理具有重要意义。通过修改公司章程,不仅可以培育企业刑事合规文化,而且可以使企业设立独立的合规管理部门,建立起自主运行的刑事合规审查机制。从企业合规管理的相关文件也可以看出,公司章程对企业

---

⑫ 参见金鑫:《事前综合合规治理助力某集团公司健康发展》,载微信公众号“沪法网”2023 年 1 月 28 日,https://mp.weixin.qq.com/s/QpEiZw6Li94uKnW9LXB4iw。

合规具有重要意义。例如,《中央企业合规管理办法》和《企业境外经营合规管理指引》均明确指出,合规的要求包括企业及其员工的经营行为符合公司章程。

其次,律师团队也可以帮助客户企业开展员工法律培训。对员工开展法律培训,提高员工的刑事法律意识,有利于降低企业在经营管理活动中涉嫌违法犯罪的可能性。

(五)常态化审查阶段

常态化审查阶段可以与着手解决阶段同时进行,也可以单独进行。一方面,当律师团队正在解决客户企业某一方面业务的刑事法律问题时,也需要兼顾审查其他方面是否出现了新的法律风险。另一方面,着手解决阶段完成以后,客户企业只是解决了当前的刑事法律问题,其在生产经营活动中可能会再次产生法律风险,仍需要开展常态化审查。根据客户企业的自身特点,律师团队可以帮助客户企业建立不同的常态化审查机制。笔者在这里简要说明几种常态化审查措施。

1.律师派驻审查

对于有需求的客户企业,律师团队可以向企业派驻律师进行审查。派驻律师的审查具有全面、直接、及时的优势。派驻律师可以帮助客户企业审查日常法律文书、观察生产经营的具体情况等,审查范围十分全面;派驻律师获取的是客户企业行为活动的第一手资料,审查对象比较直接;派驻律师与客户企业联系性较强,一旦发现可能存在刑事法律风险的地方,可以及时向客户企业报告、提供整改方案。

2.律师协助建立匿名举报机制

匿名举报机制有利于提高事前刑事合规审查信息的全面性。对于大型企业来说,其经营管理活动的相关信息非常庞杂,官方渠道信息相对有限,非常不利于开展事前刑事合规审查。建立匿名举报机制可以在一定程度上解决这一困难。《美国联邦宣判指南》明确要求企业建立匿名的合规事件举报机制,也彰显了匿名举报机制的重要作用。⑬

律师团队可以建议客户企业向员工提供匿名举报的电子邮箱、电话号码

---

⑬ 参见蒋倩:《论美国〈反海外腐败法〉对中国企业合规审查的启示》,华东政法大学民商法学2010年硕士学位论文,第20页。

等,鼓励员工举报具有违法犯罪风险的行为。当然,仅仅建立匿名举报的制度还是不够的。律师团队还应当通过前面提到的员工培训,教会员工具备识别常见违法犯罪行为。

3. 律师协助开展企业内部刑事调查

企业内部刑事调查是指企业在合法范围内对企业内部员工实施的、可能涉嫌违法犯罪的行为进行调查。在实务中,有的犯罪并非企业高管主导,而是企业其他员工铤而走险实施的。比较典型的就是前面提到的雀巢公司员工侵犯公民个人信息案。在这种情况下,如果企业能够及时调查发现员工违法犯罪的线索,将其报告给侦查机关,就很有可能不负刑事责任,避免刑事追诉。

但是,企业并没有法定的调查权限,在具体调查过程中也很难把握法律的边界。[⑭] 这时就需要律师团队对企业内部刑事调查行为进行指导,避免因为调查而侵犯员工个人合法权益,反而弄巧成拙最后酿成犯罪。

(六)复盘总结阶段

复盘总结并不限于事前刑事合规审查业务的最后阶段。事实上,律师团队应当在办理业务时定期复盘总结、在业务办理终结后进行终局复盘总结。

笔者认为,复盘总结有三方面的意义。第一,复盘可以使律师团队回顾前一阶段办理业务的过程,从中总结经验教训、收获复利。这样有利于律师团队在下一阶段的业务中及时改进,提高业务能力和办案质量。第二,律师团队可以根据复盘总结的内容向客户企业领导定期汇报,加强与客户企业的沟通。第三,复盘可以使律师团队总结业务成果。业务成功不仅可以帮助律师团队增强办案信心,也可以作为宣传素材,有利于开展业务宣传。

三、事前刑事合规审查业务的必备心法

以上是办理事前刑事合规审查业务的基本方法。但是,企业并非冷冰冰的机器,只要按部就班地操作就能得到预期的效果。想要高质量地开展事前刑事合规审查业务,切实达到避免刑事法律风险、为企业发展保驾护航的目的,还需要律师团队掌握事前刑事合规审查的必备心法。必备心法有五条,分别是保守秘密、强化沟通、关注个性、注重有效性和兼顾企业活力。

---

⑭ 参见陈诗文、倪云:《从雀巢公司员工侵犯公民个人信息案谈企业事前刑事合规的价值和建设路径》,载微信公众号“发现律师事务所”2022年11月3日,https://mp.weixin.qq.com/s/mSgghQ9BgpkUp-eh7QyJmw。

（一）心法之一：保守秘密

律师团队为客户企业开展事前刑事合规审查业务，不免要接触大量的企业内部文件、资料，其中可能包含客户企业的商业秘密。律师团队要与客户企业签订保密协议，严格保守企业秘密。这不仅是律师职业道德的要求，也是双方达成互信、更好开展事前刑事合规审查业务的需要。

（二）心法之二：强化沟通

知名跨国医药企业礼来（中国）的合规总监认为，来自高层的支持是企业实现有效合规审查目标的重要支柱。在企业合规审查的实务中，最高管理层和关键部门作出承诺、积极推进合规管理制度的实施对于预防企业违法犯罪具有关键作用。[15] 高层的支持从何而来？一定是来自高层对业务的认可。这就需要律师团队与客户企业加强沟通，确保客户企业高层认可事前刑事合规审查业务的重要性和必要性。

律师团队要与客户企业领导定期汇报，确保客户企业与律师团队保持同步。前一部分详细论述了律师团队办理事前刑事合规审查业务的六个阶段。律师团队在每个阶段都应当定期复盘总结，并将总结的内容汇报给客户企业领导，确保客户企业领导知晓律师团队的业务进度、成果等。

律师团队还要积极出具书面报告。例如，在发现问题阶段，律师团队最好就发现的刑事法律风险出具一份书面报告，阐述目前企业已经存在的刑事法律风险与整改建议；在着手解决阶段完成后，律师团队也应当出具一份书面报告，反映客户企业整改后的情况。这些书面报告可以减少律师团队与客户企业的信息差。

（三）心法之三：关注个性

客户企业的规模大小、所属的行业领域、企业内部权力构架乃至企业高层管理人员的行事风格都会影响事前刑事合规审查业务的开展。因此，律师团队不管是在建立合作、发现问题阶段，还是在着手解决、常态化审查阶段，都应当结合客户企业的个性特点采取行动。

（四）心法之四：注重有效性

律师团队要注重事前刑事合规审查的有效性，预防“纸面合规”，确保合规

---

⑮ 参见蒋倩：《论美国〈反海外腐败法〉对中国企业合规审查的启示》，华东政法大学民商法学2010年硕士学位论文，第20页。

审查产生实效。2022 年 7 月 23 日，中国中小企业协会发布了《中小企业合规管理体系有效性评价》团体标准。律师团队可以参照该团体标准帮助企业开展刑事合规建设。

该标准从中小企业合规管理体系的有效性出发，对企业合规管理机构设置、职责配置、合规风险的识别与应对、合规文化建设等方面都提出了具体要求。例如，该团体标准要求中小企业应当设置专门的合规领导机构，该机构不仅要有明确的定位和职责，而且还要以企业的法定代表人或实际控制人为第一责任人。这样的设置有利于提高企业内部对合规工作的重视程度和配合程度，确保合规工作顺利展开。又如，该团体标准要求中小企业对合规管理部门进行特别授权，并且要保障其必要的人员和经费。这样的设置有利于确保合规管理部门的独立性，使其有效行使合规管理职能。

（五）心法之五：兼顾企业活力

事前刑事合规审查的直接目标是帮助企业避免刑事法律风险，根本目标是维护企业的发展利益。如果合规审查不考虑企业的承受能力和发展需求，提出过于严格的合规整改建议，那就会本末倒置，相应的建议也必然不会被采纳。因此，律师团队提供的合规整改建议也应当兼顾企业活力。

某电商平台的事前刑事合规审查就是一个典型的例子。在本案中，律师团队发现该电商平台的销售人员可能存在夸大产品优势、虚假宣传的行为，该平台构成诈骗类犯罪的风险。在研究合规整改方案的过程中，本案律师团队就考虑到单纯地限制销售人员的营销行为，虽然也能起到避免虚假宣传的效果；但也很有可能“用药过猛”，挫伤销售人员的积极性，导致平台利润减少。因此，本案律师团队建议该平台加强合规文化建设，实施合规制度上墙，时刻提醒销售人员；定期研究销售工作，并通过会议纪要记录、传达研究内容；定期对员工开展合规考核，促使员工合规开展业务。通过一系列措施，该平台加强了销售人员的刑事合规意识，避免了诈骗类犯罪的刑事法律风险。[16]

四、结语

是否触犯法律、是否构成犯罪往往只在行为人的一念之间，但其结果却天差地别。如果一家企业构成犯罪，不仅企业自身要面临巨额罚金、直接负责的

---

[16] 参见邹琰等：《从尽职调查到风险评估，企业“事前刑事合规”全流程实务操作指南》，载微信公众号“新则”2021 年 6 月 12 日，https://mp.weixin.qq.com/s/O9Ity_MD8kpHJ5q75t92OQ。

主管人员会身陷囹圄,而且该企业很可能就此倒闭,成百上千人面临失业。在变幻莫测的市场中,企业往往不能判断自身行为是否合法,很容易游走于犯罪的边缘而不自知。事前刑事合规审查的意义就在于帮助企业在合法范围内经营管理,远离违法犯罪的深渊,为企业的长远发展保驾护航。

第三编

国企合规

国有企业对外投资合规意见

李　铮

对外投资作为企业扩大产能、抢占市场和布局新产业的重要方式,其合规性一直备受监管部门及企业自身的关注。国有企业如何在对外投资决策过程中兼顾决策效率及科学性,保障投资安全,避免企业及其员工因不合规的投资行为及投后管理行为,受到相关处罚或承担其他法律责任、造成经济损失、声誉损失及其他负面影响,企业需要建立相应的对外投资合规管理体系。本文从中央、北京、上海对所属国资企业的规定入手,进行对比分析。

一、相关定义

(一)国有企业

日常工作生活中,常提到的国资企业国有企业,但是目前法律法规中对国有企业概念并没有明确的定义,不同政府部门、不同层级政府(以北京为例)多视具体的监管事项需求对国有企业进行认定并适用相关规定,本文整理如下。

1.《企业国有资产法》

该法未使用国有企业的概念,而是表述为"国家出资企业",是指国家出资的国有独资企业、国有独资公司,以及国有资本控股公司、国有资本参股公司。

2.《企业国有资产交易监督管理办法》

该管理办法未使用国有企业概念,所采用的表述为"国有及国有控股企业、国有实际控制企业",并明确规定了"国有及国有控股企业、国有实际控制企业"的范围。管理办法所称国有及国有控股企业、国有实际控制企业包括以下定义。

(1)政府部门、机构、事业单位出资设立的国有独资企业(公司),以及上述单位、企业直接或间接合计持股为100%的国有全资企业;

(2)本条第(一)款所列单位、企业单独或共同出资,合计拥有产(股)权比例超过50%,且其中之一为最大股东的企业;

(3)本条第1、2款所列企业对外出资,拥有股权比例超过50%的各级子企业;

(4)政府部门、机构、事业单位、单一国有及国有控股企业直接或间接持股比例未超过50%,但为第一大股东,并且通过股东协议、公司章程、董事会决议或者其他协议安排能够对其实际支配的企业。

3.《企业国有资产监督管理暂行条例》

该条例明确规定,国有及国有控股企业、国有参股企业中的国有资产的监督管理,适用本条例。

4.财政部《关于国有企业认定问题有关意见的函》

本函对国有公司、企业的认定,从以下角度加以分析。

(1)从企业资本构成的角度看,国有公司、企业应包括企业的所有者权益全部归国家所有、属《企业法》调整的各类全民所有制企业、公司(指《公司法》颁布前注册登记的非规范公司)以及《公司法》颁布后注册登记的国有独资公司、由多个国有单位出资组建的有限责任公司和股份有限公司。

(2)从企业控制力的角度看,国有公司、企业还应涵盖国有控股企业,其中,对国有股权超过50%的绝对控股企业,因国有股权处于绝对控制地位,应属国有公司、企业范畴;对国有股权处于相对控股的企业,因股权结构、控制力的组合情况相对复杂,如需纳入国有公司、企业范畴,须认真研究提出具体的判断标准。

5.国家统计局《关于对国有企业认定意见的函》

国家统计局认为,国有企业有广义、狭义之分。广义的国有企业是指具有国家资本金的企业,可分为三个层次:

(1)纯国有企业。包括国有独资企业、国有独资公司和国有联营企业三种形式,企业的资本金全部为国家所有。

(2)国有控股企业。根据国家统计局《关于统计上国有经济控股情况的分类办法》的规定,国有控股包括国有绝对控股和国有相对控股两种形式。

国有绝对控股企业是指在企业的全部资本中,国家资本(股本)所占比例大于50%的企业。国有相对控股企业(含协议控制)是指在企业的全部资本中,国家资本(股本)所占的比例虽未大于50%,但相对大于企业中的其他经济成分所占比例的企业(相对控股);或者虽不大于其他经济成分,但根据协议规定,由国家拥有实际控制权的企业(协议控制)。

(3)国有参股企业。是指具有部分国家资本金,但国家不控股的企业。国有与其他所有制的联营企业,按照上述原则分别划归第二、三层次中。狭义的国有企业,仅指纯国有企业。

6.《北京市国有企业投资监督管理办法》

第2条规定,本办法所称市属企业,是指由北京市人民政府直接出资设立,并授权北京市人民政府国有资产监督管理委员会(下文简称市国资委)监管的国有独资公司、国有独资企业、国有控股公司以及实行企业化管理的事业单位。

根据以上规定,法律法规适用的国有企业的范围界定为中央或地方政府(包括政府部门)履行出资人职责的国有独资企业、国有控股企业及其所属各级全资、控股企业,不包括参股企业。但也有例外,例如《广东省省属企业投资监督管理办法(试行)》《上海市国资委监管企业投资监督管理办法》均规定,本办法所称监管企业,是指地方政府授权地方国有资产监督管理委员会履行监管职责的企业。

(二)对外投资

国家和地方政府层面对于对外投资的范围界定,规定较为一致,主要指固定资产投资和股权投资,本文整理如下。

《中央企业投资监督管理办法》规定,本办法所称投资是中央企业在境内从事固定资产投资与股权投资。

《北京市国有企业投资监督管理办法》第3条规定:本办法所称投资是指市属企业及其所属各级控股(或具有实际控制权)子企业(下文简称子企业)在境内从事的固定资产投资与股权投资。

此外《广东省省属企业投资监督管理办法(试行)》《上海市国资委监管企业投资监督管理办法》关于对外投资的界定均与以上规定一致。

二、国有企业对外投资流程

国家及地方层面的法律法规对国有企业对外投资的流程均作了较为翔实和明确的规定。

(一)投资监管体系建设

1.建立健全企业投资管理制度

国有企业应当根据法律法规的要求,结合本企业的实际情况,建立健全投资管理制度。

对此,《中央企业投资监督管理办法中央企业投资监督管理办法》《上海市国资委监管企业投资监督管理办法》《北京市国有企业投资监督管理办法》对企业投资管理制度的具体内容作了规定,并要求企业将各自制定的投资管理制度报送国资委。一般包括以下内容:(1)投资应遵循的基本原则;(2)投资管理流程、管理部门及相关职责;(3)投资决策程序、决策机构及其职责;(4)投资项目负面清单制度;(5)投资信息化管理制度;(6)投资风险管控制度;(7)投资项目完成、中止、终止或退出制度;(8)投资项目后评价制度;(9)违规投资责任追究制度;(10)对所属企业投资活动的授权、监督与管理制度。

其中《上海市国资委监管企业投资监督管理办法》特别规定了投资管理制度还应当包括投资项目可行性研究、分析、评估及论证和投资项目尽职调查。

2. 其他监管制度

《中央企业投资监督管理办法》规定了多项监管制度,例如国有企业应当优化投资管理信息系统,建立投资监管联动机制,建立投资项目负面清单等。

在此基础上,《北京市国有企业投资监督管理办法》和《上海市国资委监管企业投资监督管理办法》又作出具体、细化规定。

《北京市国有企业投资监督管理办法》制定发布市属企业投资项目负面清单,设定禁止类和特别监管类投资项目,实行分类监管,并要求企业在市国资委发布的市属企业投资项目负面清单基础上,结合本企业实际,制定本企业更为严格、具体的投资项目负面清单。

《上海市国资委监管企业投资监督管理办法》未就投资项目负面清单作出规定,但是规定了备案、报告等制度。第 7 条至第 12 条规定了实行投资活动分层管理、分类备案管理、须事前备案投资项目和须事前报告投资项目,同时还规定了报备监督和监事会监督制度。例如,投资总额 5 亿元人民币及以上的非主业投资项目;功能保障类、市场竞争类监管企业上一会计年度经审计合并报表资产负债率已超过 70% 时实行的重大投资等项目实行事前备案管理。投资总额 20 亿元人民币及以上的主业投资项目,投资总额超过监管企业上一会计年度经审计合并报表净资产 10% 的投资项目,投资总额 1 亿元人民币及以上的非主业投资等项目须实行事前报告。

《上海市国资委监管企业投资监督管理办法》还规定了建立完善投资管理信息系统制度和投资监管联动机制。第26条规定，市国资委和监管企业应当建立完善投资管理信息系统，通过信息化手段掌握企业投资情况。市国资委投资管理信息系统上线后，监管企业应当按照市国资委有关要求向市国资委报送文件和材料。第27条规定，市国资委建立完善投资监管联动机制，发挥战略规划、法律合规、财务监督、产权管理、考核分配、干部管理、监事会监督、纪检监察、审计监督等相关监管职能，形成合力，实现对监管企业投资活动全过程监管，及时发现、防控投资风险，避免和减少投资损失。

（二）投资前阶段

1. 编制年度投资计划

国有企业应当按照企业发展战略和规划编制年度投资计划，并将年度投资计划纳入全面预算管理。

中央和上海市、北京市均对所述国有企业编制投资计划均作了较为明确的规定。北京市对市属企业年度投资计划的规定内容与中央规定完全一致，上海市对编制具体的投资计划规定有部分特殊要求。

《中央企业投资监督管理办法》第11条规定，中央企业应当按照企业发展战略和规划编制年度投资计划，并与企业年度财务预算相衔接，年度投资规模应与合理的资产负债水平相适应。企业的投资活动应当纳入年度投资计划，未纳入年度投资计划的投资项目原则上不得投资，确需追加投资项目的应调整年度投资计划。第12条规定，中央企业应当于每年3月10日前将经董事会审议通过的年度投资计划报送国资委。年度投资计划主要包括以下内容：(1)投资主要方向和目的；(2)投资规模及资产负债率水平；(3)投资结构分析；(4)投资资金来源；(5)重大投资项目情况。

《北京市国有企业投资监督管理办法》第13条规定，市属企业应当按照企业发展战略和规划编制年度投资计划，并与企业年度财务预算相衔接，年度投资规模应与合理的资产负债水平相适应。市属企业应强化投资计划的严肃性，将企业的投资活动全部纳入年度投资计划，未纳入年度投资计划的投资项目原则上不得投资，确需追加投资项目的应调整年度投资计划。第14条规定，市属企业应当于每年1月31日前将经董事会（或最高决策机构）审议通过的年度投资计划，通过市属企业投资管理信息系统报送市国资委。

《上海市国资委监管企业投资监督管理办法》第13条规定，监管企业应当依据其发展战略规划和投资管理制度制定年度投资计划，并与企业年度财务预算相衔接。监管企业(含下属合并会计报表范围内企业)的投资活动应当全部纳入年度投资计划。监管企业应当于每年1月底前按照本办法第七条规定向市国资委预报本年度投资计划，每年4月底前正式报送本年度投资计划。

年度投资计划内容主要包括：投资主要方向和目的，投资规模及资产负债率水平，资金来源与构成，非主业投资规模与结构，境外投资规模与结构，重大投资项目等。

主业目录中有培育业务的监管企业应当在年度投资计划中安排一定比例的资金投向培育业务。功能保障类、市场竞争类监管企业年度非主业投资规模原则上不超过年度投资总规模的5%，有特殊原因确需超出的，监管企业应当说明原因并通过董事会决策后报市国资委。

2. 负面清单制度

中央和部分地方政府下发了所属企业投资项目负面清单。中央和地方省市级政府所属企业应当按照相关投资管理办法所列的负面清单进行项目自查；各级地方国有企业在投资项目的选择中，除按照省级政府的规定之外，部分企业还应按照市级政府负面清单严格审核对外投资项目，并向有关部门进行咨询，以确保项目的审批和实施过程顺利进行。

《中央企业投资监督管理办法》第14条规定，列入中央企业投资项目负面清单特别监管类的投资项目，中央企业应在履行完企业内部决策程序后、实施前向国资委报送规定材料。

《北京市国有企业投资监督管理办法》第15条规定，市国资委依据企业发展战略规划、市属企业投资项目负面清单，主要从市属企业投资方向、投资规模、投资结构和投资能力等方面，对市属企业年度投资计划进行备案管理。对存在问题的年度投资计划(含调整计划)，市国资委在收到年度投资计划报告后的20个工作日内，向有关企业反馈书面意见。企业应根据市国资委意见对年度投资计划做出修改并重新履行审议和备案程序。

3. 可行性研究论证

国有企业在对外投资前需进行技术、市场、财务、法律等方面的前期可行性研究论证工作，并编制投资项目可行性研究报告，可行性研究报告应当以投资项目实施的必要性、技术与经济可行性为主要内容,是投资项目决策的基本和最主要的依据。

《中央企业投资监督管理办法》第15条规定,中央企业应当根据企业发展战略和规划,按照国资委确认的各企业主业、非主业投资比例及新兴产业投资方向,选择、确定投资项目,做好项目融资、投资、管理、退出全过程的研究论证。对于新投资项目,应当深入进行技术、市场、财务和法律等方面的可行性研究与论证,其中股权投资项目应开展必要的尽职调查,并按要求履行资产评估或估值程序。

对此,《北京市国有企业投资监督管理办法》第18条规定,市属企业应当围绕企业发展战略和规划,按照市国资委确认的各企业主业,选择、确定投资项目,做好项目融资、投资、管理、退出全过程的研究论证。对于新投资项目,应当深入进行技术、市场、财务和法律等方面的可行性研究与论证,其中股权投资项目应开展必要的尽职调查,并按要求履行资产评估或估值程序。

《上海市国资委监管企业投资监督管理办法》对项目前期论证与风险评估作出规定。第16条规定,监管企业应当根据战略规划,聚焦主业,选择确定投资项目,做好项目融资、投资、管理、退出全过程的研究论证。对于新投资项目,应当对市场、技术、财务和法律等方面的可行性进行深入研究,其中股权投资项目应当开展必要的尽职调查,并按要求履行资产评估或估值程序。境外投资项目应当对投资所在国家(地区)政治、经济、社会、文化、市场、法律、政策等风险进行评估,其中投资总额占企业上一会计年度经审计合并报表净资产10%及以上的项目应委托独立第三方有资质咨询机构进行全面评估。市国资委视情况对事前备案和事前报告股权投资项目评估(估值)结论进行复核。

4. 投资项目事先报告

《上海市国资委监管企业投资监督管理办法》第15条规定,投资项目经总裁办公会(或同等机构)审议通过后,在项目实施前,监管企业应当形成项目情况报告及相关材料报送市国资委。市国资委确认收到之日起7个工作日后,监管企业可以提请董事会决策(或启动实施)。若市国资委认为项目可能存在不适合实施的情形,将与监管企业进行沟通,必要时建议监管企业终止项目实施。监管企业对报送资料的真实性、完整性和准确性负责。

5. 履行内部决策程序

国有企业的一般规定：按照法律法规、公司章程及企业内部管理规定，履行内部决策程序。

《中央企业投资监督管理办法》第 16 条规定，中央企业应当明确投资决策机制，对投资决策实行统一管理，向下授权投资决策的企业管理层级原则上不超过两级。各级投资决策机构对投资项目做出决策，应当形成决策文件，所有参与决策的人员均应在决策文件上签字背书，所发表意见应记录存档。

《北京市国有企业投资监督管理办法》第 19 条规定，市属企业应当明确投资决策机制，对投资决策实行统一管理，重大投资项目决策原则上归属于一级企业，一般投资项目向下授权决策的企业管理层级不得超过两级，严格控制市属企业三级以下管理层级投资，加强对新增四级以下法人单位的管控，切实压缩管理层级。各级投资决策机构对投资项目做出决策，应当形成决策文件，所有参与决策的人员均应在决策文件上签字背书，所发表意见应记录存档。

6. 国资监管部门备案

《上海市国资委监管企业投资监督管理办法》第 14 条规定，对国企对外投资项目中的境内重大投资项目、境外投资项目及非主业投资项目的备案程序作出具体规定：

（1）需经市国资委事前备案的程序

投资项目经总裁办公会（或同等机构）审议通过后，监管企业就项目情况与市国资委进行预沟通；监管企业报送备案报告及相关材料；市国资委对材料进行核实、审议；审议通过的，由市国资委出具不持异议意见函。市国资委在收到备案报告后 20 个工作日内与监管企业沟通反馈意见。

监管企业投资项目中涉及上市公司等敏感信息且须事前备案的投资项目，经监管企业与市国资委沟通可在董事会决议后履行事前备案程序，但应在董事会决议中明确该项目在备案程序履行完毕后方可实施。

已履行前备案程序的投资项目在实施前，若投资金额、投资标的或者投资方式等核心事项出现重大调整，应重新履行前备案程序。

（2）市国资委事后备案的程序

董事会决议后，监管企业按季度汇总后报送市国资委备案。

(3)备案所需材料

监管企业备案的材料应当包括以下内容:备案报告,项目可行性研究报告、项目融资方案、风险评估报告等,集团内部决策程序及意见,其他需要提供的资料。监管企业对报送资料的真实性、完整性和准确性负责。

(三)投资中阶段

根据相关规定,投资中阶段是落实、保障阶段,国有企业在投资中阶段应当对项目评估的风险、法律尽调、可研报告中的重点事项进行监控、管理;对于上市国有企业,投资中阶段还应当根据相关法律法规和交易所规则进行信息披露。

1. 随机检查、跟踪分析

《中央企业投资监督管理办法》第17条、第18条规定,国资委对中央企业实施中的重大投资项目进行随机监督检查,重点检查企业重大投资项目决策、执行和效果等情况,对发现的问题向企业进行提示。中央企业应当定期对实施、运营中的投资项目进行跟踪分析,针对外部环境和项目本身情况变化,及时进行再决策。如出现影响投资目的的实现的重大不利变化时,应当研究启动中止、终止或退出机制。中央企业因重大投资项目再决策涉及年度投资计划调整的,应当将调整后的年度投资计划报送国资委。

《中央企业投资监督管理办法》还规定了定期向国资委系统报送投资管理信息的规定。第19条规定,中央企业应当按照国资委要求,分别于每年一、二、三季度终了次月10日前将季度投资完成情况通过中央企业投资管理信息系统报送国资委。季度投资完成情况主要包括固定资产投资、股权投资、重大投资项目完成情况,以及需要报告的其他事项等内容。部分重点行业的中央企业应按要求报送季度投资分析情况。

《北京市国有企业投资监督管理办法》第20条至第23条规定,市国资委对市属企业实施中的重大投资项目进行随机监督检查,重点检查企业重大投资项目决策、执行和效果等情况;定期对实施、运营中的投资项目进行跟踪分析,根据外部环境和项目本身情况变化,及时进行再决策等规定与《中央企业投资监督管理办法》基本相同。

2. 计划调整制度

《北京市国有企业投资监督管理办法》第23条关于定期向市国资委系统

报送投资管理信息的规定,与《中央企业投资监督管理办法》基本相同。

《上海市国资委监管企业投资监督管理办法》规定除了监管企业遇特殊情况需调整年度投资计划,应当在每年 9 月底前书面报送市国资委外,还应当充分说明原因及调整内容,

3. 启动中止、终止或退出机制

除此以外,《上海市国资委监管企业投资监督管理办法》第 19 条关于投资项目监管,除了跟踪分析、及时再决策的一般规定外,还规定了如出现影响投资目的实现的重大不利变化时,应当研究启动中止、终止或退出机制。对违规违纪行为实施全程追责,加强过程管控。对于重大投资项目,监管企业应当对阶段性进展情况开展评估,发现问题,及时调整。问题重大的应书面报告市国资委,其中,问题重大是指:(1)项目内容发生实质性改变、投资额重大调整或股权结构发生重大变化等情况;(2)重大自然灾害、重大群体性事件以及危及人身或财产安全的重大突发事件;(3)重大资产损失,严重的质量、安全生产及环境事故等;(4)投资项目合作方严重违约,出现严重损害出资人利益的情况;(5)严重的违法违纪案件或重大法律纠纷案件;(6)银行账户、款项被冻结或市外、境外存款所在的金融机构破产;(7)境外投资项目所在国家(地区)发生战争、动乱以及不可抗拒的自然灾害等;(8)其他有重大影响的事件。

同时,该办法第 20 条还规定了对投资项目进行事中监测管理,市国资委结合年度投资计划、预决算、项目备案等报告,密切关注监管企业境内外投资项目开展情况,加强投资动态监测、财务风险预警等项目事中管理。

(四)投资后阶段

完成投资后,国有企业仍需持续关注该项目进展情况,并且应当按照法律规定进行项目评价;中央企业还应当将项目情况报送国资委,而上市国企还需履行投资后的披露义务。

1. 项目完成后评价、报告制度

投后评价报告,是对上一年度投资情况的执行情况梳理和经验总结。

《中央企业投资监督管理办法》第 20 条规定,中央企业在年度投资完成后,应当编制年度投资完成情况报告,并于下一年 1 月 31 日前报送国资委。年度投资完成情况报告包括但不限于以下内容:(1)年度投资完成总体情况;(2)年度投资效果分析;(3)重大投资项目进展情况;(4)年度投资后评价工作

开展情况;(5)年度投资存在的主要问题及建议。

《北京市国有企业投资监督管理办法》第23条对市属企业也做了相同的规定,年度投资完成情况报告的时间和内容同中央企业。

与中央和北京的规定略有不同,《上海市国资委监管企业投资监督管理办法》除了包含中央相关规定外,对非主业的投资情况也要求总结、报告。第21条规定,监管企业应当在次年1月底前预报全年度投资完成情况,次年4月底前正式报送上年度投资分析报告。企业的年度投资分析报告,应当包括企业总体投资完成情况、年度投资计划执行及完成情况、重大投资项目完成情况(资金完成情况、工程进度、未实施原因)、非主业投资项目完成情况、非主业投资占比等。年度非主业投资完成比例超过5%的监管企业,应当在报告中进行专项说明,市国资委对企业说明予以采纳或进行约谈整改。

2. 投资项目后评价

中央企业每年应当选择部分已完成的重大投资项目进行评价、报告。《中央企业投资监督管理办法》第21条规定,中央企业应当每年选择部分已完成的重大投资项目开展后评价,形成后评价专项报告。通过项目后评价,完善企业投资决策机制,提高项目成功率和投资收益,总结投资经验,为后续投资活动提供参考,提高投资管理水平。国资委对中央企业投资项目后评价工作进行监督和指导,选择部分重大投资项目开展后评价,并向企业通报后评价结果,对项目开展的有益经验进行推广。

北京市未将投后评价报告的范围限定在重大投资项目。《北京市国有企业投资监督管理办法》第25条规定,市属企业应当建立后评价制度,组织开展投资项目的后评价,形成后评价专项报告。通过项目后评价,完善企业投资决策机制,提高项目成功率和投资收益,总结投资经验,为后续投资活动提供参考,提高投资管理水平。市国资委对市属企业投资项目后评价工作进行监督和指导,选择部分重大投资项目组织开展后评价,并向企业通报后评价结果,对项目开展的有益经验进行推广。

《上海市国资委监管企业投资监督管理办法》第22条规定,监管企业应当对投资项目实施后评估管理,建立完善后评估管理制度。通过后评估管理,完善投资决策机制,提高项目成功率和投资收益,总结投资经验,为后续投资提供参考,提高投资管理水平。项目实施主体应当在项目投资完毕的一个完整会计年度后不超过3年内，开展项目后评估。项目后评估可由监管企业自行实施，也可聘请具有相应资质和能力的中介机构实施，但应避免由承担项目可行性研究的相关工作机构实施该项目的后评估。

市国资委对监管企业投资项目后评估工作进行监督和指导。市国资委可选择部分重大项目开展项目后评估工作，发挥企业监事会作用，建立完善重大项目后评估工作机制。后评估过程中发现为投资项目提供财务、法律、业务等尽职调查服务的机构存在未能勤勉尽责情形的，经认定后，纳入市国资委尽职调查机构黑名单。

3. 投后专项审计

投后审计已成为国有企业对外投资的必经程序。中央和北京将审计的范围限定在重大投资项目，审计的重点限定在决策、投资方向、资金、收益、风险管理等方面。而上海并未将投后审计的范围限定在重大项目方面，而是在境外、计划外追加、非主业重大投资项目等方面，监管内容更加具体。

《中央企业投资监督管理办法》第22条规定，中央企业应当开展重大投资项目专项审计，审计的重点包括重大投资项目决策、投资方向、资金使用、投资收益、投资风险管理等方面。

《北京市国有企业投资监督管理办法》第26条规定，市属企业应当开展重大投资项目专项审计，审计的重点包括重大投资项目决策、投资方向、资金使用、投资收益、投资风险管理等方面。

《上海市国资委监管企业投资监督管理办法》第23条规定，市国资委对监管企业实施的投资项目进行定期监督检查，重点检查项目决策、执行和效果等情况，特别是境外、计划外追加、非主业重大投资项目实施的必要性及投资风险等内容，就发现的问题督促整改。加强对监管企业投资项目的事后检查和审计监督。每年选取部分境内外重大项目开展检查，通过经济责任审计延伸、审计调查等多种方式，推进投资项目审计监督。

4. 国有上市公司的特殊规定

上市国企对外投资后，应发布《关于对外投资的进展公告》，就对外投资的基本情况、对外投资的进展以及该投资对公司的影响等事项进行说明。

（五）投资风险管理

随着市场化投资的加速，投资风险也日渐增长，有效识别、控制风险是国有企业改革与发展过程中的重要内容。对于国有企业投资风险的管理，中央和地方也作出一些规定。

1. 建立投资全过程风险管理体系

《中央企业投资监督管理办法》第23条规定，中央企业应当建立投资全过程风险管理体系，将投资风险管理作为企业实施全面风险管理、加强廉洁风险防控的重要内容。强化投资前期风险评估和风控方案制订，做好项目实施过程中的风险监控、预警和处置，防范投资后项目运营、整合风险，做好项目退出的时点与方式安排。

《北京市国有企业投资监督管理办法》第27条规定，市属企业应当建立投资全过程风险管理体系，将投资风险管理作为企业实施全面风险管理、加强廉洁风险防控的重要内容。强化投资前期风险评估和风险控制方案制订，做好项目实施过程中风险监控、预警和处置，防范投资后项目运营、整合风险，做好项目退出的时点与方式安排。

《上海市国资委监管企业投资监督管理办法》第24条风险管理体系建设规定，监管企业应当建立投资全过程风险管理体系，将投资风险管理作为企业实施全面风险管理、加强廉洁风险防控的重要内容。强化投资前期风险评估和风控方案制定，做好项目实施过程中的重大事项报告、风险监控、预警和处置，防范投资后项目运营、整合风险，做好项目退出的时点与方式安排。

鼓励监管企业创新运用项目跟投、风险抵押金等市场化方式，强化投资行为决策责任，建立健全投资项目管理的激励和约束机制，实现核心团队风险共担、收益共享。

2. 委托第三方咨询机构对投资风险管理体系评估

《中央企业投资监督管理办法》第24条规定，国资委指导督促中央企业加强投资风险管理，委托第三方咨询机构对中央企业投资风险管理体系进行评价，及时将评价结果反馈中央企业。相关中央企业应按照评价结果对存在的问题及时进行整改，健全完善企业投资风险管理体系，提高企业抗风险能力。

《北京市国有企业投资监督管理办法》第28条规定，市国资委指导督促市属企业加强投资风险管理，必要时可委托第三方咨询机构对市属企业投资风险管理体系进行评价，及时将评价结果反馈市属企业。相关市属企业应按照评价结果对存在的问题及时进行整改，健全完善企业投资风险管理体系，提高企业抗风险能力。

同时该管理办法还规定，中央企业股权类重大投资项目，投资决策前应当委托第三方咨询机构出具风险评估报告。《中央企业投资监督管理办法》第25条规定，中央企业商业性重大投资项目应当积极引入社会各类投资机构参与。中央企业股权类重大投资项目在投资决策前应当由独立第三方有资质咨询机构出具投资项目风险评估报告。纳入国资委债务风险管控的中央企业不得因投资推高企业的负债率水平。

3.项目常态化审计

《上海市国资委监管企业投资监督管理办法》第25条规定，监管企业应当加强对境内外国有资产的常态化审计，每年进行财务决算审计；对投资并运营超过两年的境外国有资产开展专项审计，重点审计资产安全完整、运营效益、风险管控和保值增值等情况，逐步落实对境外企业负责人的经济责任审计。

三、责任追究制度

国家和地方相关规定均对固定资产投资方面和投资并购方面的责任追究情形进行了具体的规定，国有企业应当在对外投资中遵循审慎原则，避免出现前述规定中违规经营的事项。

（一）应当追究责任的相关人员

1.履行出资人职责机构的人员责任

《中华人民共和国企业国有资产法》第68条规定，履行出资人职责的机构有下列行为之一的，对其直接负责的主管人员和其他直接责任人员依法给予处分：

（1）不按照法定的任职条件，任命或者建议任命国家出资企业管理者的；

（2）侵占、截留、挪用国家出资企业的资金或者应当上缴的国有资本收入的；

（3）违反法定的权限、程序，决定国家出资企业重大事项，造成国有资产损失的；

（4）有其他不依法履行出资人职责的行为，造成国有资产损失的。

第69条规定，履行出资人职责的机构的工作人员玩忽职守、滥用职权、徇私舞弊，尚不构成犯罪的，依法给予处分。

第70条规定，履行出资人职责的机构委派的股东代表未按照委派机构的指示履行职责,造成国有资产损失的,依法承担赔偿责任;属于国家工作人员的,并依法给予处分。

2. 国家出资企业中的国家工作人员

《中华人民共和国企业国有资产法》第71条规定,国家出资企业的董事、监事、高级管理人员有下列行为之一,造成国有资产损失的,依法承担赔偿责任;属于国家工作人员的,并依法给予处分:

(1)利用职权收受贿赂或者取得其他非法收入和不当利益的;

(2)侵占、挪用企业资产的;

(3)在企业改制、财产转让等过程中,违反法律、行政法规和公平交易规则,将企业财产低价转让、低价折股的;

(4)违反本法规定与本企业进行交易的;

(5)不如实向资产评估机构、会计师事务所提供有关情况和资料,或者与资产评估机构、会计师事务所串通出具虚假资产评估报告、审计报告的;

(6)违反法律、行政法规和企业章程规定的决策程序,决定企业重大事项的;

(7)有其他违反法律、行政法规和企业章程执行职务行为的。

国家出资企业的董事、监事、高级管理人员因前款所列行为取得的收入,依法予以追缴或者归国家出资企业所有。

履行出资人职责的机构任命或者建议任命的董事、监事、高级管理人员有本条第1款所列行为之一,造成国有资产重大损失的,由履行出资人职责的机构依法予以免职或者提出免职建议。

第72条规定,在涉及关联方交易、国有资产转让等交易活动中,当事人恶意串通,损害国有资产权益的,该交易行为无效。

第73条规定,国有独资企业、国有独资公司、国有资本控股公司的董事、监事、高级管理人员违反本法规定,造成国有资产重大损失,被免职的,自免职之日起五年内不得担任国有独资企业、国有独资公司、国有资本控股公司的董事、监事、高级管理人员;造成国有资产特别重大损失,或者因贪污、贿赂、侵占财产、挪用财产或者破坏社会主义市场经济秩序被判处刑罚的,终身不得担任国有独资企业、国有独资公司、国有资本控股公司的董事、监事、高级管理人员。

3. 受委托的人员

《中华人民共和国企业国有资产法》第74条规定，接受委托对国家出资企业进行资产评估、财务审计的资产评估机构、会计师事务所违反法律、行政法规的规定和执业准则，出具虚假的资产评估报告或者审计报告的，依照有关法律、行政法规的规定追究法律责任。

(二)追责范围

1. 国务院规定

国务院办公厅《关于建立国有企业违规经营投资责任追究制度的意见》规定了国有企业经营管理有关人员违反国家法律法规和企业内部管理规定，未履行或未正确履行职责致使发生国有资产损失等严重不良后果的，应当追究责任。

(1)集团管控方面。所属子企业发生重大违纪违法问题，造成重大资产损失，影响其持续经营能力或造成严重不良后果；未履行或未正确履行职责致使集团发生较大资产损失，对生产经营、财务状况产生重大影响；对集团重大风险隐患、内控缺陷等问题失察，或虽发现但没有及时报告、处理，造成重大风险等。

(2)购销管理方面。未按照规定订立、履行合同，未履行或未正确履行职责致使合同标的价格明显不公允；交易行为虚假或违规开展"空转"贸易；利用关联交易输送利益；未按照规定进行招标或未执行招标结果；违反规定提供赊销信用、资质、担保(含抵押、质押等)或预付款项，利用业务预付或物资交易等方式变相融资或投资；违规开展商品期货、期权等衍生业务；未按规定对应收款项及时追索或采取有效保全措施等。

(3)工程承包建设方面。未按规定对合同标的进行调查论证，未经授权或超越授权投标，中标价格严重低于成本，造成企业资产损失；违反规定擅自签订或变更合同，合同约定未经严格审查，存在重大疏漏；工程物资未按规定招标；违反规定转包、分包；工程组织管理混乱，致使工程质量不达标，工程成本严重超支；违反合同约定超计价、超进度付款等。

(4)转让产权、上市公司股权和资产方面。未按规定履行决策和审批程序或超越授权范围转让；财务审计和资产评估违反相关规定；组织提供和披露虚假信息，操纵中介机构出具虚假财务审计、资产评估鉴证结果；未按相关规定执行回避制度，造成资产损失；违反相关规定和公开公平交易原则，低价转让企业产权、上市公司股权和资产等。

（5）固定资产投资方面。未按规定进行可行性研究或风险分析；项目概算未经严格审查，严重偏离实际；未按规定履行决策和审批程序擅自投资，造成资产损失；购建项目未按规定招标，干预或操纵招标；外部环境发生重大变化，未按规定及时调整投资方案并采取止损措施；擅自变更工程设计、建设内容；项目管理混乱，致使建设严重拖期、成本明显高于同类项目等。

（6）投资并购方面。投资并购未按规定开展尽职调查，或尽职调查未进行风险分析等，存在重大疏漏；财务审计、资产评估或估值违反相关规定，或投资并购过程中授意、指使中介机构或有关单位出具虚假报告；未按规定履行决策和审批程序，决策未充分考虑重大风险因素，未制定风险防范预案；违规以各种形式为其他合资合作方提供垫资，或通过高溢价并购等手段向关联方输送利益；投资合同、协议及标的企业公司章程中国有权益保护条款缺失，对标的企业管理失控；投资参股后未行使股东权利，发生重大变化未及时采取止损措施；违反合同约定提前支付并购价款等。

（7）改组改制方面。未按规定履行决策和审批程序；未按规定组织开展清产核资、财务审计和资产评估；故意转移、隐匿国有资产或向中介机构提供虚假信息，操纵中介机构出具虚假清产核资、财务审计与资产评估鉴证结果；将国有资产以明显不公允低价折股、出售或无偿分给其他单位或个人；在发展混合所有制经济、实施员工持股计划等改组改制过程中变相套取、私分国有股权；未按规定收取国有资产转让价款；改制后的公司章程中国有权益保护条款缺失等。

（8）资金管理方面。违反决策和审批程序或超越权限批准资金支出；设立“小金库”；违规集资、发行股票（债券）、捐赠、担保、委托理财、拆借资金或开立信用证、办理银行票据；虚列支出套取资金；违规以个人名义留存资金、收支结算、开立银行账户；违规超发、滥发职工薪酬福利；因财务内控缺失，发生侵占、盗取、欺诈等。

（9）风险管理方面。内控及风险管理制度缺失，内控流程存在重大缺陷或内部控制执行不力；对经营投资重大风险未能及时分析、识别、评估、预警和应对；对企业规章制度、经济合同和重要决策的法律审核不到位；过度负债危及企业持续经营，恶意逃废金融债务；瞒报、漏报重大风险及风险损失事件，指使编制虚假财务报告，企业账实严重不符等。

其他违反规定，应当追究责任的情形。

2. 地方规定

在地方层面，各地以《国务院办公厅关于建立国有企业违规经营投资责任追究制度的意见》为基础对国有企业违规经营投资规定了责任追究办法，如《上海市市属国有企业违规经营投资责任追究实施办法（试行）》和《北京市国有企业违规经营投资责任追究实施办法（试行）》。

《北京市国有企业违规经营投资责任追究实施办法（试行）》第 7 条至第 20 条，规定了以下几方面的责任追究情形：集团管控；采购管理；销售管理；投资决策和管理；资金管理；工程承包与建设；改组改制退出、产权（股权）转让和资产处置；风险管理；保证、抵押、质押等担保活动；京外、境外经营投资；实物资产管理以及违规发放薪酬福利、违反廉洁规定。

《上海市市属国有企业违规经营投资责任追究实施办法（试行）》第 6 条至第 19 条，规定了以下几方面的责任追究情形：集团管控；风险管理；购销管理；工程承包与建设；资金管理；转让产权、上市公司股权和资产；固定资产投资；投资并购；改组改制；境外经营投资；金融业务；实物资产管理等方面。

国企合规风险梳理排查指引

周文波

在2020年11月召开的中央全面依法治国工作会议上，党中央明确提出习近平法治思想，把全面依法治国提升到前所未有的新高度。《法治中国建设规划（2020—2025年）》《法治社会建设实施纲要（2020—2025年）》等中央文件对企业依法合规经营提出明确要求。

为落实党中央部署要求，国务院国有资产监督管理委员会高度重视合规管理工作，2018年11月2日印发《中央企业合规管理指引（试行）》（下文简称《央企合规指引》）；2022年8月23日公布《中央企业合规管理办法》（下文简称《央企合规管理办法》），自2022年10月1日起施行。

至此，国家通过部门规章对国有企业的合规管理工作做出了明确指引。本文将从国有企业合规风险梳理排查的主体范围、相关依据、重点领域、主要内容、操作流程等方面展开论述。

一、合规风险梳理排查的主体范围

根据《央企合规管理办法》第3条第2款的规定，合规风险是指企业及其员工在经营管理过程中因违规行为引发法律责任、造成经济损失或者声誉损失以及其他负面影响的可能性。据此，国有企业合规风险排查的主体范围主要包括以下两个方面。

（一）企业经营管理行为

《央企合规管理办法》相较于《央企合规指引》，对合规管理相关主体职责进一步予以明确。

一是按照法人治理结构，规定了企业党委（党组）、董事会、经理层、首席合规官等主体的合规管理职责，尤其是首席合规官的引进，已经成为《央企合规管理办法》的亮点之一。笔者长期服务于央企或央企控股的国有企业，在提供法律服务过程中深有感触，企业的法务负责人对于企业经营过程中存在的法律风险,或者对于律师通过尽职调查后做出的风险清单均能认同,但对于整改措施,尤其是需要其他部门协同完成的整改措施的推进和执行,明显缺乏话语权。大部分国有企业在治理架构的设置中,法务负责人员仅为中层部门管理人员,这也是合规管理工作在企业难以推进的主要因素之一。该次关于央企首席合规官的设置要求,既能与 2021 年国际标准化组织印发的《合规管理体系要求及使用指南》(ISO 37301:2021)的规定相统一,也将对央企下属国有企业的合规管理工作产生指导和监管的作用。

二是设置了“三道防线”,进一步明确了业务及职能部门、合规管理部门和监督部门的合规管理职责。其中,要求“业务及职能部门承担合规管理主体责任”也是《央企合规管理办法》的亮点之一。此前对于合规管理工作更加强调合规管理部门和监督部门的管理,而企业运营风险更多地存在于一线业务部门,大部分企业的合规部门与业务部门在设置上处于同级,且长期以来已经形成了“重业绩、轻风控”的管理文化,导致合规部门的工作很难开展。《央企合规管理办法》强化了业务及职能部门的合规管理主体责任,要求其对本部门的合规风险承担主体责任,建立了企业运营管理的第一道防线,夯实了企业合规的基层管理工作,势必会推进企业合规管理工作的开展并提升成效。

(二)员工履职行为

根据《央企合规指引》,企业合规管理应重点关注的人员主要包括以下 3 类人员。

1. 管理人员

首席合规官及其他高管或重点部门的管理人员等,其履职行为将直接关系到企业经营管理行为的决策和实施,与企业的合规管理行为密不可分,笔者不再赘述。

2. 重要风险岗位人员

重要风险岗位人员的违规行为是引发企业安全生产事故、产生商业贿赂、侵犯知识产权或商业秘密等法律风险的主要因素。加强重要风险岗位人员的岗前和在岗培训、加强其合规意识、加大违规行为追责力度对于防范企业合规管理风险必然能起到良好的促进作用。

3. 海外人员

对海外人员进行背景尽职调查,将合规培训作为海外人员任职和上岗的必备条件，确保其遵守我国和所在国的法律规定，这对于企业的合规风险防范也至关重要。

二、合规风险梳理排查的相关依据

根据《央企合规管理办法》和《央企合规指引》的规定，企业进行合规风险梳理排查时应当以下列文件作为依据：(1)国家法律法规；(2)监管规定；(3)行业准则；(4)国际条约、规则；(5)公司章程；(6)公司规章制度。

其中需要强调的是，公司章程和公司规章制度作为企业进行合规风险梳理排查依据的前提条件是，该章程和规章制度已经合规审查。笔者曾经接受某国有企业委托，为其提供下属控股或参股子公司的治理结构和章程合规风险梳理法律服务。笔者发现在实践中，部分企业并不重视公司章程的制订，在设立之初往往是从网站上直接下载模板进行工商备案，尤其是在合资企业的章程设计中，如果缺乏关于股东会议事规则和董事会议事规则的明确表述，当合资各方股东意见产生分歧时，往往会导致企业运营陷入僵局、国有企业的股东权利和股东义务严重失衡、股东会决议或董事会决议被认定无效等重大经营管理风险。

三、合规风险梳理排查的重点领域

笔者以《央企合规管理办法》《央企合规指引》以及司法实践为参考，归纳总结了以下合规风险梳理排查中应当关注的重点领域。

(一)公司治理

全面落实“三重一大”决策制度，强化制度文件的合规审查，提升决策有效性，保障党委会、董事会、监事会、经理层等依据法律规定正确履职，实现党的领导与公司治理有效融合。

(二)市场交易

完善交易管理制度，严格履行决策批准程序。规范交易行为，建立健全自律诚信体系，重点关注反商业贿赂、反垄断、反不正当竞争等领域，积极营造公平公正的市场环境。严肃交易纪律，规范资产交易和招投标等活动。

(三)合同管理

树立审慎签约、诚信履约的合规文化。重视合同管理与合规审查，关注商业条款及商业条件不对等的商业合同。

(四)对外投融资

在对外投融资领域应严格遵守监管要求，避免以合法形式掩盖非法目的、以投资形式让民营企业挂靠等违规行为,确保投融资行为的真实性和合法性,确保国有资产在投融资过程中的保值增值。

(五)商业伙伴

对重要商业伙伴组织开展合规尽职调查,根据结果相应采取要求商业伙伴作出合规承诺、签订合规协议、增加合规条款等措施,促进商业伙伴行为合规。

(六)安全生产

严格执行国家安全生产法律法规,完善企业安全生产规范制度,加强监督检查,及时发现并整改违规问题。

(七)产品质量

完善质量体系,加强生产制造过程控制,严把各环节质量关,提供优质产品和服务。

(八)生态环保

严格执行国家关于生态环境保护的法律法规,完善企业生态环保制度,加强监督检查,及时发现并整改违规问题。

(九)财务税收

健全完善财务内部控制体系,严格遵守财经纪律,严格遵守财务规章制度、规范,严格执行财务事项操作和审批流程。坚持依法纳税,严格遵守税收法律政策。

(十)知识产权和商业秘密

及时申请注册知识产权成果,规范实施许可和转让,及时制止外部侵权行为,加强对商业秘密和商标的保护,依法规范使用他人知识产权,防止侵犯他人权益。

(十一)信息安全和数据保护

强化信息安全和数据保护的有效性与执行性,采取全面可行的保护措施,防止重大商业信息与内幕信息泄露。尊重业务伙伴和客户的隐私信息。依法合规规范采集、处理、保存和使用个人信息。

(十二)劳动用工

严格遵守劳动法律法规,健全完善劳动合同管理制度,规范劳动合同签订、履行、变更、竞业禁止约定内容、中止和解除,规范劳务派遣用工,切实维护劳动者合法权益。

(十三)商务接待

禁止超规格、超标准接受或组织商务宴请,维护正常商业关系与市场秩序。

四、合规风险梳理排查的主要内容

笔者以长期为国有企业提供的法律服务内容为参考,总结归纳了以下合规风险梳理排查应当关注的主要内容。

(一)对企业制度的合规风险梳理排查

如前所述,无论是公司章程,还是规章管理制度,都应以合规审查为前提,否则无法作为企业合规风险梳理排查的依据。一个企业进行合规管理,首先应当建立健全各项企业管理制度,针对重点领域和重点部门制定专项管理制度。对企业制度的合规风险梳理排查,应当根据法律法规变化和监管动态,及时将外部有关合规要求转化为内部规章制度。

(二)对交易模式的合规风险梳理排查

实践中,国有企业与民营企业的差异主要在于,国有企业既要像民营企业一样求生存求发展求业绩,同时又会不同程度地担负着一些政府部门关于扶持地方民营企业、协助完成招商引资任务、完成某些临时性政策要求的职能。而最重要的差异则是国有企业相较民营企业会受到更加严格的监管。因此,有些国有企业为了在夹缝中求得生存,会采用一些名为某某实为某某的方式设置交易模式,逃避相关部门的监管,司法实践中,这样的案例不胜枚举。对企业交易模式的合规风险梳理排查,应当采用穿透式的思维方式,着眼于企业的真实交易目的和交易行为,而非仅仅审查其交易文件的"纸面合规"。

(三)对决策程序的合规风险梳理排查

随着《央企合规指引》和《央企合规管理办法》的出台,中央企业和地方国有企业均已开始建立合规审查机制,将合规审查作为重大事项决策的必需程序,提高决策的合法性。但在实践中,由于各种各样的因素影响,不乏先履行后补批的决策方式。此种方式势必将合规审查制度撕开一道裂缝,导致更多不遵守合规审查制度的情形发生,将对合规审查制度造成恶劣的影响。因此,定期或不定期地对决策程序进行排查,也是合规风险梳理排查的重要内容之一。

(四)对重要合同的合规风险梳理排查

企业的重要合同一般会涉及重大项目运营、大额采购销售、大额资金管理或主营业务合同模板等。对重要合同的合规风险梳理排查不仅体现在合同签署前的合同条款或内容审核,也应当体现在合同签署时的指导备案、合同签署后的履约跟踪和违约警示等各个环节。对于合同签署和履行的全生命周期风险防控,就是对业务合规的重要管理方式。

(五)对商业伙伴的合规风险梳理排查

这里的商业伙伴分为拟合作商业伙伴和已合作商业伙伴。

对于拟合作商业伙伴,可以通过尽职调查的方式识别合作风险,在对风险发生的可能性、影响程度、潜在后果进行系统研判后决定是否合作,或是否需要通过第三方提供担保的方式以防范合作风险。

实践中,企业更加重视对拟合作商业伙伴的尽职调查,往往会忽略对于已合作商业伙伴的合规风险梳理排查。笔者认为,企业的合规风险梳理排查是一个长期的、动态的过程。根据已合作商业伙伴的履约情况,当出现不能完全适当履行合同义务之情形时,应当及时启动尽职调查程序,重新评判其履约能力;即使已合作商业伙伴未出现履约不当之情形,也应当定期重新启动尽职调查程序,随时了解其运营情况及其关联企业的运营情况,形成定期评估机制,以防范合作风险。

(六)对企业运营环节的合规风险梳理排查

根据企业性质和主营业务的不同,对于企业的各运营环节均应建立定期的合规风险梳理排查制度。如生产制造型企业,对于人员岗前培训、安全生产管理、产品质量把控、上下游采购供应、生态环境保护、知识产权及商业秘密保护等重要环节均应定期进行合规风险梳理,规范生产制造操作流程,监督合规审查的执行落地情况,以防范合规风险。

五、合规风险梳理排查的操作流程

国有企业可组织合规部门工作人员或外聘法律服务人员进行定期或不定期的合规风险梳理排查,其操作流程主要为以下几个步骤。

(一)开展全面有深度的尽职调查

尽职调查可分为内部尽职调查和外部尽职调查。内部尽职调查是通过制作尽职调查清单的方式,向相关部门或人员收集尽职调查所需工作底稿。外部尽职调查是通过查询相关信息公示平台,如工商登记备案部门、不动产权属登记部门、银行征信系统、中国裁判文书网等,收集相关信息资料。

（二）制作合规风险问题清单

梳理已收集的内部及外部资料,结合高管或员工访谈等方式,在全面了解客观事实的基础上,根据本文前述相关依据,排查合规风险并制作合规风险问题清单。清单内容应当包含重大合规风险和一般合规风险。

（三）提出整改措施或制定预案

针对问题清单中发现的风险,如能够及时整改的,应当提出切实可行的整改措施,报合规管理部门审批后及时实施;如暂不具备整改条件的,应当发布预警并联同相关部门共同制定预案,除对风险进行持续监测外,还应当对风险发生的可能性、影响程度、不利后果等进行有效评估,及时制定风险发生时的应对措施,最大限度化解风险、降低损失。

六、总结

综上,国有企业的合规风险梳理排查工作是一个动态管理的过程,企业管理人员的变动、经营模式的变化以及合规依据的修订等都会导致合规审查的重点领域、主要内容和操作流程发生相应变更。目前,笔者仅根据最新发布的《央企合规管理办法》以及尚未失效的《央企合规指引》的相关内容对合规风险梳理排查的工作内容进行归纳总结。但是合规风险梳理排查绝非一劳永逸的工作,而是一个需要长期坚持的工作,也是企业合规管理工作中的一个重要环节。

最后,笔者认为在当前的全球经济背景下,中国企业在“走出去”的过程中,企业合规管理的重要性日渐凸显。近年来,美国、欧盟等国家和地区不断加重对违规行为的处罚力度,海外制裁数量增多,重大案件频发,处罚金额巨大,已有不少中国企业因被某些国家认定违反其出口管制与制裁规定,被列入外国贸易管制与制裁清单,向当地政府缴纳了巨额罚款并付出了沉痛代价。中国企业必须深刻认识并加强合规管理,既是痛定思痛,也是大势所趋,掌握规避之道,排查制裁陷阱,确保企业投资经营行稳致远。

合规管理制度的制定

马红海

2018 年,国资委出台《中央企业合规管理指引(试行)》,2018 年成为我国企业合规体系与制度建立元年。2022 年 10 月《中央企业合规管理办法》(下文简称《央企合规管理办法》)正式施行。《央企合规管理办法》所称合规,是指企业经营管理行为和员工履职行为符合国家法律法规、监管规定、行业准则和国际条约、规则,以及企业章程、相关规章制度等要求。合规风险,是指企业及其员工在经营管理过程中因违规行为引发法律责任、造成经济或者声誉损失以及其他负面影响的可能性。合规管理,是指企业以有效防控合规风险为目的,以提升依法合规经营管理水平为导向,以企业经营管理行为和员工履职行为为对象,开展的包括建立合规制度、完善运行机制、培育合规文化、强化监督问责等有组织、有计划的管理活动。

以金融行业为例,近年来,监管机构和金融机构紧紧围绕依法合规这条主线,开展了一系列工作。2015 年组织开展了"两个加强、两个遏制"专项检查,2016 年部署开展了"两个加强、两个遏制"回头看活动,2017 年全面开展了"三三四十"专项治理,2018 年"市场乱象整治"常态化,2021 年以来内控合规管理建设等。通过系列整治工作,金融机构的风险意识、合规意识明显增强。

合规经营是企业实现长期高质量发展的必由之路。合规管理制度是合规管理的基本保障,是合规管理工作有形化的表现方式,也是企业有效开展合规风险防范工作的重要手段。合规管理制度的制定是一个较为复杂的过程,需要充分考虑外部法律法规和监管要求,结合行业特点,以及企业自身发展战略和经营模式,建立一套符合自身情况且有效可行的制度。

一、合规管理制度的基本概念

合规管理制度,是指企业为加强合规管理、确保依法合规经营而制定的规章制度。合规管理制度体系具有一定层级性,包括合规管理基本制度和具体制度。基本制度主要指企业的合规管理方针或合规管理办法，表达了企业对合规管理的态度与价值观，是企业合规制度体系的基础性文件。根据《央企合规管理办法》有关规定，合规管理基本制度主要内容包括总体目标、机构职责、运行机制、考核评价、监督问责等。

具体制度包括为推动合规运行的专项规定，如合规风险评估办法、合规审查办法、合规检查办法、合规考核办法、合规有效性评价办法、举报与调查管理办法。具体制度还包括针对反垄断、反商业贿赂、生态环保、安全生产、劳动用工、税务管理、数据保护等重点领域，合规风险较高的业务，以及涉外业务重要领域，制定的合规管理具体制度或者专项指南。除了以上重点领域，常见的还有知识产权、投融资管理、第三方伙伴等合规管理方面。基本制度和具体制度共同构成企业的合规管理制度体系。

各企业在具体制定合规管理制度时，需要结合企业的实际情况，至少应考虑企业所处的行业趋势、发展阶段、组织架构等方面，制定企业合规管理制度。

二、制定合规管理制度的基本原则

（一）全面覆盖与突出重点原则

合规管理包括业务、财务、人事等方面，合规管理制度应覆盖所有部门及岗位，渗透至各项业务流程和操作环节。在合规管理制度制定过程中，要做到有章可循、有据可查、有人负责、有人监督。企业应根据制度的内容，设计配套流程、责任机制等内容，从而实现合规管理制度的全面覆盖。

在坚持合规管理制度全面覆盖的同时，也要紧密结合自身业务，突出对重要领域、重点环节、重点人员的合规管理，注意合规管理工作的“颗粒度”，避免“大而全”的表面合规，让合规制度真正执行落地到实处。

（二）实用与可操作性原则

有些企业合规制度缺乏可操作性，属于纸上谈兵，建立一套形式完备的制度主要是为了完成任务、应对外部检查，在制度制定过程中，缺乏针对性、具体性和可执行性，并没有将制度真正融入企业管理中，进而为企业管理提供服务。制度的生命力在于执行，合规管理制度的制定应当针对企业实际情况，符合企业经营规模、业务范围、发展阶段等，并能有效指导企业员工开展各项业务活动。合规管理制度应清晰、明确，具有较强的可行性和可操作性。制定制度前，企业应当通过调研和调查了解实际操作情况。制定制度时，企业应当充分考虑操作的实际情况与难点,为后期制度执行提供依据。

(三)时效性原则

一是外规内化。作为合规管理人员需要对政策具有敏感性,要持续关注法律、规则和准则的最新动态,正确理解法律、规则和准则的规定及其精神,保持企业合规管理制度与现行规范的有效衔接,能够及时将外规内化。二是内规优化。合规管理制度的贯彻落实,不仅需要考虑到外部环境的变化,也要考虑到企业内部环境的变化。企业在制定内部制度时,就法律、规则和准则对企业合规经营的影响要体现一定预判性,以指导企业经营业务的开展。三是持续改进。合规管理制度制定后,并不是一成不变的,需要定期评估其有效性,持续完善,确保合规管理制度与外部规定要求、内部发展相适应。

(四)风险导向原则

合规管理就是为了规避风险、管控风险,在合规管理制度制定的过程中,应该以合规风险管理为核心,以风险为导向。企业的各项业务活动都可能存在合规风险,要充分考虑各业务、环节的复杂性、风险承受能力,对涉及业务实施的基本要素、各类法律关系、关键流程、风险问题、管理对象等进行全面分析,进而评估风险,制定相应的措施防范和控制风险。通常可以通过问卷调查、座谈、访谈、书面审查等多种方式方法了解企业经营可能存在的风险。

在进行风险识别时,风险具有多维度。一是管理层面,包括企业治理结构、组织架构、内控等。二是人员层面,包括高级管理人员、中层管理人员和普通员工,对于某些行业,还需要注意其中的关键岗位人员。三是业务层面,不同企业开展业务具有其个性化,需要考虑行业情况、业务的性质和内容、客群、合作方、流动性等,例如金融行业和房地产行业需要考虑的风险就有所不同。四是信息科技层面,包括信息系统、网络安全等,目前数据安全、信息保护等越来越受到重视。

三、合规管理制度的制定流程

企业合规管理制度的制定需要按照一定的流程、步骤来进行,通常来说,一般会包括以下步骤。

第一,制定目标和计划。凡事预则立,不预则废。明确制度制定的目标和方向,能够确保制度制定的针对性和有效性。

第二,明确各部门的职责及权限。合规管理部门,是指企业内部设立的专门负责合规管理职能的部门、团队或岗位。企业合规管理部门牵头负责本企业合规管理工作,履行职责包括组织起草合规管理基本制度、具体制度等。在具体制度制定过程中,结合企业具体情况,合规管理部门可能需要其他相关部门协同配合,确定涉及领域或板块,相关部门沟通后,就可以分工协同。

第三,充分评估、调研,制定合规管理制度的具体内容。在制度制定过程中,相关部门应当重点关注以下事项:(1)规章制度中的法律法规是否发生变化;(2)相关业务领域的法律法规是否发生变化;(3)规章制度中的业务流程是否发生变化;(4)规章制度中的员工行为准则是否发生变化;(5)规章制度中的审批和执行流程是否发生变化;(6)规章制度中的所涉部门或人员权利义务是否发生变化;(7)制度制定时是否充分征求相关部门、员工等内部意见;制度制定时是否调研参考其他同业企业、外部专家意见等外部意见;(8)新制度是否与既有其他制度进行有效衔接。

第四,制度审批。在起草制定合规管理制度后,通常先在企业内部广泛征求意见,落实相关意见后,上报企业审批流程。在完成企业内外部制度审批流程后,制度可正式颁布实施。结合情况,企业可对制度设置一定试运行期。

第五,制度宣贯。制度下发后,企业可采取线上、线下等多样化的培训形式,对企业全体员工实施有效的合规培训,让员工充分理解合规管理制度,避免操作执行不到位。

第六,制度执行与监督。在制度执行过程中,要定期对制度的适当性和有效性进行检查和评价。对制度执行过程中出现的问题,企业根据情况对有关责任人进行问责,并在实践中完善相关制度和流程。

四、制度制定过程中的注意事项

(一)沟通协作

随着社会化发展水平,行业分工越来越细,一家企业运营得怎么样,可以通过各部门之间协同情况来窥探一二。任何一个组织规模的扩大,不可避免地会出现"山头主义"、跨部门协作难等问题。

在制度制定过程中少不了沟通协作,沟通包括内部沟通和外部沟通。内外通畅的信息交流和共享机制有助于提高制度制定的有效性,以及后续制度执行。企业合规管理工作并不仅仅是合规管理部门(及人员)的事,还需要得到企业管理层的支持,更需要企业内部相关部门的协助和配合。合规管理制度的制定,需要全员参与、全方位落地、全过程监管。内部沟通,主要是指企业内部上下、左右。企业可以不断完善各层级之间的授权体系和报告路径,例如一个制度可能涉及各条线,因此需要企业内部业务、合规、风险、法务、财务等各个部门之间的沟通协作。协同管理可以对分散的、不同特点的管控流程进行统一配置,去掉重复和冲突的部分,减少管控节点,提高运行效率和效能。在对外沟通上,企业相关方包括但不限于监管机构、客户、供应商、投资方、同业机构、行业协会、专家学者等。在制度制定过程中,企业可以参考同业经验、听取外部专家意见等,建立企业自身的"朋友圈"和协作网。

(二)合规资源保障

企业应为合规管理部门配备有效履行合规管理职能的资源,高管层和有关部门应予以有效保障,包括必要的人力、财力和技术支持等。

合规管理部门要配备充足的、具备履行职责所需知识、技能和经验的合规管理人员,落实合规专人专岗。合规管理人员应具有持续跟进国家法律、行政法规和监管政策的最新发展,正确把握其对企业合规经营影响的能力。企业要为合规管理人员持续提高上述能力提供培训机会。企业要建立健全合规人员的履职保障和薪酬管理制度,维护合规管理部门及人员的独立性和权威性。

(三)流程规范和系统建设

正所谓制度管人,流程管事。企业要重视管理制度化、制度流程化、流程信息化。在制度的落实过程中,关键一环就是流程化。尽量将各项制度,尤其是合规具体业务制度做成标准操作程序(SOP),不断细化、拆解,将具体的标准和要求融入现有的相关流程中去。SOP 就是将某一事件的标准操作步骤和要求以统一的格式描述出来,用来指导和规范日常的工作。SOP 能够具体指导员工,某个环节或工作具体怎么做,评价标准是什么,每个节点谁是负责人、谁是执行人,将权、责、利进行量化,以便具体执行。另外,企业还应当在业务操作流程中加入相应的控制措施。有效的控制措施可以对不合规行为进行预防、发现和纠正。

目前,越来越多的企业开始积极利用人工智能、云计算、大数据等技术,将合规管理制度落实到业务发展、业务运营、业务支持等各个层面。企业通过信息化手段优化管理流程,可以记录和保存相关信息,做到决策与执行活动可控制、可追溯、可检查,留存企业内部管理信息,提升合规管理的数字化水平,减少人为操纵。在实现信息收集的基础上,有利于企业利用信息分析、共享、整理，不断完善既有制度、流程等。信息系统化包括两方面内容：一是合规管理制度自身的信息系统；二是合规管理制度执行过程中与其他部门、人员、相关专业人员之间的信息系统。信息系统的建设需要一定成本，也需要对业务的深入了解与把握。

（四）合规文化建设

合规理念塑造与合规文化培育，并不是一蹴而就的。当合规成为企业文化的组成部分，合规才能够深入人心，转化为企业、员工的自觉行为，合规才能真正在企业发展中发挥价值。建议企业通过“内化于心”（文化理念宣导）、“固化于制”（制度建设保障）、“外化于行”（执行与监督机制）等多方面举措，全面树立主动合规、全员合规、全程合规、全面合规的经营理念和文化氛围。在制度制定后，需要进行积极宣贯，引导企业形成合规创造价值、合规人人有责的合规理念，积极营造鼓励合规守法、抑制违规违法的合规文化。

合规管理体系持续良好运行，离不开全体员工的合规意识。合规意识，对大多数人来说，必须不断地提示、提醒，方可养成或提高。合规培训的目标就在于强化员工的合规意识，提高员工的合规能力。员工了解了企业的合规理念、合规价值观、合规目标，才能按照企业的对外承诺，遵守企业制定的合规行为准则。

合规培训按照培训对象，可以分为管理人员培训和全体员工培训，对于重点岗位人员也应有专项制度培训。合规培训按照培训内容，可以分为合规管理基本制度培训和专项业务合规培训。合规管理制度培训侧重在合规理念、合规规则、合规意识、合规体系等培训，从而提高合规管理能力、增强合规意识。专项业务合规培训，主要侧重于具体业务、领域的专项具体培训，比如投融资环节、反洗钱反恐怖融资、招标采购、反垄断、融资担保等。为提升合规培训的有效性，企业可以根据培训目的、对象、内容等不同，制定培训计划，并记录培训过程，跟踪培训效果。

合规经营是企业展业的底线与行稳致远的基石，要正确处理业务发展与合规经营的关系，增强企业员工的合规意识，完善制度保障，不断夯实业务发展基础。合规管理是一项科学的系统工程，合规管理工作并非一劳永逸，需要久久为功，是一个持续优化的过程。合规管理制度是企业合规管理的具体落实与体现，在制度制定环节，要注重制度的可执行性和实际效用，完备的制度是企业合规管理的保障。

第四编

跨境合规

世界银行制裁

李　铮

一、世界银行的发展及制裁体系的构建与发展

(一)世界银行的成立背景

从用法上来看,世界银行(World Bank)有广义和狭义两种,广义上的世界银行是指世界银行集团(World Bank Group),其包括国际复兴开发银行(IBRD)、国际开发协会(IDA)、国际金融公司(IFC)、多边投资担保机构(MIGA)和国际投资争端处理中心(ICSID)。狭义上的世界银行仅指国际复兴开发银行和国际开发协会。除有特别说明外,本章所有的世界银行皆为狭义上的世界银行。

世界银行自1946年成立以来,在世界经济的发展和世界秩序的维护中有着举足轻重的地位。相关报告显示,2022财政年度,IBRD为超45个中等收入国家承诺了331亿美元——例如向土耳其提供3亿美元用于扩大私营部门对地热能的投资。IDA向70多个国家承诺了377亿美元赠款和高度优惠贷款——例如提供6.45亿美元支持布基纳法索、喀麦隆、马里、毛里塔尼亚、尼日尔和多哥增强食物系统韧性和开展应急响应。尽管面临严峻的经济逆风,IFC在2022财政年度依然为私营部门承诺了328亿美元(包括外部资金动员在内),比2021财政年度的315亿美元有所上升,并且着重实现影响最大化。在其他银行削减贸易融资的情况下,IFC克服各种制约,保持了它在进出口领域的业务。2022财政年度IFC贸易融资承诺达到97亿美元,创历史最高水平;其中近75%用于IDA国家和FCV(冲突和暴力)国家。例如,布基纳法索的Coris银行利用了IFC提供的贸易融资来支持大米进口。[①] 此外,在协助各

① See *World Bank Annual Report* 2022, https://www.shihang.org/zh/about/annual-report, last visit April 8, 2023.

国经济转型与建设、完善国家治理体系、应对全球性问题、维护世界金融体系和金融秩序方面，世界银行也发挥着重要作用。

随着全球化的进行，世界银行不仅是经济全球化的重要促进者，也是全球反腐败治理的主要参与者。从 20 世纪 90 年代开始，世界银行更加强调经济发展与国之良治之间的密切联系，要求借贷国加强问责制度的建设、建立有利于经济发展的法律体系，以及促进信息公开和提高政府透明度等。1995 年，时任世界银行行长詹姆斯·沃尔芬森（James Wolfensohn）提倡综合发展构架的同时，还指出腐败是造成世界银行项目失败与经济发展困难的重要原因，进而决定将世界银行出资项目中的腐败行为纳入管辖和打击范围。正如世界银行在其官方文件中所说的那样，“腐败是社会和经济发展的最大阻碍。通过扭曲法治和削弱经济增长所依赖的制度基础，腐败阻碍着发展。”②自 20 世纪 90 年代开始，世界银行从设定借贷条件、贷款使用监管、机构设置、制度建设等方面，全面贯彻预防和打击腐败。世界银行的反腐败机制主要体现在以下几个方面：一是在贷款条件方面，世界银行要求借款国加强反腐败法律和机构建设，打击国内腐败，完善借款国的国家治理体系，确保项目贷款资金使用的效率和廉洁性；二是强化对自身雇员的反腐败建设和预防，防止和惩治世界银行雇员参与腐败行为；三是世界银行开始注重对世界银行直接从事的货物或者服务采购过程中腐败行为的打击和预防；四是对世界银行的借贷或者资助项目进行全方位的监管，在借款合同中要求借款人履行反腐败义务，同时还对资助项目中实施腐败或者欺诈行为的个人以及实体进行制裁，这便是一般所说的世界银行制裁体系。③

（二）世界银行制裁体系的构建

世界银行制裁制度始于 1996 年，并经历过多次改革。目前，世界银行已经具有一套系统的反腐败制裁体系。在现行的制度之下，其下设廉政局（Integrity Vice Presidency）、资格暂停与除名办公室（Office of Suspension and Debarment）④以及制裁理事会（Sanctions Board）来打击和制裁世界银行出资项

② See *The World Bank Group's Sanctions Regime: Information Note*, p. 3., https://www.worldbank.org/en/about/unit/sanctions-system#3, last visit April 8, 2023.

③ 参见陈一峰：《世界银行反腐败机制与全球治理》，载《国际法研究》2015 年第 6 期。

④ 资格暂停与除名办公室简称 OSD，其负责人为资格暂停与除名主管（Chief Suspension and Debarment Officer, SDO），在 IFC、MIGA 以及世界银行担保中类似机构为评估与资格暂停主管（Evaluation and Suspension Officer）。

目中滋生的不法行为⑤,并设立了两级程序,允许被制裁对象进行申诉和抗辩,强化制裁机制的法治化和透明度,同时也为被制裁对象提供正当程序的保障。

自1996年以来,世界银行的制裁体系与时俱进,处于不断发展和完善的过程中。1996年8月,世界银行执行董事会通过决议,修改《国际复兴开发银行贷款和国际开发协会信贷采购指南》,增设了打击腐败和欺诈条款,并于同年设立专门机构来处理腐败和欺诈行为。1997年1月,世界银行对《世界银行借款人选择和聘请咨询顾问指南》进行了修改,增加了打击腐败和欺诈的条款。1998年1月5日,世界银行成立由其雇员组成的5人制裁委员会(Sanction Committee)来对其出资项目中的腐败和欺诈行为进行严厉的打击。1999年,世界银行正式开始对违规企业和个人实施制裁。在美国前司法部部长、联合国前副秘书长迪克·索恩伯格(Dick Thomburgh)的推动以及建议之下,世界银行于2001年设立廉政局,专门处理反腐败和制裁事宜,将此前负责处理反腐败事宜的各个不同部门和机构集中成了一个机构。⑥ 由此,现代化的世界银行制裁体系便初具模型。

(三)世界银行制裁体系的发展

1. 世界银行制裁体系的现代发展

2004年,世界银行对制裁机构进行了大刀阔斧的改革。首先是在程序上,其设立了双轨制的程序,增设了资格暂停和除名主管,负责第一轮的审查和裁断;新设立制裁理事会代替了原来的制裁委员会,可以对资格暂停和除名主管做出的制裁决定进行进一步的审理,其性质类似于上诉审。此外,为了增加独立性和中立性,制裁理事会开始引入外部人员作为其成员。同时,世界银行也对制裁措施的适用范围进行了扩张,制裁措施的适用范围覆盖到国际金融公司和多边投资担保机构以及世界银行的部分风险担保业务。

2006年,世界银行对制裁机制进行了进一步的拓展。首先,在制裁范围上,制裁范围从世界银行项目中的工程、货物以及服务采购扩展到了几乎所有涉及世界银行资金使用的行为,包括适用世界银行资金来筹备和实施世界银行的项目申请等。其次,在调查权利上,将企业和个人妨碍调查的行为单独列为一种应裁行为。2009年,世界银行引入先期资格暂停程序,允许廉政局在调

---

⑤ 世界银行制裁体系下的应裁行为包括腐败行为、欺诈行为、共谋行为、胁迫行为和妨害行为,后文会详细介绍。

⑥ 同前注③,陈一峰文。

查期间向资格暂停和除名办公室申请暂停涉事实体或者个人在世界银行参与项目的资格。2010 年,世界银行在制裁体系中引入了和解制度,允许被指控方与廉政局在制裁理事会作出最终裁决前达成和解方案,该方案经过资格暂停与除名办公室审核通过,即可终结案件。

相关数据显示,2022 财政年度,作为世界银行制裁体系中的调查机构,廉政局共收到 3380 份投诉,对其中 330 份投诉启动了初步调查程序,对其中 48 份投诉启动了正式调查程序,完成了 31 个正式调查。调查结果显示,其中 20 个案件的被调查主体存在可制裁行为,并被进一步移送至第一级审查机构决定是否采取处罚措施。

2. 现行制裁体系下的主要官方文件

在世界银行制裁的实际运行中,通常按照一定的优先级适用相关法律文件。第一级为世界银行协议中关于信义义务(fiduciary duty)的内容,也是最为重要的规定之一。《国际复兴开发银行协定》(International Bank for Reconstruction and Development Articles of Agreement)和《国际开发协会协议》(International Development Association Articles of Agreement)中关于信义义务的规定也为世界银行对反腐败和欺诈行为进行制裁提供了规范上依据。[⑦]《国际复兴开发银行协定》第 3 条第 5 节 b 项规定:“银行应当作出安排,确保任何贷款的收益仅用于授予该贷款的目的,应当考虑经济和效率等方面的因素,而不考虑政治或其他非经济影响或考虑因素。”[⑧]《国际开发协会协定》第 5 条第 1 节 g 项也作出了相似的规定。[⑨] 这一规定不仅对为世界银行的制裁制度提供了规范支持还限定了制裁的范围。“世界银行没有权力对那些在联合贷款

⑦ See *Bank Directive: Sanctions for Fraud and Corruption in Bank Financed Projects*, https://policies. worldbank. org/en/policies/all/ ppfdetail/3871, last visit April 11,2023, Article B. 1.

⑧ “The Bank shall make arrangements to ensure that the proceeds of any loan are used only for the purposes for which the loan was granted, with due attention to considerations of economy and efficiency and without regard to political or other non-economic influences or considerations.” See *International Bank for Reconstruction and Development Articles of Agreement*, https://www. worldbank. org/en/about/articles-of-agreement/ibrd-articles-of-agreement, last visit April 11,2023, Article III., Section 5 (b).

⑨ “The Association shall make arrangements to ensure that the proceeds of any financing are used only for the purposes for which the financing was provided, with due attention to considerations of economy, efficiency and competitive international trade and without regard to political or other non-economic influences or considerations.”. See *International Development Association Articles of Agreement*, https://thedocs. worldbank. org/en/doc/2a209939e876fdcd0d957036daebff6e – 0410011960/original/IDA-Articles-of-Agreement-English. pdf, last visit April 11,2023, Article V., Section 1 (g).

(co-financing)项目中具有错误使用行为的一方进行除名,也无法对那些违法或者不道德(例如逃税漏税行为)进行除名制裁。"[10]

第二级是经执行董事批准的世界银行政策框架。主要有四项:《欺诈与腐败的世界银行集团政策》(WBG Policy: Sanctions for Fraud and Corruption,下文简称《制裁政策》)是世界银行基础性文件,规定了世界银行制裁的目标、原则和范围;《制裁委员会章程》(WBG Policy: Statute of the Sanctions Board,下文简称《委员会章程》)规定了制裁委员会的作用、组成和职责;《世界银行集团制裁指南》(World Bank Group Sanctioning Guidelines,下文简称《制裁指南》)规定了制裁结果和影响裁决的考量因素;《世界银行集团廉政合规概要》(Summary of World Bank Group Integrity Compliance Guidelines,下文简称《廉政合规概要》)是世界银行用来监督和评估受制裁企业合规工作的指引。

第三级为世界银行运营中的法律文件。这些文件可以分为两类。第一类是世界银行项下各个集团的制裁规则,包括国际复兴开发银行和国际开发协会颁布的文件《银行融资项目的制裁程序与和解》以及《银行融资项目欺诈与腐败制裁指令》,国际金融公司的《IFC 制裁程序》、多边投资担保机构的《MIGA 制裁程序》以及规范世界银行担保人和碳金融交易的《世界银行私人部门程序》;第二类为项目承包人应该遵守的规章或指南,主要有《世界银行投资项目借款人采购规章》、《世界银行关于预防和打击 IBRD 贷款和 IDA 信贷及赠款资助项目中腐败行为的指南》(下文简称《反腐败指南》)、《国际复兴开发银行贷款和国际开发协会信贷采购指导方针》、《世界银行借款人选择和聘请咨询顾问指导方针》,这四部文件是世界银行制裁文书中最常引用的。

二、世界银行制裁体系概论

世界银行制裁本质上是一种世界银行内部的行政措施,是为了履行世界银行的章程义务,以保护其发展资金不被滥用而设立的。从制裁范围上来看,世界银行制裁范围除了借款人,即和世界银行签订贷款协议的项目合同方以外,还规范其他三类贷款接受者。第一类是资金最终使用人,即出于自身用途而接受贷款资金者,比如项目承包商;第二类为资金寄放或转移资金的中间人,例如金融中介;第三类为影响资金使用决策的个人或实体,包括公司决策

---

⑩ See *supra* note 2., *at* p. 14.

层或外来顾问等。当然,为了遵守不干涉内政原则,世界银行制裁机制不适用于成员国及其政府机构(有资格参与世界银行项目的国有企业除外),也不适用于政府官员,关于此类腐败或不诚信行为将通过外交途径或者反腐败国际合作机制交由相关国家政府解决。在最初的世界银行制裁机制中,制裁程序仅仅针对采购领域的合同履行阶段。而目前世界银行制裁的范围,不仅扩展到世界银行贷款筹备阶段,而且还可以延及世界银行投资环节,即世界银行可规范第三方的金融中介机构或非政府组织(NGO)中出现的欺诈和腐败行为。[11] 该制裁机制由三个独立机构、两级审查程序、五种可制裁行为和五种制裁结果构成,并形成了具有教育和威慑功能的判例法体系。以下分别就制裁对象、制裁程序、制裁措施以及其他裁量因素进行介绍。

(一)世界银行制裁体系的对象

根据《反腐败指南》关于的应制裁行为的规定,世界银行的应制裁对象是在世界银行出资的项目中实施了腐败行为、欺诈行为、共谋行为、胁迫行为以及妨碍行为的实体或者个人。[12]

1. 腐败行为(corrupt practice)

所谓腐败行为是指直接或者间接地提供、给予、收受或者索取任何有价财物以不适当地影响另一方的行为。典型的例子是行贿受贿、收受回扣等行为。[13] 回扣属于最典型的腐败行为。回扣一般是指一个公司获得世界银行项目合同后,向相关官员返还金钱。通常情况下,回扣是按合同价值的百分比来计算的。在存在系统性腐败的国家,所有投标人在对合同进行投标时,都会在成本范围内考虑这个回扣的百分比。大多数情况下,回扣的资金是来源于世界银行项目经费,从而导致项目发展效益减损。但有些行为一般不被世界银行认定为腐败行为。比如,当事方根据国际公认的行业标准或商业习惯,提供、给予、接受企业招待或赠送具有象征意义的礼品,或对公务人员的合理招待或旅行接待。这类行为不构成腐败的前提是:必须诚实守信,符合当地法律的要求,不能有任何贿赂或者希望得到好处的意图,并在账簿和会计记录中完

---

⑪ 参见彭亚媛:《世界银行对华企业制裁的法律依据、成因以及对策》,载《国际经济法学刊》2020年第2期。

⑫ See *Guidelines on Preventing and Combating Fraud and Corruption in Projects Financed by IBRD Loans and IDA Credits and Grants* (dated October 15,2006 and revised in January 2011),Section 7.

⑬ See *Id.*, Section 7 (a).

全披露。

2. 欺诈行为(fraudulent practice)

欺诈行为指通过任何作为或不作为(虚假陈述)蓄意或肆意误导(或企图误导)某一方,以谋取财物等利益或逃避义务。[14] 值得注意的是,欺诈行为中所规定的蓄意或者肆意要求做出虚假陈述行为之人明知其做出的陈述是虚假的或者对其真实性持一种漠不关心的态度,仅仅是因为过失而导致做出的陈述不准确不足以构成欺诈行为。伪造银行保函、伪造供应商授权、伪造业绩、伪造付款申请单等、隐瞒雇用中介代理的事实及代理费、隐瞒关键项目人员不能参建项目的事实等,都可以被认定为欺诈。在一些世界银行的案例中,公司虚报过往经验或资质及个人提交虚假的简历,也同样被世界银行认为是欺诈行为。

3. 共谋行为(collusive practice)

共谋行为是指两方或多方之间的安排,以实现不正当目的,包括不正当地影响另一方的行为。[15] 共谋行为必须同时满足两个要素。第一个为行为要素,投标人之间存在共谋安排或共谋计划;第二个为目的要素,该行为通过排除市场竞争、人为地设定招投标价格,以达到不正当影响世界银行决策的目的。一般而言,投标书内容相似,极其容易被世界银行断定为共谋行为,比如使用相同的信封和封面页、相同的字体和风格、文件底部出现相同的计算机文件路径号、相同数量的字段留白、相同的拼写错误。此外,如果企业之间投标价格相同或类似、对称出价和不自然的出价等,也可能会被世界银行认为有“共谋的迹象”。[16]

4. 胁迫行为(coercive practice)

胁迫行为系指直接或间接地危害或损害(或威胁危害或损害)任一方或该方的财产,不正当地影响某一方的行为。[17] 例如,某单位或者个人为了拿到世界银行的项目,对竞争对手的人身、财产进行威胁,以迫使其放弃竞争或者投标。

---

⑭ See *Id.* ,Section 7 (b).

⑮ See *Id.* ,Section 7 (c).

⑯ 同⑨注,彭亚媛文。

⑰ See *Id.* ,Section 7 (d).

5. 妨害行为(obstructive practice)

妨害行为是指(1)故意销毁、伪造、篡改或者隐瞒与腐败、欺诈、胁迫或者共谋行为调查有关的证据,或者向调查人员做出虚假陈述意图严重妨碍世界银行的调查;或者威胁、骚扰或者恐吓任何一方以防止其提供与调查有关的信息或者阻碍调查的进行。(2)任何在实质上阻碍世界银行实施审计或者访问相关信息的权利。[18] 上述5种应制裁行为有时也被统称为欺诈与腐败行为。需要指出的是,《反腐败指南》并没有规定上述行为的实施以完成或者达成其目的为制裁的条件,无论对方是否接受或者贿赂所图的目的是否达成,皆不影响制裁的实施。

(二)世界银行制裁体系的程序

世界银行的制裁体系表现为一种两级制的制裁体系,第一级程序由廉政局与资格暂停与除名办公室及资格暂停与除名办公室主管主导,由廉政局提起指控并由资格暂停与除名办公室及主管负责审查并作出决定。第二级程序由制裁理事会主导,对一级程序作出的制裁决定进行裁断,具有最终效力。以下两级制裁体系及相关前期措施进行介绍。

1. 第一级程序:廉政局与资格暂停与除名办公室

廉政局负责调查世界银行项目中是否存在腐败行为,可以进行证据的搜集,并有权启动制裁程序。资格暂停与除名主管是世界银行资格暂停与除名办公室的负责人,负责独立评估廉政局移交的案件,并对被指控方无异议的案件施加制裁。廉政局认为证据充分的案件,将向SDO提交指控和证据陈述书(statement of accusations and evidence),申请SDO对指控的不当行为进行审理。如果SDO认为证据充足,将向被指控方发出制裁程序通知(notice of sanctions proceedings),制裁程序通知所陈述的事项中包含指控理由、证据和制裁建议。在发出通知后,被调查人将暂时取消获得世界银行项目的资格。[19] 这一项制度在2004年的改革中被引入,主要针对制裁程序已经启动的情形,可以在制裁程序进行的过程中对被制裁方进行资格上的暂停,而不必等待制裁理事会最终的裁决的结果。一旦资格暂停与除名主管在制裁程序通知中建议

---

⑱ See *Id.*, Section 7 (e).

⑲ See *Bank Procedure*: *Sanctions Proceedings and Settlements in Bank Financed Projects*, Section Ⅲ - Scope A. Proceedings, 2.01. (a) and (b).

对被制裁方施加6个月以上的除名(debarment)制裁,则从通知发布之日起,直至制裁程序终结,被制裁方将自动丧失参与世界银行项目的资格。同样地,受制裁方可以在收到资格暂停通知30日内,提交书面解释,对除名提出异议。[20] 在收到书面解释后,资格暂停与除名主管可以撤回案件,也可以调整制裁措施。在特殊情况下,世界银行也会采取先期资格暂停程序措施,世界银行可以在制裁结果发布前进行为期6个月的制裁,提前暂停被调查人参与世界银行项目的资格。[21] 这一制度在2009年改革时被引入,禁止违法企业在被调查期间参与世界银行的相关项目。先期资格暂停程序由廉政局发起申请,一旦廉政局有充分证据认为存在腐败或者欺诈行为,可以在调查结束或者正式提交指控声明之前向资格暂停与除名办公室申请暂停相关企业在世界银行项目中参与进行中项目的资格。如果申请通过,即可发布先期资格暂停通知,期限为固定期限6个月。如果在先期资格暂停通知所规定的期限到期之前,廉政局未能向资格暂停与除名办公室提交正式的指控,则该企业的资格自动恢复。[22] 如果廉政局在限定的期限内提出了正式的指控,那么对该企业的资格暂停自动延长,直到整个制裁程序完毕。[23] 相关数据显示,自2007年到2013年,共有239个企业和个人受到了资格暂停制裁,其中只有5个属于先期资格暂停的情况。[24]

从实践上来看,资格暂停与除名主管对指控和证据陈述书的审查时间根据个案情况长短不一,平均需要60天。在2007~2013年,共有38%的案件被资格暂停与除名办公室认为证据不足,要求退回廉政局进行补充调查,而在这38%的案件当中,5%的案件被资格暂停与除名办公室彻底否决。

廉政局在审查时会特别关注以下内容:是否合同刚好低于采购门槛,项目中是否使用代理或第三方咨询机构,第三方咨询公司与外国官员有关或者有密切的联系,代理费或商品价格是否过高,报价最低的投标人没有中标,某一个投标人多次或无正当理由地中标单一来源合同,一项合同无正当理由地改变条款或金额,一项合同多次变更订单,以及产品或服务质量低劣,或未能一

---

[20] See Id. ,2. 03.

[21] See Id. ,2. 04 (a).

[22] See Id. ,2. 04. (c).

[23] See Id. ,2. 04. (b).

[24] 同前注,陈一峰文,第85页。

次性交付等。

从制裁程序的启动上来看，廉政局的调查手段有很多，具体包括以下几类。(1)查阅原始文本，包括与主承包商、分包商和咨询方等所有第三方的合同原始文本；会议记录、邮件、笔记和备忘录等往来文件；与投标有关的资审文件、标书和价格分析文件等。(2)对会计账目进行审计，廉政局会指派内部或外部的专业人员对与合同执行有关的总账和明细账、收据和支付证明、现金交易清单等进行审计。(3)直接进入公司以及个人邮箱系统进行审查，该审查涉及收件箱、发件箱、草稿箱、垃圾箱、末次登录时间以及联系人管理等，审查还会涉及相关人员是否对邮件内容进行过篡改或删除。(4)直接登录公司的财务核算系统，查看与项目执行有关的会计记录，由于公司的财务核算系统很难篡改，一旦账目不清或没按规定正常入账，都会受到廉政局的关注。(5)对相关人员进行面对面的访谈，访谈人员包括调查对象内部人员、业主以及合作第三方等。访谈内容可能涵盖项目的整个过程，从最初的招标信息获取渠道到资审、投标，以及中标后的实施工作。另外，调查人员会对具体细节做交叉询问。[25]

2. 第二级程序：制裁理事会

世界银行第二级制裁审理程序由制裁理事会负责，制裁理事会由 7 名成员组成，其中 4 名成员为世界银行外部人员，3 名是世界银行的雇员，均由世界银行行长提名，后由世界银行执行董事会任命。自 2009 年起，制裁理事会的主席由外部人员担任。5 名及以上制裁理事会成员出席即可召开全体会议。从性质上看，制裁理事会类似于上诉机构在制裁审理过程中，如果被指控方对资格暂停与除名主管发出的制裁程序通知有异议，可以通过书面答辩(response)的形式向制裁理事会提出异议。此答辩可以提出异议，提交有关证据包括免除或者减轻责任的主张和证据，并可要求举行听证会。廉政局也可针对性地提出回复(reply)。被指控方和廉政局均可申请听证程序，制裁理事会也可自行决定举行听证程序。听证程序结束后，制裁委员会成员将进行商议。如果证据充分，制裁理事会将作出最终决定并对被指控方施加制裁。如果证据不足，制裁程序终止。制裁理事会的决定是终局的和即刻生效的，无论是廉政局还是调查对象，都不能对制裁理事会的决定进行申诉。这就是世界

---

[25] 参见宋媛：《世界银行制裁体系研究》，载《国际工程与劳务》2018 年第 12 期。

银行行政制裁程序的第二级,也是最终级。

(三)世界银行制裁措施

自1999年开始,世界银行开始对那些在世界银行出资的项目中实施了前述应制裁行为的实体或者个人进行制裁。而实施这些制裁的目的旨在为了帮助世界银行依据相关协议承担的信义义务,确保信托给世界银行的资金被用于预期的目的。[26]《制裁指南》规定了世界银行可采取哪些措施来制裁在世界银行资助项目中实施了应制裁行为的公司和个人;并为此明确设计了相关流程,以保护世界银行管理使用的资金用于指定用途。根据《制裁指南》的规定,世界银行可采取的制裁措施有:附条件解除除名(debarment on conditional release)、附条件不解除除名(conditional non-debarment)、固定期限除名(fixed-term debarment)与永久除名(permanent debarment)、斥责信(letter of reprimand)、复原性赔偿(restitution)和其他救济手段。

1. 附条件解除除名

附条件解除除名是指被制裁方被除名直至满足规定的条件才能解除除名。附条件解除制裁是世界银行制裁体系下的制裁基准,在不具备施加其他制裁措施的情况下,应当对被指控方施加附条件解除除名。这一制裁措施的目的是鼓励被指控方的,以降低其在往后世界银行相关活动中存在的风险。在附条件解除除名制裁措施之下,被制裁方只有在满足以下两个条件之后才会解除除名:(1)施加的确定除名期限已过;且(2)被制裁方证明其已经满足评估官或者制裁理事会设定的条件,并且由廉政合规官进行详细说明。详细地说,在确定的除名期限到期之前,被制裁方不会被提前解除除名,即便被制裁方在确定除名期限到期之前满足了前述条件。但如果另有说明的话,遵循某些特定的条件,如开展合作或者采取补救措施,则除名期限可能会被减少。如果施加的确定除名期限超过10年,被制裁方可以在10年之后,在证明符合廉政合规官制定的条件的情况下,申请减少除名期限。附加的条件可以包括但不限于:(1)履行或者完善廉政合规计划;以及(2)对导致制裁行为的补救性措施,包括对应当负责的员工或者官员进行惩戒和解雇。廉政合规官负责

---

[26] See *World Bank Group Sanctioning Guidelines*, https://www.worldbank.org/content/dam/documents/sanctions/other-documents/osd/World%20Bank%20Group%20Sanctioning%20Guidelines%20January%202011.pdf, p. 1.

对条件的满足情况进行核实,廉政合规官对合规性的裁断可以在符合制裁程序的情况下提出上诉。[27]

2. 附条件不解除除名

即被制裁方被告知,除非其遵守特定的条件,采取特定措施以保证被指控的欺诈和腐败行为不会再次发生(如实施合规计划)或赔偿因其行为所导致的损害(如退款),否则将被除名。被制裁方是否满足了所设立的条件由廉政合规官来决定,廉政合规官采用与附条件解除除名的被制裁方是否满足所设定条件的同样程序判断。质言之,被制裁方需要满足的条件与附条件解除除名相似,如果被制裁方未能在制裁理事会规定的时间内满足条件,则除名制裁自动生效,时间由廉政合规官或者制裁理事会决定。[28] 如果所设立的附条件不除名的条件未达成,被制裁方将会被处以确定期限的除名。通常来说,附条件不除名一般会在如下情况适用:(1)被制裁方已经采取了全面且自愿性的补救措施,并且相关情况表明不需要对其施以除名制裁;(2)被制裁方与之前的某被制裁方具有子公司—母公司关系和隶属关系,母公司或者具有隶属管理关系的公司并未直接参与不当行为,但是监督不足或多或少促进了不当行为的发生。[29]

3. 固定期限除名与永久除名

(1)固定期限除名

固定期限除名即在一定期限内取消被制裁方参与世界银行项目的资格。在一些情况下,当附条件解除除名不起实质性作用,世界银行便可能会对被制裁企业施加除名,由此被制裁方可能会被禁止一段特定的时间,期限过后除名便自动解除。例如,当被制裁的公司已经拥有强有力的企业合规计划,而涉及违规行为是一名或多名已经被解雇的员工的独立行为,并且建议的除名期限相对较短(如一年或更短)时,就可能发生这种情况。[30]

(2)永久除名

永久除名即永久性地取消被制裁方参与世界银行项目的资格。永久制裁

---

[27] See *Id*. ,p. 2.

[28] See *Id*. ,p. 2.

[29] See *supra* note 2. ,p. 7.

[30] See *Id*.

通常只适用于认为有合理理由认为被制裁方不可以通过合规或其他条件得到恢复的情况。预计永久制裁最常用于自然人、被这些人密切控制的公司以及空壳公司。

4. 斥责信

斥责信即向被制裁方发出公开的斥责信。在某些情况下，除名乃至附条件不除名施加在违规行为上可能有违比例原则。在这种情况下，以及其他适当的情况下，可以向被制裁方发出斥责信。例如，由于监督不力而导致被制裁方的附属机构对不当行为的发生有些许责任，但附属机构与违规行为没有任何共谋关系。㉛

5. 复原性赔偿

在该制裁措施下，被制裁方需要向世界银行资金的借款人、世界银行或其他方支付赔偿金，以至少追回非法利润、弥补对世界银行资金的借款人或其他人造成的损害，抑或对公共利益采取其他补救措施。复原性赔偿与其他救济性措施在涉及合同执行过程中存有欺诈并且有可量化资金需要返还给客户国家或者项目会被采用。

三、其他影响裁量的因素

（一）加重情节

《制裁指南》将可能加重对不当行为制裁力度的加重情节（aggravating factors）分为四类，每类行为因其主观或客观危害性不同而导致的加重幅度也不同。

第一类行为以被制裁者所造成的客观损害为核心，类似于我国刑法中的各种从重情节（法定和酌定量刑情节），包括：（1）重复的行为模式，即不当行为反复出现；（2）从事禁止行为的手段老练、复杂，比如精心策划某项不当行为，运用多种手段使不当行为隐藏极深，参与人数或组织机构众多，计划是否持续了很长时间，或者涉及多个司法管辖区域等；（3）在不当行为中起核心作用，比如是组织者、领导者或策划者（类似于我国刑法中对共同犯罪中主犯的认定）；（4）调查对象与政府官员或世界银行工作人员共谋从事不当行为等。这类行为的严重程度会导致制裁期限增加1～5年。

㉛ See *Id*.

第二类行为以应制裁行为对公众造成的损害为核心,包括:(1)对社会公共安全与福祉造成损害,包括可预见的身体伤害或死亡,以及使公共健康或安全处于危险之中;(2)对项目的危害程度高,比如履约能力低下,商品或服务的质量或数量不符合合同条款要求,以及工期延误等。这类行为造成的危害程度会导致制裁期限增加 1 ~5 年。

第三类行为以被制裁者对世界银行的调查、取证以及制裁程序的妨害为核心,包括:(1)在调查过程中从事干扰行为,具体包括蓄意销毁、篡改、隐瞒或改变证据材料,为了对调查造成实质性的阻碍对调查人员提供虚假陈述,威胁、骚扰或恐吓协助调查的其他人员等;(2)胁迫证人或证人付费给等,比如调查对象威胁对证人的财产、工作、名誉产生伤害或已经造成伤害,以及调查对象为了阻止证人与世界银行合作,作为交换对其进行支付等。这类行为会导致制裁期限增加 1 ~3 年。

第四类是一种类从被制裁者的个人体现出的风险为核心,类似于刑法中有关特殊累犯的规定的考量因素,即拟被制裁方是否曾因其他应制裁行为被除名或者被其他多边开发银行处罚,如若具备这一情形则会导致制裁期限增加 10 年。[32]

(二)减轻情节

除上述加重情节外,《制裁指南》也规定了三类减轻情节(mitigating factors),符合减轻情节的可以减少制裁的期限。三类可能减轻不当行为处罚的因素,每类行为因其性质不同,减轻的幅度也不同。

第一类行为在不当行为中扮演次要角色,减轻惩罚的幅度可达 25%。这类行为包括:行为人起次要作用或是边缘性参与者,公司高层决策机构无人参与、纵容或故意无视不当行为的发生。

第二类为主动采取措施修正不当行为,减轻惩罚的幅度最高可达 50%。这类行为包括:(1)暂停不当行为;(2)对涉事人员采取内部行动,包括对相关员工、代理行为或代表行为采取适当的惩戒或补救措施;(3)实施有效的合规计划,建立、加强以及实施公司廉政合规计划,实施的时间、范围以及成果质量都非常重要;(4)进行赔偿或经济补偿,调查对象自愿弥补合同执行中的任何

---

[32] See *supra* note 26, p. 3.

缺陷,或退还因不当行为获取的利益。需要特别说明的是,第二类全部四种行为所采取的时间点对减轻处罚的幅度都非常重要,因为表明了行为人悔意的真诚度、意图悔改的决心,以及为降低不当行为的损害结果所专门采取的补救措施力度。[33]

第三类为配合廉政局的调查,减轻惩罚的幅度最高可达33%。这类行为包括:(1)提供支持与合作,根据廉政局的陈述确定调查对象是否对调查行为提供了实质性的帮助与支持,包括自愿披露行为,提供信息与证言的真实性、完整性与可靠性,提供支持的性质与程度,以及协助的及时性等;(2)开展内部调查,调查对象对不当行为自行采取的、行之有效的内部调查,并将调查结果及其相关事实证据与廉政局分享,并且鼓励调查对象扩大内部调查行为的范围并将结果与廉政局分享;(3)认罪或承担责任,在调查阶段尽早认罪或承担全部责任比调查进行很久再承认,减轻幅度会更大;(4)进行自我约束,在调结束之前自愿主动放弃参与世界银行融资项目也会被认为是一种配合行为。[34]

四、制裁体系与合规建设

作为世界银行集团完善其制裁制度的一部分,廉政合规计划是不可或缺的一部分,其主要目的是遏制、发现、调查不当行为,并对证实的不当行为及其影响进行补救。2010年,世界银行创建了廉政局合规办公室(ICO),作为世界银行集团反腐败工作的执行部门之一;根据《廉政合规概要》,廉政局任命了第一位廉政合规主管。在如前所述的多项制裁措施中,附条件解除除名作为世界银行集团默认的或者基本的制裁措施,与附条件解除除名中的条件,主要指的都是廉政合规计划。也就是说,制定、完善并实施符合世界银行要求的廉政合规计划是终止制裁、或有条件地免于制裁,或者在某些现有制裁的情况下提前终止制裁的主要条件。合规办公室除了监督受制裁公司的廉政合规情况(或者个人遵守行为准则的情况)外,廉政合规主管还负责决定合规条件或由制裁委员会或者廉政合规主管确定的作为制裁一部分的其他条件是否得到了满足。制定并实施符合世界银行要求的廉政合规计划通常需要建立与完善公司内部完整的合规体系与工作流程,包括但不限于反欺诈合规政策和程序(重点如制定公司反腐败和反贿赂的政策和程序,制定针对代理、中介等第三方的

---

[33] See *Id.*, p. 4.

[34] 同上注,宋媛文,第29页。

公司尽职调查程序)、制度体系、组织机构、人员配置、工作程序、培训宣传、监督检查等内容;定期向合规办公室报告工作进展情况,接受其评估与持续的监督等。只有在满足合规办公室的审查要求后,被制裁单位或个人才能解除制裁或者免于制裁。通过签署对制裁体系的论述可以看出,合规计划在世界银行的经济活动与企业管理中占据着很重要的位置。但是有研究指出,"中国是世行项目的积极参与者,但同时也已成为被世行制裁最多的国家。自2011年以来,中国企业或个人因在世行项目中涉嫌从事欺诈、腐败等违规行为,而被世行取消招投标资格或被交叉制裁的案例已经达到了惊人的149项。全球73项交叉制裁中有15项为中国企业。仅2018财政年度,世行集团一共制裁了78个企业与个人,其中就有7个是中国企业或个人。"同时,中国企业还存在合规意识薄弱、对世界银行规则理解有误、应诉意识不强等弊病。㉟

2018年中兴事件与华为事件相继爆发,使我国政府和企业逐步认识到合规对企业全球发展的重要意义。为更好地服务于企业全球发展,提升企业合规管理水平,国家相继出台了《中央企业合规管理指引(试行)》《企业境外经营合规管理指引》《中央企业合规管理办法》,以帮助中国企业应对全球日益严峻的合规执法风险。㊱ 为确保企业的规范运行,避免企业运行中的法律风险而形成的合规计划(compliance-programs),正成为完善公司治理、防范企业刑事风险的重要举措和实践。当然,"仅仅有纸面上的合规计划不能充分说明该公司内部治理结构和运营方式是健全的,合规计划实施更为重要,而判断合规计划是否妥当、全面实施,还要看是否由此形成有效、完善的程序和机制。这一完善的、基于公司合规计划而确定的机制,应涵盖管理、防范、预警和纠偏四个方面。"㊲中国企业要想在世界银行的经济秩序中避免制裁,应当建立行之有效的合规计划,才能在复杂的社会经济背景下寻得发展之道。

㉟ 同⑨注,彭亚媛文。

㊱ 参见万方:《企业合规刑事化的发展启示》,载《中国刑事法杂志》2019年第2期。

㊲ 参见时延安:《合规计划实施与单位的刑事归责》,载《法学杂志》2019年第9期。

美国出口管制政策解读及应对措施

黄　鹏*

一、美国出口管制的定义和背景

美国出口管制是指美国政府为了达到保护国家安全、保护关键技术和知识产权、限制非法用途等目的而实行的一系列限制和管理出口的政策和法规。

美国出口管制的背景和起源可以追溯到第一次世界大战后期和第二次世界大战期间。在此期间,美国政府实行了一系列措施限制和控制对德国和日本等国家的出口和技术转移。随着“冷战”的到来和原子能、航空航天等高科技产业的崛起,美国的出口管制政策不断加强和扩展。在“冷战”期间,美国政府采取了一系列措施限制苏联和其盟友的出口和技术转移,以避免他们获得核武器和其他军事技术。

21 世纪初,恐怖主义和网络安全等威胁的出现,使美国出口管制政策再次调整和升级。为了应对这些威胁,美国政府加强了对双重用途技术(可以用于民用和军用的技术)的管制,同时对涉及网络安全、电子商务、云计算等新兴产业的技术也加强了控制。

在当前国际形势下,美国出口管制政策的调整和变化仍在持续。2018 年,美国政府宣布对中国的高科技产业实行更为严格的出口管制政策。此后,美国政府对包括中国在内的多个国家和地区的出口管制政策不断加强和调整,使得全球贸易和产业链面临新的挑战和调整。

二、美国出口管制的法律法规

美国的出口管制法律法规主要包括《出口管制条例》(Export Administration Regulations, EAR)以及《国际武器贸易条例》(International

---

* 黄鹏,男,北京天达共和(杭州)律师事务所执行合伙人,主要执业领域是公司并购与重组、私募投融资、跨境并购、涉外诉讼仲裁、公司治理及合规。

Traffic in Arms Regulations,ITAR)。

《出口管制条例》是由美国商务部颁布的法规,旨在管控美国对外出口和再出口的两用物项、技术和软件。其规定了哪些产品和技术需要出口许可证,以及出口许可证的申请流程和审批标准等。《出口管制条例》的范围[①]主要包括两类产品:EAR99 和 ECCN 控制产品。EAR99 是指不属于其他管制条例规定的产品,包括一些商业产品和技术;而 ECCN 控制产品则是指根据美国的出口控制分类号(Export Control Classification Number)对产品和技术进行分类和管理的产品。《出口管制条例》对于出口管制的范围比较广泛,除了军用产品外,还包括高科技产品、电子设备、通讯设备、计算机软件等。

《国际武器贸易条例》是由美国国务院颁布的法规,旨在管控美国军用物项的出口和再出口。它主要适用于军事产品、设备和技术。与《出口管制条例》不同,《国际武器贸易条例》所管控的产品范围比较狭窄,主要包括弹药、火器、爆炸物、导弹、飞机、船只、卫星、激光器、太空技术等军事相关产品和技术。《国际武器贸易条例》还规定了需要许可证的产品、出口管制的流程和审批标准等。

三、美国出口管制的体系

美国的出口管制主要由美国商务部(U. S. Department of Commerce)、美国国务院(U. S. Department of State)、美国财政部(U. S. Department of the Treasury)和美国国土安全部(U. S. Department of the Homeland Security)负责。

其中,美国商务部负责管理和执行《出口管制条例》和其他有关美国出口和再出口的法规。商务部的产业和安全局(Bureau of Industry and Security, BIS)是执行《出口管制条例》的主要机构,其职责包括评估出口商品的风险、审核出口许可证申请、监督出口行为、制定出口管理政策等。此外,商务部还负责管理美国技术实体清单(entity list)和实体列表(denied persons list),这些列表列出了被认为违反出口法规或安全利益的实体或个人的名单,从而对他们进行限制。

美国国务院负责管理和执行《国际武器贸易条例》和其他有关美国武器出

---

① Part 734 – Scope of the Export Administration Regulations, https://www.bis.doc.gov/index.php/documents/regulations-docs/2382 – part – 734 – scope-of-the-export-administration-regulations – 1/file.

口和再出口的法规。国防贸易管制理事会(Directorate of Defense Trade Controls,DDTC)是美国国务院负责执行国际军火出口管制的机构。国防贸易管制理事会的主要任务是通过制定、执行和管理国际军火出口管制政策和规定来保护美国的国家安全和外交政策利益。国防贸易管制理事会负责的出口管制主要包括对于军火、军事技术和相关服务的出口许可证的发放、出口许可证的管理,以及对于不符合出口管制要求的个人和公司进行惩罚性措施等。

美国财政部负责制定和执行对外交易的制裁和限制。美国财政部的外国资产控制办公室(Office of Foreign Assets Control,OFAC)的主要任务是根据美国的国家安全和外交政策利益,制定和执行针对特定国家、组织和个人的经济制裁措施,以达到美国政府的外交政策目标。外国资产控制办公室负责的出口管制主要包括对于受制裁国家或组织的商品、技术和服务的出口许可证的发放、出口许可证的管理以及对于不符合出口管制要求的个人和公司进行惩罚性措施等。

美国国土安全部下属的海关与边境保护局(Customs and Border Protection,CBP)是美国负责实施出口管制的主要机构之一。海关与边境保护局根据《出口管制条例》和美国《国际武器贸易条例》等法规,负责监管、执法和检查美国出口的商品、技术和软件,以确保其不被用于军事目的或用于支持恐怖主义活动。美国国土安全部下属的国土安全部信息分析与基础设施保护局(Office of Intelligence and Analysis,I&A)也在出口管制中发挥着重要的作用。信息分析与基础设施保护局负责收集和分析情报信息,为其他政府机构和执法部门提供情报支持。在出口管制方面,信息分析与基础设施保护局的职责包括对潜在的出口违规行为进行风险评估和监测,以及协助海关与边境保护局和其他执法部门打击违规出口行为。

四、美国出口管制的清单

美国出口管制清单主要由实体清单、未经证实清单、被拒绝人员清单、最终军事用户清单组成。各类清单侧重管辖的交易及对象有别,但存在一定交叉。截至2022年10月末,中国主体上清单数量为:实体清单214个;未经证实清单196个;被拒绝人员清单5个;最终军事用户清单73个。

(一)实体清单

实体清单(Entity List)由美国商务部负责管理和发布。该清单列出了被认为与国家安全或外交政策有关的实体、个人或组织，禁止美国企业向这些实体、个人或组织出口任何物资、技术或软件。

被列入实体清单后，以下事项会受到限制：(1)从美国进口任何商品、技术或软件；(2)从第三国进口任何美国原产商品、技术或软件；(3)进口第三国产品，但其中受控美国成分含量超过特定比例或者是利用美国原产技术或软件直接生产所得；(4)从任何第三人处获得上述物项。以下一般不受限制：①从美国购买服务；②从第三国企业或中国企业购买上述管制物项以外的商品、技术或软件；③向美国出口商品、技术或软件；④从事受限活动以外的其他活动。

如企业被列入实体清单，可以采取以下救济措施：(1)向用户审查委员会(ERC)申请从清单移除，用户审查委员会是由商务部主席、各州政府、国防部、能源部和财政部的代表组成的最终用户审查委员会：移入是多数决，移出需要全票通过，需要中美两国律师共同协助；(2)申请修改清单条件；(3)申请临时许可证(Temporal General License)：2019 年 5 月，美国工业和安全局向华为颁发临时许可证(为期 90 天)，允许向华为出口受《出口管制条例》管制的部分商品、软件和技术，之后五次延期，直至 2020 年 8 月 13 日申请修改清单条件。

(二)未经证实清单

未经证实清单(Unverified List)，由美国商务部负责管理和发布。该清单列出了涉嫌涉及国家安全的未验证用户，即美国出口商与这些用户交易时需要采取特别的谨慎措施。未经证实清单的目的是确保出口商不会将受到出口管制的物资和技术转移给未经验证的用户。被列入未经证实清单后，对于原需许可证的出口，许可证例外不再适用；对于原无须许可证的出口(EAR99)，需要出具未经证实清单声明；对于被列入未经证实清单的企业，交易各方都会对其展开尽职调查。

2020 年 10 月 9 日，美国工业和安全局发布对未经证实清单的修订。本次修订新增 26 个实体，移除 40 个实体。其中，有 16 个中国的实体被移除，被移除的原因为：美方能够对被列入未经证实的实体开展最终用途核查并验证其善意(Bona Fide)，或者公司在中国不再参与从美国进口物项的经营活动。2022 年 2 月 7 日，美国工业和安全局发布对未经证实的修订，新增 33 个中国实体。美国工业和安全局对此解释为：美国工业和安全局无法核实这些实体受《出口管制条例》管制物项的最终用途及最终用户相关的合法性(legitimacy)和可靠性(reliability)。2022 年 10 月 7 日,美国工业和安全局再次发布对未经证实的修订,新增 31 个中国实体,移除 9 个中国实体,被移除的原因为:已经符合相关要求。

(三)被拒绝人员清单

被拒绝人员清单(Denied Persons List),由美国商务部负责管理和发布。该清单列出了被认定为涉及违反出口管制法规的实体、个人或组织,禁止美国企业向这些实体、个人或组织出口任何物资、技术或软件。

(四)最终军事用户清单

最终军事用户清单(Military End User List),由美国商务部负责管理和发布。该清单列出了被认为是涉及军事用途的最终用户,即美国企业向这些最终用户出口物资、技术或软件需要获得特别的出口许可证。

五、美国出口管制的新动向

(一)出口管制条例修订

2022 年 10 月、12 月以及 2023 年 1 月,美国工业和安全局宣布了对《出口管制条例》的相关规则或实体清单进行修订。这些修订针对性地限制了中国在先进计算芯片、超级计算机和先进半导体方面的获取能力。这些措施是美国工业和安全局对中国出口管制措施持续加大的一部分,将会对中国的半导体产业以及整个高科技制造业造成巨大冲击。

尤其是在 2022 年 10 月的修订中,美国工业和安全局针对先进计算芯片和半导体制造物项两个关键领域对中国采取了更严格的出口限制。首先,美国工业和安全局新增了对先进计算半导体芯片和最终用途为超级计算机的物项的管制,并扩大了对实体清单上现有的 28 个实体受到《出口管制条例》管制的物项范围;其次,美国工业和安全局新增了对某些半导体制造设备和最终用途为半导体开发的物项的管控。与受到《出口管制条例》出口管控的物项相关的交易,需要提前获得美国工业和安全局许可。

(二)2022 年芯片法案发布

2020 年 7 月,美国参议员 John Cornyn 提出了《美国创新和竞争法案》(The United States Innovation and Competition Act),旨在加强美国半导体产业的技术创新和国际竞争力,确保美国半导体产业的安全和发展。在此背景下,

《芯片与科学法案》于2022年7月27日由美国国会通过,并于同年8月9日由美国总统拜登签署成为法律。

该法案分为三个部分:第一个部分为《2022年芯片法案》以促进和支持美国的半导体制造,第二个部分为《研究、创新和竞争法案》以促进和支持国内科学技术的研发,第三个部分为《2022年最高法院安全资金法案》。白宫关于将该法案签署为法律的声明称:"芯片和科学法案将降低成本、创造就业机会、加强供应链并对抗中国。"

其中,《2022年芯片法案》的主要内容为:(1)对美国半导体产业投入专项资金补助和税务补贴,在2022~2026年,美国政府将通过美国芯片基金、美国国防芯片基金、美国国际技术安全和创新芯片基金、美国劳动力和教育基金,为美国半导体行业的专项扶持投入超过520亿美元的资金。同时,设立半导体制造业投资25%的投资税收抵免②。(2)限制受援实体在中国扩大和建立先进制程半导体产能③。受援实体不得参与任何使中国或任何其他"受关注的外国"(foreign country of concern)(包括俄罗斯、伊朗、朝鲜等对美国构成"国家安全威胁"的国家)半导体制造能力得到实质性扩张(material expansion)的重大交易。禁令不适用于:(1)覆盖实体现存的用于制造成熟制程芯片的设施和设备。(2)重大交易虽涉及半导体制造能力的实质性扩张,但须满足两个条件:①生产传统半导体;②主要服务于受关注国自身的市场。

对于中国半导体行业,《2022年芯片法案》同时带来机遇和挑战。挑战层面,增加中国企业与国际半导体企业进行商业合作交易的不确定性及成本,增加了中国企业从国际获取资金、先进设备、技术和材料等的限制。机遇层面,中国企业可能需要向美国商务部提供额外信息,同时也带来了机遇,倒逼中国加速建立自主可控的半导体生态圈和供应链,增强中国政府对半导体行业的政策引领和资金扶持,重视人才培养和引进。

六、中国企业应对美国出口管制的建议性措施

近年来,随着中美关系的不断紧张,美国对中国的出口管制政策日益严格,给中国企业的出口业务带来了很大的挑战。如何建立完善的对美国出口管制合规体系,成为中国企业必须面对和解决的问题之一。

---

② The CHIPS Act of 2022, SEC. 107. Advanced Manufacturing Investment Credit.

③ The CHIPS Act of 2022, 103(b)(5)

(一)加深对美国出口管制相关法规的了解

中国企业要建立完善的对美国出口管制合规体系,首先要了解美国出口管制相关的法规。美国的出口管制法规涉及的领域非常广泛,包括但不限于军事、核能、航空、航天、电子、通信、能源等。因此,中国企业需要对自身的出口产品进行分类,了解其是否受到美国出口管制法规的限制,以及受到哪些限制。

此外,中国企业还需关注美国政府的制裁清单,如果中国企业与这些清单上的实体或个人有业务往来,就有可能违反美国的制裁法规。

(二)建立企业出口管制合规制度

中国企业应建立出口管制合规制度。该制度应包括内部控制措施、员工培训、出口管制审核、出口文件管理等方面。

1. 建立内部控制措施

内部控制措施是保证出口管制合规的重要手段。中国企业需要对内部控制措施进行严格管理,包括建立出口管制工作流程、明确出口管制职责、规范出口审批程序等,确保符合美国出口管制法规的要求。同时,企业应建立健全出口物品和技术管理制度,对出口物品和技术进行分类、备案和审批,避免出现违反美国出口管制法规的情况。

2. 定期安排员工培训

员工培训也是出口管制合规的关键。中国企业应向员工提供必要的培训,使其了解美国出口管制法规和企业的出口管制制度,并提高他们对出口管制法规的合规意识。培训内容应包括美国出口管制法规的基本知识、出口物品和技术的分类、出口审批程序等方面。企业还应定期组织培训,确保员工的知识水平得到不断提升,以应对美国出口管制法规的变化和更新。

3. 建立出口管制审核制度

中国企业应建立出口管制审核制度,对出口物品和技术进行审核。审核程序应包括审查出口产品、确定其归属分类、核对许可证和授权书等。对于涉及美国出口管制法规的产品,企业应加强审核,确保产品符合相关要求。

4. 建立出口文件管理制度

出口文件管理是出口管制合规的重要环节。中国企业应建立出口文件管理制度,对出口文件进行管理。出口文件应包括许可证、授权书、发票、装箱单、报关单等。企业应确保出口文件的准确性和完整性,避免出现错误或遗漏,防止违反美国出口管制法规。

5. 建立合规监测和报告机制

企业应定期进行自查和审计,确保出口业务符合美国出口管制法规的要求。如发现违反法规的情况,应及时纠正和报告相关部门和机构。此外,企业还应建立合规报告机制,及时向有关部门和机构报告出口业务情况。企业应定期向管理部门提交合规报告,说明出口产品的类别和数量、出口国家和地区、出口文件和许可情况等。

(三)构建多元化市场和供应链

在面对美国出口管制的情况下,中国企业需要寻找其他市场和供应链。这不仅可以降低对美国市场的依赖,也可以减少因美国政策变化而产生的不稳定性。此外,多元化市场和供应链可以提高企业的竞争力和灵活性,对企业的长期发展有益。

中国商务部发布的《2020 年中国对外直接投资统计公报》显示,中国企业在亚洲、欧洲等地区加大了对外直接投资力度,多元化投资的地域范围越来越广。这一趋势不仅能够增强企业在全球范围内的市场竞争力,还能够缓解美国出口管制对中国企业的冲击。

(四)加强风险评估和控制

中国企业要建立完善的对美国出口管制合规体系,还需加强风险评估和控制。企业应针对其出口产品和业务范围进行风险评估,确定风险点和控制措施。如果企业认为某些产品存在违反美国出口管制法规的风险,应立即停止出口,并与相关部门和机构沟通,寻求解决方案。

此外,企业还应加强对供应链和客户的风险评估和控制。企业应对其供应链和客户进行调查和筛查,了解其背景和业务情况,确保不会与被美国出口管制法规限制的实体或个人有业务往来,避免违反美国出口管制法规。

(五)推进自主研发及技术创新

中国企业应该加强研发和技术创新,降低对美国关键技术的依赖。企业可以投资于研发和创新,提高自主创新能力和核心技术水平,这有助于企业提高自主可控性,降低受制于他国的风险。同时,也可以进一步扩大企业在国际市场的话语权和地位。

《2021 年中国企业全球化研究报告》显示,中国企业在全球范围内加大了对技术创新的投入,如在人工智能、大数据、云计算等领域的研究和应用。这表明中国企业在技术创新方面的实力越来越强,将有望减少对美国关键技术的依赖。

(六)积极应对美国当局出口管制调查和处罚

建立内部调查机制,中国企业在面临出口管制调查和处罚时,首先需要建立内部调查机制,了解自身出口业务是否存在违反美国出口管制法规的情况。企业应加强内部监管和管理,严格按照美国出口管制法规要求开展出口业务,确保企业自身合规。如有不合规行为,应及时进行整改。

1. 寻求专业法律意见

中国企业在面临出口管制调查和处罚时,需要寻求专业的法律意见。企业应聘请具有相关经验和知识的律师或法律团队,为企业提供法律咨询和支持。律师或法律团队可以为企业提供出具法律意见、协助企业与美国相关部门和机构进行沟通和谈判、代表企业出庭应诉等服务。

2. 与相关部门和机构积极沟通和协商

中国企业在面临出口管制调查和处罚时,需要积极与美国相关部门和机构沟通和协商。企业应加强与相关部门和机构的联系和沟通,了解美国出口管制法规的要求和标准,避免不必要的纠纷和误解。企业应对美国相关部门和机构提出的问题进行积极回应和解释,协助相关部门和机构了解企业的出口业务情况,避免被误解或误判。

3. 进行公关和加强舆情管理

中国企业在面临出口管制调查和处罚时,需要进行公关和加强舆情管理。企业应对外发布准确、清晰、透明的信息,及时回应公众关切和质疑。企业应建立舆情管理机制,关注社交媒体、新闻媒体等渠道的报道和评论,及时回应不实报道和质疑,维护企业声誉和形象。

七、总结

长期以来,美国为维护自身的霸主地位,一直对中国实行严格的出口管制措施。本文从美国出口管制的定义和背景、法律法规、体系、清单以及最新动向,多方面阐述了美国出口管制制度的发展过程和执法落实。最后,本文建议中国企业应加深对美国出口管制相关法规的了解、建立企业出口管制合规制度、构建多元化市场和供应链、加强风险评估和控制、推进自主研发及技术创新并积极应对美国当局出口管制调查和处罚。

美国反海外腐败

黄　鹏

一、背景

随着改革开放和全球化的推进，中国企业逐渐成为国际市场上的重要参与者。2013年，习近平主席在出访中亚和东南亚国家期间，提出了"一带一路"倡议。在此背景下，中国企业通过海外投资、跨国并购、技术合作等多种方式，不断扩大国际业务，并在全球范围内开拓新市场，在国际投资舞台上发挥了良好的投资主体作用。

根据商务部发布的数据，2022年度中国全行业对外直接投资1465亿美元，较去年同期增长0.9%；非金融类对外直接投资1168.5亿美元，同比增长2.8%，其中对"一带一路"合作伙伴非金融类直接投资209.7亿美元，同比增长3.3%。

美国作为世界主要经济体，有较为宽广的市场、突出的研发创新能力、高素质的工人队伍、充足且较为廉价的能源供应、良好的企业营商环境，同时美国是我国主要的贸易伙伴国。根据《2021年度中国对外直接投资统计公报》①，中国对美国的直接投资总量有55.8亿美元，位列当年度对外投资流向排行第四位。2021年末，中国共在美国设立境外企业近5300家，雇用外方员工超过7.5万人。美国成为中国企业海外投资的一个十分重要的目的地。

需要注意的是，美国在资本主义市场发展的过程中，已形成了一套完善的调整企业经营的法律法规及行业规则，对企业合规提出了较为严苛的要求。根据斯坦福法学院反海外腐败法信息中心网站的统计②，截至2022年6月30日，中

---

① 参见商务部、国家统计局、国家外汇管理局联合发布的《2021年度中国对外直接投资统计公报》第38~39页，http://images.mofcom.gov.cn/fec/202211/20221118091910924.pdf。

② 斯坦福法学院反海外腐败法信息中心网站（Stanford Law School Foreign Corrupt Practices Act Clearinghouse），https://fcpa.stanford.edu/index.html。

国是2013年至2022年内美国《反海外腐败法案》(The Foreign Corruption Practices Act,FCPA)执法案件发生最多的国家,案件数量高达41件。不仅如此,该网站显示,自1977年以来《反海外腐败法案》执法的683起案件中,发生在中国的案件高达69件,位居榜首。

本文将从中国企业比较容易忽视的反腐败角度,通过对制度的发展、美国与中国的差异这些内容的阐述,围绕一些企业容易出现的情形或案例进行讨论,以期探索相应的措施来应对企业在美国进行投资所面对的合规风险。

二、《反海外腐败法案》的概述

美国最初在1977年制定了《反海外腐败法案》,是全球范围内运用最为广泛的反腐法案。

《反海外腐败法案》由反贿赂条款与会计条款两大部分组成,美国司法部(Department of Justice, DOJ)和证券交易委员会(Securities and Exchange Committee,SEC)共同掌握《反海外腐败法案》反贿赂条款和会计条款的执法权,但又存在分工,即美国司法部主要负责《反海外腐败法案》案件的刑事调查和起诉工作,而证券交易委员会主要负责民事诉讼特别是涉及上市公司、公众企业层面的民事调查和诉讼工作。

《反海外腐败法案》中反贿赂条款的核心内容是禁止行贿主体直接或间接向外国官员支付、承诺支付或者授权支付任何现金、礼物或者任何有价之物,且行贿行为还应当具有腐败意图。

《反海外腐败法案》中的会计条款有两项相关的会计要求:(1)账簿和记录;(2)内部控制。账簿和记录条款要求公司制作和保存账簿、记录和账目,这些账簿、记录和账目应合理详细、准确公平地反映公司资产的交易和处置。内部控制条款要求公司制定和维护足以提供合理保证的内部会计控制系统:(1)交易是根据管理层的授权执行的;(2)必要时记录交易,以便编制财务报表和保持对资产的问责制;(3)对资产的访问仅限于管理层的授权;(4)以合理的时间间隔将记录的资产责任与现有资产进行比较,并对任何差异采取适当的行动。

三、《反海外腐败法案》的规制对象

(一)规制对象

当前,受《反海外腐败法案》规制的主体主要分为以下几类:(1)美国公民或企业(国内企业);(2)根据美国法设立的企业;(3)主要营业地在美国的企业;(4)在美国上市的企业;(5)需要定期向证券交易委员会进行报告的企业;(6)在美国境内向海外官员实施行贿行为的外国人或外国企业。

上述的几类主体可以显示出,美国当前通过《反海外腐败法案》规制的主体范围十分广泛,同时中国企业不论是在美国投资设立企业,还是并购美国企业,或者是在美国进行公司的海外上市,都有可能导致企业受到《反海外腐败法案》的规制。

(二)"长臂管辖"原则在《反海外腐败法案》中的应用

2017 年 11 月 18 日,香港特别行政区前民政事务局局长何志平在美国被逮捕,美国司法部指控其涉嫌向乍得和乌干达的政府官员行贿以协助中国华信能源有限公司获得交易机会,违反了美国的《反海外腐败法案》。2019 年 3 月何志平被判处有期徒刑 3 年,并处罚金 40 万美元。2020 年 12 月,美国第二巡回上诉法院再次确认了对何志平的定罪和量刑。美国对其主张《反海外腐败法案》管辖权主要是基于:(1)中华能源基金委员会是中国华信能源有限公司全资设立的、注册于我国香港特别行政区和美国弗吉尼亚州的非政府组织,属于受《反海外腐败法案》管辖的国内相关者,而何志平为中华能源基金委员会的高管;(2)何志平的部分犯罪行为在美国境内实施,包括其部分行贿款经由美国纽约的银行进行电汇。美国当局在对于《反海外腐败法案》所规制的主体进行认定时,采用"长臂管辖"的原则,时常在域外适用。③

四、美国法律体系下的腐败行为

《反海外腐败法案》至今已经走过 40 年的时间,美国司法部每年都有一些依据该法案提起的诉讼。其中,除了单独适用《反海外腐败法案》之外,还经常与其他法案组合起来共同查处腐败行为,比如反洗钱法(The Anti-Money Laundering Statutes)、税法(Tax Laws)等。

GIBSON DUNN(一家创立于洛杉矶的国际律所)在于 2023 年 3 月 2 日发布的《2022 YEAR-END FCPA UPDATE》中,对于《反海外腐败法案》项下受到处罚的企业按照罚款金额从高到低进行了排序,如下表 1 所示:

---

③ 参见何力:《中国海外投资与美国 FCPA 的域外适用》,载《江西社会科学》2011 年第 8 期。

表 1 《反海外腐败法案》处罚案例(部分)

序号 No.	公司名称 Company	总罚款 Total Resolution	美国司法部罚款 DOJ Component	美国证监会罚款 SEC Component	日期 Date
1	高盛 Goldman Sachs	$ 1, 663, 088, 000	$ 1, 263, 088, 000	$ 400, 000, 000	10/22/2020
2	爱立信 Ericsson	$ 1, 060, 570, 432	$ 520, 650, 432	$ 539, 920, 000	12/06/2019
3	Mobile TeleSystems	$ 850, 000, 000	$ 750, 000, 000	$ 100, 000, 000	03/06/2019
4	西门子 Siemens AG	$ 800, 000, 000	$ 450, 000, 000	$ 350, 000, 000	12/15/2008
5	阿尔斯通 Alstom S. A.	$ 772, 290, 000	$ 772, 290, 000	—	12/22/2014
6	嘉能可 Glencore	$ 700, 706, 965	$ 700, 706, 965	—	05/24/2022
7	哈里伯顿旗下 KBR 公司 KBR/Halliburton	$ 579, 000, 000	$ 402, 000, 000	$ 177, 000, 000	02/11/2009
8	Teva	$ 519, 000, 000	$ 283, 000, 000	$ 236, 000, 000	12/22/2016
9	特利亚 Telia	$ 483, 103, 972	$ 274, 603, 972	$ 208, 500, 000	09/21/2017
10	Och-Ziff	$ 412, 000, 000	$ 213, 000, 000	$ 199, 000, 000	09/29/2016

美国司法环境下对腐败行为的界定非常严格,一方面,《反海外腐败法案》的反贿赂条款明确指出,行贿的方式可以通过邮件或任何带有利益性质的方式,比如一些优惠、款项、预期利益等,如果政府人员或机构明确知悉其中部分或全部是为了获得营商便利,影响政府人员的职权行为的判断,则这些行为就均被认定为贿赂。且《反海外腐败法案》并不要求贿赂实际实施,也不要求腐败行为目的达成,即便受贿者尚未确定,只要行为人有腐败意图便可判定违法。另一方面,一些在美国上市的企业的经营活动需要满足《反海外腐败法案》提出的会计条款,此条款将与反贿赂条款协同作用,以提升企业活动的合规水平。

通过对美国反腐败管制相关立法、司法活动的回顾,不难看出中美对于反腐败问题的关注重点存在一定的差异。对于中国等广大的发展中国家来说,国家规制腐败行为以及国际反腐行动中最关注的方面在于追逃追赃,而美国这样的发达国家则更为关注反腐规则的构建以及反腐标准的设立，更在意腐败人员通过何种方式逃脱美国法律的制裁，腐败资金是通过何种渠道流转的。[4] 中国企业的进行一些营商活动的方式在国内没有遇到阻碍，不能代表在美国也能畅通无阻。

从在美中资企业经营的角度，日常活动中可能会违反《反海外腐败法案》的行为主要有以下几类。

（一）给予政府官员[5]礼物或钱财

企业通过向关键环节或部门的官员送礼物来“打点关系”，以期得到相应官员的“照顾”，获取一定便利。如果在美国向政府官员赠送较为贵重的礼物或者钱财，极有可能不但没获得“照顾”，反而招来罚款甚至牢狱之灾。

2022 年 2 月，证券交易委员会宣布，韩国最大的电信运营商 KT Corp. 将支付 630 万美元，以解决其为韩国和越南政府官员的利益提供不当付款而违反《反海外腐败法案》的指控。根据证券交易委员会所述，KT Corp. 对慈善捐款、第三方付款、高管奖金和礼品卡购买缺乏足够的内部会计控制。因此，包括高级管理人员在内的 KT Corp. 员工能够筹集到贿赂资金，用于向对公司业务有影响的韩国政府官员提供礼物和非法政治捐款，进而因违反《反海外腐败法案》而受到处罚。

（二）组织政府官员旅行、会餐以及娱乐活动

许多企业通过某些形式的会餐，以期能在相关日常经营、审批流程、招投标等活动中获得便利。此外，从不同的形式上来考虑，企业为官员提供一些以海外考察为名的境外旅游，也属于行贿的一种方式。无论是企业的人员与政府官员共同参与的活动，还是企业只是暗中承担相关开支，都是《反海外腐败法案》所不允许的行为。

2022 年 9 月，证券交易委员会宣布，美国知名软件公司甲骨文（Oracle）同意支付逾 2300 万美元，以解决其土耳其、阿拉伯联合酋长国（UAE）和印度子公司在 2016 年至 2019 年，使用行贿资金来贿赂外国官员以换取业务而违反

---

④ 参见王尘子：《特朗普政府时期的中美反腐合作》，载《新视野》2018 年第 3 期。

⑤ 此处所称“政府官员”是一个广义的概念，可以包括国有医院、企事业的雇员，当地警察，军官，海关人员，国际组织的办事人员，市长候选人，议会成员，法官，检察官及法庭工作人员等。详见 Siemens：Anti-Public Corruption Compliance，2007 年版。

《反海外腐败法案》的规定。根据SEC所述，甲骨文在土耳其和阿联酋的子公司违反甲骨文的政策和程序，使用行贿资金支付外国官员参加技术会议的费用。在某些情况下，甲骨文土耳其子公司的员工还将这些资金用于这些官员的家人，陪同他们参加国际会议或前往美国加利福尼亚州旅行。

(三)未保持良好的账簿与记录

《反海外腐败法案》的会计条款明确规定，对于企业的所有支出，尤其是用于疏通关系的开支必须在账簿中明确体现出来。当企业被卷入违反《反海外腐败法案》的调查后，企业极有可能因为账簿记录不达标而遭到美国当局的惩罚。

五、违反《反海外腐败法案》的后果

若企业或个人违反《反海外腐败法案》的相关规定，他们都将面临严苛的惩罚和其他一系列的负面后果。

首先，在《反海外腐败法案》中，法律条文规定了高昂的罚款。例如，§78dd-2本土企业所禁止的海外贸易实践这一节中做出了如下规定。

(g)处罚

(g)Penalties

(1)(A)任何法人违反本节a或i款的，应处以不超过2,000,000美元的罚款。(1)(A)Any domestic concern that is not a natural person and that violates subsection (a) or (i) of this section shall be fined not more than $2,000,000.

(B)任何法人违反本条a或i款的规定，应由司法部部长提起诉讼，处以不超过10,000美元的民事罚款。(B)Any domestic concern that is not a natural person and that violates subsection (a) or (i) of this section shall be subject to a civil penalty of not more than $10,000 imposed in an action brought by the Attorney General.

(2)(A)任何自然人作为国内企业的高级职员、董事、雇员或代理人，或代表该国内企业的股东，故意违反本节a或i款的，必须由司法部部长提起诉讼应处以不超过100,000美元的罚款或不超过5年的监禁，或两者并罚。(2)(A)Any natural person that is an officer, director, employee, or agent of a domestic concern, or stockholder acting on behalf of such domestic concern, who willfully violates subsection (a) or (i) of this section shall be fined not more than $100,000 or imprisoned not more than 5 years, or both imposed in an action brought by the Attorney General.

(B)任何自然人作为国内企业的高级职员、董事、雇员或代理人,或代表该国内企业的股东,违反本节 a 或 i 款,应由司法部部长提起诉讼,处以不超过 10,000 美元的民事罚款。(B) Any natural person that is an officer, director, employee, or agent of a domestic concern, or stockholder acting on behalf of such domestic concern, who violates subsection (a) or (i) of this section shall be subject to a civil penalty of not more than $10,000 imposed in an action brought by the Attorney General.

(3)每当根据第 2 款对国内企业的任何高级职员、董事、雇员、代理人或股东处以罚款时,该国内企业不得直接或间接支付此类罚款。(3) Whenever a fine is imposed under paragraph (2) upon any officer, director, employee, agent, or stockholder of a domestic concern, such fine may not be paid, directly or indirectly, by such domestic concern. ⑥

上面的条款所规制的主要对象为美国本国企业,《反海外腐败法案》的另外几节内容同样也对证券发行者和除上述两类主体以外的其他商业活动参与者做出了类似的规定。

首先,对于企业违反贿赂条款的行为,《反海外腐败法案》对企业的最高罚款金额可达到 200 万美元,对公司高管、董事、股东和代理人可处最高 25 万美元的罚款和 5 年以下的监禁。而若企业违反《反海外腐败法案》中相关的会计条款,据此对企业的罚款可以高达 2500 万美元,对前述相关人员的惩罚相应可以高达 500 万美元以及 20 年以下的监禁。

---

⑥ 《美国反海外腐败法案》FCPA, §78dd-2(g) (1998).

其次,美国官方对于违反《反海外腐败法案》的惩罚是可以进行叠加的。根据过往一些案例中美国当局最终做出的惩罚决定,一些当事人的罚款金额可以高达数千万元美金,甚至在《可替代罚款法案》(The Alternative Fines Act)的影响下,最后罚金总额突破《反海外腐败法案》所设定的罚款上限的情况也时常发生,且此罚款必须由相关涉案人本人承担,不可由企业或雇主代缴。

最后,我们可以看到,美国检方对于每一个《反海外腐败法案》违法者进行的控诉都会在美国司法部的网站上及时更新发布,同时都会有相应的新闻稿说明案件的具体情况,所以在企业高管、股东、代表人或企业自身被控告之后,对企业来说,也将面临巨大的经营压力。一方面,依据《反海外腐败法案》发起的调查往往不是美国官方调查的终点,大概率的情况下,在长达数年的调查过程中,美国当局最终可能会打出一套组合拳。举个例子,相关证据的提交可能会引起美国当局对其他问题的合并调查,例如出口管制、国际洗钱、税务问题等。企业将面临极高的合规性审查的风险。另一方面,长久的《反海外腐败法案》调查可能造成耗费企业大量人力物力的结果,同时卷入相关调查会造成企业信用遭受质疑、投资者丧失信心等结果。若中国企业长期被卷入《反海外腐败法案》相关的调查,或越来越高比例的中国企业被卷入《反海外腐败法案》相关的调查,长远来说,对于中国企业开展海外投资或并购活动将会产生极大的负面影响。

六、针对中国企业合规风险的建议性措施

中国企业"走出去"的过程中,在遵守中国本土法律法规的同时,也要严格依照当地法律办事。对此,针对上述两个方面的阐述,本文提出一些建议性措施,以此克服中国企业在美投资过程中可能面临的合规性风险。

(一)加深对美国法律法规的认识

企业中的相关合规审查人员或者法务相关人员需要加深对于投资目的地的法律法规的研究,针对企业各自所具有的特色,研究制定相关的企业合规性指导守则。随着社会发展,针对上文所述的反腐败的情形,其内容都在过去几十年间有了较大的延展,某一场合中发生的现象在过去和在当下,法院可能会做出截然相反的认定。因此,企业需要熟悉反腐败的多样化场景,加深对于法律问题的研究与认识。

与此同时,企业应该尽早引进第三方专业人员对企业合规性工作进行审查,在发现问题的节点及时进行调整和剥离,避免在法律适用时落入美国法律的管辖,或者降低企业被美国调查可能遭受的损失。

(二)制定企业内部员工守则并加强员工的合规培训

企业内部需要制定一套行之有效的制度,设置明确、细致的规则,指导员工的日常行为,明确、坚决抵制违法的行为。对于一些员工忽视或不重视,但是可能触犯当地法律的行为,公司的合规部门应及时提出,且在公司内部组织多样化的培训,培训应与新政策或新法案的出台相结合,与时俱进,合规人员对于员工在日常生活中不确定是否合规的行为及时予以指导,强化员工对于企业合规与自身行为合规重要性的认识。

企业内部可建立一些激励机制,鼓励对违法或不合规的行为进行检举揭发,有效地在企业自身内部遏制不合规现象,争取在源头尽早、尽快地解决问题。企业应在态度上坚定、坚决地抵制企业员工腐败等违法行为的滋生。

(三)审慎选择商业伙伴,全面加强合同管理。

若企业聘用中介机构,知道或者应当知道中介机构可能为促成企业的商业目的而贿赂外国官员,企业也会因中介机构的腐败行为受到《反海外腐败法案》项下的处罚。因此,企业应主动加强对供应商的管理,在签署合同前对商业伙伴(如供应商、分包商、中介机构、代理、顾问等)进行必要的尽职调查,并在合同中增加反腐败、反贿赂等合规条款。同时,在合同履行过程中,公司还应加强对合同履行和付款的监督。

(四)积极应对美国当局的政策调整及调查

若美国当局依据《反海外腐败法案》发起对于某个企业或者个人的调查时,企业应采取积极的态度,提前做好应对相关调查的准备。一方面,开展企业内部自查,对于相关事件的基本事实进行了解、梳理,及时收集并保护涉案的相关证据。对于企业自查的过程中暴露出来的制度漏洞,企业需要及时修补,完善企业制度与规则,并及时更新相关规则。另一方面,公司若真的势必会被卷入调查,企业需要有专门团队,负责协调内部各项事务,并作为和外部调查人员对接的窗口,保障企业利益,这也能尽可能提高效率,推动调查快速进行。

此外,需要强调的是,若企业内部的工作人员不足以应对美国当局的各种调查活动,企业应当尽早及时引进第三方的财务或者法律顾问,及时为企业进行相关问题排查、厘清相关事实及证据，通过积极应对调查以期最大限度上保护企业的利益。

七、总结

在当前的海外投资与并购活动中，许多中国企业已拥有足够的实力“打天下”，但如何“守天下”成为中国企业亟须解决的问题。文章从反腐败角度，阐述了该种制度在美国的发展过程、中国企业可能面临的一些行为类型以及这些类型背后所隐藏的风险。最后，本文建议中国企业在“走出去”过程中需要加深对美国法律法规的认识，制定企业内部员工守则，组织企业合规培训，建立企业有效的内部申诉机制及积极应对美国当局的政策调整与调查。运用以上这些手段，提升企业经营的合规性，提高企业在美国的生存能力，从而更好地融入全球化经济活动。